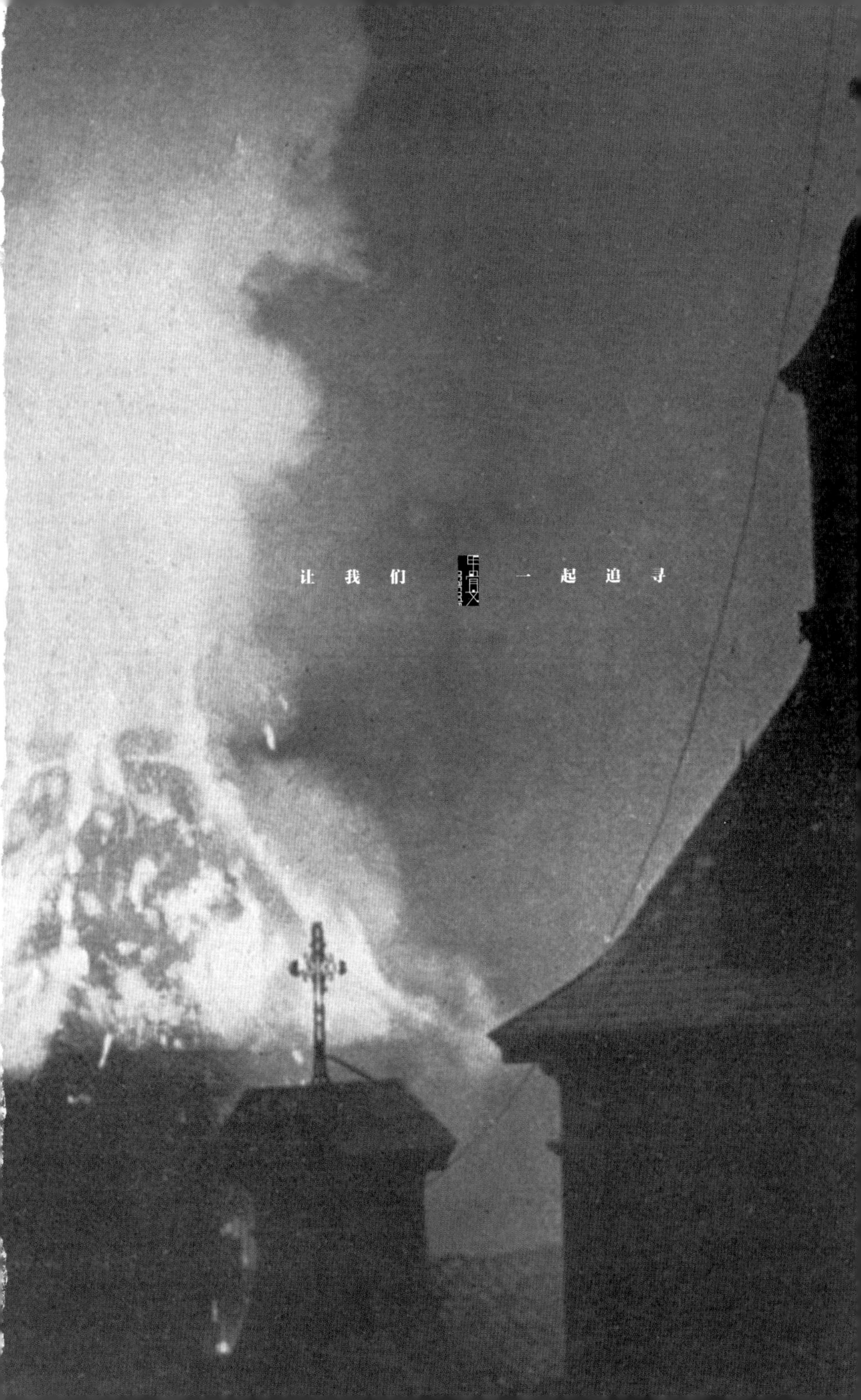
让我们 甲骨文 一起追寻

SPAIN IN OUR HEARTS

Americans in the Spanish Civil War, 1936 –1939

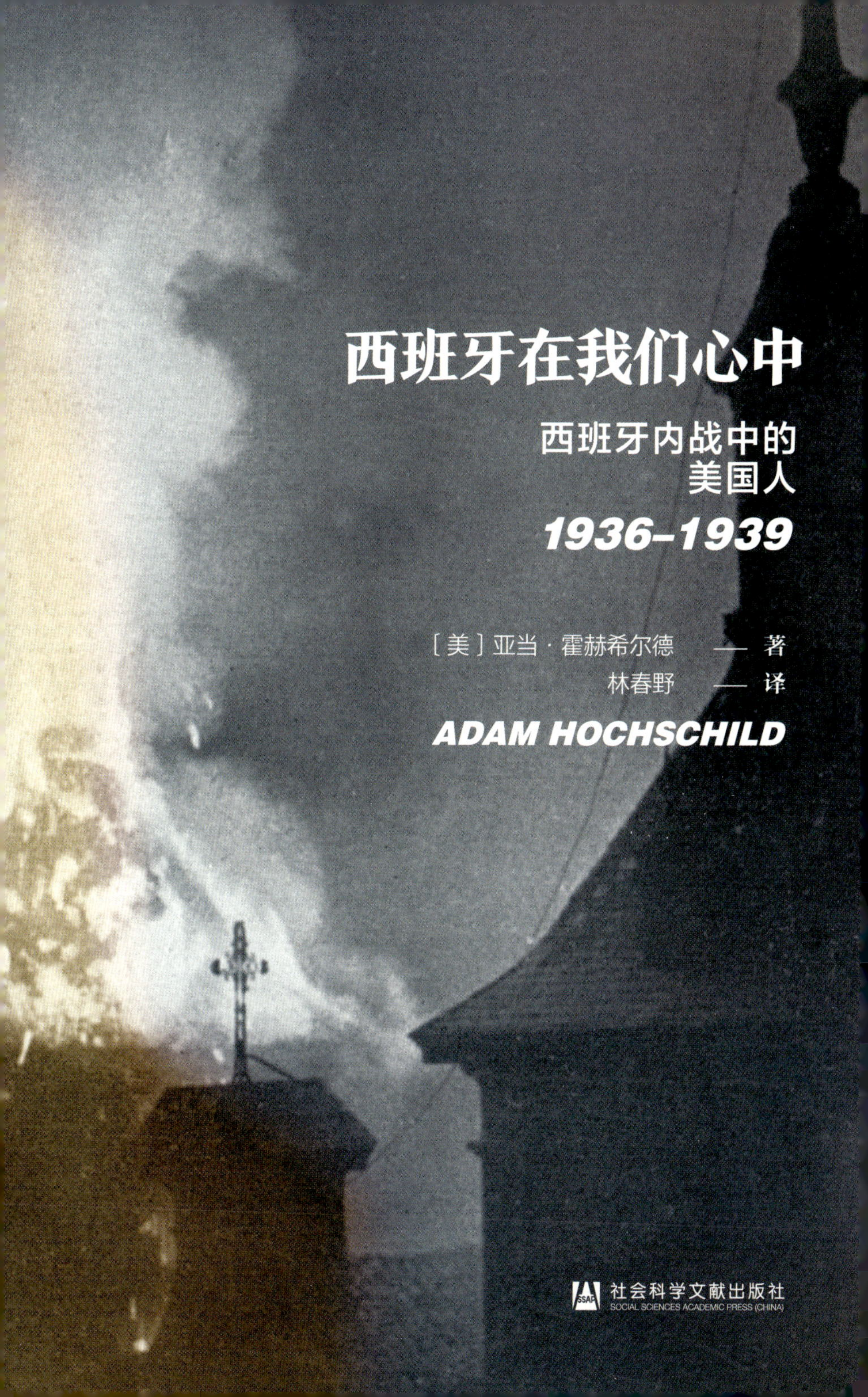

西班牙在我们心中

西班牙内战中的美国人

1936–1939

［美］亚当·霍赫希尔德 —— 著

林春野 —— 译

ADAM HOCHSCHILD

社会科学文献出版社
SOCIAL SCIENCES ACADEMIC PRESS (CHINA)

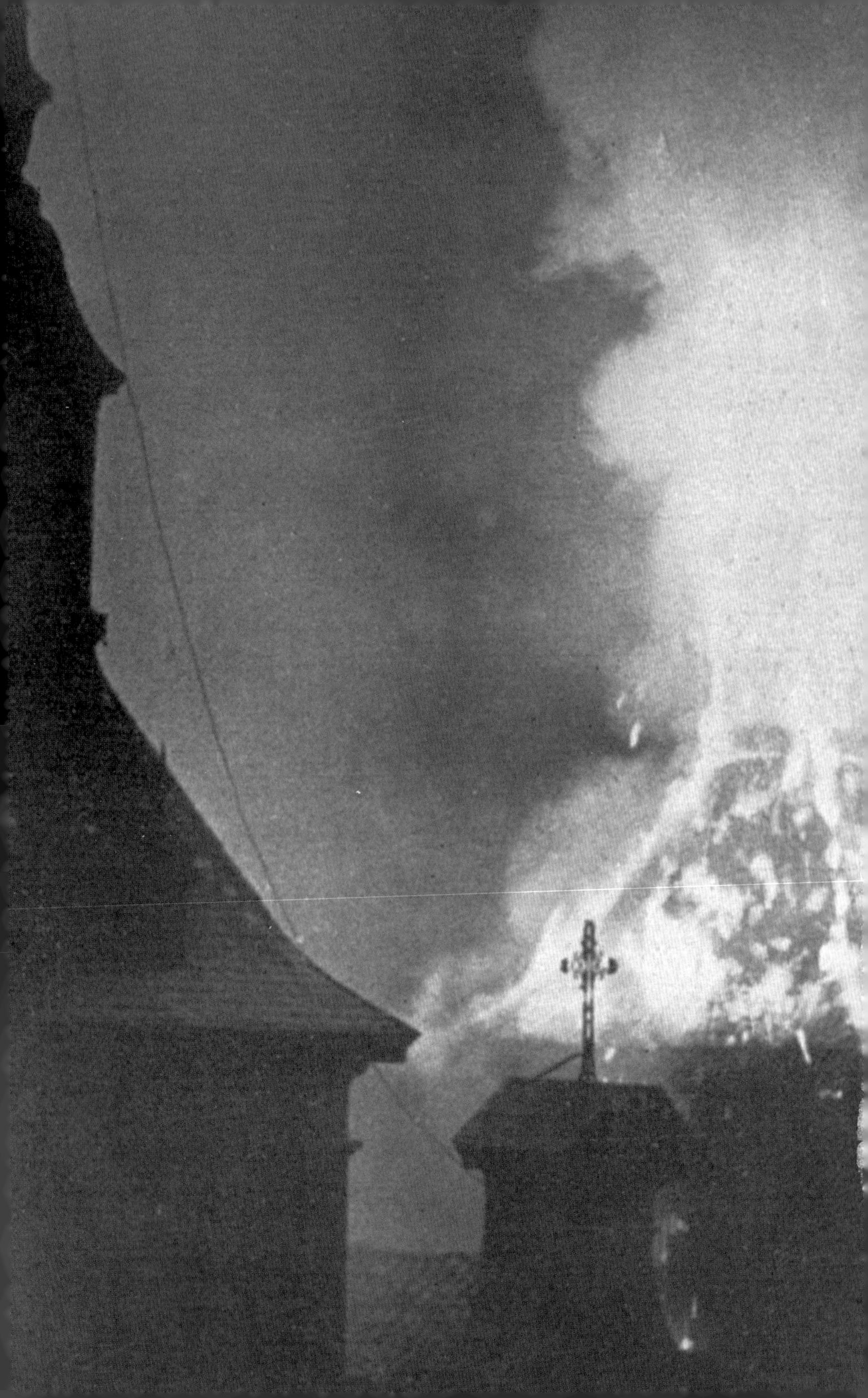

目 录

第四部分

第五部分

作者声明

（在英文版原作中）我使用了那些有常见英文转写的地名， xi
例如马洛卡（Majorca）、纳瓦拉（Navarre）、塞维利亚（Seville）、阿拉贡（Aragon）、哥多华（Cordova）、加泰罗尼亚（Catalonia）和萨拉戈萨（Saragossa）。不过，对于那些当代地图中用巴斯克语或加泰罗尼亚语标注的城镇或街道名称，当它们在西班牙内战时期的书面材料上以西班牙语出现时，我一律使用了它们的西班牙语版本名称，格尔尼卡（Guernica）、马尔萨（Marsa）、兰布拉（the Ramblas）等一系列名称均为如此。美国记者和志愿兵引用的一些西班牙语单词或短语中的错误已被直接更正，但我并未对在他们的书信和日记中偶尔出现的不规则英文拼写和标点使用做出更改。

前言：远离故土

xiii 1938年4月4日，破晓时分，两名泳者光着身子、沾满泥浆，他们耗尽最后一丝气力，颤抖着，走出冰冷刺骨的河水，爬上了西班牙埃布罗河（Ebro River）的河岸。来自比利牛斯山脉消融的雪水令这里的水位涨了不少。两人都来自美国。

这个国家正战火纷飞。在将近两年的时间里，内部纷争不断的西班牙共和国民选政府一直在抵抗由弗朗西斯科·佛朗哥发动，并受到纳粹德国与法西斯意大利支持的军事叛乱。佛朗哥加封自己为“大元帅”（Generalissimo），将放着阿道夫·希特勒照片的相框摆在办公桌上，还称德国为“我们要永远追随的榜样”。[1]这天黎明，战机在埃布罗河上空遮天蔽日，全部是顶级的战斗机和轰炸机，驾驶它们的，是来自德国的飞行员，将它们送给大元帅的，是“元首”。地面上，独裁者贝尼托·墨索里尼借给佛朗哥总数将近8万人的部队供其差遣，来自意大利的步兵和坦克刚刚帮助后者发动了整个内战期间最大的一次攻势。自西部面积占全国土地三分之二的佛朗哥控制区发起，这次强有力的行动的目标是向地中海进军，将西班牙共和国剩余控制区撕裂为两半。

xiv 自第一次世界大战以后，这场佛朗哥为争权夺利发动的旷日持久的战争是欧洲爆发过的最为激烈的冲突，其标志性的极端野蛮行径堪称空前绝后。他的军队将城市炸成一片焦土，折磨政治对手，杀害工会人士，用机关枪扫射住满伤患的病房，在妇女的乳房上烙上佛朗哥军队纹章的烙印，并用绞喉（garrote）执行死刑——这是一种从中世纪流传下来的刑具，有一个铁制的颈围，受刑者会被颈围扼住喉咙窒息而死。

遭到这场新攻势痛击的共和军正在混乱地溃退，想要赶在佛朗哥的士兵、坦克和轰炸机到来之前向东溃逃。由于推进速度奇快，在部分地区，佛朗哥的部队已包抄至共和军前方。共和军中有数千名来自他国的志愿兵，他们中的许多人都来自美国。有的已经被杀害了。佛朗哥刚刚宣布，外国志愿兵只要被俘就将被枪毙。

穿过西班牙东北部的崎岖山地，湍流不息的埃布罗河这条西班牙最大的河流，成为死亡与生存的分界线：河东岸仍然在共和军手中。靠着北极星的指引，曾有被困在战线后方的小股美国志愿兵乘着夜色成功溜过了佛朗哥军队的驻地。经过三天没日没夜的赶路，在由盘旋在天空的侦察机引导的敌军步兵、坦克和骑兵部队紧追不舍之下，他们赶在黎明前抵达了埃布罗河岸，到达了地图上显示有一座桥的地点附近。他们发现，桥已经被炸毁了，附近也没有船只。几个不会游泳的人拼命从一处废弃农舍拆下门板作为浮筏，其他不会游泳的人紧抱着一根圆木下了水。湍流卷走了人群，至少六人——其中四人身上有伤——淹死在河里。

剩下三个会游泳的美国人脱掉了靴子和身上的全部衣物，一头扎进了冰冷刺骨的河水。其中一人在远处的下游上了岸，来自纽约的两个年轻人约翰·盖茨（John Gates）和乔治·瓦特（George Watt）——后者的脚踝扭伤了，手上还有一处弹片伤——则一起成功在对岸登陆。清晨到来之际，他们向东出发，希望找到能告诉他们所在部队残部大概方位的人。“我们一丝不

XV 挂，光着脚，走在一条似乎向前无限延伸的路上，尖锐的石头和植物的芒刺割着我们的双脚。”瓦特回忆道，“我们冷得直打哆嗦，走到大路上的时候，我们的双脚血流不止……有辆卡车沿着路开了过来。我当时就在想，看见两个裸体男人站在路上，司机的脑海里会浮现什么想法。他递给我们两条毯子，然后把车开走了。”[2]

在盖茨的回忆中，故事接下来是这样的：“我又累又饿，感觉自己一步都走不动了……我们躺在路边，也没去想接下来可能会出现什么情况，我们太累了，已经不在乎了……突然，一辆小轿车来到我们面前。车子停下后，里面走出了两个人。在我一生当中，没有什么能比他们的出现让人感觉更棒了……我们紧紧拥抱了彼此。”

这辆黑色麦福特牌双座式敞篷车（Matford roadster）里坐着的，是《纽约时报》（*New York Times*）记者赫伯特·L. 马修斯（Herbert L. Matthews）和欧内斯特·海明威，后者当时正为北美报业联盟（North American Newspaper Alliance，NANA）做战地记者。“两位作家带来了好消息，告诉我们许多朋友都安然无恙，”盖茨写道，“我们则把那些并不平安无事的人的坏消息告诉了他们。”[3] 海明威与马修斯此前经常对在西班牙的美国志愿兵进行报道，很熟悉其中的一些人。很多人现在失踪了，包括来自加利福尼亚的第十五国际旅指挥官罗伯特·梅里曼（Robert Merriman）少校，他最后一次被人看到是在十英里外，当时，他正率领一队士兵，即将被佛朗哥部队包围。河边的四人均不知道关于其下落的任何消息。

“当时还有几百人正在埃布罗河下水渡河，”瓦特写道，“很多人死了，有些是淹死的。有多少人被捕？我们也不知道。

马修斯在忙着做记录。海明威在忙着咒骂法西斯。”尽管听众只有两个浑身湿透、身上只裹着毯子的哆哆嗦嗦的男人，但这位小说家人尽皆知的高调和咆哮风格此时已显露无遗。“面朝河对岸，”盖茨回忆当时的情景，“海明威挥动着他硕大、强壮的拳头。‘你们这群法西斯杂种还没赢呢，’他咆哮着，‘我们会向你们证明的！’”[4]

这场让四名美国人彼此相遇在远离故土的河岸边的战争，是西班牙历史上的一个关键事件。在被迅速崛起的法西斯阴影所笼罩的欧洲，这场战争也被视作一块道德与政治的试金石和一场世界大战的雏形。大约 2800 名美国人参加了西班牙内战，xvi
据估计，他们中的 750 人死在了那里——比美军在 20 世纪任何一场战争中的死亡率都要高得多。[5] 对于许多参战老兵来说，这场战争都是他们生命中最具决定性的经历，对于当时的一些美国记者来说亦是如此。“不论在世界的哪个角落，只要遇见的是一名曾为西班牙的自由战斗过的男士或女士，”赫伯特·马修斯在多年以后写道，“我们拥有的都是相似的灵魂。”[6] 尽管美国新闻业的行规在前，记者们依旧和所有人一样，表现出了对西班牙共和国的偏爱。在这场战争中，一切虚伪常常消失得无影无踪：就在共和军在佛朗哥的致命攻势下溃逃的那个春天，马修斯和来自《纽约先驱论坛报》（*New York Herald Tribune*）的同行均向富兰克林·D. 罗斯福总统发送了私人电报，请求其向共和军输送军火。[7]

在我们的共同记忆中，第二次世界大战在很大程度上遮蔽了我们对这场之前爆发的冲突的印象，但在当时，数千万美国民众都在专注地追踪有关这场战争的最新消息。战争进行期间，即1936年年中到1939年年初，这场在西班牙爆发的战争登上《纽约时报》头版头条的次数超过了1000次——这超过了其他任何单一主题的头条数，不论“罗斯福总统”、“纳粹德国的崛起”还是“大萧条造成的灾难性影响”都要甘拜下风。[8]尽管美国政府固执地拒绝对西班牙进行干涉，许多美国人却深深卷入其中，且身影活跃在对垒双方阵营。例如，对美国志愿兵实施轰炸和扫射的纳粹飞机上的燃油来自得克萨斯，将它们出售给佛朗哥的，是一个经历极富传奇色彩、偏爱右翼独裁者的美国石油商人。

1960年代中期，我本人与这场战争初次产生了交集，当时，我是《旧金山纪事报》（*San Francisco Chronicle*）的一名初出茅庐的记者。报社有两名年长的记者是亚伯拉罕·林肯营（Abraham Lincoln Brigade）的老兵，这是数支由美国志愿兵组成的部队的非正式称呼。我还记得自己曾经问过他们中的一个人如何回顾这场战争，当年他在西班牙开救护车。[9]隔着发出噼里啪啦敲击声的手动打字机与电传打字机，和将报道传送给排字工的嘶嘶作响的空气压缩导管，他探出身体，用完全不像是编辑部开玩笑时常有的那种语气充满感情地对我说：“我真的希望我们能赢。”

当然，西班牙共和国输掉了战争，这一失利无疑给此后的
xvii 战争造成了深远的影响。知晓一切将以失败告终的气氛弥漫在描写这场战争的最著名小说——海明威的《丧钟为谁而鸣》中，该书出版于佛朗哥获胜后的第二年。相比同时期的任何其他事件，西班牙内战所引发的“如果……会如何?”的问题都要更多。如果西方民主国家卖给西班牙共和国它所反复迫切想要购买的武器装备会如何？这些装备有可能足以击败希特勒和

墨索里尼派往西班牙的飞机、潜艇和军队吗？如果答案是能，那么希特勒还会将部队派往奥地利、捷克斯洛伐克以及后来的其他一系列国家吗？造成数千万人死亡和无尽苦难的第二次世界大战的爆发有可能得以避免吗？或者，它有可能会以某种不同的、规模更有限的方式展开吗？

几乎所有美国志愿兵都坚信，自己所参加的，是一场即将爆发的世界大战的前哨战。对于自身的正义性，他们也从未感到怀疑：毕竟，在美国对德日宣战的四年多以前，美国人还在何处遭受过纳粹飞机的轰炸呢？在另一个国家，许多人同样认为西班牙内战将成为那个时代的演武场。“我这一代人，”法国小说家阿尔贝·加缪写道，“将西班牙铭记于心……他们在那里明白了……一个人可以是正义的，但他还是会被击败，武力能征服人的精神，很多时候，勇气不会得到褒奖。”[10]

这场西班牙爆发的危机中似乎蕴含着明确的道德因素。飞速发展的法西斯主义亟待受到挑战；若它不在这里受到挑战，又能在哪里呢？这，就是许许多多来自世界各地的人志愿参战的原因。这，也是我会在几十年后看到林肯营老兵出现在1960年代捍卫民权或是反对越战的示威游行队伍中，出现在1980年代抗议美国干涉中美洲事务的游行队伍中，满怀热情地振臂高呼的原因。长期以来，我先后见过六名前志愿兵，并与其中两人成为多年好友。（直到写作本书时我才意识到，虽然仅在本书中短暂出现，雅克·格兰布拉特［Jacques Grunblatt］医生正是当年在我还是个小男孩时发生的一次事故后帮我缝针的人。）你将在本书第一章中见到的夫妇，曾经就住在离我今天的住处几 xviii
个街区以外的一栋我曾经路过上百次的楼里——那是1930年代，这位丈夫当时正在伯克利读研——这一发现，令我自己代入他们的视角变得更容易了。我们每个关心社会正义的人都需要政治先驱的存在，看起来，这些男男女女——大约有 75 名美国女性在西班牙做志愿者，大多数是护士——无疑正是政治先驱。

在这一点上，我的感受与其他经历过 1960 年代的人同样强烈。任何人对一个时代和地点产生兴趣通常都来源于这样的疑问：我在当时会怎么做呢？我常常愿意相信这一点，那就是，如果我生在那个年代，我，一样，会去西班牙。不过我也知道，故事还有它更黑暗、更不浪漫的一面。由于苏联是唯一向西班牙共和国出售武器的大国，它索取了大量回报。一些西班牙人成了约瑟夫·斯大林在冷酷地对付他那些虚虚实实的敌人时的受害者，而这正是他的专制体现出的鲜明特征。

在一个最出乎我意料的地方，我曾见过警示世人他的多疑所引发的死亡的鲜活例证。1991 年时，我正在研究一本有关俄罗斯人要如何看待斯大林的遗产的书。就在这一年，当苏联很快就要解体时，当局终于解除了对外国记者旅行地的限制。于是，我得以访问一个几乎从没有西方人去过的地方，哈萨克斯坦的卡拉干达（Karaganda）。这座由摇摇欲坠的灰褐色混凝土建筑构成的偏远破败的城市曾经一度是将囚犯送往煤矿工作的古拉格劳工营的庞大网络的中心。离开市区几十英里，在一座荒凉的乡下墓地，冰雪长年累月的封冻与消融使那些简陋的自制金属十字架墓碑或歪斜或水平地散落在地面上。电线在它们上方穿过，废弃塑料袋和垃圾在中亚大草原持续不停的大风中四处飘荡。令我意外的是，许多墓碑上都刻着西班牙人的名字。

我了解到，苏联曾经接收过数千名西班牙共和国的流亡者，他们中有许多人是儿童。除此之外，内战结束后，停靠在苏联

港口船只上的西班牙水手，以及几百名在苏联进行训练的西班牙飞行员无法回到祖国。同上百万苏联人一样，这些西班牙人 xix
当中的许多人成了斯大林疑心病的牺牲品。估计有 270 名西班牙共和国公民被送进了古拉格，许多人因饥饿、疲劳和冻伤慢慢死去。在我见到的这所公墓附近，至少有 60 人被关押在一座拥挤且被三面高高的带刺铁丝网围栏包围着的劳改营中。[11]

我们要如何将西班牙内战的这两幅场景重合在一起？西班牙人抵抗受希特勒与墨索里尼支持发动的政变的确是正义的。可是，是否因为与苏联有千丝万缕的联系，西班牙共和国才注定难逃厄运？简而言之，西班牙共和国的支持者们是在与最坏的盟友一起为最好的事业而战。对此，他们有何体验？他们在多大程度上意识到了这一点？或者说，如果你身处一场搏命的恶战中，你会奢侈到有工夫去操心自己的盟友是谁吗？这些都是长期以来使我想要去探寻这段历史的众多问题的一部分。

当年绝大多数来到西班牙的美国人都将自己视作共产主义者，我们若是不理解当时共产主义为何具备如此强大的吸引力，以及苏联为何对太多人来说就像一座希望的灯塔的话，我们就无法理解他们。在我的一个来自林肯营的朋友离开西班牙 65 年后，也是在他退出美国共产党 45 年后，在他的葬礼上，我第一次聆听了《国际歌》。这首歌是世界共产主义运动的标志性歌曲；现在，它是几名努力回忆歌词的老人口中哼唱的曲子，也许，他们同时还在努力回忆着年轻时的梦想。

今天，托洛茨基主义和无政府主义基本失去了市场，有时候，曾在它们彼此的支持者间爆发过的论战给人的感觉就像是中世纪的宗教争论一样遥远。同样烟消云散的，还有那个曾被广泛传播过的信念，即资本主义体系处于危机之中，再也不能维持下去，即便对于谁的蓝图正确存在各种争吵，指引未来的蓝图却是存在的。尽管这些问题多数都让人感觉很遥远，但在其他方面，1930 年代的西班牙似乎依旧同今天的许多国家极其相似：巨大的贫富差距，威权体制与成百万乃至上千万公平获
xx 得土地、教育和其他许多东西的权利被长期否定的无权无势的民众的斗争。这些，令 1930 年代的西班牙成了它那个时代一个意义重大的战场，而在我们的时代，这个战场同样会引起共鸣。

我对其他一些问题同样怀有疑问。半个多世纪以来，我所处的政治世代中的许多人始终强烈反对战争；他们尤其反对的，是那些美国对他国内战或内政进行干涉的行为，不论它们发生在越南、尼加拉瓜、萨尔瓦多、伊拉克还是别的什么地方。可是，我们中的大多数人却一直认为，如果当年我们的政府参与西班牙内战的话，世界本可以变得更好。我们将前往西班牙参战的老一辈美国人视作英雄。这便引出一个问题：军事介入一场遥远的冲突是否曾经具有正义性呢？

如此之多的美国人跑去参加他国内战，这无疑是仅有的一次——甚至，即便自己的政府做出了巨大努力去阻止他们，他们依然照去不误。他们几乎来自美国的各个州，有穷人，也有富人。有常青藤毕业生，也有搭货运列车找工作的人。让他们前赴后继的原因是什么？他们又学到了什么——关于自己，关于战争，关于他们报名参军保卫的国家，关于他们抛在身后的祖国？后来有人感到后悔吗？

开始探索这段历史时，我发现，吸引部分美国人前往西班牙的，并非林肯营正在进行的战斗，而是发生在后方、远没那么广为人知的社会革命。在这些人中，有个热情如火的肯塔基年轻女孩，她原本正在度蜜月，早在任何一名林肯营志愿者到

达西班牙的几个月前，她就已经踏上了西班牙的土地。

我对另一群人同样感到好奇。作为一名曾经经常在国外、有时还要在冲突地带进行报道的记者，我想仔细研究一下那些报道过这场战争并受到大力神化的美国记者。马修斯、海明威和他们的同事是否准确理解了故事的来龙去脉？他们炽热的情感——正常情况下，没人听说过战地记者会向白宫发电报——是否扭曲了他们的报道？

正因如此，我决定对这些与西班牙内战有关的美国人的生平进行研究。我稍微扩大了研究范围，将三个英国人也囊括其 xxi
中：一个与美国人并肩作战，一个是他们的敌人，第三个则是所有美国读者都很熟悉的人。本书接下来的内容并不是对这场战争的完整记录，甚至都算不上美国人参战情况的完整记录。更准确地说，这是在一个动荡的年代，那些足迹穿越大洋、远离故土的人身上发生的故事的集合。历史不是事先就被安排好的，不论这些男人和女人多么勇敢，他们当中一些人拥有的信念在今天的我们看来就好似空想；毕竟，理想主义与勇气并不总是智慧的同义词。尽管如此，了解他们的故事，思索自己在那个时空下可能做出的抉择，依旧会让人感动至深。在这趟深入他们人生的旅程的驱动下，我与他们的后代会面，前往图书馆和档案馆，见到了几份常年被藏在书柜和抽屉里的文件。最后，我踏上了埃布罗河的河岸。

第一部分

1　追击：逃离神庙的资本家

坐落在一个几乎全是褐色沙漠的内陆州，内华达大学广阔 3
的草坪显得像个绿洲。地处依山远眺的里诺市（Reno），校园里红砖砌成的圆顶建筑周围绿树成荫，缠绕着葡萄藤，装着白色的窗框。整个校园沿一个小湖错落铺开，颇有常春藤联盟校的风采，好莱坞电影也常把这里当作校园戏桥段取景的绝佳之选。

罗伯特·梅里曼，身高六英尺两英寸半，棕色头发，高高瘦瘦，长相英俊，正在读大学。他在本地一家殡仪馆谋了一份差事，是学生联谊会的干事，还在 J. C. 彭尼服装店做销售员，在这儿，他能用员工折扣价买衣服穿。罗伯特在加利福尼亚长大，高中毕业以后，直到上大学之前，他已经在造纸厂——这是他父亲的生意——干了几年的伐木工。一路走来，他还在一家水泥厂和一家养牛场干过。刚被内华达大学录取时他便发现，只要在预备役军官训练营（ROTC）注册，自己一个月便能额外领八块五毛钱的补贴，而成为训练营的成员，可以领到骑兵时代风格的正装制服，还有一双骑兵靴和一条骑马裤。业余时间，他在校橄榄球队打边锋，后来因为伤病，变成了啦啦队队长。的确，在罗伯特以后的人生中，人们也总能在他的身上看到当年那个仪表堂堂的拉拉队队长的影子。

罗伯特和玛丽昂·斯通（Marion Stone）是在大一学期前的
一场舞会上认识的。开学第一天，他开着一辆道奇小敞篷车恰 4

好经过玛丽昂身边，于是他踩了刹车，对玛丽昂大声喊道：“快上车！我们要大展宏图了。”玛丽昂身材苗条，富有魅力，身高比罗伯特矮半头，父亲在一家有售酒执照的餐馆做厨师。玛丽昂高中毕业后工作了两年，后来，和其他数百万人一样，因为银行倒闭，她失去了所有存款。她主要通过两种途径赚钱来继续自己的学业：当秘书，给一户人家洗衣做饭、打扫卫生。而那恰好就是罗伯特为其工作的殡仪馆老板一家。

大学岁月里，玛丽昂将大部分时间都花在了大学女生联谊会上。按她自己的描述，校园恋情是件十分纯洁的事：跳舞，亲吻，偶尔也可能会在那个禁酒时期到地下酒吧匆匆游历一番。玛丽昂被罗伯特和他在 ROTC 的朋友们组织的大学军事舞会选中做“荣誉学生”。罗伯特像挥霍一般，拿出自己辛苦赚来的钱给玛丽昂买了一双高跟鞋和一件塔夫绸礼服。1932 年 5 月，毕业日当天早上，罗伯特和玛丽昂双双获得了自己的学位，罗伯特得到了预备役部队少尉的授衔；下午，他们便结婚了。在那之后，他们开车沿着内华达山脉一路行驶，到达了塔霍湖（Lake Tahoe）边一幢他们借来的小屋，并最终在那里开始同居。玛丽昂说，就是在这里，他们将初夜献给了对方。

那年秋天，在发现其才华的内华达大学教授的鼓励之下，罗伯特进入加州大学伯克利分校，成了一名经济学的研究生。在这个正被史上最大经济萧条紧紧扼住喉咙的国家，四分之一的民众都处于失业之中，此时此刻，似乎再没有比经济学更加重要的学科了。伯克利本身的思想基调是偏向左翼的，而当数百万无家可归的美国人住在由破烂铁皮、沥青纸、煤渣块或大木箱拼凑而成的小棚屋组成的“胡佛村”（Hooverville）时——在纽约，其中一个“村”聚集在华尔街附近，另一个则在中央公园里安营扎寨——即使不是左翼人士，你也会去思索：有没有更好的出路？

富兰克林·罗斯福在罗伯特入学伯克利的同年入主白宫的总统办公室，并在就职演说上发表了一番近乎圣经布道般的激进主义言论，对美国人来讲，这段总统演说几近前无古人，很可能后无来者："不择手段、肆无忌惮的无耻金融资本家们的种种行径说明……他们已从我们文明庙宇的高处落荒而逃，我们现在要以亘古不变的真理来重塑这座神庙，而衡量这重建的尺度，便是比起金钱的利益，我们将在何种程度上更加珍视社会的价值。"[1]一些金融家似乎有些不安。小 J. P. 摩根①作为巨额银行财富的继承人，封存了自己的游艇，写信给一个朋友说道："太多人正在被失业甚至实实在在的饥饿所折磨，此时不炫耀如此奢侈的娱乐项目，不但明智，也是一种慈悲。"[2]

这对新婚小夫妻的资金很紧张。有好几个月的时间，玛丽昂都因为缺钱，不得不继续在内华达继续从事自己新找的工作。罗伯特寄给他"最亲爱的女孩儿"的一封封信和夹杂其中的情诗，让玛丽昂知道，这些文字无时不在传递罗伯特对她的相思之情："我的爱人，请快些，我受够了独居一室，我需要你，我只要你。"与此同时，罗伯特却也十分谨慎地确保他们的财务健康："如果可以，我非常想让你在放假的时候过来找我，不过，要是这么做花费太大，那还是算了的好。"[3]

在信里，罗伯特向玛丽昂分享了他身处伯克利远比内华达大学复杂精致的校园内的激动之情："这里就连图书馆里的一间

① 小约翰·皮尔庞特·摩根（John Pierpoint Morgan Jr.，1867～1943），美国金融家、慈善家，J. P. 摩根之子。如无特别说明，本书页下注均为译者注。

屋子都像那种特别带劲的俱乐部大活动室似的，里面有软扶手椅和一切能想到的好东西。”对罗伯特来说，为一名本科生讲师，并认识不远千里来到伯克利学习、和自己住在同一栋公寓的研究生同窗，都让他感到无比兴奋。这些人中间，有个叫约翰·肯尼思·加尔布雷斯①的加拿大年轻人。“我们这届学生里最受欢迎的一个”是罗伯特给加尔布雷斯留下的印象。“以后他还会证明自己也是最勇敢的那一个。”[4]

罗伯特找了个寄宿舍②，同时，他也在不停地寻找一处能够负担得起的住处，好让夫妇二人能住在一起。他在写给玛丽昂的信中说：“从打到这儿以后，我起码看过不下 50 所公寓了……昨天晚上，我早早就离开了图书馆……想再多找几处。我发现了一个我们无法拒绝的选择……于是我留了五块钱在那儿，准备明天下午搬过去……他们一个月只收 20 块
6 钱，所以那里当然不是什么皇宫，但也不算陋室……最近我的口粮有点儿不够，但现在我吃的比以前多，因为书费都已经付完了。我感觉自己过得就像个百万富翁，就等我的小甜心快来找我了。”

玛丽昂搬过来与罗伯特同住之后不久，在这间步行到校园需要五分钟的单间公寓里，罗伯特装了一个可以折叠收入墙中的翻板床。尽管处于大萧条时期，玛丽昂却像有什么秘诀一样，能不停地在各处找到工作。起初，她找了一份银行秘书的工作，后来又在旧金山的一个家居用品店当店员，每天靠有轨电车和

---

① 约翰·肯尼思·加尔布雷斯（John Kenneth Galbraith，1908～2006），美国经济学家，新制度学派的主要代表人物。出生于加拿大安大略。曾任肯尼迪总统的经济顾问。

② 寄宿舍（rooming house），内有家具，分间出租，只提供住宿不提供膳食的房舍。

轮渡来回通勤。尽管赚钱不多，他们的婚后生活依然很快乐。“鲍勃[①]发明了一个恶作剧的小把戏，我们一起偷偷溜进诺布山（Nob Hill）下豪华的马克·霍普金斯酒店，装作要在吧台会见什么人的样子。一旦进去，我们就在那里跳上几个小时的舞。我们做这个太拿手了，以至于有时候我们连饮料都不用点就能成功。”[5]他们最喜欢的舞曲是《星尘》（*Stardust*）和《鸳鸯茶》（*Tea for Two*）。

不久，又有三个人挤进了这间窄小的公寓：厨房的小床上住着一个研究生，罗伯特可怜他没地方住；因为母亲死得早，酗酒的父亲又无法照顾她们，玛丽昂十一岁和七岁的两个妹妹也住在这里，分别睡在客厅沙发和另一张简易床上。“进门后，你得先爬过一张床才能去到屋里的其他地方。”玛丽昂回忆道，“鲍勃对这种状态倒是安之若素，他只是觉得，我的妹妹、那个研究生和天知道别的什么人都是需要帮助的，他有房子住，我们就该将它分享给有需要的人。”[6]罗伯特对生活极具感染力的饱满精神让玛丽昂感觉“自己像个玩‘我学你’游戏时又跑又笑的孩子”。

与此同时，他们身处的国家却充斥着不幸。3400 万美国民众所在家庭毫无收入。在各个城市，戴着工作帽或小礼帽的失业男士们排成长队等候在施粥所外，因为资金耗尽，教会与慈善机构帮得了一时，却再也拿不出任何食物了。人们把垃圾箱和垃圾堆搜了个遍，只为找到点儿能吃的东西。冬天为了取暖，他们就站在人行道上冒着热蒸汽的格栅旁边。在宾夕法尼亚州，
无家可归又失去工作的钢铁工人带着家眷，住在停转的炼焦炉 7

① 罗伯特的昵称。

里面。一场史上罕见的旱灾使经济进一步跌入深渊，导致数百万人从沙暴肆虐、表层土已变为沙尘的大平原地区拥向西部。丰收的中西部农场主有时会发现，自己的粮食根本找不到买主。底特律人甚至杀掉了动物园里的动物，为饥饿的人群提供肉食。当帝国大厦大张旗鼓地开张经营之时，只有两成面积能被租掉。对失业者来说，电话机已经成了一种根本无法负担的奢侈品：1930～1933 年，拥有电话的美国家庭数量减少了超过 300 万户。

当绝望的人们试图为夺取生存物资而展开行动时，全国上下的绝望情绪进一步放大了。在阿肯色州的英格兰镇（town of England），大约 300 名男女聚集在主街上，要求当地商店老板分发面包和其他食物，否则拒绝离开；在俄克拉荷马城（Oklahoma City），人们强行闯入一家杂货店，将货架上的食物一抢而空；在明尼阿波利斯（Minneapolis），同类事件的规模已甚至达到了需要 100 名警察出动才能够将其制止的程度。

劳工运动风起云涌。1934 年，超过 30 万名纺织工人离开岗位走上街头，成就了当时美国发生过的最大规模的罢工运动。从缅因州到佐治亚州，纺织厂工人和警察、破坏罢工的工人及国民警卫队发生了暴力冲突，造成几十人死亡。佐治亚州州长曾令全州进入戒严。在其他地方，几十万名小农场主和房主的财产遭到没收——有时候，它们则是落入了手持猎枪、聚集成群又拒绝离开的邻居手中。

入学伯克利第一年的夏天，鲍勃·梅里曼在邻近的工业城市里士满（Richmond）的福特汽车组装车间打工。他震惊地发现，工人们不但不被允许在工作期间上卫生间，还始终暴露在被电池酸液泼溅的危险当中。第二年（1934 年）夏天，他被裹挟进了另外一片天地，与曾经熟悉的内华达相比，这里的政治气氛更加浓厚。大约 1.5 万名西海岸的码头搬运工人组成了一个工会，当船运公司拒绝承认这个工会时，他们举行了罢工，水手、引航员和负责将货物运送上码头的卡车司机也加入了工人们的行列之中。在同一面工会旗帜的引领下，罢工者和盟友 8
们——这其中有白人，也有黑人，有菲律宾裔美国人，也有华裔美国人——组成八人一排的队伍，聚集在旧金山的市场街上。在那个年代，这样的团结精神十分罕见。

海运公司雇用了替代他们的员工，有时还会让这些替代者住在船上，以使他们远离愤怒的码头搬运工人们的拳头和靴子。在伯克利，上百名教授以及像梅里曼一样的学生热心支援罢工者；也有像“海军比尔”——他的真名叫威廉·英格拉姆（William Ingram），校橄榄球教练，一名安纳波利斯军校①的毕业生——这样的人，组织其队员阻挠罢工。

虽然太平洋沿岸所有大型港口都停摆了，但这场“战役”的核心是旧金山。当年，这里曾是粗犷的蓝领之城，也是全国最大的工会运动堡垒。码头区处于一千多人的封锁中，他们每隔十二小时就会轮换一次。紧张的气氛在不断发酵，任何试图驶过成群工人纠察队面前的卡车面临的都是砖头和石头齐射的猛烈迎击。从能够俯瞰整个码头区的山丘上，上千名旧金山市民目睹了接下来的街头械斗，还听到了警方的开火声。当催泪瓦斯手雷将山坡上生长的干草点燃时，整个城市看起来更像是一片战场。在那几天的冲突中，两名罢工者被杀，一百多名伤

① 美国海军军官学校，也称美国海军学院（United States Naval Academy，缩写 USNA），位于马里兰州首府安纳波利斯，因此又称“安纳波利斯军校”。

者入院治疗。一片肃穆之中，由 1.5 万人组成的庄重队伍护送着死者尸体沿市场街行进。经过投票，旧金山劳工委员会决定发起总罢工，在美国历史上，同类事件此前仅爆发过一次。在整个湾区，将近 13 万人停止了工作。

大约由 500 人组成的特别警察部队被投入了镇压行动中，治安维持会也加入其中，参与捣毁工会办公室和罢工者厨房的行动。他们砸毁家具，将打字机从窗户扔出，并殴打工会成员和其他自由派人士。“赤色分子遍体鳞伤”，《旧金山纪事报》的头版标题扬扬得意地写道。超过 250 名工会成员和同情工会人士遭到逮捕，州长还下令出动了 4500 人的国民警卫队。在码头区，戴着头盔的士兵垒起了沙包路障，他们还修造了一座机枪工事。

这场冲突本身并未引起许多人梦寐以求的革命，但罢工还
9 是令他们部分诉求得以实现。工会力量深植码头工人之中，并且，直到几十年后起重机取代了码头工人手中用来搬运集装箱的吊货钩为止，工会都是这个国家最强大的势力之一。当时，鲍勃·梅里曼在为罢工宣传办公室义务工作，他近距离见证了这场劳工运动的历史性胜利。

罢工运动是令梅里曼接触政治纷争的左膀，他在伯克利所处的环境则是右臂。作为摄影师多罗西娅·兰格（Dorothea Lange）的丈夫，当时在他学部教书的经济学家保罗·泰勒（Paul Taylor）就是一例：这对夫妇深入加州被烈日灼烧的地区，调查并公布了在这里生存的移民农场工人的悲惨生活条件，这些人可以称得上是这个国家的贫苦人群中最贫困的那一群人。对于其他许多左翼人士——希望罗斯福新政更加深化的民主党

人、支持将工业向公有制进行和平过渡的社会主义者、共产主义者以及一大批小型宗教团体的成员——来说，伯克利也是他们的大本营。

几乎毫不令人意外的是，梅里曼一家开始对苏联产生了兴趣。他们并不是唯一认为应向苏联投以赞许目光的美国人。面对这样一个工人们冒着流血的危险也要团结起来的美国，一个其经济制度将无数人推入绝望深渊的美国，人们肯定有其他选择。可以肯定的是，在当时，许多人都是这么想的。每一天，报纸的头条新闻都在强调这个国家所面临危机的巨大和深重。费城的 10 名假释犯人要求法庭重新将他们收监，原因竟是他们在外面根本找不到工作；芝加哥财政资金耗尽，已无力支付学校教师的薪水；阿巴拉契亚[①]的男女老少要靠吃杂草、树根和蒲公英为生。看起来，资本主义正在经历卡尔·马克思曾经预言过的最后阶段。相比之下，计划经济难道不能让失业的民众得到工作，去建造急需的住房、学校和医院吗？这些难道不正是苏联人在他们的国家正在做的吗？

今天，我们脑海中的美国共产党是最终失败了的苏维埃政权的仆从。但就像历史学家艾伦·施雷克（Ellen Schrecker）所写的那样，它曾是“美国在 1930 年代到 1940 年代最具活力的 10
左翼组织”。[7]它曾在诸如旧金山海岸大罢工等大型劳工运动中扮演过极具影响力的角色，还在组织农场工人方面做出过开拓性贡献，正因如此，尽管成员很少，美共却在组织以外赢得了广泛尊重。在那个种族隔离和性别歧视都十分严重的年代，它开展运动，号召非洲裔美国人取得陪审权和选举权，还为实现女

---

① 阿巴拉契亚（Appalachia），指美国东部的纽约州南部、亚拉巴马州北部、密西西比州北部和佐治亚州北部一带。

性权利而奔走。亲眼看见美国共青团员颇有反抗意味地领着刚被公寓赶出去的租户一起，将他们的家具和随身物品拿上楼，带他们回到自己的公寓后，一名来自纽约，后来在西班牙与梅里曼不期而遇的工会成员加入了美共。“这不是一个光说不做的组织，他们确实在做事。”[8]

全国上下的危机感已无比深重，以至于在1932年的总统大选中，52名杰出的美国作家——包括舍伍德·安德森①、西奥多·德莱塞②、约翰·多斯·帕索斯③、兰斯顿·休斯④和埃德蒙·威尔逊⑤在内——公开宣布支持共产党总统候选人。甚至连弗朗西斯·斯科特·菲茨杰拉德，这名非共产主义者的上流社会记录者，也在向他的女儿强调马克思学说的重要性：“读一读《资本论》中令人生厌的‘工作日’那一章，看看你面临的情况是否和书里说的一样。”[9]

1930年代在一天天过去，答案则愈发清晰：在将国家从衰退中解救出来的进程中，新政的作用甚小。在世界上的其他地方，情况似乎还要更糟。凭借穿着褐色制服的纳粹冲锋队开展的一系列街头暴力活动，阿道夫·希特勒攫取了德国的权力，焚烧书籍，解雇犹太裔教授，令德国退出国联，并将超过5万

① 舍伍德·安德森（Sherwood Anderson，1876～1941），美国作家，代表作为短篇小说集《小城畸人》。

② 西奥多·德莱塞（Theodore Dreiser，1871～1945），美国现代小说的先驱、现实主义作家，代表作品《美国悲剧》《嘉莉妹妹》《天才》等。

③ 约翰·多斯·帕索斯（John Dos Passos，1896～1970），美国小说家，代表作品“美国三部曲”（《北纬四十二度》《一九一九年》《赚大钱》）。

④ 兰斯顿·休斯（Langston Hughes，1902～1967），美国黑人作家，被誉为“黑人民族的桂冠诗人”。

⑤ 埃德蒙·威尔逊（Edmund Wilson，1895～1972），美国评论家和随笔作家，曾任美国《名利场》和《新共和》杂志编辑、《纽约客》评论主笔。

名德国公民以“保护性监禁”的名义投入了监狱和集中营。1934年，在那个臭名昭著的“长刀之夜”（Night of the Long Knives），在希特勒的亲自领导下，党卫军特遣队屠杀了包括一名前总理在内的超过100名纳粹运动内部和外部的“敌人”，其中一人是被镐活活打死的。第二年，德国大幅提高了军费开支，剥夺了犹太人的公民身份和公民权，他们被纳粹宣传头目约瑟夫·戈培尔称为危害欧洲人民的“梅毒”。在意大利，贝尼托·墨索里尼麾下的准军事组织黑衫军到处恫吓任何敢于反对法西斯独裁专政的人。在地球的另一端，军国主义化的大日 11
本帝国发动了军事行动，野蛮地占领了中国的东北地区。

在许多遭受经济大萧条冲击的国家，右翼和左翼力量展开了激烈交锋——看上去，取得胜利的总是右翼。1934年秋天，当有意革命的西班牙矿工以炸药将自己武装起来，并控制了矿井、工厂、银行和阿斯图里亚斯省①的其他行业时，在他们当中，至少有1000人遭到了政府军步兵和炮兵的屠杀。这些军队包括了令人不寒而栗的西班牙外籍军团（Spanish Foreign Legion），他们常常耀武扬威地戴着用铁丝将受害者的耳朵串成串的项链，有时甚至会砍下矿工的双手、舌头和生殖器。起事的矿工们亲眼看着自己的妻子被人强奸，他们中的数千人被扔进监狱。率领这支“凯旋之师”的，是欧洲最年轻的将军之一，言辞强硬的弗朗西斯科·佛朗哥，一个被美联社称为“西班牙风云人物”的人。[10]

相比之下，苏联发生的各种事听起来则更能令人看到希望。在那个对无数人来说大难临头的年代，苏联成了数百万人寄托希

① 阿斯图里亚斯（Asturias）是西班牙的自治区兼省之一，位于西班牙北部。

望之地。那里没有罢工——至少在美国，人们从未听说过——此外，不论这个新社会存在着什么样的问题，失业都不是其中之一。当时的苏联经济正显现出蓬勃发展的势头，以至于约瑟夫·斯大林曾在亨利·福特那里订购了7.5万辆A型轿车。

事情远不只如此：苏联人还在对外招聘。在苏联政府发布了面向美国工程师和技工的工作机会后，八个月内，就有超过10万人应聘。还有好几千人希望能在到达苏联后找工作，于是拿着旅游签证就出发了——来自美国和英国的新来者已经多到让原来每周出版一次的英文版《莫斯科新闻》（*Moscow News*）变成了日报。沃尔特和维克托·鲁瑟（Walter and Victor Reuther）是一对兄弟，后来成了重要的工会领袖，为高尔基市（city of Gorky）一家汽车制造厂工作的他们就是在苏联找到工作的外国人中的两个。一本名叫《新俄国识字读本：五年计划的故事》（*New Russia's Primer*：*The Story of the Five - Year Plan*）的读物在美国畅销书排行榜上停留了长达七个月之久，而它原本是为苏联的学龄儿童编写的。“你们的船，就要在这场突然降临到我们
12 头顶的大型金融风暴中沉没了，”结束对苏联的访问后，爱尔兰剧作家乔治·萧伯纳告诉收音机前的美国听众，“大船当中，既未在波涛中颠沛流离，也不必用无线电发出求救信号的，只有苏联这一艘。”[11]

尽管已经成了伯克利经济学部的首席助教，可在内心深处，鲍勃·梅里曼依旧是个行动派。相较那些在教科书中出现的，与被大萧条所困扰的世界没什么关系的有关供给和需求的曲线图，他对一个正在进行自我重塑的社会显然更感兴趣。尽管不是一名共产党员，他却开始向他们的圈子靠拢。经济学部的首席教授是一名保守主义者，但他告诉鲍勃，他相信理解苏联的

新体制是十分重要的。梅里曼想，为什么不在该主题下选取一个方向，撰写自己的博士毕业论文呢？1934 年年末，他完成了课程作业，并且，就像加尔布雷斯所写的那样，“学校给了他旅行奖学金，在学校的各种奖励中，这种奖励相当少见”。[12]尽管做出出国的决定是件痛苦的事，玛丽昂还是将时年 10 岁和 13 岁的两个妹妹放在了自己所能找到的最好的儿童教养所（鲍勃的一位教授是这家教养所的董事会成员）。上述奖学金能提供 900 美元以做海外学习之用，加上夫妇二人的积蓄，这些已足够让梅里曼一家踏上前往莫斯科的旅程了。

2 应许之地，黑色之翼

13 对于身处两次世界大战之间的那些雄心勃勃的美国年轻人来说，最令他们觉得光芒四射的职业之一便是驻外通讯员：精挑细选出来的记者们用电报经由海底电缆传回最新报道，向国内的读者介绍外面更加广阔的世界。对出身于费城贫民窟的路易斯·费舍尔（Louis Fischer）来说，能够成为这群精英中的一员不啻鲤鱼跳龙门。

“我的父亲一开始给一家工厂做工，后来开始用手推车到处叫卖鱼和水果，”费舍尔后来写道，“直到现在，我还能回想起他的叫卖声：‘桃子！新鲜的桃子！’有时我负责把空手推车推进马厩，妈妈则负责洗车。只要付不起房租，全家就得搬家——这是常有的事。16 岁之前，我从没住过有电和自来水的房子，也没用过室内厕所，除了厨房兼卧室里的煤炉，我没用过任何采暖设备。”[1]他们的食物也很匮乏。

急于摆脱困窘生活的费舍尔选择了新闻行业作为通往更迷人生活的道路。一战结束后，他说服《纽约晚邮报》（*New York Evening Post*）向他支付报酬，以换取他从柏林发回的报道——当时的德国正面临着毁灭性的通货膨胀，美元在当地算是硬通货。很快，靠着和编辑拉关系与快速掌握外语的能力，他来到
14 了莫斯科。在这里，他创作了大量作品，并向备受尊敬的纽约自由主义周刊《国家》（*Nation*）杂志以及《纽约时报》、《巴尔的摩太阳报》（*Baltimore Sun*）等报纸投递了上百篇稿件。

1920 年代末那几年，他每年都要乘坐蒸汽轮船回国发表演说，利用当时美国社会对听上去比较权威的外国事务专家的喜好牟利。他的图书与演讲让他成了一个小小的名人，在美国国内做巡回演讲时，其他记者还会找他进行专访。

1922 年，费舍尔娶了一名俄罗斯女子为妻。不久之后，他们生下了两个儿子，二人在莫斯科被抚养长大。费舍尔对女人的嗜好就像他对旅行的嗜好一样大，这让他在地球上好几块不同的大陆留下了不少风流韵事，还让他成了不止一个私生子的爸爸。不过，他对原配妻子的爱一直没有改变，后来，即便在彼此成为陌路人许久之后，他们仍会定期给对方寄去深情的书信。1930 年代中期，他进一步发展出了一项副业：每年夏天的几周时间里，他会带领来自美国的旅游团展开穿越苏联之旅。尽管有时候爱穿着典型俄国农民式的上衣和凉鞋来显示自己与工人阶级的团结，他依然很享受这些旅游项目为自己带来的额外钞票，并且还曾因莫里斯·沃特海姆（Maurice Wertheim）是自己的“得意门生”而自豪了一整年①，这是名“坐拥数百万家财的投资银行家”，在纽约拥有一间顶层公寓，在康涅狄格州拥有房产，在加拿大拥有一条可以进行私有化三文鱼捕捞的河流，还收藏着一堆毕加索的画作。（后来，沃特海姆的女儿芭芭拉·杜希曼［Barbara Tuchman］成了历史学家，并赢得了广泛的声誉。）

就像那个年代许多因战争和经济萧条而恐惧的人一样，费舍尔也在一直寻找一种能让他搞清楚世界本质、允诺给人们一个更加美好未来的“主义”。他曾经写道：“我无法想象，要是

---

① 此人曾在 1935 年收购了《国家》杂志，这是二人唯一的交集。

没有什么高出我自身的存在让我信仰，我要怎样生活。”经过年轻时与犹太复国主义思想的短暂纠缠，他最终在苏联身上找到了自己的信仰。“我也被卷入了它的洪流之中……宏伟蓝图的背后，是一个国家坚定向前的脚步……我曾在夜晚伫立在火车窗前，忍受可怕的失眠，注视着火车穿过俄国几无变化的绵延土地。窗外没有亮光，长达几百英里的旅途中，一片黑暗。这里的人们就是在这样的黑暗中度过一生的。高中时我是靠煤油灯完成学业的，这不会毁掉你，但有明亮的灯光显然会更好。直到现在我都讨厌把灯关掉……现在，电灯泡开始向这贫瘠、黑暗的俄国村庄进军了……俄国正在努力从远古的泥潭中脱身。”[2]

共产主义似乎正在像变戏法似的将一个落后国家急速带进工业时代。像许多“主义”一样，共产主义也拥有自己的“活先知”。1927 年，正在陪同一个美国代表团访问的费舍尔曾和约瑟夫·斯大林一起度过了大半天的时光，后者温和的腔调和军人般简洁干练的作风征服了一大批外国访问者。“在他与我们进行了几个小时的谈话以后，我对他的力量、意志和信念的尊敬进一步增加了……他那冷静的声音所反映的是内心的力量。”[3]

照片里的费舍尔从来没有笑容。严肃的面容，宽阔的肩膀，浓密的黑发，让人印象深刻的黑色眉毛，他的外形并不合所有人的胃口。当时还是一名驻莫斯科年轻通讯员的英国作家马尔科姆·马格里奇①认为他是个“面色灰黄、沉闷呆板但又极度热心的人，多年以来从未改变自己对党的路线的坚定追随”。[4]一次，在二人与一名大坝工程师的谈话中，当此人不甚明智地暗

---

① 马尔科姆·马格里奇（Malcolm Muggeridge，1903～1990），英国记者、作家，他曾在英军服役，为英国政府做过间谍。

示这里的建筑工人事实上都是来自监狱的犯人时，费舍尔马上改变了他们的话题。

使费舍尔成为他在莫斯科所扮的演角色的，不仅仅是天真的理想主义情愫，还有他对接近权力与获得认可的渴望，在成长道路上，他从未得到过这些。在他保存的许多照片中，除费舍尔之外的人往往要么是总理、将军，要么是内阁部长。一次从西欧旅行返回莫斯科后，费舍尔写信给斯大林要求面见，以便“可以给您介绍我旅途之中的种种见闻……再和您探讨一下国际局势”,[5]相比之下，大多数记者肯定会去采访些其他人。并没有记载显示斯大林是否做出了回复，但苏联官方显然十分清楚要如何满足费舍尔实现自我价值的心理。在 1932 年的一次由苏联外交人民委员会举办的宴会上，费舍尔因“公正客观的新闻报道”而和另外两名外国通讯员一起受到了嘉奖。这样的恭维获得了回报：“太阳照耀克里姆林宫：路易斯·费舍尔先生认为苏联是个快乐又忙碌的国度”，几年以后，《华盛顿邮报》(*Washington Post*) 对他一部著作的评论用上了这样的标题。

无论是在苏联还是在国外采访，费舍尔都会巧妙地运用熟 16
练的俄语、法语和德语结交政客。靠着与这些人分享来的各色新闻和小道消息，他把自己的黑色皮面记事本写得满满的，上面尽是来自这些大人物的谈话，这些令他的文章充满了“来自国际政治宏大舞台上的内幕消息”的气息。他渴望自己也能够成为那舞台上富有影响力的人物，不断地给那些真正处于舞台之上的人各种“建议”。“首相……看着我，斟酌着自己的说辞，”他在回忆录中的一段里这样写道，与之相似的段落在这本回忆录中还有很多，“‘我很高兴你能够与我坦诚相谈……若是你还有更多的意见，再写信给我，或者来当面见我，都可以。’”[6]他还很自豪地描写过一位苏联的杰出将军是如何为了记录费舍尔向他本人的进言而专门召唤速记员到场的。很显然，那些被他采访过的大人物都意识到，要想让费舍尔写出一篇对自己有利的报道，热心听取他的“建议”是有效途径。

按照记者林肯·斯蒂芬斯①著名的说法，想在苏联寻找能够走得通的未来道路的外国人一般都能实现愿望，费舍尔也不例外。他在 1935 年出版的一本书中写道，苏联秘密警察“不是单纯的情报部门和民兵组织，它还是个巨大无比的工业企业，一所巨型的教育机构”，经营着许多事业，还运营了莫斯科迪纳摩足球俱乐部，并慷慨地将其大门向外人敞开。[7]它在全国范围内设立的“营地”为囚犯提供有益健康的室外工作机会，努力对他们进行改造。还是在这本书中，他用了一章的篇幅热烈地书写了博尔舍沃（Bolshevo），一座靠近莫斯科，用来流放犯人的田园牧歌式的“政绩村”。在这里，苏联当局向上百名外国访问者展示了这些囚犯被慷慨赐予的各种福利，包括运动器材、电影院、美术馆和为他们开设的各种学习课程等。费舍尔写道，这里犯人的待遇实在是太好了，“他们中的许多人都和我说，他们实在是太爱这个地方了，根本没办法离开这里”。

在异国他乡，同胞间的友谊总能快速建立起来。在克里姆林宫以北几个街区的网球场上，费舍尔成了刚从伯克利来到苏联、体格健壮的年轻经济学家鲍勃·梅里曼的长期搭档。费舍
17 尔写道：“这个爱笑的高个子男人总是极力向我保证，就算他在

① 林肯·斯蒂芬斯（Lincoln Steffens，1866～1936），美国新闻记者、演说家、政治哲学家，代表作为《城市之耻》。

场上赢了我，我球打得也比他要好。”[8]

1935 年 1 月，鲍勃和玛丽昂离开了加利福尼亚，这是他们第一次到内华达以东的地方。他们先是搭乘破旧的小型公共汽车横穿美国，鲍勃会帮着司机驾驶，他们的车费也因此降低了。一路上的景象不断提醒着他们，成千上万的美国人正处于饥饿、无家可归和失业当中：工厂停工，人们在人行道上排成长队，有的在等待递交求职申请，有的在等着盛施粥处的热汤。他们在费城和纽约看到的，是胡佛村里的人们围在明火四周取暖。随后，他们搭轮船穿过大西洋，每晚伴着音乐跳舞打发时间。接下来，他们先后在伦敦与哥本哈根落脚，然后搭上了一艘去往赫尔辛基的破冰船。最后，他们乘火车来到了应许之地的首都，莫斯科。

一个同样出身伯克利的朋友将二人介绍给了一名俄国女士，此人是一份供苏联农民阅读的官方报纸的主编。了解到鲍勃计划就苏联农业这一主题撰写博士毕业论文后，这位女士请鲍勃将他在苏联全境旅行期间写作的有关集体农庄的文章发给她。鲍勃还学习了俄语，在莫斯科经济学院听课，同一时间，玛丽昂则在为从英国和美国来的商人做秘书。

这对长相俊美、受人喜欢的年轻夫妇迅速成了当地美国人社区中的红人。鲍勃因其出众的桥牌和扑克技巧而备受人们欣赏，由于能够前往那些不对外交官开放的区域旅行，他在美国大使馆工作的朋友也常常从他那里获取相关信息。一位领事在向华盛顿发回的报告中指出，梅里曼对于苏联的热情非比寻常，他“愿意与来访的美国人展开对话，说服他们回国后要求美国就对苏政策做出改变。他甚至还向一些来访的旅行团发表过正式演说”[9]——很可能是那些由费舍尔带领的旅行团。

鲍勃向加利福尼亚的一家左翼小报《太平洋周报》（*Pacific*
18 *Weekly*）发回了一系列洋溢着乐观情绪的文章：莫斯科建成了72 所新学校和新的地铁交通系统；苏联的领袖们获得了“来自人民的强力支持，这种支持是其他任何国家的政府都未曾得到过的”；工人们的休息室既宽敞又干净；9.9 万台新拖拉机和2.5 万台崭新的大型联合收割机“给予了苏联农民他们所能想到的最大限度提高生产力的机会”。[10]

显而易见的是，一场苏联农民从未想到会成为现实的史上最具灾难性的饥荒才是实际上发生的。饥荒发生在 1932～1933 年之交的冬天，是由一场梅里曼来到的两年以前、强制性的农业集体化运动所引发的。富农们先是眼睁睁地看着自己的土地被没收，然后在配备了机关枪的军队的监视下，被货运车厢送到这个广袤国家的边缘地带。其他农民则从自己耕种的小块私人土地上被驱赶到了大型集体农庄——当局信心十足地认为这一举措将迅速地提升食物生产效率，以满足人口快速膨胀的城市所需。如意算盘并未打响。农民们也并没有坐等牲畜成为新生的集体农庄的财产，他们杀掉了超过 7000 万头牲畜，然后将它们吃掉了。

那年冬天和随后的春天，饥荒至少造成 500 万人死亡。白雪覆盖了那些由于饥饿而倒在村路两旁的尸体。就像在饥荒中经常发生的那样，人口出生率亦直线下降。后来，当初步人口统计数据表明苏联的实际人口比预期数字少 1500 万时，斯大林的做法是下令将有关的统计官员枪毙。果然，下一轮的数据就显得好看多了。

即便鲍勃·梅里曼曾经察觉到过任何饥荒的迹象，他也从未在笔下流露蛛丝马迹。他唯一一次提到饥荒，是在一篇谴责的文章中，指责赫斯特报业集团①旗下沙文主义倾向严重的报纸对苏联饥荒的报道是“故意捏造的谎言”。[11]和其他经历过黑暗往事的苏联人一样，饥荒的幸存者们肯定知道，向一名外国人诉说任何带有批评现政权意味的事实都是很不安全的行为。要是梅里曼曾就关于饥荒的种种流言咨询过路易斯·费舍尔这位记者朋友的意见的话，根据后者就这一问题写作的内容可以得出结论，费舍尔一定会告诉这位年轻的经济学家，事实的严重程度被极大地夸张了，这场集体化运动绝对是自1861年亚历山大二世农奴改革以来俄国历史向前迈出的最大一步。一个伯克利的明星毕业生竟然能够就这样无视一场在他正在求学的土地上发生的人间惨祸，放在今天可能有些奇怪，但是在当时， 19
许多人就是在以非黑即白的二分视角感受这个世界的：如果你因西方世界发生的饥饿、失业潮和不平等而愤怒，那么苏联道路就一定是通往更美好的制度的光明之路。

从一位莫斯科的新朋友那里，梅里曼夫妇听到了更为消极的观点，在二人的下一段人生经历中，这位朋友将是他们的同路人。时年37岁的米利·贝内特（Milly Bennett）出生于旧金山，19岁那年，她成了一名报社记者——在那个年代，这在女性当中是很罕见的。很快，她凭借一系列描写体验女佣生活的文章受到了瞩目：“新岗位上，‘米利’打翻了汤碗”，“在伯克利之家，‘米利’讨厌戴女士帽”，“‘米利’辞职了”。另外一个系列的文章记录了她在其他地方的工作体验：“米利·贝内特与工厂的女孩们混熟了”。[12]随后的五年中，她为火奴鲁鲁（Honolulu）的一份报纸工作，结了一次婚又离婚了，然后到中

① 赫斯特报业集团（Hearst newspaper chain）是一家美国出版界巨头和多元化传媒集团，总部位于纽约。

国做了几年记者，深入当时中国革命的旋涡之中。1931 年，她开始在苏联为一份叫作《莫斯科每日新闻》（*Moscow Daily News*）的政府控制的英文报纸工作，并在不久之后嫁给了一名苏联芭蕾舞演员。由于她的自信以及对组织表现出的不敬，有一次她还丢了工作。当时苏联官方认为，她在为一本美国杂志所写的文章中对来到莫斯科的美国移民表现出的天真情绪进行了过分的嘲讽。不过，最后她还是成功地回到了工作岗位上。

“我们一见如故。”玛丽昂·梅里曼回忆道，靠着贝内特的帮助，她在同一家报社找到了一份校对员的工作。玛丽昂写道，米利“是个长相很平凡的女人，但……她的好身材会惹得不少男士回头行注目礼……从她的脸上，你就能够看到她过往的丰富经历，她脸上皱纹不少，面容粗糙。不论是在报社，还是在很少有女性光顾的记者们聚集的咖啡吧里，她在男性中都‘吃得开’”。[13]

通常与记者使用的手动打字机配套的新闻纸上都会印上大写字母，但贝内特的信中却很少使用。尽管贝内特的职业生涯已经足够丰富多彩，我们却经常能在她当时的书信中发现一种对未知事物的渴望。有时候，她渴望了解家庭生活。她会写信给刚刚生完孩子的朋友，腼腆地询问人家：“生孩子疼吗？”[14]有时候，她认为自己缺乏这个时代似乎正要求她掌握的马克思主义理论基础：“我正在上讲授列宁主义的课程；还有有关辩证唯物主义的课程……昨天晚上，我参加了一个学习小组，试图弄懂恩格斯书中的一个章节……我想说，只有书中的一小部分，哦，应该说是非常小的一部分才是我能看懂的。”[14]有时候，她所渴望的仅仅是新闻行业中的一个稳固的位置。尽管她有能力为杂志不定期投稿，退稿信却还是来得比好消息更多，似乎只有当正式的通讯员需要帮手或恰巧去休假时，她才能从美国国内的报纸得到分配来的任务。

尽管在圈子里只是个边缘人物，贝内特却给人留下了深刻印象。“她的头发像南非的霍屯督人（Hottentot），戴着厚厚的眼镜，大眼睛，有着浓密的眉毛。”一名新闻记者这样写道。他说，贝内特“能够驾驭任何故事类型的写作，敢于同任何反对她激进理念的人开战，面对枪口能面不改色，既能骂得你狗血淋头，也能凭她貌似粗鲁实则热心的性格让你着迷。只消被那透过像墙壁一样厚的镜片的目光直直地盯上一盯，你就能被她弄得浑身不自在。然后她会对你说：‘我讨厌英俊的男人。’直到你根本分不清她是在夸你还是损你为止”。[15]

当贝内特的俄国丈夫，那个名叫叶甫根尼·“叶尼亚”·康斯坦丁诺夫（Evgeni “Zhenya” Konstantinor）的芭蕾舞演员因为犯了同性恋的“罪”而被当着她的面抓走，并被投入西伯利亚一处劳改营后，她在莫斯科的生活受到了巨大的冲击。到底是一开始她丈夫身上独特的气质使她突然着迷，还是这场婚姻本来就是他同性恋身份的一种掩护，人们并不清楚。无论如何，贝内特似乎的确很爱她的丈夫，这从她在1934年写的一封信中便略见端倪：“要不是为了叶尼亚和他的母亲，我就买明天的船票回国了。我深爱着我那年轻的丈夫。所以我到底该怎么做……我刚从集中营探视他回来——一切令我几乎彻底绝望了。”[16]尽管这段婚姻破裂了，可在之后的许多年里，她依然会给前夫的家人寄钱。

这样的经历令贝内特眼中苏联的形象比鲍勃·梅里曼眼中的更加冷酷无情。按照玛丽昂的说法，“他们俩在美国大使馆酒吧的辩论非常有名”。多年以后，玛丽昂向人们再现了一段这样 21

的谈话：

“‘我的上帝，鲍勃，’米利以她那通常会伴随着对上帝不敬的尖刻口吻说道，‘从那些农民身上，你怎么可能发现任何有价值的事情呢？这到底是为什么呢？看在上帝的份儿上，跟沙皇时期相比，他们现在的处境根本没有一点儿好转……’

“‘米利，’鲍勃的声音有些恼怒，‘这个国家正处于地球上任何国家都未曾经历过的巨大变革当中。我可以这么告诉你，我见过的俄国农民们正在为过上另外一种生活而努力，毫无疑问，这是种全新的、更好的生活。’”

“‘你就胡扯吧，’米利边说边呷了一口苏格兰威士忌，‘我也亲眼看过，他们倒是把几架木犁换成铁的了，不过又能怎么样呢？’”[17]

与其说是名朝圣者，贝内特其实更像是以流浪者的身份来到苏联的。然而，在她内心深处，朝圣者的情愫始终或多或少地存在着，即便亲自参观过劳改营——这对一名外国记者来说几乎是闻所未闻的体验——这种感情也从未彻底消失过。她在给一个朋友的信中这样写道：“这很苦涩……黑暗，无法理解。可是，面对苏联，你要做的，和面对其他‘信仰’时要做的并没有什么不同。你要一心相信他们是正确的……然后，当你再次看到那些令人战栗的景象时，你就闭上眼，然后对自己说：‘事实并不重要。’”[18]

对那些拥有信仰的人来说，只要看一眼欧洲其他国家，他们就很容易对任何苏联存在的问题置之不理。1936 年，当梅里曼夫妇到西方旅行过暑假时，他们看到的是人们居无定所、食不果腹的景象。他们在维也纳发现，人们害怕奥地利将在不久之后落入希特勒的魔爪。他们游览了卡尔·马克思的故居，在这位社会主义标志人物的生前居所，他们在墙壁上发现了两年前一场袭击中右翼分子、警察和预备役士兵发射的子弹甚至炮弹留下的累累伤痕。很显然，这样的场景所展现出的阶级斗争远比旧金山海滨罢工要激烈得多。

夫妇二人怀着沉重的心情回到了莫斯科，和法国作家安德烈·马尔罗①不久之后形容的一样，他们也感觉到了“法西斯 22
主义的黑色之翼已笼罩欧洲，遮天蔽日”。[19] 在一战后签订的《凡尔赛和约》中，德国被禁止在其西部莱茵河两岸的莱茵兰地区部署军力。可是，希特勒却在 1936 年公然违背和约派军队越过莱茵河，并在那里建起了军事基地。作为回应，各民主国家仅仅是通过外交途径进行了不痛不痒的抗议。在英国和美国的上层社会，希特勒也拥有一群十分有影响力的崇拜者。对希特勒十分狂热的加拿大时任总理 W. L. 麦肯齐·金（W. L. Mackenzie King）将在来年对德国进行国事访问，他曾在日记里这样写道：“终有一天，‘元首’将因其领导人民的功绩而获得与圣女贞德这样的人物同等重要的历史地位。”[20] 不管苏联犯下了什么错，对于像梅里曼夫妇、路易斯·费舍尔、米利·贝内特以及其他数百万人来说，面对不断发展壮大的法西斯，大国当中，能与这股地球上最危险的力量相抗衡的，唯有苏联。

即便在美国，法西斯的早期拥护者们也在通过各种运动彰显其存在感。2 万名德裔美国人加入了“德国人 - 美国人同盟”（German - American Bund），穿着褐色的纳粹冲锋队制服参加军

① 安德烈·马尔罗（André Malraux，1901 ~ 1976），法国著名作家，曾任戴高乐时代法国文化部长，且被提名诺贝尔文学奖候选人，代表作有小说《人的价值》。

事夏令营活动。他们还效仿纳粹，在纽约麦迪逊广场花园等地举办大型集会。大多数意大利裔美国人开办的报社和各类组织团体都是墨索里尼的狂热支持者，几百名意大利裔美国青年甚至漂洋过海回到母国加入了意大利军队。仅亚特兰大一地，就有 2 万名白人加入了黑衫军，该组织也被称作美国法西斯党，经常对有色人种实施恐吓。当年，曾有 1600 万美国人收听过“电台牧师”查尔斯·E. 库格林（Charles E. Coughlin）神父的演说，这位激情澎湃、拥有一副金嗓子的反犹演说家的听众大部分都不是天主教徒。曾有记者亲眼见过他演讲的场景，当时，台下有一大群听众，打着绑腿、身穿军服的年轻男性追随者将会场团团围住。这个记者写道：“他特别善于感染听众，他能消灭听众原有的情绪，然后随意操纵他们。他听起来就像个在歌剧舞台上演唱的、嗓音清澈的男高音，他说出的每个句子，都能让人感到一股被压抑过的野蛮气息。他常常会像猛地刺出匕首一样挥动手臂，打断自己的讲话。”[21] 库林格神父最早是个左派，不过，当时间来到 1930 年代以后，他却发现自己其实更钦
23 佩希特勒和墨索里尼这样的人。罗斯福总统也曾因为“受犹太共产主义者和犹太银行家的双重操控”遭到过他的攻讦。

正当这股邪恶力量在大西洋两岸势如破竹之时，一则令人振奋的好消息意外出现了。这则消息来自西班牙。

1936 年 2 月，凭借微弱优势，由自由主义者、社会主义者和共产党员组成，被称为人民阵线（Popular Front）的联盟在议会中击败了拥有庞大财力支持的右翼反对党，赢得了多数席位。令人诧异的是，这样一场令人意想不到的胜利竟然会在西欧各国当中最接近封建制度的西班牙上演，毕竟在当时，不论经济

水平还是国民财富的分配状况，西班牙都远远落后于欧洲大多数国家。终于，这一次社会的巨大变革在这样一个国内最强大势力由富裕的实业家、一度拥有超过 75000 英亩土地的大地主和天主教廷——其主教曾警告信众要将票投给右翼势力——所组成的国家似乎变得可能了。纽约的《国家》周刊为此欢欣鼓舞："要想找到上一次欧洲传来的、像西班牙议会选举这样令民主备受鼓舞的新闻，真不知要追溯到多久之前。"[22]

欧洲社会在 1920 年代到 1930 年代间积聚的紧张情绪在西班牙彻底爆发，其烈度无他国能出其右：大规模罢工与农民起义此起彼伏，左右双方发动了数百起政治谋杀，银行被起义者劫掠一空，当局滥用酷刑，大规模逮捕行动、越狱以及街头斗殴也是家常便饭。只因偷吃猪食槽里的橡树果实充饥，饥饿的农场长工就遭到了预备役部队士兵和穿着黑色斗篷的骑警的肆意殴打，他们还与起事造反的城市工人展开了激烈冲突。大选结束之后的几个月时间里，罢工和骚乱持续不断，数百人因政治迫害而死。

现在，尽管获得了这次大选的胜利，来自人民阵线的政府成员们所面临的处境却险象环生。他们许诺过大规模改革，然而，军人们却对新政府提出的将部分军事预算拨给救济贫困人口项目的方案十分愤怒。大胆的左翼人士占领了各地工厂，并在这些工厂里挂满了红色或黑色的标语。等不及正式立法的无
地农民私自占据了部分大块耕地并已经开始耕种，欢腾的群众 24
烧掉了教堂（这一行为是过去西班牙民众起义的"特色"之一），并捣毁了右翼报社的办公室。不待特赦法令签署，那些积极分子便奔赴监狱，将自 1934 年矿工暴动以来关押的数千名政治犯放出牢笼。

大选结束不久，路易斯·费舍尔便来到西班牙进行报道。一位工会领袖告诉他："除非发动政变，否则，反动派休想重获政权。"[23]费舍尔发现，为消除这种情况出现的可能，那些以极右政治立场而著称的将军被重新分配到了边远省份或者是殖民地驻扎，弗朗西斯科·佛朗哥就是一例。他曾在1934年参与镇压矿工暴动，如今，他被解除了陆军参谋长的职务，被发配至距离西班牙本土800英里之遥、地处非洲沿岸的加那利群岛（Canary Islands），在一座军事基地担任指挥官。

当时西班牙有2400万人，大部分都以种地为生，可在他们当中，大多数人只拥有极少的土地，还有数百万人一无所有。几年以前，西班牙发动了一场力度有限的土改运动，在此之前，仅仅2%的人口拥有着全国65%的土地。为了见识一下西班牙的农村，费舍尔和另一名美国记者开车进行了一场总里程1200英里的周游西班牙全国之旅。他们发现，居住在由破烂茅草搭成的棚屋里的农民，与害怕被人民阵线政府夺走而下决心死死掌控自己土地的地主间的对抗已到了一触即发的地步。妇女们扎着方头巾，皮肤粗糙，脸上写满了疲倦，穿着破旧不堪的长裙，和祖先一样依靠人力犁地；男人们佝偻着后背，扛着用来当作燃料的大捆树枝。地区与地区之间，政治立场分化十分严重。"当我们沿公路驶过村庄时，有些人会向我们行法西斯礼……在其他地方，大人和孩子们则以紧握的拳头向我们致意"[24]——这是人民阵线的标志性手势。一次，他们来到了一场政治集会的现场，由于原本预定发表演讲的人未能及时现身，毫不掩饰自己对党忠诚的费舍尔接管了会场，向在场的农民听众发问。当被问到他们当中是否有人能每周吃一次肉时，台下无人应答。接着他又问，如果右翼势力企图夺走他们刚刚获得

的土地，那将怎么办？底下的人回答道：“那他们得先把我们全 25
部杀掉再说!”

然而，在西班牙以外的地方，法西斯主义却得到了迅猛的发展。1935 年，渴望靠攻城略地实现新罗马帝国之梦的墨索里尼发动了入侵埃塞俄比亚的战争。作为非洲大陆少数从未沦为殖民地的区域，这片土地已成了一只待宰的羔羊。凭借现代化的坦克、轰炸机甚至化学武器的支持，近 50 万意大利军队步步为营地从装备破旧的埃塞军手中蚕食领地。由于这次的受害者是非洲人，除了禁止报纸就此事发表社论以外，欧美各国对事件毫无作为。然而，美国黑人的反应却十分激烈：大约 3000 人聚集在哈勒姆区（Harlem）一所教堂开展了抗议集会；黑人社区展开了集资活动，并向战区的一所拥有 75 个床位的战地医院寄送了绷带和其他补给。尽管交通上的困难和来自美国政府的反对将使一切几乎不可能实现，还是有数百名黑人男子加入了一个名叫“黑色军团”（Black Legion）的志愿组织，他们组织进行军事训练，随时准备为困难重重的埃塞俄比亚而战斗。多个美国城市爆发了黑人与意大利裔美国人间的街头斗殴，只要商店或者酒吧起了个意大利名字，哈勒姆区愤怒的黑人群众就会要么将其捣毁，要么予以抵制。

到 1936 年年中，墨索里尼的军队已经控制了埃塞俄比亚全境，战争宣告结束。这场战争造成埃塞俄比亚军民伤亡 27.5 万人，[25]伤亡如此之高，以至于曾传言墨索里尼下达了对埃塞俄比亚“留地不留人”的命令。尽管长着络腮胡、极富雄辩才能的埃塞俄比亚小个子皇帝海尔·塞拉西（Haile Selassie）向国际社会发出了请求，各大国却无动于衷。“今天是我们，”他在国联会议上说，“明天就轮到你们了。”

3 “异见者”

26 “明天”降临的速度超出了所有人的想象——一同到来的，还有触目惊心的暴力。

1937 年 7 月 17 日，联合通讯社驻伦敦办公室收到了一封来自马德里分部的电报：“妈妈一直受疾病折磨可能是喉炎弗洛拉姨妈即使之后要往北方去也应该回来一趟要是晚上最好……”奇怪的言语表明，这名通讯员在试图规避一场突如其来的新闻审查。当伦敦分部的记者们将各单词的首字母重新组合后，信息变成了这样：梅利利亚（Melilla）的外籍军团发动叛乱，戒严令通过。

梅利利亚是位于北非西属摩洛哥殖民地的一座城市。在这场精心策划的叛乱中，数百名军官命令数万名士兵同时夺取了该地区和西班牙国内的政权。对于西班牙这个军队素来由尾大不掉的各路将军所把持而广为人知的国家来说，军事政变从来不是什么新鲜事，但这次的政变却同往常不一样，显然经过了周密的计划，这样的做法并无先例。例如，在此次政变中，有关命令都是由遍布西班牙全境、身着便衣的情报员组成的情报网络谨慎地下达的。这种将一切化为焦土，纯粹为争权夺利而
27 发动的战争在欧洲人发动过的殖民战争中屡见不鲜，可是，自中世纪以来，此类行动就几乎没在欧洲本土发生过。军官们收到的开始行动的口令是“科法敦加”（Covadonga）——这是 18 世纪一场被视为“收复失地运动”（Reconquista），即西班牙从

穆斯林手中夺回伊比利亚半岛战斗开端的战役的名字。叛军的心中有一种相似的使命感，他们要将这个国家从对他们来说与异族无异的新统治者——人民阵线组成的左倾政府手中解救出来。

除了纳粹德国和法西斯意大利，许多欧洲国家，包括葡萄牙、波兰、希腊、立陶宛、罗马尼亚和匈牙利在内，也都受独裁者或军政府统治，或建立了极右翼政权，他们中的多数都存在露骨的反犹倾向。可是，虽然其民主并不稳定也不完美，西班牙却是个在五年前就在海内外无数人盼望其早日进入现代社会的期待中建立了民主政体的民主国家。历史上，在 19 世纪晚期，共和主义者曾经进行过民主制度的短命实验。直到 1931 年，在挤满街道的游行队伍和各地被推倒的雕像的见证下，前国王乘坐飞机仓皇出逃，这个曾经由君主制和军事强人控制的国家才被新生的西班牙共和国代替，和其一并到来的，是民选政府、一部新宪法以及彻底改革的承诺。

然而对发动叛变的一小撮将军来说，民主本身具有深远的威胁，人民阵线在选举中的胜利让他们极端厌恶。他们相信，这一切将导致俄国式革命在西班牙重演。叛军自称“国家主义者”（Nacionales），历史学家保罗·普雷斯顿（Paul Preston）解释道：“究其内涵，这个词‘唯一纯正的西班牙人’的含义要比翻译成英文后的‘国家主义者’（Nationalists）[①] 的意思强烈许多。”[1]

尽管尚未成为叛军领袖，弗朗西斯科·佛朗哥却是策划此次行动的关键人物。他是一个小心谨慎的人，直到政变显现出 28
必胜把握，他才加入为之出谋划策的行列之中。为了弥补先天

① 为了表述方便，后文中统一将“nationalist”一词译为“国民军”。

不足的身高（5英尺4英寸①）和丝毫不似行伍出身的肚腩、双下巴以及尖利的嗓音所带来的形象缺陷，他很早便因对细节的极端掌控和严酷治军而闻名，即便有时，这些意味着对不服从命令的士兵下令枪毙。

佛朗哥被广泛认为是军中最有能力的将军。作为国家军事学院——该学院已被共和国政府下令关闭，这令军方大为光火——的院长，他被上百名年轻军官所熟知。作为西班牙军队中的精英——外籍军团的缔造者，他是一名清教徒似的人物，并且富有野心，一直被一种强烈的信念所驱使：自己命中注定要将西班牙从共产党员、共济会和犹太人的危险阴谋中解救出来（尽管斐迪南国王和伊莎贝拉女王其实在1492年已经通过异端裁判所审判将犹太人驱逐出西班牙的土地，从此犹太人几乎再未踏上西班牙半步）。人民阵线政府将他与其他右翼军人分别发配到加那利群岛与其他边远据点驻守的决定犯下了非常严重的错误，因为，这样只会使他们更加方便地隐瞒自己的叛变计划。

大多数叛变的组织者都在各殖民地度过了他们军旅生涯的大半时光。他们是一群“非洲通”，一群曾在1920年代与反叛的柏柏尔人（Berbers）在西属摩洛哥利夫山区（mountainous Rif）进行过血腥战斗的老兵。在他们当中，一部分人本身便出生在驻扎于殖民地的军旅家庭。他们自视为保护传统的西班牙价值观不受殖民地叛乱者和现代世界侵蚀的坚忍不拔、久经战阵的捍卫者。佛朗哥曾经宣称：“要是没有非洲，我甚至无法说得清自己是谁。”[2]

---

① 约合1.63米。

这些人将殖民者心态带回了西班牙本土：一名杰出的将军将贫穷的西班牙农民轻蔑地称为“利夫部落民”[3]。在摩洛哥度过的十多年中，有一次，佛朗哥曾骄傲地从一场针对叛军游击队的远征中带回了12颗人头。其他与摩洛哥叛军作战的“非洲通”们有时会在战斗中使用一战结束后购自德国的剧毒芥子气炮弹和芥子气炸弹。当佛朗哥和他的同谋者发起这场与在非洲的战斗同样残忍的叛乱以控制西班牙时，他们手中掌握的最专业化的军事力量恰恰是这支非洲军团，其中就包括了恶名远扬的外籍军团。尽管名字里有“外籍”二字，这支部队中的多数人其实都是西班牙人，其中很多都是为减刑而应征入伍的犯人。

非洲军团大多是阿拉伯人或柏柏尔人新兵，或者说是摩尔人——西班牙人叫他们摩洛人（moros）。军队中的穆斯林会被 29
指挥的西班牙军官告知，他们将同妄图废黜真主安拉的异教徒及犹太人作战。讽刺的是，他们将要投入的，却是一场与头戴红色软帽、战斗口号是“我主基督万岁”（¡Viva Cristo Rey）的西班牙君主主义军人一起进行的战斗。

在来自英国的支持者的帮助下，政变领导者们雇用了一架英国飞机用于秘密将佛朗哥从加那利运到摩洛哥，在那里，他取得了非洲军团的指挥权。这批人数超过4万、富有作战经验的部队是政变策划者最倚重的力量，但此时他们却陷于摩洛哥无法脱身。由于众多在西班牙海军战舰上服役的水手拒绝加入叛军，还杀掉了领导他们的军官并对共和国政府效忠，原定将这批部队快速运回西班牙本土以使国民军顺利夺权的计划遭到破坏。政变领袖们对此感到十分忧虑，因为他们试图取得局势控制权的努力遭到了意料之外的抵抗，而他们最强有力的军队此时却只能被困在地中海的另一侧作壁上观。没有几架飞机能被用来将部队运到本土，因为大多数属于共和国势力的飞机都拒绝与政变产生瓜葛。接下来该怎么办？

佛朗哥迅速向两个欧洲国家派出了使者，他有信心，它们的领袖——墨索里尼与希特勒——将会向他伸出援手。希特勒在拜罗伊特（Bayreuth）举行的歌剧节上观看了瓦格纳的《齐格弗里德》（*Siegfried*）演出后便接见了到访的使者。元首穿着他褐色的纳粹冲锋队制服；他的随行人员穿着晚礼服，在希特勒与佛朗哥的代表们会谈期间等待晚宴开始。代表们向希特勒当面递交了一封佛朗哥的亲笔信和一张地图，经过几个小时的会谈之后——多数时间都是希特勒自说自话，此时的他仍因西班牙在一战当中保持中立而恼怒——这位独裁者同意向佛朗哥提供他所需的一切。随后，他叫来了空军元帅赫尔曼·戈林，向后者下令派出比佛朗哥所要求的数量更多的飞机前去支援。

没过几天，首批飞机便启程前往西属摩洛哥，并在不久之
30 后开始大批运送佛朗哥的军队。随后，这些飞机又穿过直布罗陀海峡，把将军本人送回了国内。在纳粹高层观看过那场歌剧演出——描写无畏的齐格弗里德英雄般地穿过火焰之中唤醒了沉睡的布伦希尔德（Brünnhilde）——之后，这次德国运输机开展的行动被命名为“魔火行动”[①]。对于希特勒来说，自从他三年半前开始执政便被西方民主国家鄙弃，这次能有其他国家的军队向他求助，他感到十分高兴。

墨索里尼也同意为佛朗哥提供帮助，他比希特勒更希望被国民军们视为头号大救星，这将给他提供一个为意大利在地中

① 魔火行动（Operation Magic Fire）的名字来源于瓦格纳歌剧《尼伯龙根的指环》中《女武神》第三幕第三场的歌曲《魔幻音乐》（*Magic Fire Music*）。

海这个有时会被他按古罗马人的说法称为“我们的海”的地区提升影响力的机会。他为佛朗哥派出了一个飞行中队的萨沃亚-马尔凯蒂（Savoia - Marchetti）三引擎轰炸机，并特意让国民军来访使者中的一人乘坐在飞机上的尾部机枪操作舱内回国。

希特勒则派出了更多飞机：20 架容克 52 运输机（Ju - 52）——一种拥有三引擎、被西班牙人昵称为“三个玛丽亚”（Three Marías）的大功率运输机。尽管每架飞机正常情况下能够容纳 17 名乘客，可一旦将座位拆掉，它就能装下最多 40 名浑身文满刺青的外籍军团士兵，或是身穿长袍、头戴头巾或毡帽的摩尔士兵，只不过，他们得成排坐在机舱地板上，膝盖紧贴着胸部。许多摩尔人一生当中从未见过飞机，更没有几个人坐过飞机。数天之内，1.5 万名士兵被运至塞维利亚，这里是国民军向北进攻的起点。这次运送行动是历史上第一次大规模军事空运行动，没有这次行动的帮助，政变也许早就被轻松瓦解了。

七月叛乱爆发之前，纳粹高层便曾和这些西班牙将军有过交集。威廉·卡纳里斯①是希特勒手下会说西班牙语的军事情报局长，他认识并且很喜欢佛朗哥，二人是在后者几年前到德国参观德军军事设施时相识的。何塞·圣胡尔霍②是政变中的关键人物，曾在 1936 年早些时候到访柏林，住在高档的凯瑟霍夫酒店（Hotel Kaiserhof），不过，当时他做了什么以及见了什

---

① 威廉·卡纳里斯（Wilhelm Canaris，1887 ~ 1945），德国海军上将，曾担任德国军事情报局局长（1935 ~ 1944），下台后因受刺杀希特勒活动牵连而被绞死。西班牙内战期间，负责德国对佛朗哥的援助工作。

② 何塞·圣胡尔霍（José Sanjurjo，1882 ~ 1936），西班牙将领，侯爵。曾任国民警卫队司令，1932 年发动反对共和国政府的叛乱，失败后流亡葡萄牙。1936 年策划和领导反对共和国的叛乱时死于飞机失事。

31 么人却是个谜。虽然希特勒本人此前显然并不了解政变一事，但事实证明，政变为他提供了一个千载难逢的机会。

葡萄牙，这个就在西班牙隔壁的由右翼独裁者统治的邻居，同样在不久之后向叛军提供了帮助，并允许国民军以葡萄牙国土为起点发动了一场攻势。约 8000 名葡萄牙人加入了佛朗哥的外籍军团，葡萄牙政府还允许国民军从里斯本港口向葡萄牙海岸运送部队和补给，向叛军提供电台、军火、国民军空军起降的基地，甚至还将共和国方面的难民交到叛军手中任其枪杀。

整个西班牙正在恐惧地战栗，因为国民军整个行动的目的就是要尽最大可能进行杀戮。仿佛是欧洲在几年后所经历灾难的先兆，当穿着日常服饰的被俘者排成令人压抑的队列，将双手举过头顶列队走过时，指挥官的嘴里说出了“肃清”或者“大清洗”的字眼。一些射击队在晚间执行任务，受害者们在汽车发出的刺眼灯光的照射下排成一排，工会领袖和包括 40 名来自人民阵线议会代表在内的共和国政治家被刺死或枪杀，同样遭到不幸的还有部分拒绝加入叛乱队伍的军官。军衔并不是军队中异议者的护身符——七名陆军上将和一名海军上将同样因为不愿参与政变而被枪决。家庭纽带也在此时被弃置角落：一名军官拒绝国民军接管一座军事机场，发出处决该军官命令的正是他的大侄子和童年玩伴——弗朗西斯科·佛朗哥将军。

就以韦斯卡（Huesca）发生的事情为例。在当地一座城镇，命令里的人数只有十来个，却有一百人被当成共济会成员遭到枪决。有人枉死也没关系，这些无关紧要：由此引发的恐慌依然能够激起恐惧。（西班牙共济会之所以进入叛军决策层的视线，是因为一直以来他们都反对教会干政。）不论国民军是否会在进军路上遇到抵抗，类似的屠杀行动依然在各地不断发生。

政变最初阶段的领导者，“非洲通”埃米利奥·莫拉[①]将军
宣称：“散播恐怖情绪十分必要，我们应通过毫不犹豫、毫无顾
虑地消灭异己树立权威……任何帮助共产党、协助他们藏匿的 32
人，以及人民战线的支持者都将被执行枪决。”[4]尽管西班牙共产党被右翼宣传渲染成巨大的威胁，可实际上，共产党员数量并没有多少。不过，人民阵线倒是的确拥有数百万支持者。莫拉的命令被以令人战栗的方式得到了彻底执行。在北部的纳瓦拉省，根据粗略统计，1/10 曾为人民阵线投票的人遭到了处决，该地一位年长的神父由于反对杀戮而被砍头。自由主义与左翼报社纷纷被关。工人若上街游行将被执行死刑。有时候，根据受害者的不同，恐怖的定义也会发生残酷的变化。在哥多华，一名身患糖尿病的社会主义者议会代表竟被国民军狱卒强迫喂食食糖而死。

诗人兼剧作家费德里科·加西亚·洛尔卡[②]是“异见者”中最著名的人物之一。他曾宣称“我将永远站在那些一无所有的人一边”，还在最贫困的乡村进行过巡回戏剧表演。他在自己的家乡格拉纳达（Granada）被枪杀，仅此一地，约 5000 人与他一同遭此厄运。大量的尸体甚至使当地墓地看守精神崩溃而被送入了精神病院。

不论是有关素食主义的活动、学习世界语的活动、在蒙台

---

① 埃米利奥·莫拉（Emilio Mola，1887～1937），西班牙将军，西班牙内战中叛军领导人。1937 年死于飞机失事。

② 费德里科·加西亚·洛尔卡（Federico García Lorca，1898～1936），西班牙诗人、剧作家。代表作有诗集《诗篇》《歌集》《吉卜赛谣曲集》和长诗《伊格纳西奥·桑切斯·梅希亚斯挽歌》等。

梭利①学校教书还是加入“扶轮国际”②，一旦你涉足过任何不那么“西班牙”的活动，都将立即受到怀疑。光是戴红色领带，就可能因被怀疑具有共产主义倾向而遭到逮捕。在莱昂（León），一名男子被告密者告发，原因是他曾参加过一场关于达尔文进化论的演讲活动，并在会上提出了几个听起来显然对此颇有研究的问题，结果该男子被实施了枪决。[5]在梅里达（Mérida），一名国民军军官带着他的一名犯人在街上散步，此人是一名拥护共和国的医生，他将和这名医生打招呼的人一一记录下来，以此作为他识别逮捕目标的凭据。随后，他枪毙了这名医生。[6]

得益于德、意敞开供应的武器弹药支持，仅仅几周时间，国民军便几乎控制了集中在南部和西部，占西班牙国土面积1/3
33 的区域。他们的杀戮造成了数以万计的死亡，这远远超出了希特勒或墨索里尼夺权时造成的后果。作为对其他人恐怖的警告，共和国支持者遭到屠杀后，他们的尸体被丢弃在街道上、广场上和十字路口。然而，杀戮并不全都是国民军造成的。几个世纪以来被压抑的社会对立情绪也在此时爆发，人们心中的怒火化为了狂风暴雨般的杀戮。

得知西班牙爆发军事政变、城镇一个接一个落入国民军之手的消息时，鲍勃和玛丽昂与世界上的其他数百万人一样感到

---

① 玛丽亚·蒙台梭利（Maria Montessori，1870～1952），意大利教育家、医学博士。发明蒙台梭利教学法，其精髓在于培养幼儿自觉主动学习和探索的精神。

② “扶轮国际”（Rotary）是一个全球性的慈善团体，由商人和职业人员组成，在全球范围内推销经营管理理念，并进行一些人道主义援助项目。在全世界两百多个国家和地区有多达3万个分支机构，共有会员一百多万人。

惊骇。在玛丽昂担任校对的《莫斯科每日新闻》报社，雇员们开始募集食品救济金以支援西班牙共和国控制区的平民。由于自己和妻子无法做到更多，鲍勃感到很懊恼。不过，他们的朋友路易斯·费舍尔很快便启程前往了共和国控制区。对像他这样的记者来说，这场战争就是欧洲目前最大的事件。他在战争爆发两个月后发现，自己正在报道的冲突“比过去在苏联和世界其他地方见过的任何冲突都更激烈、更有故事、更有趣”。[7]在巴塞罗那着陆以后，他看到身背步枪的工人们控制了机场。他的下一站是巴伦西亚（Valencia），当他在机场餐馆示意要结账时，人们放声大笑：外国同志吃饭一律免费。他乘坐火车一路向马德里进发，途中经过了一个大型汽油贮藏站，因为德国飞机的轰炸，那里正不断冒出滚滚浓烟。

除了为《国家》杂志撰稿，费舍尔也为一系列欧洲和美国的日报写稿。尽管也曾目睹过破坏，但他更多的还是被所见所闻所鼓舞着。装备虽然是老旧过时的双翼式战斗机，共和国依旧展开了对叛军据点的进攻。来自法国的小说家安德烈·马尔罗还组建了由来自多个国家志愿飞行员组成的空军中队。政变策划者原本的快速夺取西班牙全境的计划已无法实现，持久战将会把他们从未停止思考过的补给问题摆上桌面。比如，国民
军要从哪里为军队获得燃油？作为他们的盟友，希特勒的德国 34
和墨索里尼的意大利都是原油进口国，不是出口国。

在西班牙，费舍尔比以往更进一步地跨越了记者身份，不断向政治人物建言献策。他曾给共和国总理写信：为何不停止一切民用工程的施工，在马德里城外30公里处构筑一条固若金汤的防线？为什么不在敌后组建游击队，开展游击战？一次，他在见到共和国外交部部长时向对方提出，既然国民军控制着

西属摩洛哥，“共和国方面不妨宣布其正式独立，这样一来便能对佛朗哥与摩尔人的关系造成麻烦”。[8]他曾喋喋不休地向苏联驻西班牙大使提出建议，可能是想早点儿摆脱费舍尔的纠缠，后者最后终于给出了回复：“给我写份备忘录吧，我会发给莫斯科的。”

尽管有过上述种种举动，可从他那时的日记里，我们却能看到一个与在苏联时的高傲记者形象大不相同的费舍尔。在西班牙，他被这里波澜壮阔的理想主义精神所打动，被并非宣传机器产物的革命热情所打动，被冒着生命危险挺身而出、拯救这个国家尚处于襁褓之中的民主的人们所打动。当前去报道轰动世界的阿尔卡扎围攻战①时，他还第一次亲身经历了战斗。在这座 14 世纪建成、位于托莱多（Toledo）的城堡之中，国民军与包围在外的共和国部队僵持了长达两个月之久。

尽管一支叛军部队最后解除了为期 68 天的包围，并将战斗变成了又一场被佛朗哥广为宣扬的胜利，可对费舍尔来说，这却是一场令他感到兴奋的浴火考验。脚穿网球鞋的费舍尔坐在坦克上，与共和国军队一起向阿尔卡扎进军，试图占领那里。“我那时终于明白，军人们是如何怀着巨大的热情和野兽般的激情毅然向前冲锋陷阵的了。重重的危机与剑拔弩张之中，有种令人兴奋的存在。”[9]在一次交火中，空气中烟尘弥漫，子弹横飞，费舍尔和另外两名士兵一起将一名正在流血的战友抬上担架，然后又帮忙把他抬到战地医疗站。“就在他的心脏位置，血

---

① 阿尔卡扎围攻战（The Siege of the Alcázar），西班牙内战初期发生于托莱多阿尔卡扎要塞的一场战役。人民阵线阵营的多支民兵组织于 1936 年 7 月 21 日展开对国民军支持者占据的阿尔卡扎的围攻，9 月 27 日，国民军的非洲军团解了阿尔卡扎之围。

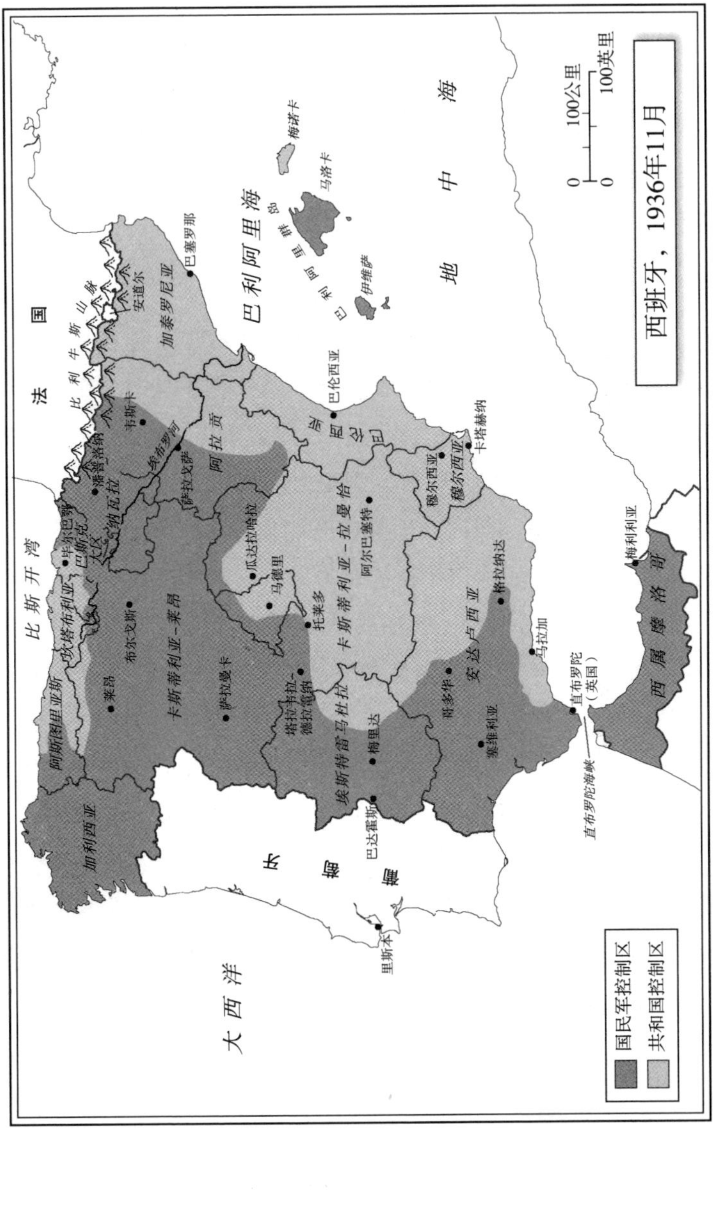
西班牙，1936年11月
国民军控制区
共和国控制区
0 100公里
0 100英里
法国
比斯开湾
大西洋
地中海
巴利阿里海
巴利阿里群岛
比利牛斯山脉
葡萄牙
西属摩洛哥
加利西亚
阿斯图里亚斯
坎塔布利亚
巴斯克
纳瓦拉
阿拉贡
加泰罗尼亚
安道尔
卡斯蒂利亚-莱昂
卡斯蒂利亚-拉曼恰
埃斯特雷马杜拉
安达卢西亚
穆尔西亚
瓦伦西亚
埃布罗河
直布罗陀海峡
直布罗陀（英国）
巴塞罗那
巴伦西亚
卡塔赫纳
穆尔西亚
阿尔巴塞特
瓜达拉哈拉
马德里
托莱多
塔拉韦拉-德拉雷纳
梅里达
巴达霍斯
里斯本
萨拉曼卡
莱昂
布尔戈斯
毕尔巴鄂
潘普洛纳
韦斯卡
萨拉戈萨
科尔多瓦
塞维利亚
格拉纳达
马拉加
梅利利亚
梅诺卡
马洛卡
伊维萨

渍越来越大…… ［他］呻吟着想要喝水，但已经没有水了。”
36 他的膝盖骨被子弹打飞了一块，一块铁片插进了他的肋骨之间。衣服被鲜血浸染的费舍尔，成了第一批从西班牙战事报道者转变为参与者的记者之一，但他们绝不是最后一批。

其他许多来自美国的记者也加快了前往西班牙报道战争的脚步，《纽约先驱论坛报》记者约翰·T. 惠特克（John T. Whitaker）在国民军控制区域的塔拉韦拉－德拉雷纳（Talavera de la Reina）租下了一间屋子。两个月的时间里，这里成了他去往前线进行报道的基地，在它附近，坐落着一座军营。“没有一天我不是黎明时分就被军营里士兵操练的射击声吵醒的。”“‘处决’大概平均一天会有 30 起。我见过被他们带进军营的人。他们就是普通的农民和工人。”各地都能发现人们被处决的迹象。“你能看到四个农妇的尸体被摞在沟里，三四十个双手反绑的民兵在路口遭到枪杀。我还曾在一个城镇的广场上看到，两个共和国突击队①的年轻成员被背靠背绑在一起，然后被人浇上汽油活活烧死。”[10]

《芝加哥每日论坛报》（*Chicago Daily Tribune*）记者杰伊·艾伦（Jay Allen）报道过一件事，一名摩尔人士兵曾试图以 1 比塞塔的价格卖给他一只人耳朵。[11]不过在他的报道中，最引起广泛关注的消息出自巴达霍斯（Badajoz）——一座靠近西葡边境的城市，这里的成千上万名农场工人在共和国政府治下得到了大片土地。现在，国民军夺得了这一地区，成千上万名来自各个党派的共和国支持者，被驱赶进了该市的斗牛场，他们中

---

① 共和国突击队（Guardia de Asalto），由西班牙共和国政府于 1931 年为应对城市暴力活动成立的一支特别警察部队。

既有民兵，也有平民。“一队一队的人将手举在空中。他们大多是穿着蓝裤子的年轻农民和穿着工作服的年轻修理工……早上四点，他们被赶进场内，中途穿过了一扇门，以前，人们就是从这里进场观看斗牛的。场内等待着他们的是机关枪……1800个男人——也有女人——在12小时内像被收割的麦子一般倒在了那里。你根本无法想象1800具尸体流出的血会有多少。”[12]三天后，艾伦发现这座竞技场的地面仍被凝结了的几英寸厚黑色血块覆盖着。这场内战也使政治分歧在各地暴露无遗：由于对 37
巴达霍斯暴行的报道使极端保守的报社老板大为震怒，艾伦被炒了鱿鱼。

在与外国记者的谈话中，国民军丝毫没有掩饰他们的真实想法。“我们当然是枪毙了他们的，”负责巴达霍斯行动指挥的将军告诉约翰·T. 惠特克，“不然你想怎么样？要我在部队急行军的时候，带着4000名赤色分子一起走？”从一位留着八字胡的新闻官——阿尔瓦德艾尔特斯伯爵贡萨洛·德阿吉莱拉·伊-蒙罗（Gonzalo de Aguileray Munro）上尉那里，他听到了差不多的言论。他告诉这位美国记者：“你知道西班牙出了什么毛病吗？现代化的管道系统！在更‘健康’的时代——我指精神意义上更健康的时代，你应该明白——瘟疫能减少西班牙人口……可现在有了现代污水处理系统，他们繁殖得太快了。普通大众其实和牲口没什么区别，你应该明白，你也不能指望他们不受布尔什维克主义病毒的感染。毕竟，老鼠和虱子最善于传播瘟疫。”[13]这位伯爵——同时也是一名骑士和马球狂热爱好者——说当政变爆发时，他把自己领地上的工人们排成排，然后枪毙了其中六个，目的仅仅是为了警告他们，谁才是真正的主人。

到底是来自哪些阶层的人在支持这场军事暴动是十分明显的。当国民军士兵亲吻西班牙国旗，为他们的行动宣誓效忠时，主教在为他们祈祷，戴着黑色蕾丝头纱、穿着考究的贵妇们在为他们欢呼喝彩。在另一场发生在巴达霍斯附近，面向大批观众公开执行的大规模处决现场，先由乐队进行演奏，再由神父做弥撒，然后，行刑队才会开始行刑。历史学家安东尼·比弗[①]写道：“地主的儿子们组织进行骑马‘狩猎农民’的活动。这种活动被他们戏称为‘土地改革’——通过参加这种活动，无地的短工们最终将能分得属于自己的一小块土地。”[14]

政变发生 10 周之后，随着左派的数名潜在敌人被一一清除——一个有名的右翼政客在政变爆发前被左翼分子刺杀，另一个被关押在共和派的监狱，曾计划发兵马德里的圣胡尔霍将
38 军在一场空难中死亡——43 岁的佛朗哥成了叛乱的最高指挥官。他矮小且不引人注目的外表下潜藏着无限的野心，而面对竞争对手，他则能展现出不露声色的老练官场技巧。身穿金色流苏装饰的军服，佛朗哥先是取得了国民军武装力量总司令的头衔，随后又在包括德国、意大利和葡萄牙的外交官员的到场见证下，在一场精心筹备的典礼上获得了“国家元首”（head of state）的称号。（这让其他好几位将军惊诧不已，因为他们觉得自己只是选他做政府首脑［head of government］而已——在大多数欧洲国家，这是两个完全不同的职位。）由他严密掌控的宣传机器开始将他称作“神选领袖”。不久之后，他又将自己封为“大元帅”，这在以前是只有西班牙君主才能获得的称号。在整个国民军的等级制度体系当中，每个人都在夸耀显示身份

① 安东尼·比弗（Antony Beevor，1946～），英国历史学家、畅销书作家。代表作有《西班牙内战》《保卫斯大林格勒》《攻克柏林》等。

和地位的各色标志：佛朗哥在特定场合会佩戴一条金红相间的绶带；总参谋部的军官会佩戴一条蓝金相间的肩带；何塞·巴莱拉（José Varela）也是个“非洲通”，这位作风强硬的高级将领甚至会将军队勋章别在套在睡衣外穿的晨衣上。

欣喜于自己的政权获得了各法西斯国家的承认，佛朗哥曾夸张地宣布：“这一事件标志着人类历史的顶峰。”通过盟友们的帮助，“大元帅”在政治竞争中占据了有利地位。由于希特勒只同他一个人打交道，这使得佛朗哥可以亲自负责将来自国外的大批武器弹药分派给他想赠予的对象。这一优势加上他对非洲那些举足轻重的部队的掌控，使他得以将所有竞争对手挤在一边。作为佛朗哥仅存的潜在对手和政变行动初期的领导者，莫拉将军出乎佛朗哥意料地死在了第二年发生的另一场空难事故当中。

就像其他许多宗教激进主义者发起的运动一样，国民军决心在其所到之处对妇女严加约束。他们禁止女人穿裤子，裙摆和袖子也必须足够长。在共和国治下已完成世俗化的教育又重新落入教会之手，对女孩来说，教会所擅长的，只是教她们缝纫和宗教教义而已。男女同校被废除；一名地位显赫的国民军 39
派人士相信，这一制度是犹太人的阴谋。对于共和国的女性支持者，国民军无所不用其极。同佛朗哥一样，贡萨洛·凯波·德利亚诺（Gonzalo Queipo de Llano）的军旅生涯也发迹于非洲，这位酷爱穿着军服、佩戴勋章、身边常备骑马侍卫的国民军南部指挥官在广播中反复向麾下的摩尔人士兵承诺，马德里的女人们将任由他们支配：“狠踢她们的大腿，让她们知道，挣扎是没有意义的。”[15]在托莱多的一家妇产医院，由于被认为是共和政府的同情者，20 名孕妇被带到当地一所墓地枪杀。在塞维利亚附近某地，国民军士兵将一卡车女囚先奸后杀。在将她们的尸体扔进井中后，他们来到了附近另一座城镇，他们手中的步枪上，还挂着刚刚被他们杀害的女人们的内裤。

同国民军一起向马德里进发时，《先驱论坛报》记者惠特克在一个岔路口看到两名十几岁的女孩被带到了一个少校面前。她们的罪过，仅仅是其中一个纺织厂女工身上带着一张工会会员证。问询过后，这位少校“派人将她们带到了一座学校的校舍里，那里大约有 40 名摩尔人士兵正在休息。看到两名少女被带到门口，屋子里的士兵们发出了兴奋的号叫。我被眼前所发生的一切所震惊，心底涌起无奈的愤怒。”当惠特克提出抗议时，少校只是回答道：“哦，她们反正活不过四小时的。”[16]

诸如此类的强奸行为算是标准流程了，为了放大恐惧的力量，国民军军官还故意利用几个世纪以来跨越各政治光谱而存在的种族情绪，指使摩尔人士兵进行强奸行为。国民军士兵曾向英国《每日快报》（*Daily Express*）记者诺埃尔·蒙克斯（Noel Monks）大肆吹嘘他们对抓到的妇女所做的一切。“但那些都算不上真正的暴行，先生，根本不算。把抓到的民兵女孩和 20 个摩尔人士兵锁在一起这种甚至都算不上，先生，根本不算。那么做就是很有意思而已。”[17]

“在我曾经用过餐的几个军队食堂，我听见过西班牙军官们就对这一政策的看法展开辩论，”惠特克写道，“没人否认这种做法是佛朗哥的意思，但也有人觉得，即便是赤色分子，她们首先也是西班牙的女人。”[18]这样的论点从未占据上风。行进中
40 的国民军会在墙上涂标语：“你们的女人将会生下法西斯分子的种。”除了强奸之外，在一个又一个城镇，那些唯一的罪过是支持人民阵线的女人会被剃成光头。国民军还从意大利法西斯那

里学来一招：给她们灌服蓖麻油（一种强力泻药）后游街示众，有时会让她们全裸或者半裸，然后任凭她们在人群的嘲笑声中拉得满身污秽。

受人民阵线内部的重重矛盾所困，在对抵抗叛乱的有效动员上，西班牙政府的效率极其低下。大部分军官站在了国民军一方，导致留给共和军的仅仅是由部分忠心的士兵和缺乏训练的民兵所组成的军事力量。即使那些民兵部队也是在几年前才由一些左翼政党和工会联合组建的。大多数民兵都没有军装，几乎没人有靴子，他们头上五花八门的装备——船形帽、贝雷帽、带帽檐和流苏的礼帽、一战剩下的头盔——一方面体现着共和军成员们洋溢的热情，另一方面，这也是混乱的表现。

此外，考虑到西班牙国内长久以来工人运动此起彼伏的历史，一开始的时候，很多政府内部的官员都对武装民兵这一想法深感不安。当他们最终决定这么做的时候，由战争部发给马德里工会成员的6.5万支步枪中的6万支都因为缺少枪栓而无法正常开火。出于长久以来对工人夺取军械库的恐惧，当局决定把枪栓另外单独存放——存在了几处已被国民军占领的军营里。后来，当民兵们成功找到三组重炮群对军营进行攻击时，他们得搭乘一辆运送啤酒的汽车才能前往攻击地点。

然而，自西班牙传出的倒不全是坏消息。尽管国民军希望速战速决，但几个月以来人民的英勇抵抗使共和军仍控制着一大块略超国土面积一半、形状不十分规则的区域。这个区域囊括了西班牙最大的三座城市：马德里、巴塞罗那和巴伦西亚。路易斯·费舍尔因首都地区的防守大部分由临时拼凑的民兵负责而深受感动。有一天，他偶然发现了一座里面的士兵都是由

运动员组成的军营：他们中有斗牛士，拳击手（其中一个绰号
41 “人猿泰山”），一个滑雪选手，西班牙 5000 米长跑冠军，以及一整支足球队的所有队员。还有 1300 名理发师加入了同一支部队，这支部队的名字——费加罗营（Batallón de los Figaros）——来自歌剧《塞维利亚的理发师》① 里面主角的名字。

西班牙共产党虽然成员人数很少，但其自上而下严密的组织纪律使其民兵组织被视为同类军事力量中最有效率的部队。无政府主义者的民兵组织人数增长到约 10 万人，里面男女都有，其规模由于包括美国公民在内的外国同情者不断来到西班牙加入其中而不断壮大。工人们也以其他方式加入了共和国的防御作战。举例来说，当战斗使国家电话网瘫痪时，信奉社会主义的铁路工人利用铁路系统自己的电话网络搜集了佛朗哥部队动向的情报。在战争爆发后的早期几个月中，与国民军对抗的主要力量不是职业军人，而是自发武装起来的平民。

平民所做的不仅限于此。在共和军控制的西班牙，工人们接管了上百座工厂的生产活动，将部分工厂迅速改造以生产前线急需的军需用品。有一家原来生产口红外壳的工厂被改建成了弹夹制造厂。工厂里出现了标语横幅——“工人们，国家属于你们”。农民分掉了大量田地，过去，他们在这些土地上的身份是雇农。以上种种事迹的报道使外国的激进主义者深受触动：人民最终夺取了生产资料，这难道不就是长久以来他们一直梦寐以求的吗？除去短命的巴黎公社运动，这样的事情几乎从未在西欧发生过。这里所发生的并不是俄国那种一党独大的情形

① 《塞维利亚的理发师》（*The Barber of Seville*）为法国作家博马舍的剧本《费加罗三部曲》[《塞维利亚的理发师》（1772）、《费加罗的婚礼》（1778）、《有罪的母亲》（1792）] 中的第一部。

下由单一政党操纵的革命，而是一场自下而上的运动。西班牙冲突的非凡之处在于，它同时囊括了右翼势力主导的军事政变和左翼力量发起的社会革命的双重属性。

在数百万为这些消息所着迷的人当中，有一对年轻的美国夫妇与鲍勃和玛丽昂·梅里曼惊人的相似，他们同样是大学经济学讲师。洛伊丝和查尔斯·奥尔（Lois and Charles Orr）当时正在欧洲度蜜月。洛伊丝身高五英尺六英寸，长着一头淡棕色的头发，说话带有肯塔基口音。在家乡的路易斯维尔大学念到 42
二年级的时候，她与年长十岁的查尔斯在一次校园政治集会中相遇，并在 1936 年年初嫁给了他。

洛伊丝的父亲是一名建筑承包商。她把自己身上具有的正义感归功于母亲，一个自由派周刊《新共和》（*New Republic*）的订阅者。洛伊丝和查尔斯都是美国社会党的支持者。和大萧条年月里的许多人一样，美国的社会主义者确信，现存的经济体制已经失败。不过他们相信，新社会的建立要通过民主的方式进行，而不能向苏联那样，经由专制统治而完成。带着这样的观点，这对新婚夫妇开启了对世界一睹究竟的旅行。在欧洲亲眼看见了纳粹的威胁之后，他们计划去印度旅行，到那里了解殖民主义产生的影响。在二人共同持有的护照里，照片上的洛伊丝穿着一件印花衬衫，查尔斯打领带，穿一件夹克衫。二人都严肃地盯着镜头，好像在告诉人们，他们的新婚旅行不是去享乐，而是要完成一些非常重要的事情。

在法德两国游历期间，奥尔夫妇对西班牙发生的一切表现出日益浓厚的兴趣。站在这场西班牙社会革命舞台中心的是无政府主义者，相比世界其他地区，无政府主义在西班牙的兴盛程度举世无双。无政府主义者信奉无政府共产主义，可理解为自由共产主义或无国界共产主义。他们认为，警察、法院、货币、税收、政党、教会和私有财产都应该被废除。社区和工厂应直接由其人民经营，最终释放无政府主义者确信存在于每个人心中的人类天然的互助本性。这种观点并不等同于奥尔夫妇想象中的社会主义乌托邦思想，但二者秉承的精神却令人兴奋地相似。

无政府主义实际上是一种在前工业社会就已经存在的意识形态，即便从最乐观的角度出发，它的构想在现代拥有复杂经济体系的社会当中实现的前景也一片模糊。但它仍然是激励数百万西班牙人的梦想，无政府主义者们也一直在狂热地将他们的梦想付诸实践。比如，出于对曾将众多战友囚禁的监狱系统的憎恨，无政府主义者在他们控制的城镇打开了监狱大门，将
43 政治犯和普通犯人一股脑地放了出来。在一场与法国大革命中进攻巴士底狱如出一辙的行动中，巴塞罗那一座极其臭名昭著的监狱被拆除。几百名前犯人甚至还在一支无政府主义者建立的以钢铁部队而著称的民兵部队中服役。

最令查尔斯和洛伊丝着迷的消息大都出自西班牙东北的加泰罗尼亚，特别是它的首府巴塞罗那。里赛奥大剧院（Liceu opera house）——欧洲最大的剧院之一——被改造成为人民剧院，几层楼高的政治招贴画覆盖了众多建筑的表面，当铺被责令将典当品归还给他们贫穷的顾客。富人的豪宅被没收供无家可归者居住；工厂面向文盲工人开设了识字班；在城中的丽兹酒店（Hotel Ritz），厨师和侍者们联合起来，将这家拥有华丽吊灯、白色亚麻桌布和印花瓷器的高档宾馆的桌子拼成长排，把它变成了为工人阶级家庭和城中穷人提供伙食的人民食堂。

只是被动地接受消息已经无法令二人满足。1936 年 9 月，

这对当时正在法国度假的夫妇中止了接下来的蜜月计划，搭车前往巴塞罗那，那里是像他们这样的人口中“西班牙革命”运动的中心。决定是由两人中更具冒险精神的洛伊丝做出的。当时她 19 岁。

西班牙内战的消息传遍全球时，共和军正在向外界请求援助。背着背包、扛着步枪、脚踩片儿鞋、在夏日酷暑中将袖子高高卷起的工会成员和民兵们固然能够得到人民致以握拳礼的鼓舞，但他们既缺少重武器，又缺乏与对方训练有素的部队作战的思路。一队刚刚离开巴塞罗那开往前线的士兵出发几个小时便不得不派回一名信使，目的竟是通知后方他们忘了随身携带食物。

共和政府如此迫切祈求的不是物资帮助，而是希望能够得
到采购军火的权利。西班牙国库仍在共和军掌握之中，其黄金 44
储备量在当时排名世界第四，足以令他们支付购买军火的费用。当其他欧陆大国为第一次世界大战大肆举债变得贫困不堪时，中立的西班牙却正享受着出口激增的红利。它向交战双方出口食品、衣物、军事装备和其他许多物资，在与世界其他地区的贸易中获益颇丰，这些都是各交战国无法做到的，其黄金储备也增至战前的三倍。1936 年，共和国政府拥有 635 吨黄金储备支持本国货币，这些黄金按今天的购买力换算，价值超过 120 亿美元。

共和国的领袖们无疑希望美国、英国和法国这些民主国家会愿意将武器卖给一个正竭力挫败由纳粹武装挑起的军事叛乱的民选政府。当时，法国政府同样由自由主义左派的人民阵线领导，与意大利、德国、西班牙都接壤的他们当然不希望邻居

中再诞生第三个法西斯国家。共和国总理何塞·希拉尔[1]向其法国同志匆匆发去了一封电报："军事政变爆发，出乎我方预料，情况十分危急，望贵方立即伸出援手，提供武器与飞机，你们的兄弟，希拉尔。"在巴黎举行的集会上，上千名法国左翼人士大声疾呼："给西班牙飞机!"[2]

然而，法国的右翼势力十分强大，该国还有一些高级将领私下对佛朗哥十分欣赏。即便没有令局势更加复杂的西班牙内战出现，法国内部也是高度分裂的。罢工运动正不断撕裂这个国家，全国的政治激情极端高涨，以至于国民议会内外同时上演全武行的景象频频出现。在巴黎爆发的一场街头冲突中，一栋政府大楼被点燃，两千多人受伤，还有 15 人死亡。出于对本国爆发内战的担忧，再加上右翼报纸的激烈抨击，法国政府并不愿意卷入另一个国家的内战当中。他们允许西班牙购买包括民用飞机和老旧军机在内的少量物资，有些还是以高得离谱的价格出售的，可随着时间的推移，就连这些法国也不再向西班牙提供了。

英国则更是对帮助西班牙兴趣寥寥。对西班牙大部分铜
45 矿、硫黄和铁矿进行开采的英国公司一直对与共和军方面的工会武装纠缠不清感到头痛，相比之下，他们对未来佛朗哥的统治表现得更为适应。英国的右翼军官们也在努力为佛朗哥的军队提供帮助。驻守西班牙边境要塞直布罗陀的英国基地指挥官允许国民军使用基地的通信设备同他们的罗马、里

---

① 何塞·希拉尔（José Giral，1879～1962），西班牙内战期间担任西班牙共和国总理，后被迫辞职。西班牙内战结束后，希拉尔先后流亡法国、墨西哥，并于 1945～1947 年间接替胡安·内格林成为西班牙共和国流亡政府总理，后于墨西哥去世。

② 原文为法语：Des avions pour l'Espagne!

斯本和柏林盟友保持通信，还一度向他们提供过军火支援。[19] 英国精英阶层中的很多人觉得西班牙共和国并不比苏联好到哪里去，当时的英国首相斯坦利·鲍德温（Stanley Baldwin）曾说：“要是有那么一个地方能让法西斯主义者和共产主义者互相残杀的话，那实在太好了。”[20]

唯一向西班牙提供迅速支援的国家是遥远、贫穷的墨西哥，该国的左翼政府为西班牙提供了2万支步枪、配套军火和食品。（共和国坚持要向墨西哥付款，但时任墨西哥总统拉萨罗·卡德纳斯［Lázaro Cárdenas］却只愿接受总货款的很小一部分。）这批军火于战斗爆发六个星期后运抵，发挥了至关重要的作用，当时，共和军平均每三名士兵才拥有一支堪用的枪支。

美国庞大的经济力量和现代化的飞机制造工业使它成了最有希望为共和军提供急需武器的国家。可是，共和军将武器发给工会民兵的举动却令一些美国人惊恐不已。多么可怕的先河！国务卿科德尔·赫尔①警告总统罗斯福，这一举措将会导致“暴民统治和无政府状态”。美国与西班牙之间的纽带十分脆弱，并且，此刻的罗斯福更为关心的是如何应付国内大萧条造成的巨大损失。罗斯福深刻意识到选民的想法亦是如此，于是在西班牙内战爆发两周后便发表公开演讲，承诺美国将与之划清界限，绝不参与。西班牙内战中的血腥屠戮，他在一战期间作为海军助理部长赴前线视察时便已亲眼看见：“我曾见过陆海大战，我也见过血流成河……我还见过泥泞中的死尸……我将付出无限的精力，认真思考，细致筹划，使

---

① 科德尔·赫尔（Cordell Hull，1871～1955），美国政治家，第47任国务卿，1945年获诺贝尔和平奖。

战争远离美利坚。”[21]

作为替代方案，他号召全世界对交战双方实施军火“道义禁运”（moral embargo）。富兰克林·罗斯福派往西班牙的大使
46 是他的挚友，健谈的印第安纳记者、畅销历史作家克劳德·鲍尔斯（Claude Bowers），按路易斯·费舍尔的话讲，这是个“一根雪茄先吃掉一半，然后再抽剩下另一半”的怪人。鲍尔斯靠着两根手指敲字，在打字机上向罗斯福写了大量长信，里面尽是拼写错误（“propoganda”“facists”“socilolist”），敦促罗斯福尽快向共和军方面提供支援，而总统在回复中并未明确表态：“下次多写些像上封信那样的杰作。”[22]1936 年 11 月，罗斯福迎来了他的第一次连任竞选，西班牙共和国的支持者希望，也许在竞选结束之后，他将有更大的余地，对其始终厌恶的法西斯主义势力展开行动。

然而，眼下西班牙共和国政府发现，尽管他们已经备好黄金，但美国、英国和法国却将合作的大门关闭了，那些深受大国影响的小国更是如此。正因如此，当时间来到 1936 年秋天，越来越多的地区落入了佛朗哥之手时——从报纸上印制的地图上看，就好像代表国民军的黑点正同时从好几个方向逼近马德里将其包围——摆在深陷苦战的共和国政府面前的成了一个离奇的悖论：唯一愿意向其出售武器弹药的大国却不是个民主国家。它是约瑟夫·斯大林的苏联。

尽管苏联媒体几乎没有报道那些发生在加泰罗尼亚，使奥尔夫妇深受鼓舞的由无政府主义者领导的革命活动，它们仍为这场战争提供了大量版面。苏联党报《真理报》（*Pravda*）有六个版面，战争的消息有时能占据一整版。当梅里曼夫妇听说

志愿者们正前往西班牙为共和国而战的传闻后，鲍勃就开始经常提起加入志愿军的事。玛丽昂对此并不高兴，不仅因为若是如此二人需要分居两地或者是鲍勃可能遇到危险，更因为他们在住房极端短缺的莫斯科终于拥有了属于自己的体面住处：一个在苏联经商的美国商人朋友要和家人一起长时间回国探亲，他将自己宽敞的顶层公寓借给了夫妇二人。

正当鲍勃和玛丽昂就鲍勃是否该去西班牙争论不休时，
克里姆林宫正就如何应对共和军愈发紧迫的购买军火需求展
开辩论。斯大林此时陷入了左右为难的境地当中。佛朗哥统 47
治的西班牙定将成为希特勒的盟友，希特勒此时正着手重新武装德国，对其向东扩张的野心丝毫不加掩饰，这必然会对苏联造成威胁。此外，如若苏联不向共和军伸出援手，它所一直标榜的进步世界的领导者的形象必将沦为世人的笑柄，这还恰好发生在他正同列夫·托洛茨基——自己最主要的政敌，被他逐出苏联的共产主义异见者——就这一名头展开激烈争夺的当下。但另一方面，如果他显示出任何对这场在加泰罗尼亚及西班牙各地爆发、造成深远影响的革命活动的支持行为，必然会开罪英国和法国，而一旦对德战争爆发，斯大林十分需要这两国支持。苏联显然有兴趣帮助共和国方面赢得战争，但就像斯大林在给西班牙共和国总理的信中所说的那样，它的兴趣在于“防止西班牙的敌人将其当作共产主义共和国”。[23]正因如此，苏联后来的行动显得小心翼翼，力求在各方间达成平衡。

此时的斯大林就像一名行走在钢丝上的杂技演员，谨慎地向外界展示着对共和国的支持。一方面，他在红场召集了超过10万名莫斯科市民举行支持西班牙人民的团结游行；另一方面，他却推迟了向西班牙出售武器的行动。为取悦英法，苏联与它们一起和其他 24 国共同在一份承诺不向冲突任何一方无偿或有偿提供军事援助的正式协议上签了字。尽管戴着圆顶礼帽和软呢帽的各国外交官在伦敦参加了“不干涉委员会”（Non – Intervention Committee）冗长严肃的会议，但这份德意同样签字表态了的协议本身却只是个幌子。德国外交部部长约阿希姆·冯·里宾特洛甫不无嘲讽地表示，干脆应该把这个委员会改名叫作“干涉委员会”。不过，出席大会毕竟可以使有关各国冠冕堂皇地向世人展现他们正在为避免另一场波及整个欧洲大陆的战争所做出的努力。不干涉委员会就像一潭外交死水，有这样一位代表，他的心里就在琢磨别的事情。瑞典代表埃里克·帕尔姆谢纳①男爵参会期间在忙于写一本书，名字叫作《长生不老研究》（*Horizons of Immortality*），“与来自另一个世界的使者”的谈话是此书的卖点。

48 英国首相鲍德温同样心在别处。他在西班牙内战开始不久之后告诉外交大臣安东尼·艾登②：“我希望你现在最好少拿太多的外交事务过来烦我。”[24] 此时更令他忧心忡忡的，是报纸头条正在大肆报道的国王爱德华八世（Edward Ⅷ）与身材苗条的社交名媛沃利斯·辛普森（Wallis Simpson）之间令人诧异的恋爱，后者已经离过一次婚，并且似乎正处于第二次离婚的过程当中。

与此同时，希特勒对佛朗哥的支持有增无减。同意大利人

---

① 埃里克·帕尔姆谢纳（Erik Palmstierna，1877 ~ 1959），瑞典政治家、外交家，曾于 1920 年 3 月至 10 月期间短暂出任瑞典外交大臣。

② 安东尼·艾登（Anthony Eden，1897 ~ 1977），英国政治家、外交家。第二次世界大战期间曾任英国国防委员会委员、陆军大臣、外交大臣和副首相等职，1955 ~ 1957 年出任英国首相。

一样，德国人对于在增加一个盟友的同时，还能通过实战为军队增加作战经验以为将来的欧洲战事做好准备感到十分高兴。战争真正降临之时——希特勒已经在幻想着这一天的到来了——一个对纳粹友好的西班牙政权将能提供目前他们正欠缺的东西：一座位于大西洋沿岸的潜艇基地。

然而，在向佛朗哥运送武器的过程中，希特勒与西班牙进行的讨价还价远比墨索里尼多；对希特勒来说，国民军不仅是战争中的潜在盟友，同时还是纳粹政权获得工业原料的重要来源。他要求佛朗哥用铜、铁矿（德国铁矿十分紧缺）和黄铁矿（能够提炼出硫黄和其他矿物质）来回报德国提供的支持。这些资源都是希特勒在建设其纳粹国防军时所需要的。第一艘德国运输船出发时，装载的是让佛朗哥能够将部队从非洲空运回国所需的技工和零部件，返程时则装满了整整一船的铜矿石。在接下来的三年中，希特勒和墨索里尼向佛朗哥提供了大量的军事援助，一部分属于赊购，但大部分由德国提供的支援都是西班牙以矿产资源换取的。要为这些武器装备明码标价很困难，因为在公开市场上，想轻易得到诸如 100 架配有训练有素的飞行员的最先进型号战斗机这样的好东西是不可能的。最近，一项由西班牙学者安赫尔·比尼亚斯（Ángel Viñas）进行的权威研究认为，若将德意两国对佛朗哥的援助价值按照当时货币换算，其价值会在 4.32 亿到 6.92 亿美元之间。[25]根据具体计算方式不同，这笔钱的购买力相当于今天 70 亿至 110 亿美元具有的购买力水平。[26]单从德国出发的运输船就多达 170 班次，这还没算上每周穿梭于两国之间的货运班机。

眼见德意两国加入战局，斯大林却还在徒劳地等待英国或 49
是法国向共和军提供武器支持。然而这并未发生。政变爆发数月之后，他最终向西班牙派遣了第一艘运送武器的船。对于斯大林期待什么样的回报，人们所知不多。不过，作为世界上最强大的军事力量之一，苏联终于开始伸出援手了。不论分属哪个政治派别，西班牙共和国的每个人都在盼望这些将令他们赢下战争的装备。

苏联不只在这个秋天悄无声息地向共和国出售武器，他们还派出了顾问、飞行员和坦克驾驶员。为了利用世界范围内左翼人士对西班牙的极端同情，斯大林用于联络各国共产党的国际组织共产国际正式下达指令，开始招募由志愿者组成的国际纵队抗击佛朗哥，这正是鲍勃·梅里曼一类人一直期盼的消息。然而，部分共和国的外国支持者根本没有等待任何指令。他们早就来到了西班牙。

4 新天地

“那个皮肤白皙、面颊红润的法国海关工作人员扶了扶蓝色 50
帽檐，抬起了白色路障为我们放行。”洛伊丝·奥尔写道，“我们发现自己被黑压压的人群包围了，胡子拉碴的民兵穿着皱巴巴的蓝色工作服，脖子上围着红黑色的围巾……每名无政府主义者的肩上都挎着一支步枪，腰上还别着一支手枪……‘你们来西班牙干吗？这些德国签证是怎么回事？我们怎么知道你们不是纳粹派来的间谍？’”[1]那是1936年9月15日的一个下雨的早晨，此时距国民军发动叛乱已经过去两个月了。年轻的洛伊丝和戴着眼镜、个子更高、岁数也更大些的丈夫查尔斯越过国境线，来到了西班牙境内最富革命气息的角落①。

查尔斯·奥尔携带的肯塔基美国社会党成员的证明信未起作用。夫妇二人被一辆印有CNT-FAI（CNT：全国劳工联盟［Confederación Nacional del Trabajo］，一个无政府主义者同盟；FAI［Federación Anarquista Ibérica］：伊比利亚无政府主义者联盟）的轿车带走，以便对他们进行进一步的问询。洛伊丝记得，“前线管制委员会的大多数年轻同志都和我们同车，人们紧紧地
挤在一起，步枪伸出窗外，车子开得飞快。一路上到处都是急 51
转弯，路也很窄，就像肯塔基哈兰郡（Harlan County）我们再熟悉不过的那些道路一样。在路旁深深的峡谷之中，总能看到

① 此处指加泰罗尼亚。

同样印有‘CNT-FAI’字样的汽车残骸，这可让人高兴不起来”。

他们掌握的那点儿西班牙语——查尔斯曾在墨西哥待过几个月——基本没用，因为他们身边的人都说加泰罗尼亚语。在洛伊丝的描述中，“那是一种听起来嘘嘘咝咝，词尾的x和t发得特别清楚的语言”。经过长时间的盘问，还在一间满是跳蚤的旅店过了一夜，他俩本以为可以走了，却发现自己再一次被逮捕，然后被一辆装满全副武装士兵的汽车带走进行新一轮审讯。终于，一名当地的无政府主义者英语教师在检查了洛伊丝的日记之后，向她的同志们确认二人并非纳粹间谍。

一路向巴塞罗那进发的夫妇俩在登上一辆公共汽车后感到非常兴奋。“我掏出了一比塞塔付车费，”查尔斯写道，“司机炫耀似的拒绝了我那张肮脏不堪的钞票。他自豪地声明，这辆巴士‘是为人民服务的’。”[2]在随后乘坐火车继续前往巴塞罗那的下一段旅程中，二人高兴地发现，车上已经废除了头等座和二等座，只保留了三等车厢的硬座。

当他们最终到达巴塞罗那时，一条悬挂在火车站前的巨大横幅映入了他们的眼帘，上面写着欢迎外国同志的标语。无政府主义者的旗帜——由黑红两种颜色组成，中间被一条斜杠分开——被悬挂在道路上方和两侧建筑物的阳台上。它们还同旗杆一起被固定在汽车上，被喷涂在一切可以想到的表面上，从地铁车厢到鞋油盒子，到处都是。城里的每个人似乎都在衬衫上佩戴了各个左翼党派的标志。出租车和有轨电车被喷成了黑红色，街道清洁车的侧面写着的引语出自19世纪无政府主义作家米哈伊尔·巴枯宁（Mikhail Bakunin）的作品。花束和缎带被钉在街道两旁的树上，标记了在两个月前的一次街头冲突中，为阻止驻守本地的国民军夺取城市而死的巴塞罗那工人遇害的地点。甚至还有一个路边的街头艺人在演奏《国际歌》。

夫妇二人对这座似乎正在进行自我改造的城市赞叹不已。52
在西班牙，超过 1/4 的人都是文盲，这一比例在欧洲也能排在前列，但现在，人人都能看懂那些设计风格大胆的政治海报。一大批成人识字夜校免费开放，到处都在开设新学校。革命后的第一年，巴塞罗那的儿童入学人数增长超过三倍。[3]西班牙妇女盼望已久的托儿所和幼儿园也在数座城市刚刚被收归集体的工厂中建立起来。巴塞罗那市中心的林荫大道兰布拉大街人行道宽阔、两旁种满悬铃木，加西亚·洛尔卡曾经说过："在这个世界上，唯一我希望永无尽头的街道就是这里。"在这条街上，戴帽子的人几近绝迹。一份无政府主义者的报纸宣布："海上蟊贼、武装海盗、王公贵胄、年轻绅士还有神父——这些是曾经戴帽子的人，那么，自由的工人们，应该如何对付这一象征着资产阶级傲慢自大的陈腐符号呢？同志们，兰布拉将不再出现帽子，未来属于你们。"[4]（然而，无政府主义者们的帽子工会对此完全高兴不起来。）

像巴枯宁这样将俄国农村社会高度理想化了的无政府主义思想家一直在加泰罗尼亚有着大批拥趸。无政府主义者对政府的敌意，反映的是加泰罗尼亚人对马德里统治的憎恨和劳资纠纷数量的不断增多的现实。而这位哲人对私有财产的鄙视之情，与坐落于西班牙东北的加泰罗尼亚地区乡村，和位于地中海沿岸的渔业互助体之间一直以来的公有制传统产生了强烈的共振，在这些地方，渔网、渔船和牧场有时都是归集体所有的。对于一名巴塞罗那工人来说，他的祖祖辈辈可能都是在那样的环境中生活的，而他仅仅是来到城市的第一代人。举例来说，西班牙无政府主义者还会骄傲地为这一传统找到更加古老的来源，例如塞万提斯17世纪著成的小说《堂吉诃德》。书中，主人公向侍者桑丘·潘沙讲述了“被古代人称作黄金时代的时光，那时的一切都是公有的”。[5]众所周知，这位善良的骑士当然不是人们通往现实路上最好的向导，但在其他国家的史诗级作品中，很难想象会有人吐露这样的梦想。

无政府主义者对天主教廷的憎恨与其他持左翼立场的西班
53 牙人一样强烈，他们彼此道别时，会用“祝您健康”一词代替“再见”，因为在西班牙语中，“再见”（adiós）一词是“我会将你托付给上帝”的缩略形式。不论是处死神父、资本家和官僚的审判日，还是爱与互助取代贪婪与剥削成为主旋律的美好未来，他们的幻想依旧在折射着基督教教义的影子。他们将这样的未来称作“无政府主义者的新千年”（anarchist millennium）。事实上，几十年后，这一称呼成了洛伊丝·奥尔那份重写了无数次，讲述她在西班牙度过的足以影响一生的几个月时光的，从未出版过的手稿的最终标题。

“巴塞罗那的兰布拉大街令人炫目，”她在手稿中写道，“红色、黄色、绿色和粉色的传单与告示满地都是。咖啡馆、餐馆、酒店和剧院灯火通明，红黑双色的横幅在灯光下熠熠生辉，上面写着‘已充公’、‘集体单位’、‘CNT－FAI’或‘公共演出联盟’等字样。”整个西班牙共和国境内，超过100万城市劳工和约75万农民刚刚翻身做主，成了各自工作的工厂和农庄的主人。在城镇中，两千多家企业被牵涉其中，不仅有工厂，还有货栈和花店这样的机构。数千名大地主和城市生意人逃到了法国。不过，没有哪里像加泰罗尼亚这样，将旧制度颠覆得如此彻底，在这里，工人们取得了超过70%的雇佣单位的控制权。加泰罗尼亚地区政府仍旧存在，但真正的权力掌握在数千个工人联合体手中。在查尔斯·奥尔眼中，工人联合体的管辖范围似乎无所不包：“他们在没收的豪华私人别墅内开办了诊所和医院，街上跑的每辆车都被各个工人组织的首字母缩写和代表颜色装饰起来。再也没有私人轿车了。”[6]

从为民兵筹资举办的斗牛表演——进入竞技场的斗牛士会以人民战线的握拳礼向观众致意——到他们用餐的集体化餐馆，几乎一切所见所闻都令这对夫妇感到欣喜异常。那间餐馆的一个侍者告诉二人，这里原来归一对兄弟所有，他们中的一人已经逃跑了，另一个——这位侍者指向餐馆后台——由于懂得一些记账方面的知识，被工人推选担任这里的出纳。甚至连一些
有点儿荒唐，与革命不太搭调的事情都让洛伊丝深深着迷。尽 54
管怀有热情澎湃的激进主义革命思想，她却又常常能够发现他人注意不到的细节：“无政府主义者工会将大力水手（Popeye）作为吉祥物……他们四处出售带有挥舞无政府主义者红黑色旗帜的大力水手图案的别针、围巾和小雕像。贝蒂娃娃（Betty Boop）也很受他们欢迎，不过由于米老鼠实在是太受欢迎，所以让其继续保持无党派身份便显得很有必要。所有无政府主义者都用丝绸的三角围巾代替了领带，这些三角围巾同样被染成红黑二色，上面还有各种小设计：胜利花环，牺牲同志的照片，紧握的拳头，以及最最流行的图案——裸女。”[7]

对像奥尔夫妇这样，在一个仿佛激进的乌托邦一样的地方体验生活的新来者来说，表面上看，无政府主义者实现了对巴塞罗那及其周边地区的控制，但从本质上讲，这场运动是根本不相信“控制”一词的。无政府主义者们反对任何形式的官僚政治，在他们的集会中便有“到处都是委员会”这样的口号。

一些强力的工会组织赢得了罢工行动的胜利，可是因为相信工人和管制之间是天然对立的，他们反对签署劳工合同。CNT 号称拥有大约 200 万会员[8]，却仅仅雇用了一名全职职员和少量文书，因为他们坚信，官员同时也应该是工人。（显然，这使政治会议总是要在夜晚举行。）其全国委员会只要经联盟成员投票便可随时罢免，并且每年都要在不同的城镇和地区进行重新选举，以避免任何人在委员会中的任职时间超过一年或是取得永久性权力的情况出现。

西班牙无政府主义者并非因一党制统治才对苏联正在形成的专制体制进行指责，真正的原因，是他们觉得苏联就不该存在一个政府。一份无政府主义报纸声称："一切政府都是可恶的，我们的使命就是摧毁它们。"[9]但无论如何，无政府主义者此时已成了加泰罗尼亚地区的主导力量。当加泰罗尼亚地方政府主席路易斯·孔帕尼[①]认识到这一现实，并向无政府主义者们提出了一份权力共享方案时，后者十分勉强地同意了。然而，他们并未进入西班牙共和国政府的任何部门任职，也未派人参
55 选国民议会议员。如果革命的缔造者拒绝撬动往日的权力杠杆，革命成果能够得以维持吗？

对美国的新来者们来说，西班牙眼下的情况比他们想象中的要更令人困惑，这在其他方面也有所体现。当查尔斯来到听上去像是和自己处于同一阵营[②]的加泰罗尼亚统一社会党（United Socialist Party of Catalonia）总部时，"一位会讲英语的

① 路易斯·孔帕尼（Lluís Companys，1882～1940），西班牙政治家。1934 年至西班牙内战期间担任加泰罗尼亚主席。内战结束后，孔帕尼在流亡途中被德国盖世太保逮捕后交给佛朗哥政权，并于 1940 年遭到处决。

② 查尔斯是美国社会党党员。

女士接待了我……我试着让她明白，我不但是个社会党党员，还是名到此贡献自己力量的革命者……‘这里没有什么革命，’她直截了当地回答道，‘这是一场反击法西斯的人民战争。’……这时我才意识到，我在这儿见到的是一群共产主义者。”[10]

误打误撞之下，查尔斯的经历揭示了一个巨大的政治分歧。加泰罗尼亚和国内其他地区确实正处于一场无与伦比的革命当中。但加泰罗尼亚地区所进行的，却是一场被西班牙国内大部分政治力量——亲莫斯科的共产主义者，绝大多数社会党人，以及各中产阶级自由主义政党——所反对的革命。主流政党本来就对革命并不热衷，与此同时，共产主义者则对一场从下至上自发形成、未经苏联式政党指挥的运动怀有戒心。不论共产主义者还是其他党派都相信，英法与美国不可能向表现得如此激进的西班牙共和国出售武器。

这样的担忧并非毫无来由。西方各国政府早已收到了各自驻西班牙外交机构发回的有关工人夺取工厂的警示消息。举例来说，既然武装起来的无政府主义者都已经接管了原来由通用和福特公司所有的汽车制造厂，美国会愿意与这样的一个共和国打交道吗？福特工厂的工人甚至还向前线派出了 30 名工人民兵——并且继续通过被没收的公司银行账户向其支付薪水。通用工厂的工人则拒绝执行美国总部将工厂关闭的命令，而将其转变为为战争而生产的卡车工厂。

大多数无政府主义者不在乎资本主义国家的政府企业如何对待他们的行为，因为他们相信，要是不这样发动革命，他们一定会输掉战争。有一张海报的内容是这样的：大炮的炮管和工厂的烟囱交叉，烟囱上飘着无政府主义者的旗帜，在它们下

56 方是一条标语，写着“革命与战争不可分割”。要是没有一个平等的新社会让他们为之奋斗，凭什么让这些工人阶级子弟拿生命去冒险？毕竟，短短数天时间，或许这是策划政变的将军们遭受的最尴尬的挫折，是谁在加泰罗尼亚挫败了国民军的政变呢？是信奉无政府主义的工人们。

一开始，小心谨慎的加泰罗尼亚地方政府拒绝以武装无政府主义者的方式对抗军方 1936 年 7 月的叛乱。不过巴塞罗那的无政府主义者们自己闯入了军械库，他们还在港口突袭一艘监狱船，夺去了监狱守卫的武器，并将城中的枪械店扫荡一空。加泰罗尼亚的冶金工人们手工打造了武装汽车，这是一种将钢板焊接在卡车和普通汽车的框架上的车子，看起来就像放在车轮上的巨大盒子一样。其他人自制炸弹和手榴弹，还有上千人参与街头路障的修筑当中，使用的材料无所不包，从马的尸体，大卷的新闻纸到铺路石，这些材料全靠人力传递送到指定地点。穿白衬衫打领带的办公室职员手持步枪把守在路障后。工会成员拉响工厂警报，劝说摇摆不定的士兵加入他们的行列。7 月在巴塞罗那期间，安东尼·比弗在他的战史中写道：“在一次战斗当中，一小队工人……向一处装备有两门 75 毫米炮的国民军炮兵小队冲去。他们一边冲向对方阵地，一边将手中的步枪高高举过头顶，向那里目瞪口呆的士兵示意他们无意展开攻击。没等调整好呼吸，他们便热情洋溢地同士兵们摆事实讲道理，告诉他们为何不该向自己的兄弟开枪，告诉他们长官们正在欺骗他们。于是乎，他们调转炮口，瞄准了国民军。”[11]

亲自领导完成对巴塞罗那港区的最后一击，占领了附近国民军军营的，是最受人爱戴的无政府主义领袖，健壮结实、一头黑发、魅力超凡的前铁路机械工布埃纳文图拉·杜鲁提①——在当时是一位切·格瓦拉式的人物。行动当中，这位二十多年间历经起义、坐牢、抢劫银行、刺杀大主教、逃亡与流放，并在三个大洲制造过麻烦的传奇人物目睹了自己最亲密的伙伴在自己身边遭到射杀。但他还是获得了胜利，这场胜利似乎进一步凸显了他的一句名言："我们胸怀新世界。"这也就不奇怪，为何
像奥尔夫妇这样的革命同情者会觉得，只有建立新世界的梦想 57
才能够将人民动员起来击败佛朗哥了。

洛伊丝曾惆怅地写道："若是他们能说另一种语言发动革命该有多好。"[12]正如夫妇二人不久后发现的那样，保卫共和国的形势由于强烈的地区主体意识而显得十分复杂。这在经济繁荣的加泰罗尼亚地区和位于西班牙北部海滨、铁矿资源丰富的巴斯克地区表现得尤为明显，当地人不用西班牙语，而是说属于本地区的语言，对获得自治甚至独立渴望已久。这两个地区成了西班牙工业最发达的地区，巴斯克人和加泰罗尼亚人对要向中央政府缴纳不成比例的高税收的事实愤恨不已，如此一来，他们的渴望变得更强烈了。

可几百年间，不论西班牙的君主、军人，还是在 19 世纪末 20 世纪初加入分享政治权力的保守政治家都始终坚持，在西班牙实行中央集权式专制统治，在政府和学校，只有卡斯蒂利亚语被允许使用。共和国则对自治表现出了更为积极的态度，在共和国政府治下，加泰罗尼亚诞生了自现代以来的首个地区议

① 布埃纳文图拉·杜鲁提（Buenaventura Durruti，1896～1936），西班牙无政府主义运动和西班牙内战时期的代表人物之一，西班牙内战时期无政府主义者革命武装力量的重要领袖。

会机构。

然而，作为一名真正的激进国际主义者，令洛伊丝感到震惊的是，对许多加泰罗尼亚人来说，地区利益远比阶级斗争来得重要。她进一步发现，即便这些人能够熟练使用西班牙语，但他们仍拒绝使用它。“在涉及加泰罗尼亚主义的问题上，这些人就是十足的暴徒。”洛伊丝在写给肯塔基家里的信中写道。“在工人的世界里，当然是没有国家主义精神的容身之处的。”当她的母亲回信询问当地风俗时，洛伊丝写道，“在当下这个特殊时期，关于这一点，最重要的并不是他们戴红帽子，并且滑稽地把它们当酒瓶子，而是他们成了世界工人阶级的斗争先锋。”[13]

尽管洛伊丝最终学习了这两种语言，但在长达数月的时间里，夫妇二人太过基础的西班牙语水平和加泰罗尼亚语能力的欠缺，意味着他们的谈话对象还是以在西班牙的其他外国人为主。除了一部分美国人，他们在巴塞罗那的朋友很快就囊括了
58 来自英国、法国、加拿大、德国、比利时和古巴等各个国家的人。这些新来者迅速地团结在了一起。“那些在兰布拉咖啡馆进行的彻夜长谈，”洛伊丝写道，“是我了解欧洲存在集中营这一政治现实的最初启蒙。”[14]

不久之后，二人都找到了工作。洛伊丝开始为加泰罗尼亚地区政府撰写英语新闻通稿。她的薪水为每天 12 比塞塔（大约相当于今天的 25 美元）。在一封写给家里的信中，她欣喜若狂地写道：“这是我有生以来赚到的第一笔钱。”[15]查尔斯则为一个叫马克思主义统一工人党（Partido Obrero de Unificación Marxista，POUM）的小党派制作用英语进行播音的电台短波节目，还为他们编辑一份名叫《西班牙革命》（*Spanish Revolution*）[16]的报纸。党

如其名，马克思主义统一工人党的确是个左翼政党，然而，它却极端反对斯大林主义。奥尔夫妇刚来到巴塞罗那，该党就成了地区政府人民阵线联盟的一部分。它与无政府主义者拥有相同的信念，那就是，革命对取得战争胜利至关重要。洛伊丝有时也会去为它的电台进行每天 15 或 20 分钟的英语广播，但由于信号发射机功率太低，她也不知道国外的人是否真的能收听到该节目。

一开始，夫妇二人住在一座被充公的旅馆里，在那里，作为革命工作者，他们的饮食是免费的。“每天，”洛伊丝写道，“都有卡车将大量面包运到旅馆经理的办公室，这些面包就被堆放在 100 千克一袋的土豆旁边。”这看上去就像个奇迹，农民为城市居民供应成车的蔬菜、兔肉和鸡肉，换来的是城里工厂生产的产品，形成了一个没有现金的以物易物体系。这一年秋天的大丰收对该体系的维持无疑很有帮助。查尔斯在报道中写道：“早餐的沙丁鱼罐头敞开供应，午餐还要加上大量的优质葡萄酒。据说，这些物资都是从富人的地窖里‘解放’出来的。”[17] 还有更多的食物像变戏法一样出现在他们眼前。洛伊丝根本无从知晓那些取之不尽、用之不竭的新闻纸到底来自何方，正是靠着这些纸张，那些不安分的加泰罗尼亚政治团体才得以实现每天的八份报纸以及大量周刊的出版。

后来，奥尔夫妇与其他国外来的左翼分子一起搬进了一栋位于城外山丘上的豪华公寓。公寓原为纳粹德国驻西班牙领事 59
所使用，后来被没收了。在这里，他们站在阳台上就能远眺到港口的风景，屋子里到处都是精美的油画和豪华家具——不过全部的椅子和沙发都已经被拿到医院用了。查尔斯写道，领事的部分文件被人放在卫生间当成了厕纸。“你们应该参观一下我们这座拥有10间卧室的公寓！……这里有热水，有电，有你需要的一切。没人收我们租金！我也不知道这一切能持续多久。”[18]

游行和集会几乎每天都在上演。洛伊丝在CNT的总部——一栋原来属于美国商会的建筑——发现，这里的工会会员们在把股票凭证当作便笺纸使用。“代替我们原来个人生活的，是革命的生活，这是对我们思想意识的极大发展……一切都是全新的，与以往截然不同，什么事情都有可能发生，一片崭新的天地正在形成。”[19]

对于自己看到的一切，洛伊丝都能将它们化为对新天地的遐想。“革命生活把我彻底迷住了……我倚靠着阳台窗户的栏杆，看着楼下身穿黑衣的妇女在广场喷泉里取水做饭。男人们站在路灯下，听他们一个识字的同事高声朗读《工人团结报》（*Solidaridad Obrera*，CNT的日报）中的内容。这是一场附近举行的常规的沙龙活动。在西班牙，‘沙龙’（tertulia）是指人们组成一个团体，长年在同一间咖啡馆、乡村广场或像这样的郊外广场进行谈话的活动。在这样的场合，人们不断地对从几天到几年时间，再到整整一代人的时间内发生的大事小情，乃至生命自身的意义进行着解读。”

从另一个角度讲，这些邻居一直探讨的——用的是一种这名肯塔基来客几乎听不懂的语言——也许并不是生命本身的意义，而是面包的价格，抑或由此引发的对到处都是、无穷无尽的政治说辞的怨恨之情，因为，并不是每个巴塞罗那人都像洛伊丝那样，对政治饱含热情。几千名工人试图逃避为民兵组织服役，CNT成员数量的大幅上涨与其说是因为人们盼望着新纪元的到来，不如说是因为一名学者所指出的一个事实：“没有工会的会员证，生活在革命时期的巴塞罗那将变得无比艰难。”[20]
若是没有工会会员这一身份，一个人此时将很难获得住房、福 60
利金、医疗服务或者食品。而历史记录显示，大量的工会成员并不愿意参加各种集会或缴纳会费。

不过此时此刻，洛伊丝仍旧沉浸在由革命所产生的终将破裂但令人愉悦的泡沫当中。她在家书中写道：“在这里，我度过了生命中最美好的时光。”她毫不怀疑，自己所看到的一切终将放之四海而皆准，就像她告诉反对自己的父亲的那样：“对于任何一名优秀的革命者来说，西班牙都是这个世界上最值得来的地方……总有一天，有人会在美国发动革命，而了解革命的人届时将变得极其重要。”[21]

在 1936 年秋天的巴塞罗那，人们极易产生这样的信心。从前纳粹德国领事的居所徒步走到加泰罗尼亚地区政府上班的一路上，洛伊丝能看到被改造成合作工场的教堂、文化中心、难民收容所，或是公共食堂等各种设施。利口酒酒厂被改造成了医院，修道院变成了儿童结核病疗养院。农村地区发生的变化更为剧烈。超过 40% 的耕地落入了曾经无地或少地的农民之手，其中半数以上的土地变为集体所有，曾经属于私人大农庄的土地现如今正被集体耕作。在几百个像这样的集体农庄里，人们燃起篝火，烧掉了地契——还有纸币——再清楚不过地表达了自己的政治主张。

“在弗拉加（Fraga），”一份无政府主义报纸吹嘘道，此地是位于加泰罗尼亚以西阿拉贡地区的一座城镇，“你就算把钞票扔在大街上，都不会有人多看一眼。洛克菲勒，你要是带着你账户里所有的钱来到这儿，你绝对连一杯咖啡都买不到。金钱是你的上帝，金钱是你的奴仆，不过在这里，它已彻底作废。

人们对此十分开心。”[22]有时，一种由集体发行的票券会作为纸币的替代品使用，其“币值”用人工劳动特定时长创造的价值来表示，一家要赡养的孩子越多，得到的票券就越多。（这套制度经常失效，常常是这个村子发行的票券到了下一个村子就不能使用了。）口红一类的资产阶级生活方式代表物品被禁止使用，酒精饮料、烟草甚至咖啡有时也会一并遭禁。在这些集体农庄存在期间，它们中的一部分成功生产了比过去私人农场时
61 代更多的农产品。在阿拉贡这个政治狂热丝毫不弱于加泰罗尼亚的地方，集体农庄的比例比加泰罗尼亚还要高得多，当地的食物生产实现了20%的增长。[23]

无政府主义者的信条还反映在他们为新生儿所取的名字当中：一名激进的无政府主义者将女儿命名为“自由”。运动本身对官僚体制的憎恨延伸到了婚姻领域。在一个由无政府主义者组成的委员会治理、位于巴塞罗那以南的海边小村，有目击者偶然看到了这样的场景：“有四对在革命开始后结婚的夫妇。在亲朋好友的陪伴下，他们来到了委员会干事的面前。干事首先将他们的姓名、年龄和希望结合的愿望写在了一本登记簿中，这样一来，传统受到了尊重，仪式得以完成。与此同时，为表示对自由主义原则的尊重，那位干事一把将记载上述详细情况的记录纸从登记簿中扯下，将它撕得粉碎。当几对夫妇沿楼梯向下正经过阳台时，他将这些纸屑像婚礼上的五彩纸屑一样撒向他们。每个人都心满意足。”[24]

作为一名原属中上阶层的激进派，对于洛伊丝来说，一想到自己能够成为一场无产阶级运动的一分子，她就十分激动。“我之所以喜欢［巴塞罗那］，”她在一封给嫂子的信中写道，“不是因为这里有‘炫目的灯光’或是什么精致而内敛的城市

精神，而是因为这是一座工人之城。见鬼，要是这城市有自己的灵魂，那它一定是个无政府主义者的灵魂，一个多疑的弱者的灵魂。它黑暗而又危险，哪怕只有一丝机会，它都会随时准备为了获得更好的生活战斗到流干最后一滴血，打光最后一发子弹。它不是优雅脆弱的含蓄少女，而更像个强壮粗鲁、不修边幅的工人。”[25]

然而，不论洛伊丝将巴塞罗那的工人说得多么富有浪漫色彩，这座她和查尔斯眼下居住的城市正常的社会秩序已被颠覆才是事实。没人知道这样的非常时期将持续多久，但只要这种状况持续一天，这里都将吸引全欧洲思想独立的左翼分子源源不断地到来。在这些政治朝圣者中，有一名叫维利·勃兰特
(Willy Brandt）的流亡者，时年 23 岁。他和奥尔夫妇在同一个 62
集体食堂吃饭，和查尔斯在同一栋楼内工作，几十年后，他成了德意志联邦共和国的总理。很快，一个在未来比勃兰特还要声名显赫的人物也将来到西班牙。

尽管查尔斯·奥尔比他 19 岁的妻子见过更多世面，可作为历史的亲历者，二人却似乎都没注意到当中那些令人不安的部分。

无政府主义者的众多传统都出于奇特的自相矛盾之中。在这场运动的倡导者们向世人展示的鼓舞人心的未来画卷中，人们互相合作，共同生活，从剥削中最终获得解放。一些无政府主义者亲身践行了这一目标所体现的精神。例如俄国理论家彼得·克鲁泡特金（Pyotr Kropotkin），不论是工人、农民、好打听的商业领袖还是慈善家，他总能够赢得每个见过他的人的爱戴。（以下因素对此帮助颇多：他会说五门语言，是名讲故事高

手，会弹钢琴，还是旧俄国皇室的一名王子。）与此同时，他和几乎所有著名的无政府主义思想家一样，都对“榜样的力量”——“榜样”是指那些能够让人民意识到自身力量，并且自觉行动起来的意义重大、令人震惊的行动，这些行动的实施将使崭新的纪元更快到来，届时，军队、教堂、企业和政府等这些像寄生虫一般，充满官僚气息的机构将全部消亡——这一理念十分喜爱。那么什么是所谓的“榜样”呢？事实证明，它们大多是刺杀行动。

1894～1914 年，世界各地的无政府主义者对包括美国总统威廉·麦金莱（William McKinley）和两位西班牙首相在内的至少六位各国政府首脑进行了刺杀。被刺杀的其中一位西班牙首相某种程度上说是个改革家，1912 年他在马德里一家书店的橱窗外向里张望时被人从身后枪杀。其他众多商业和政治领袖，以及在凶手扔出炸弹时恰巧路过的行人同样不同程度地受伤。1920 年代，作为对西班牙警察杀害数名工会领袖的报复，西班牙无政府主义者刺杀了又一名首相、一名大主教和其他许多政府官员，他们还曾刺杀国王未遂。

如今，这种已被理想化了的杀戮行为在处于战火中的西班牙迎来了前所未有的高峰。一份无政府主义报纸在政变爆发两个星期后宣布：“我们一定要大肆破坏，大肆，以此净化一
63 切。”不仅是无政府主义者和令奥尔夫妇备感亲近的 POUM，就连被二人一向憎恨的共产党也要为发生在西班牙共和国各地的流血事件负责。尽管大多数杀戮行动发生在奥尔夫妇到达西班牙之前，查尔斯仍旧发现了一些显示这些行动很可能还在继续的蛛丝马迹：“有两名高大英俊的意大利同志隶属于 POUM，他们时不时会到我们的办公室走一遭，但并没有十分明确的事情

要做。他们腰上别着手枪，同事们告诉我，他们是隶属于POUM的枪手……并且向我们暗示，他们知道的远比他们愿意告诉人们的多。”[26]

他还观察到了其他最近发生的暴力事件的种种迹象：“教堂纷纷关闭，大部分已被烧毁。尽管有时残垣断壁还矗立着，但其内部则被烧得一片狼藉，入口已被人钉上木板封死了。政变爆发后最初的日子里，在从巴塞罗那向阿拉贡进军的路上，每遇见一个教堂，工人们组成的民兵部队就要停下来将它摧毁。”事实上，暴力的程度远比这要剧烈。在战争开始后的头几个月，一名在巴塞罗那的美国通讯员在报道中写道：“每天早上，人们都能在城外看到四处散布的尸体。”[27]后来，当国民军大肆奸淫掳掠的消息传到共和国控制区后，为了复仇，人们发动了更多大规模杀戮行动——当希特勒的飞机开始轰炸共和国控制的城镇以后，复仇的速度变得更快了。在一个又一个城市，为了报复国民军实施的无差别空袭，右翼囚犯会被直接带出囚室枪毙。

战争初期的几个月里，各行各业的国民军支持者都被视为要对付的目标：地主、商店老板、商人——尤其是那些以粗暴对待穷人而闻名的人。像法国大革命时一样，天主教会的神职人员同样是革命者的主要目标：激进的工人将神父杀死，将主教的法衣示众，纠集行刑队对一座十分出名的基督雕像实施“处决”，还掘开神父的坟墓，将棺材打开公开示众，以作为对教堂所承诺的永生的嘲讽。教会被视为大资本家和大地主的仆从，他们许以工人们来世的财富，却不肯在现世让他们得到自
己应得的那份。在这期间，总共有约7000名神职人员被处死。[28] 64
这是现代发生过的类似屠杀行动中规模最大的一次。

无政府主义者将监狱门户大开的行为对改善混乱局面毫无

帮助。各政治派别中最有原则的左派分子们不久之后便奔赴前线投入战斗，留在后方继续清算旧账的，则是他们那些不太守规矩的同志和刚刚被放出监狱的普通犯人。据当代学者估计，整个西班牙内战期间，共有超过 49000 名平民在共和国控制区被杀害，他们当中绝大多数都死于战争最开始的几个月。[29]

国民军控制区的死亡人数要更多：约 15 万。其中有至少超过 2 万人是在战争结束后被处决的。[30]但在被保守派传媒巨头把持的欧美舆论界——例如在热烈支持佛朗哥势力的赫斯特报业集团旗下的一系列报纸上——被各家报纸以头版头条大肆报道的，是发生在共和国控制区内的杀戮事件，尤其是对神职人员的杀戮。到 1936 年年末，尽管共和国政府基本上制止了此类杀戮事件的继续发生，但他们获得外国帮助的可能性已经因此受到了严重削弱。

查尔斯·奥尔回忆道："有天早上——大约是西班牙标准时间十点左右——那是在 1936 年 12 月，当时，我正在位于巴塞罗那兰布拉大街上的 POUM 的行政大楼里上班。一名个子矮小的民兵，穿着蓝色的工作服，系着红色的围巾，步履沉重地爬上楼梯走进了我位于四楼的办公室。同往常一样，楼里的电梯贴着令人再熟悉不过的标示：'停止使用'……"

"他告诉我，有个既不会说西班牙语也不会说加泰罗尼亚语的英国人在楼下……于是我走下楼，想看看这个英国人是谁，到此地有何贵干。"

"我在楼下见到了他——埃里克·布莱尔（Eric Blair）——瘦高个子，面容疲惫，刚从伦敦抵达巴塞罗那……我请他到我的办公室坐坐，于是我们就沿着长长的楼梯又回到了四楼。"

“他刚经过一天一夜的火车之旅，尽管疲惫不堪，却显得十分兴奋。他来西班牙是为了与法西斯作战，但不知道自己应该加入哪支民兵武装……开始，我并没有把这个从英国来的志愿 65
者当回事。不过是又一名过来要帮忙的外国人罢了……一看就是个对政治一无所知的人。”这名穿着灯芯绒夹克的访客接下来提到自己写的一本书，这本书是根据他在英国流浪和在法国给餐馆洗盘子期间的经历写成的。不论查尔斯还是洛伊丝都对这本书闻所未闻。

“对我们来说，他就是埃里克而已……一群外国人中的一个，大部分都是英国人，在阿拉贡前线战斗。”在 POUM 总部结束了与查尔斯和他的另一名英国同事[31]的谈话之后，埃里克·布莱尔决定放弃此前加入国际纵队——这是一支正在由世界各国的共产党招募成员的军事力量——的计划，而是改为加入 POUM 的民兵武装，后者此时正在附近的阿拉贡前线与佛朗哥的军队进行战斗。[32]

查尔斯写道：“埃里克又高又瘦，简直到了笨拙的程度……他有些口吃，说话结结巴巴的，好像害怕和人打交道似的。”[33]这个说话结结巴巴的新来者可能在谈话时的确如此，但一旦开始写作，一切就都变了。在写作的世界里，他的名字叫乔治·奥威尔（George Orwell）。

也难怪奥尔夫妇对他的名字一点儿都不熟悉，因为即便在当时——奥威尔时年 34 岁——的英国，他的名字也几乎无人知晓。此时的奥威尔一直以来主要靠两种途径养活自己：在书店兼职以及在自家经营一间小杂货店。（他在 POUM 民兵招募登记表上的“职业”一栏填写的就是“杂货店主”。）他第一部引起世人广泛关注的作品是《通往威根码头之路》（*The Road to*

Wigan Pier），这是一本近距离描写大萧条时期英格兰北部工业区工人阶级贫穷生活的书，完成于他来西班牙的两年前，但这时尚未出版。后来，他那本记录西班牙内战期间见闻的回忆录《向加泰罗尼亚致敬》（*Homage to Catalonia*）最终成了有关这场战争的作品中被翻译为最多种语言、流传最广的一本。

不管外表看起来有多么羞怯局促，奥威尔总能迅速捕捉所看到的一切，再凭寥寥数语令其跃然纸上。同奥尔夫妇一样，他发现自己也同样在为革命过后的巴塞罗那着迷：

66 服务员和商场巡视员不再低眉垂目地服侍客人，而是将自己与客人等同视之，平等相待。过往那些卑躬屈膝的服务用语暂时销声匿迹，甚至就连那些纯礼节性的用语也不例外。没人再说“先生”或是“阁下”，甚至就连“您”也不再被使用。大家对彼此均以“同志”和“你”相称……商店里到处都张贴着革命宣传海报，这些海报往往以纯红色或者纯蓝色作为主色调，在墙上显得闪闪发光，将仅剩的几张原来张贴的广告海报衬托得好似胡乱涂抹在墙上的烂泥一般……所有的一切都显得那么奇怪而又生动。这里面的很多事情都并不为我所理解，某种程度上说，我甚至对此并不喜欢，但我很快便坚信，这里的一切值得我为之战斗。

那些动人的纯真画面同样令奥威尔深受触动：

理发店里张贴着无政府主义者的启事（理发师们大多都是无政府主义者），庄严宣告理发师们不再是任何人的奴

> 仆。大街上，五颜六色的海报在劝导妓女尽快从良……街头出售着几生丁（centimes）一本的极为通俗的革命歌谣小册子，里面尽是歌颂无产阶级兄弟情谊、鞭挞墨索里尼邪恶堕落之类的内容。我经常看见不识字的民兵买一本这样的小册子，费力地拼读出里面的单词，熟悉了里面的内容之后，便开始自如地唱起这些歌谣。[34]

洛伊丝·奥尔此时已逐渐意识到，共和国内部一方面存在着 POUM 和无政府主义者间的对立，另一方面还存在着他们和其他试图限制革命的党派之间的紧张对立。“我们试图向新来者解释，最终决定战争走向的是政治，而并非个人的英勇。这样的人实在太多了，埃里克·布莱尔是对此最听不进去的那一个……他来到西班牙，是为了参加一场对他来讲再清楚不过的那种善恶对决的道德冲突，并不想让过多的政治因素困扰他。他只想带着自己的信念和感觉投入战斗……然后马上离开巴塞罗那。”[35]奥威尔后来才了解到西班牙共和国内部的政治冲突。 67
但是现在，他只渴望战斗。经过了仅仅一周的训练，他便被派往前线。

不过，奥尔夫妇仍然留在了巴塞罗那。“这是一座让人备感兴奋的城市。”在家书里，洛伊丝将巴塞罗那称作“当今世界上最有趣的地方”。[36]确实，如果只看眼前的话，除了偶尔的防空演习和日益严重的食物短缺以外，人们几乎可以无视战争的存在。

5 “我将摧毁马德里”

68 随着佛朗哥的军队自西班牙南部和西边的葡萄牙边境稳步向北部和东部扩大占领区面积，他的最终意图已经十分明显：在西班牙建立起军事独裁统治。[1]不久之后，他就命令所有支持者们——西班牙法西斯主义者，数个天主教党和右翼政党，还有两个分别支持王室中敌对的两个分支①的君主主义者派系——合并成为一个团体。从今以后，这个新生的组织将成为国民军控制的西班牙地区唯一被允许存在的政党。佛朗哥派自己的姐夫掌管该组织，公开对其发表任何异见都将直接遭到逮捕。新组织的职责就是帮助佛朗哥维持独裁统治，他已不再为独裁寻找任何借口。他所建立的体系直接参考了希特勒与墨索里尼的那一套，宣称“一个祖国，一个国家，一个领袖”（One Fatherland，One State，One Chief）的海报很快在各地出现，这一口号与希特勒的“一个民族，一个国家，一个领袖”（Ein Volk，Ein Reich，Ein Führer）遥相呼应。后世学者就佛朗哥是否能被称为法西斯主义者展开了争论。一些学者为身穿蓝衫的西班牙长枪党（Falange Española）党员保留了这一称呼，这是一个公开信奉法西斯主义的政党，当时已被并入佛朗哥成立的新组织之中。不过，墨索里尼这位早在政变开始前好几年就秘
69 密资助长枪党和其他西班牙右翼团体的意大利独裁者倒是毫不

① 指支持阿方索十三世恢复王位的保皇党和宣称王位觊觎者卡洛斯及其后裔为王室“正统”的卡洛斯派。

避讳地说过，“法西斯之剑”已经在西班牙“出鞘”了。[2]

虽然帮助其部队对进军路上的城市进行轰炸的德国轰炸机属于当时最为现代化的武器装备，但佛朗哥心中所想的却是“王政复古”。对他来说，这场战争是一场过去与现在对抗的战争，一场传统天主教与世俗世界对抗的战争，一场古代农业秩序与城市工业文化对抗的战争。他的目标是重塑西班牙的往日荣光，恢复专制国家的几大关键支柱：军队，教会，大地主，以及曾经遍布几大洲的西班牙海外殖民帝国——尽管没人知道要如何重建这样的殖民帝国。选举不能有，独立的工会组织不能有，任何民主政体设下的“圈套”都不应存在。国民军牛轭叠在交叉箭头之上的徽记来自四个多世纪前斐迪南和伊莎贝拉统治时期的徽记。轭代表着拥有绝对权力的新王国——阿拉贡王国和卡斯蒂利亚王国联合后实行的二元君主制国家，就像两头牛同负一轭一样——箭头则代表对异教徒的消灭。在国民军士兵羞辱支持共和国的被捕妇女的众多手段中，有一种就是在她们的胸口烙上这个徽记。[3]

佛朗哥和其追随者的确在考虑对付异教徒，这从其政权授予教会的非常权力中便可见一斑。西班牙的天主教高层统治集团是全欧洲最反动保守的。比如，其麾下的耶稣会翻译出版了臭名昭著的反犹伪书《锡安长老会纪要》(*The Protocols of the Elders of Zion*)，并将其在一本教会杂志上进行了全文连载。为了亲自看看德国人是如何对付“麻烦制造者”的，一名因其对犹太人和共济会的疯狂攻击而为人所知的名叫胡安·塔斯克茨·泰尔拉特（Juan Tusquets Terrats）的神父曾于 1933 年亲自前往德国，参观了在达豪（Dachau）新落成的集中营。

西班牙大多数主教都全心全意拥护佛朗哥，他们也因此得到了回报。包括一项宣布离婚合法化的法令在内，由共和国政府颁布的大量改革措施全部被废除了。教科书中删去了一切被认为与基督教道德准则相悖的内容，所有教师都被要求每天带领学生向圣母玛利亚祈祷国民军取得胜利。同佛朗哥和他的将
70 军们一样，主教们也开始伸直手臂行起了法西斯礼。不计其数的图书被教堂销毁。在托莱多大主教、全西班牙首席主教——枢机主教伊西德罗·戈马（Isidro Gomá）看来，这场战争是一场“野蛮与文明间爆发的冲突”，国民军正在与“被犹太国际组织控制的邪恶团体”进行英勇搏斗。当65名共和派人士在潘普洛纳（Pamplona）① 附近地区被国民军行刑队执行死刑时，一名天主教神父亲手执行枪决枪杀了这些人。另外一个名叫胡安·加兰·贝尔梅霍（Juan Galán Bermejo）的神父曾向一名国民军军官炫耀自己“干掉了超过100名马克思主义者的一把小手枪”。受害者中有一个试图逃出佛朗哥监狱的共和国民兵，他是跪在神父面前被射杀的，而这一切就发生在一间天主教堂的忏悔室里；他还曾经试图故意放火烧死另外五人，所幸他们虽然受伤，但最终活了下来。[4]

战争暂时还未波及洛伊丝和查尔斯夫妇的工作地巴塞罗那，但到1936年晚些时候，战火已经迅速地逼近了路易斯·费舍尔所在的马德里。如今，国民军已经基本控制了西班牙西部的一半国土。当共和国新当选总理弗朗西斯科·拉尔戈·卡瓦列罗②准备与驻防在距首都西南仅20英里的伊列斯卡斯

---

① 西班牙北部纳瓦拉自治区首府，距离马德里407公里。

② 弗朗西斯科·拉尔戈·卡瓦列罗（Francisco Largo Caballero，1869～1946），西班牙工人社会党领袖，于1936～1939年担任西班牙共和国总理。

（Illescas）的共和军指挥官通话时，却发现接听电话的是一名国民军将领，后者的军队刚刚夺取了这座城镇。佛朗哥即将占领马德里一事似乎已经变得无比确定，各方提前发来的祝贺电报就像雪片一样涌向西班牙国内唯一的电话业寡头——西班牙电信公司（Telefónica）的总部。通过广播电台，心情愉悦的国民军莫拉将军向位于马德里市区格兰大道（Gran Vía）上的莫里内罗咖啡馆（Café Molinero）预订了一杯咖啡。他吹嘘说，10 月 12 日哥伦布纪念日到来之前，自己就能喝到这杯咖啡。毫无疑问，这一天曾经标志着西班牙对新世界征服的开端，如今，它则代表着国民军最梦寐以求的那种帝国式的胜利。

在向纽约《国家》周刊发回的一篇报道中，费舍尔向读者简单明了地介绍了，缺乏装备且缺少训练的共和军士兵是如何被佛朗哥军队的炮火吓得溃不成军、四散奔逃，军官们又是如何拔出左轮手枪喝止他们的。[5]不久之后，他偶然遇见了一个《真理报》的通讯员，此人名叫米哈伊尔·科利佐夫（Mikhail
Koltsov），是斯大林在西班牙的首席眼线。与他同行的是一个叫 71
克劳德·科伯恩（Claud Cockburn）的英国记者，一名共产党的坚定拥护者。科利佐夫此前看过费舍尔的这篇报道，并对其内容感到十分愤怒。不管这名美国同行如何表示自己的报道句句属实，他都拒绝与费舍尔握手。

“没错，”科利佐夫挖苦费舍尔，“那些都是事实。看看你是一个多么善于观察而又诚实的人啊……你对革命造成的伤害可比派 30 个英国皇家骑警去为佛朗哥卖命大多了。就这你还指望我能和你握手？”这个俄国人说，费舍尔关注的只是自己的记者声望，而不是共和国的事业。“就像法国人常说的那句话一样，你已经失去了一个保持沉默的绝好机会。”[6]科利佐夫和科伯恩坚信，真正尽心尽力的记者只会报道那些共和国赢得战争所需要的内容。

（在共产党的授意之下，一年半之后，科伯恩真的这么做了。他撰写了一篇文章，以所谓亲历者的身份，报道了一场完全是虚构出来的战斗，一场由在西属摩洛哥的摩尔人发动的大规模反佛朗哥暴动。这篇报道的真实性根本无法得到核实，因为外国记者几乎不被允许访问该地区，文中充斥着从导游手册里面抄来的街道和广场名称。这篇报道的真正意图在于影响法国总理的决策，后者此前刚刚关闭了从法国向共和军输送武器装备的边境通道，导致大批炮兵装备滞留。这篇让国民军头一次显得如此惊慌的假新闻就出现在一支西班牙共和国代表团前往法国游说总理重开边界期间，它的出现让代表团成功地完成了自己的使命。）

首都的郊区地带成了新的战斗前线，大半个马德里处于炮火覆盖之下。1936 年 11 月早些时候，随着武器弹药和其他物资逐渐短缺，出于对城市即将陷落的担忧，共和国政府搬迁到了巴伦西亚这座恰好位于后方的地中海沿岸城市。这场长途跋涉来得过于匆忙，当长长的卡车队伍向着巴伦西亚行进时，许多办公室的灯还没来得及关掉，办公桌上还堆着大量文件。然而，军队留了下来，试图保卫这座城市。50 多万名难民拥进了马德里，他们在公园里临时安营扎寨，在街道上起火做饭。有些人还试图将饲养的羊和驴子之类的牲畜一起带到安全地带。

72 城中的公共汽车早已被军队征用，用来向前线输送士兵。许多建筑成了一片废墟，还有许多建筑外表因为被弹片击中而变得伤痕累累。由于西班牙国内最为富饶的耕地早已落入国民军手中，食品变得非常短缺，凡是被佛朗哥军队炮击炸死的驴子和马都被人吃掉了。马德里的保卫者们使用手头一切能够找到的东西修筑防御工事，甚至连落在地铁站行李处的手提箱也不放过。“街道已经面目全非，花岗岩石块铸成的墙将整个马路挡住，大型建筑物的门前也是如此，”费舍尔写道，“大街上挖了壕沟阻挡坦克行进。绝大多数马德里市民拒绝离开这座城市。事实上，政府还真捉走了几个著名的艺术家和教授，不过在到达巴伦西亚之后又把他们放了。政府不希望这些人受到伤害甚至被杀。普拉多（Prado）博物馆和其他博物馆中的艺术品则被转移走了。”[7]与艺术品一起，初版《堂吉诃德》也被送到了巴伦西亚保管。

恐慌情绪在四处蔓延。一次，一名共和军飞行员被迫在国民军控制线一侧迫降。过了没一会儿工夫，一架国民军飞机飞过马德里附近的共和军空军基地上空，用降落伞空投了一个箱子，里面是那个飞行员被切成一块块的尸体和一张写着意大利语的侮辱字眼、字迹潦草的字条。国民军将军凯波·德利亚诺通过收音机洋洋得意地宣布：“每个摩尔士兵能分到三个民兵女孩：我们的日子多么美好！”他向手下的士兵们许诺的，不仅仅是向共和国妇女进行的“复仇”，他曾声称：“我们的战争并不是一场内战，而是一场西方文明同全世界犹太人之间展开的战争。”传闻凯波是个酒鬼；一次播音完毕后，没意识到麦克风仍然开着的他向副官大吼：“快他妈的给我拿酒来！”[8]

伴随着一波波难民涌入城市的，是越来越多的令人不寒而栗的消息。新来的难民向人们讲述佛朗哥占领区是如何用绞喉执行死刑的，刽子手会用那玩意儿绕着受刑人的脖子紧勒——如果刽子手想的话，还会慢慢地，一点一点地勒。在邻近哥多华的帕尔马德里奥（Palma del Río），有一个名叫费利克斯·莫雷诺·阿达努伊（Félix Moreno Ardanuy）的大地主饲养了许多斗牛，那里的农民将他的土地变为了集体所有，还吃掉了他的几头牛。按照历史学家保罗·普雷斯顿（Paul Preston）的记
73 载，“这些消息让莫雷诺非常愤怒。当一支国民军部队占领了城镇以后，他驾驶着一辆黑色的凯迪拉克随部队一起进了城……没有来得及逃走的男人们被赶进了一间牛棚。他每次从牛棚里挑十个人枪毙，为自己被吃掉的一头牛报仇。当有人恳求他放过他们的时候，不论这人说自己是他的教子、侄子还是和他有别的什么关系，他都只是目视前方说：‘我谁也不认识。’在那一天就至少有 87 人被杀，接下来的几天，又有这一数字两倍数量的人死去。”[9]

共和国同样实行了恐怖统治，单在马德里一地，他们就杀掉了上千人。有报道说，国民军将军莫拉宣称共有四支部队正准备进攻马德里，还有一支由城内国民军秘密支持者组成的“第五纵队”随时待命。受此影响，全城陷入对间谍危机的妄想之中。人们无法确定莫拉是否真的这样说过，但当下局势是如此紧张，以至于谣言也被当成了真相。导演路易斯·布努埃尔（Luis Buñuel）写道，开车的时候，“即便是做一个拐弯的手势都是很危险的，因为这没准就会让你被当成在行法西斯礼，然后吃一梭子子弹”。[10]有时，甚至就连德国投下的炸弹也被记在了第五纵队的账上，由于没经历过一战战火的洗礼，西班牙人不知道，身边发生的爆炸其实可能是由飞在天上看不见的飞机投弹而造成的。

“整个城市都十分紧张，”费舍尔写道，“晚上，宵禁使一切看起来都那么阴森恐怖。有好几次，民兵就站在街上，朝那

些房子里亮灯的窗户开火。这真是既狂热，又荒唐。”[11]每当出现飞机引擎的轰鸣声，人们都会不安地扫视整个天空。为防止国民军的同情者通过电话向郊区的国民军部队告密，私人电话线路已经被关闭了。这样的担心并非毫无来由：一场工人游行预定于11月14日8点在阿托查（Atocha）火车站旁边的广场举行，后来，由于意识到该地点能够成为空袭的绝佳目标，政府将此次游行取消了。可就在当天，德国的容克轰炸机果然在原定的游行时间准时出现，并对该广场实施了轰炸。

就在共和国政府迁出马德里两天以后，马德里市民们因为
国际纵队首批部队的到来而重获信心。他们就从上次遭遇空袭 74
的阿托查车站下车，然后挎着背包沿着格兰大道向城市西面的前线进发。他们中的大多数人都没有装备头盔，为他们大声加油打气的人们并没有意识到，这些人不但同样没经受过多少军事训练，他们的装备也老旧不堪，有些步枪和机关枪甚至还是1914年生产的。尽管人们喊的是“俄国万岁”“苏联万岁”的口号，但实际上，第一批抵达的志愿者大多是波兰人、英国人与法国人——法国向国际纵队贡献的人数是所有国家中最多的——以及从德国、意大利来到西班牙的左翼难民。同期秘密抵达马德里的苏联军事顾问团成员并未出现在队伍中。

同时，苏联还开始向共和军运送坦克、飞机和与之相配套的驾驶员，这对共和国至关重要。当来自苏联的战斗机与德意飞机进行缠斗时，人们一眼就看出了它们。喷涂巨大的黑色X图案的飞机是佛朗哥的，一旦它们被涂装红色翼尖的共和军战机射中击落，下面的人群便会发出巨大的欢呼声。苏联派来的战机大都是速度极快的最新型伊尔-16（Ⅰ-16）单翼战斗机，

西班牙人给这些飞机起的外号是“莫斯卡”（Mosca），翻译成英语的意思是“苍蝇”。在当时，这些飞机要比希特勒和墨索里尼支援佛朗哥的机型更加先进，它们令共和军突然间获得了空中优势，给予了还在地面上的人们未曾想到过的胜利希望。若是没有这些援助，马德里早就陷入国民军之手了。

人们对来自苏联的一切都表现出了高涨的热情。城里的电影院开始放映像谢尔盖·爱森斯坦（Sergei Eisenstein）的《战舰波将金号》（*Battleship Potemkin*）等经典的苏联影片。甚至就连一间妓院的接待室里都贴上了马克思、列宁和斯大林的大幅海报。西方国家对西班牙共和国实行的武器禁运在使后者不得不转而依赖苏联武器的同时，还使同时期加入西班牙共产党的人数大为增多。

同时为共产党员人数增长做出巨大贡献的还有西班牙最富魅力的演说家，以“热情之花”（the Passionflower）的绰号广为人知的共产党议会代表多洛蕾斯·伊巴露丽[①]。作为巴斯克煤矿工人的女儿、姐妹和妻子，在从政之前，伊巴露丽一直是一名女裁缝，曾几次入狱。她在广播电台和群众集会上发表的热情演说正好为共和国树立了最为急需的反抗者形象。她的大
75 多数口号——“¡No pasarán！（绝不放行！）”或是“宁肯站着死，不能跪着生！”——大都出自其他战争，连她的部分演说词都是由党内其他官员帮助撰写的，不过这些都无关紧要。身姿挺拔，勇猛果敢，声音悦耳，黑色的眸子闪着光芒，行头从来

---

① 多洛蕾斯·伊巴露丽（Dolores Ibárruri，1895～1989），西班牙国际共产主义运动活动家。1920年参与创建西班牙共产党。西班牙内战时期，她参与领导西班牙人民反对法西斯的斗争。1939年，西班牙共和国被颠覆后流亡国外。1942年当选为西共总书记，1960年改任西共主席。1979年西班牙共产党重返议会，她被选为众议院副议长。

都是典型的工人阶级妇女风格的黑色长裙加上麻绳编底凉鞋，从不化妆也不戴首饰的伊巴露丽很快便成了传奇人物。

伊巴露丽曾把黑色的长发在脑后盘成发髻，戴着头盔前去看望在前线战斗的士兵，在那期间，记者们简直和她寸步不离。在某地一辆大声播放《国际歌》的宣传卡车上，“热情之花”亲自向数百名败退的士兵做动员，以防止通往城市的要道塞戈维亚大桥（Segovia Bridge）落入国民军之手。这位激情澎湃的演说家咆哮着吼出的“绝不放行”之所以能够产生力量，部分原因在于，没有哪个西班牙男人希望自己在女人面前显得像个懦夫。

随着佛朗哥军队的步步进逼，费舍尔和其他外国记者已经能够站在马德里市的最高建筑、电信公司14层大厦的顶楼亲眼看到战况进展如何了。人们踮起脚尖扒在窗台与阳台栏杆上，目不转睛地盯着望远镜，眼前战机激烈战斗的画面几乎已经与双眼视线齐平。大楼内部混乱不堪，地下室里挤满了难民，地上堆满了沙袋。大楼本身便是国民军炮兵攻击的首要目标，记者们都将其称作“标靶”。每天晚上，他们都会来到这里，通过电报将各种语言写成的报道发回自己的祖国，有时也会在等待连续加班的审查员和电话接线员完成工作的过程中躺在行军床上打个盹儿。

费舍尔一个来自美联社的同事当时写道，空战看上去就像“一场在大型空中舞台上专为我们进行的演出”。步兵们“看起来就像风景画里的一个个小点，一会儿在炮火掩护下前进，一会儿又被迫后退……坦克和摩尔人骑兵队在乱七八糟、蜿蜒曲折的战壕里显得分外明显，他们先是左冲右突，然后又急忙冲向树林寻求掩护。即便在白昼，敌军炮火发射产生的令人目眩

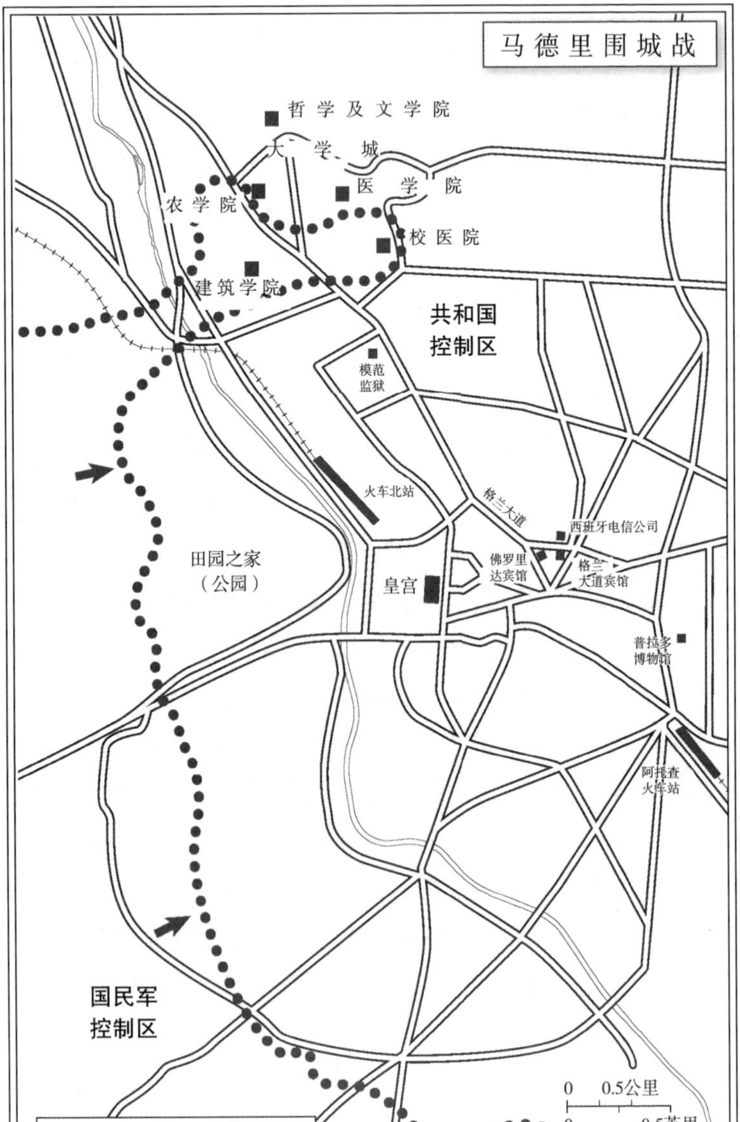
马德里围城战
哲学及文学院
大学城
医学院
农学院
校医院
建筑学院
共和国
控制区
模范
监狱
火车北站
格兰大道
西班牙电信公司
田园之家
（公园）
皇宫
佛罗里
达宾馆
格兰
大道宾馆
普拉多
博物馆
阿托查
火车站
国民军
控制区
0 0.5公里
0 0.5英里
1936年11月18日的前线位置

的闪光仍使其位置清晰可辨。小丘斜坡上的弹着点里冒着股股浓烟”。[12]这不是历史上第一次被记者拍照报道的战争，但这却 77
是有史以来第一场记者能够目睹前线发生的一切，并且将亲眼所见拍摄下来并进行报道的战争。多亏了当时刚刚出现的有线传真系统，照片和文字都能在发送之后几分钟内就被其他大洲接收到。

佛朗哥公开宣布：“与其让马德里落入马克思主义者手中，我宁愿摧毁它。”[13]不过，他的空军部队和炮兵部队并未将萨拉曼卡区（Salamanca）这一高档社区当作攻击目标，这里是众多支持国民军的上层阶级的居住地。位于此区的众多大使馆在馆舍和附带建筑中为上千人提供了庇护，共和国政府也允许各使馆将这些建筑置于外交保护之下。相反，佛朗哥故意将炮火瞄准了格兰大道——现在被人们亲切地称作“贝壳大道”——就在人群在电影散场后拥向街道的时间段里。正在放映卓别林电影《摩登时代》（*Modern Times*）的首都大戏院（Capitol Theater）用一大块油布盖住了天棚上的一处弹坑。“每天晚上，当街上行人逐渐稀疏，喧嚣声沉寂下来以后，”费舍尔在文章中向美国的读者们讲述道，“从我所居住的酒店窗户就能听到外面的连天炮火和机关枪开火时子弹划过空气的尖锐声音，那嗒嗒的声音听起来就像骑兵在鹅卵石地面上飞速奔驰一样。”[14]有轨电车仍然在正常运行，人们常开玩笑说，乘坐有轨电车是去往前线最稳妥的交通方式，因为要是坐地铁的话，你指不定会从前线的另一侧①冒出来。

费舍尔曾声称自己出席过一次共和国政府的内阁小组会议，

① 指敌人那一侧。

并常在文章中不经意地提到某些自己见过的大人物的名字。不过他真正一心想带给读者的，是在首座被密集的空中炮火轰炸的欧洲首都城市发回的第一手体验报道。装有汽笛的摩托车队穿过大街小巷，向人们预警将要发生的空袭。人们在空袭发生时会奔向已经过于拥挤的地铁站避难，就算如此，地铁站也仅能容下城市中的一小部分人口。有一次，费舍尔便亲身经历了一次由 28 架德国容克轰炸机和 2 架意大利卡普罗尼轰炸机（Capronis）发动的空袭。

> 世界上再没有比这更悲惨、更罪恶的事情了。
>
> 当时不到下午两点，我正坐在车里，发现人们正在四
> 78 处狂奔……突然一声巨响，我还来不及反应，便发现街边一座五层高的楼房冒出了滚滚浓烟。车子赶紧拐了一个弯；结果又是一声震耳欲聋的巨响，一栋公寓大楼屋檐上的砖头夹杂着木头和玻璃碎片就落在我们开车的路上……一个军队的摩托车骑手过来向我们征用车辆运送伤者。除了我们的车，他跟在场的其他车辆也是这样讲的。不一会儿的工夫，我就看到这些车子载着伤者回来了，他们有的没了腿，有的丢了脸上的零件……
>
> 从那些被轰炸建筑的底下几层里面，女人、小孩和老人们开始往外爬。他们身上全白了：白色的头发，白色的脸，白色的衣服——他们浑身上下都沾上了破碎石膏的粉末……一个满脸皱纹的老妇人裹着一张床单，脸上的每道褶子都在不受控制地颤抖，她恍惚地站在人行道上反复叨咕着："我能去哪儿呢？"

一切看上去毫无希望可言。“装满乘客、堆满行李和被褥的汽车纷纷逃离。”[15]费舍尔居住的旅馆已经没有任何食物了。佛朗哥的部队行军到城里的时间已不足45分钟。一个苏联高级顾问催促他：“赶紧离开这里，越快越好！”

全世界范围的共和国同情者们都焦急地关注着这座城市的命运。人们到处张贴马德里地图：墨西哥的商店橱窗上，巴黎的工会办公室里，还有旧金山一所公立医院的病房里——这里有个病情十分严重的患者，昏迷了整整一天，醒来后问的第一个问题是：“马德里沦陷了吗？”[16]

飞机轰炸过后，建筑残骸遍布街道两侧；到处都是破碎的混凝土、床架子、锅碗瓢盆、破烂的大衣柜，还有从阳台上掉下来的扭曲了的铁栏杆。马德里的陷落似乎只是时间问题了，人们对此已确信不疑，有19名外国记者还在一次晚饭时打赌。其中，18人选择押注马德里将在几周之内投降，只有一名来自美联社的记者选择“绝无可能”。为了在报道中占得先机，一名美国记者甚至提前向国内发送消息称马德里已经陷落，最后 79
被共和国方面的新闻审查官拦截了下来。

与此同时，路易斯·费舍尔也转换了自己的身份。一段时间以来，在全力报道这件他一生中经历过的最重大事件的同时，他还邂逅了一段爱情：他与一名年轻的挪威记者开始了交往。在他们分隔两地的这段时间，这个女人一直从德国寄来热情洋溢的情书。然而，对于费舍尔这样一个始终非常在意事业和前途的人来说，这一次，他却做出了一个异乎寻常的决定。他在几年之后的一本回忆录中写道：“作为一名记者是远远不够的……15年了，我一直在报道别人做过的事情。这样的局限性一直让我很苦恼……人们正在不断死去，我想要做点儿什么。”于是他前往位于马德里东南方向150英里拉曼查省（La Mancha）的阿尔巴塞特（Albacete），当年，堂吉诃德就是从这里开始他的旅程的。现在，这里变成了国际纵队列装集结的地方。费舍尔成了国际纵队中第一名应征入伍的美国人。

最终，来自超过50个国家的35000~40000名志愿者成立了五支国际纵队。然而这支新生力量仍然缺乏训练和武器装备，后勤保障系统也像他们使用的五花八门的语言同时发出的声响一般混乱不堪。费舍尔见到了负责为共产国际组建国际纵队的安德烈·马蒂（André Marty），一个长着双下巴和海象般络腮胡子的法国人。当费舍尔问到自己能做些什么的时候，他告诉费舍尔：“我们需要一名军需官。”费舍尔接手了这份差事。不久之后，顶着一头黑发、身材矮壮的他穿上了少校的军装。[17]

“我得确保部队有饭吃……我得为新兵从头到脚置办一身行头，保持军营整洁，还要分发武器。每项工作都像噩梦一般……更麻烦的是，前线常常派信使过来说他们缺这少那，可我根本没有东西可给。有一次，一个营长还威胁说要将他在前
80 线的武装警卫派回来逮捕我，以治我未能及时向其提供所需装备之罪。我又能做什么？我也在到处乞求物资。”

费舍尔与马蒂和其他高级将领的住所是当地的一间旅馆，而其他从欧洲各地来的志愿者则挤在破旧的军营里，站在营房的铁阳台上，能看到远处斗牛场附近的一处庭院。之前驻扎在这里的西班牙士兵留下了大量垃圾，厕所里散发着持续不断的恶臭。底层的一些房间的地面上还沾着国民军与共和军七月战斗时留下的血迹。阿尔巴塞特丝毫没有迷人之处。冬天下雨的时候，没有铺装过的土路就会变得泥泞不堪。污血一路从气味

让人作呕的屠宰场流向路边的排水沟。几家低级妓院就开在嘈杂的广场集市旁。商店橱窗上贴着的告示提醒着顾客日益严重的物资短缺。后来有个美国志愿者还对“干草烟无货”的告示嗤之以鼻：“谁会在乎啊？鬼才想拿干草当烟抽。”[18]

尽管周遭环境十分恶劣，费舍尔仍被来自各国的志愿者团结一心的精神感动，要知道，仅仅在20年前，他们的母国还处于战争敌对状态当中。对那些来到阿尔巴塞特的信仰坚定的共产主义者来说，真正的新天地并不体现在西班牙的社会革命实践中，共产党对这场革命其实并不支持；新天地在跨越国界的同志情谊中得到了真正的体现。费舍尔发现，一个来自法国的国际纵队少校，和一个最近才刚从纳粹监狱释放出来加入国际纵队的德国志愿者曾在20年前都参加了索姆河战役，当时两人恰好就在战线的两侧作战。一名意大利志愿者和一名匈牙利志愿者也发现，一战期间，他们也曾在意大利北部的战场上彼此对峙过。对于共产主义的信徒来说，军营里的南腔北调正是共产主义梦想能够跨越国籍的最好证据。不仅是国籍，它似乎还跨越了阶级：有一次，在费舍尔拜访前线指挥部时，来自西班牙制鞋工会的代表团也来到了那里。他们带来了大批皮革，准备为所有有需要的志愿者制作靴子。大约同一时间，马德里的出租车司机们向共和国政府提供了3000辆出租车，以帮助其抗击国民军的入侵。

解决了靴子和车辆是一回事，找到足够的军火则是另一回事。苏联承诺的武器装备迟迟未到，在国际纵队装备的仅有的 81
少量步枪中，最古老的还是1896年制造的，根本无法与国民军配备的，装有德国瞄准镜的现代化狙击步枪等武器相匹敌。尽管西方大国纷纷拒绝向西班牙出售武器，但漏网之鱼偶尔还是存在的。有一次，费舍尔和帮手们在拆法国共产党寄来的衣物包裹，起初他们看到的是一捆儿童衣物和真丝上衣，这让他们十分恼火——直到他们发现，这些衣物里包着机关枪和几十把手枪。费舍尔写道，共和国政府“努力通过一切可用渠道购买军火……任何西班牙人，哪怕他只是说自己在安特卫普、雅典、阿姆斯特丹、斯德哥尔摩或者别的什么地方有朋友过去曾经认识为军火商工作过的朋友，他们都会给他一笔钱，让他尽量有什么买什么。在这些人中，有些是后来溜之大吉的纯粹的投机分子，他们就靠着这样的欺骗手段赚得盆满钵满”。[19]

不久之后，费舍尔便迎来了与安德烈·马蒂正面交锋的机会。这个多疑的法国人以纪律严明而著称，几乎每个在西班牙与他打过交道的人都不喜欢他。他曾经是法国海军的一名水手，苏俄内战期间，因其所在舰被派往俄国参与对红军的镇压行动，他率领舰上士兵哗变，后被判处四年监禁。对于许多共产主义者来说，他就是一名英雄人物。也正因为如此，坊间传言他是斯大林信任的少数外国人之一。尽管级别比费舍尔高，马蒂却十分嫉妒费舍尔，因为作为一名记者，费舍尔认识许多苏联高层人物，还会说俄语，因此能够与苏联派来的军官直接交谈，这些人中有些还是国际纵队的指挥官。费舍尔曾写道：“马蒂就是想成为沙滩上唯一的一块石头。”马蒂对费舍尔的评价同样很低。“他自己那一点点事情也被他弄得乱七八糟的，”马蒂在向莫斯科的汇报中这样写道，“耗尽了商店里的所有商品，将2000名国际纵队士兵推到了食物匮乏的边缘，还让部队中的所有人都与他为敌。”[20]

他们之间的关系还在持续恶化。一天晚上，一群武装人员带走了包括费舍尔的一名波兰助手在内的五名国际纵队志愿者，指控他们是列夫·托洛茨基的追随者，费舍尔对此深感惊骇。
从此以后，没人再见到过这五个人。尽管远离莫斯科，费舍尔
还是遭遇到了他在苏联时不愿承认其存在的苏联式镇压。此事 82
发生后不久，马蒂建议费舍尔重操记者旧业，这样才能为革命
做出更大贡献。费舍尔听出马蒂的弦外之音，于是便离开了国
际纵队。

由于马德里这座西班牙古都危在旦夕，即将落入国民军之手，这在一定程度上略微改善了一心发动革命的无政府主义者，和组成人民阵线的社会主义者、共产主义者与主流的自由主义人士之间的紧张关系。1936 年 11 月，为表现出合作姿态，四名无政府主义者领袖搁置了长久以来同各届政府的对立态度，加入了共和国政府。在他们当中，费德丽卡·蒙塞尼（Federica Montseny）是一位女权主义作家和出版家，也是西班牙有史以来首位进入政府内阁的女性，她当选为健康部部长，并推进了一系列开展性教育、堕胎合法化以及提高计划生育控制效率的改革措施。四人中的另外一位则担任司法部部长，主持销毁了过去的全部监狱记录，让其他保守的同僚倍感不快。

随着国民军围城的继续，马德里西北部爆发了几场十分激烈的战斗，在那里，国民军的先头部队已经渗透进了马德里新建的大学城（University City）地区。山坡两侧每一栋红砖宿舍和雄伟的包豪斯风格[①]的教学楼都成了战斗堡垒。这边共和军

① 国立包豪斯学校，通常简称包豪斯（Bauhaus），是一所德国的艺术和建筑学校，1919 年时创立于德国魏玛。由于其对现代建筑学的深远影响，“包豪斯”一词在今天成了其倡导的建筑流派或风格的统称，注重建筑造型与实用机能结合。除建筑领域外，包豪斯对艺术、工业设计、平面设计、室内设计、现代戏剧、现代美术等领域的发展也具有深远的影响。

刚占领医学院，那边国民军就占领了农学院。在持续数周的战斗中，一些建筑几经易手，就连一些一层的建筑物也不例外。直到被派遣到附近其他区域战斗之前，来自英国的志愿者们都一直坚守在哲学及文学院的走廊和教室间与敌人周旋。随后，佛朗哥的军队占领了这里；但法国志愿者很快发起了一次刺刀冲锋，又将这栋建筑夺了回来。

在保卫巴塞罗那的战斗中做出了巨大贡献的无政府主义领袖布埃纳文图拉·杜鲁提被调至马德里，一同驰援的还有他麾下的3000名士兵。在他的指挥下，部队先后向大学城内的国民军据点发动了四次攻击，但每次都被敌方火力击退，伤亡惨重。佛朗哥的军队最终占据了建筑学院，杜鲁提则接到了攻占校医院的命令。杜鲁提率部队前往指定地点，场面十分混乱，双方
83 在每一层楼都进行着激烈的拉锯战。正当他挥舞着手枪动员筋疲力尽的部队时，一颗子弹——似乎是由一名己方同志手中的步枪扳机误触车门导致的击发——正中他的胸口。尽管大量失血，他仍未丧失意识，嘴里还不时嘟哝着无政府主义者那句经典牢骚：“到处都是委员会！”他在第二天清晨离开了人世。

两天以后，人们为杜鲁提举办了一场盛大的葬礼，将他的遗体运回巴塞罗那埋葬。洛伊丝·奥尔当时也在现场，她写道：“五个多小时，人头攒动，四处都是沉重的脚步声，大量人群出现在葬礼队伍中。巴塞罗那全城的无产阶级群众几乎全部出动，30万人身穿黑衣，头戴黑色贝雷帽，手持黑色的自由主义者旗帜出现在葬礼队伍中，人群中偶尔闪过的黑红色无政府主义旗帜显得分外醒目。人们依次和杜鲁提的遗体告别，随风而逝的，还有他的革命浪漫主义精神。7月19日的战斗中，由杜鲁提带头，每个人都将玫瑰花插在了枪口上，共同搜寻法西斯分子，

捍卫彼此新生的友谊。”[21]

战斗仍在马德里大学城中继续进行着，英国人此时担负起了清除校医院中盘踞的摩尔人士兵的任务。一些饥饿的摩尔人吃掉了医院里被注射了细菌，用于医学实验的兔子、豚鼠等小动物而中毒，算是对英国人的一个利好消息。尽管如此，战况仍十分激烈，地上到处散落着实验室的各种设备。在另一栋建筑中，国际纵队的士兵在电梯里装上了定时炸弹，用来攻击被国民军士兵把守的特定楼层。就是在这场战斗中，加拿大外科医生诺尔曼·白求恩所在的移动输血队首次为士兵进行输血，成了战地医疗史上的标示性事件。

返回哲学及文学院后，包括查尔斯·达尔文的曾孙约翰·康福德（John Cornford）在内的英国士兵在楼内一间大讲堂的窗户旁建立了数个狙击点。他们用包括手头能够找到的最厚的书籍在内的一切材料在狙击点前搭建了防御堡垒：形而上学教材，19 世纪的德国哲学著作，还有《大英百科全书》。（在另一
栋楼里，法国人则躲在由康德、歌德、伏尔泰和帕斯卡著作构 84
成的矮墙后作战。）英国人发现，一颗子弹平均要穿透 350 页纸才能最终停下来。在大楼的地下室，他们还发现了一大批英文书籍，并将其中托马斯·德·昆西、夏洛蒂·勃朗特和其他一些作家的作品抬到了四楼的防守据点，好在战斗间隙阅读。加入国际纵队之前，天资聪颖的康福德已经以优异的成绩从剑桥大学毕业，出版过自己的诗集，加入了共产党，他育有一子，离婚并与另一名女子同居，还亲眼见证过 POUM 民兵的战斗。他死于当年 12 月，牺牲前一天，他刚过完自己的 21 岁生日。

马德里的监狱里塞满了右翼分子，国民军的围城在城内造

成了更大规模的屠杀。城内最大的模范监狱（the Model Prison）距前线只有200码的距离，数千名国民军支持者被关押在此，许多人都是军官。在最大规模的一场屠杀中，几周时间内，就有2200~2500名囚犯被成对地绑在一起装上红色的双层汽车运走枪毙。[22]共产党和无政府主义者是这起屠杀事件的共谋，并且，他们丝毫没有对此种行为进行掩盖的打算。还有许多人在城内狂热的猜疑风暴中失去了生命，他们都是因被不分青红皂白地指控为国民军担任间谍或是同情国民军而死。有时他们会在临时法庭草草接受审判，有时则是被直接带到墙边枪毙。许多人都深深地恐惧夜晚时那预示着逮捕行动降临的一连串声音：汽车刹车发出尖锐的声响；有人大声地敲门；然后车子发动，离开。

部分共和国高级官员冒着生命危险，努力制止这场轻率发动的杀戮。胡安·内格林①当时是共和国内阁成员之一，第二年成了总理。他在夜晚走上街头，当面与那些正在街上胡抓乱捕的民兵对峙。加泰罗尼亚主席、虔诚的天主教徒路易斯·孔帕尼挽救了一位主教的生命，并且在他的授意之下，加泰罗尼
85 亚政府释放了大约11000名持右翼立场的平民和神职人员并安排他们出国。梅尔乔·罗德里格斯（Melchor Rodríguez）曾经是一名斗牛士，现在，他成了一个由反对滥用暴力、重视人命的无政府主义者组成的小团体的成员。在马德里城外，愤怒的人群向一座关押有超过1500名右翼分子的监狱进军，放言要以血还血，作为对此前一场国民军发动的空袭的报复。监狱的管理者早已逃之夭夭，但罗德里格斯亲自面对人群，告诉他们要想

① 胡安·内格林（Juan Negrín，1892~1956），1937~1945年担任西班牙共和国总理（含流亡政府）。

杀那些人，就得首先把他杀了。最终，这些人放弃了行动。[23]

11 月末，形势变得愈发明朗起来，马德里守住了。对于佛朗哥来说，这无疑是个巨大的挫折；但对于仓促组建的国际纵队来说，尽管他们付出了惨重的生命代价，这却是一场令人震惊的胜利。为了取笑通过收音机预订咖啡的莫拉将军，一杯已经凉了的咖啡被放在莫里内罗咖啡店的桌子上，旁边摆放着一张写有“已预订”的卡片。一个佛朗哥的南美支持者向电信大厦发送了一封祝贺其占领城市的电报，结果被附上“查无此人”的消息退回了。那个打赌马德里不会陷落的美联社记者最终赢得了赌局。“一切还未成定局，”费舍尔告诉美国读者们，“目前的形势可能将会维持很长时间，超出任何人的想象。”[24]

12 月，费舍尔启程回到了莫斯科，回到了妻儿身边。此时的他，已经开始对当初将自己吸引到苏联来的一切产生了质疑。尽管苏联政权的专制一直十分明显，可是，到了 1936 年，想让人相信它是个与人为善的政权都变得十分困难了。就在这一年，费舍尔后来写道，他第一次“感到寒夜即将来临”。[25]随着后来被称为“大清洗”的政治运动以一场大型审判正式拉开帷幕，几年之内，大清洗运动将导致上百万人被杀或被监禁。

苏联的两名前高官格里哥里·季诺维也夫①和列甫·加米涅夫②在此之前就已被监狱收押了。1936 年 8 月，在过去是莫斯科贵族俱乐部的庭审现场，水晶吊灯下接受公审的两人连同

① 格里哥里·季诺维也夫（Grigory Zinoviev，1883～1936），苏联早期领导人之一，联共（布）党内反对派首领。1936 年 8 月和加米涅夫一起被处决。

② 列甫·加米涅夫（Lev Kamenev，1883～1936），苏联早期领导人，联共（布）党内反对派首领。1936 年 8 月被处决。

其他 14 人一起被判与纳粹德国和托洛茨基势力共同密谋推翻苏
86 联政权，法庭上拉起的条幅写着“疯狗的下场——死狗”。为期一周的庭审过后，16 人全部遭到枪决。今天我们了解到，当时被控有罪的嫌疑人都会被反复折磨或是被剥夺睡眠的权利，直到招供为止。曾经著名的国家领导人们纷纷招认自己参与了反革命活动，这种奇观令世界各地的共产党人都大为震惊。加米涅夫和季诺维也夫——他们这样久经考验的犹太革命家——真的曾经和希特勒的代表一起策划过对苏联的阴谋吗？在世界各地，有些坚定的共产党员因此逐渐失去了对苏联的信任，其他人则对斯大林的妄想亦步亦趋。[26]

前往西班牙之前，这场审判就已经让费舍尔大为震动。到达西班牙后，他又亲眼看见了国际纵队中斯大林的忠实追随者安德烈·马蒂对那些所谓的内部敌人所实施的暴行。这个大胡子的法国人因其对“疑似”托洛茨基分子和其他不同政见者的清洗而臭名昭著。他后来对自己的行为毫不讳言，在第二年向法共中央委员会的报告中，他说“自己毫不犹豫地下达了必要的处决命令。被处决的人数不会超过 500 人”。[27]尽管实际数字可能只是几十人，但这也足以使人不寒而栗了。[28]

还在莫斯科的时候，费舍尔从来不敢把自己的疑问同任何人讲——不仅是由于这种行为本身意味着对共产主义理想和塑造了自己事业的亲苏记者生涯的质疑。作为一名美国公民，他倒是可以想来就来，想走就走，但他的妻子是个苏联公民，并没有这层身份保护。为了她着想，也为了他们的两个年纪尚轻的儿子着想，他仍然谨小慎微，与苏联高层保持着友好往来。

同世界各地其他许多内心矛盾的共产党同情者一样，西班牙发生的危机有效地减弱了他对共产主义运动产生的幻灭感。

他身边的人都在学习西语歌曲，诵读西语诗歌。“每个人都在谈论西班牙。我的儿子央求我去他们的学校举办一个关于西班牙的小型报告会。我的公寓里总是挤满了人，大家不允许我提问有关苏联国内的问题。他们总是说：‘西班牙更重要，要是西班牙赢了，我们在这里也就开心了。’”[29]

西班牙内战令费舍尔魂牵梦绕。他在给自己在纽约《国 87
家》周刊编辑部的编辑的信中写道：“你们能不能组建一个委员会，往西班牙送些救济，送些药品……你们绝不能允许美国以消极的态度置身于这场伟大的战争之外。”[30]他还对西方民主国家在德国和意大利源源不断地为佛朗哥提供武器和人员支持的同时，却对西班牙坐视不理表示强烈抗议。由于对于莫斯科的生活感到愈发不自在，渐渐觉得“继续在莫斯科简直是种精神折磨”[31]的费舍尔计划先返回西班牙，然后前往美国进行巡回演说。在为西班牙共和国争取援助的同时，他也想借此机会使罗斯福总统改变主意，批准向共和国军队出售军火。“第二个选择是彻底离开苏联，然后以文章和演讲抨击苏联政权。但我还没准备好要这么做……每个国家都在对西班牙落井下石，只有苏联伸出了援手。它帮得还不够，但至少它帮了。”

假设费舍尔的网球搭档鲍勃·梅里曼同样对苏联产生过怀疑，他也从来未向任何人透露过。费舍尔回到莫斯科没几天，梅里曼就打电话问他，得去西班牙什么地方才能成为志愿者？几周以来，鲍勃和玛丽昂一直在就鲍勃到底是否应该加入国际纵队争论不休。玛丽昂恳求鲍勃不要去，因为他们二人从未长时间分居两地过，并且他们此前还一直计划返回美国生孩子。但鲍勃却愈发坚定：其他人可都已经赌上生命了。不祥的预兆先后出现，1936 年 10 月，希特勒宣布德国与意大利形成了

“轴心”同盟，日本随后又在11月加入其中。与其眼睁睁地等待着另一场世界大战发生，不如先在西班牙狠狠地教训法西斯，好让他们提前知道战争的后果，这样不是更好吗？

莫斯科的美国人圈子里似乎就没有不认识或是不喜欢梅里曼的人。美国驻苏武官常常会饶有兴致地与他一起对着战事图展开分析。尽管私下里抱有与他同样的左翼政治观点，梅里曼在大使馆的另一位朋友却强烈建议他更应该以教师或是学者的身份与纳粹进行斗争：“打仗的事还是交给士兵比较好。”但当消息传来，第一批加入国际纵队的美国志愿者已在纽约整装待
88 发时，梅里曼的内心备受煎熬，甚至还在不久之后的一次大使馆派对上出乎寻常地喝得酩酊大醉。有一天晚上，夫妇二人为了这件事一直争论到了第二天凌晨5点30分。“可为什么非得是你呢，鲍勃？”玛丽昂不断问他，“为什么非得是你呢？”鲍勃离开了公寓，一个人在寒冷的大街上踱步。[32]

最终，圣诞节刚过，他就告诉玛丽昂：“我要出发了。”他只随身带了一个小手提箱，因为他坚信，战争在三四个月内就会结束，在那之后，他将回来继续与她一起过日子。玛丽昂陪着他一起到了莫斯科的白俄罗斯车站，直到列车缓缓驶出站台，她仍一直向自己的丈夫挥手告别。“好几天时间里，”她写道，“我都神情恍惚，完全没法集中精力……有关西班牙内战的任何消息我都会一字不落地读完。我不断祈祷能收到鲍勃的来信，向我报一声平安。”[33]

在巴黎换乘时，正当梅里曼在歌剧院大街上的布伦塔诺书店翻阅图书时，一个熟悉的声音和他打招呼：“哎哟，这不是鲍勃·梅里曼吗！你是要去西班牙吧！我一眼就看出来了！其实我也一样！”[34]

此人正是梅里曼在莫斯科时结识的记者朋友，爱冒险的米利·贝内特。梅里曼与她之间没少就苏联政治展开争论。贝内特回忆，在西班牙时，“鲍勃曾说他想在新的集体农庄打一份工，不过说这话的时候，他并没有看我的眼睛”。[35]

贝内特也曾试着劝说梅里曼不要参加战斗：“‘你会被杀死的。国际纵队就是支敢死队，伤亡率太高了。’但是，不论我说什么，都改变不了他的想法。要是连玛丽昂都说服不了他的话，又有谁能办得到呢？”于是，他们商量好一路同行。结束了苏联的那段婚姻之后，贝内特来到了西班牙，一方面是为报道战事，同时也是为了在美国志愿兵中间找到自己的前男友。她和鲍勃一起去了一趟枪支店，鲍勃买了一支左轮手枪和几盒子弹，两个人还各买了一个防毒面具，款式恰好能够贴合他们戴的角质框架眼镜。出于对一战中爆发的毒气战的深刻记忆，这样的物品在巴黎老佛爷百货一直有售。她还承诺给美联社驻西班牙分社的记者们也带些防毒面具过去。随后，二人前往塞纳河畔的奥塞火车站乘车，就在车站高耸的拱顶下，许多左翼志愿者搭 89
上了被昵称为“红色快车”（the Red Express）的南行列车。

第二天，梅里曼在日记里写道：“西班牙万岁①！与米利一起，从巴黎出发……一对奇怪的组合。下午 1 点 40 分，火车穿过了国境线。”[36]

---

① 原文为西班牙语“Salud España”。

第二部分

6 “别想抓住我”

战争爆发后七个星期左右，“热情之花”前往巴黎请求法 93
国提供武器和其他支援。在埃菲尔铁塔附近的一座体育馆内，她在到场的上千名听众面前重复了海尔·塞拉西在国联的经典言论：“今天是西班牙，明天就轮到你们了。”三年以后，在她发表演说的韦洛德罗姆冬季运动体育馆（the Vélodrome d’Hiver），将被包括4000名儿童在内的13000名犹太人塞满，在他们前方，是通向纳粹集中营的死亡之路。

西班牙发生的战事令世界各地的人们都在怀疑自己的国家是否会步其后尘。例如，关于这场战争，贾森·“帕特”·格尼（Jason“Pat” Gurney）曾在英吉利海峡另一边的伦敦回忆道：“当时，对于我和许多像我一样的人来说，这场战争是民主制度与法西斯主义在全世界进行生死搏斗的标志。”在英国时，格尼曾经就读于一所寄宿制的精英学校，然后又离开那里独自一人去往南非。后来，靠着在北冰洋一艘挪威捕鲸船上工作半年积攒下来的钱，他又回到了英国，追求他的雕塑事业。“对我来说，人的肉体就是永不枯竭的欢乐源泉。我曾经脱光衣服，
站在镜子前面几个小时，一边放着绘画板，另一边放着解剖书， 94
摆弄全身的肌肉和关节，仔细研究人体运行的真正奥秘。”[1]

对于拥有高大结实身材的格尼来说，“在大块的木头和石头上勾勾刻刻，做出雕塑，这样的单调工作对我来说从来都不是什么困难的事”。在他的描述中，他一天的普通生活对很多男人

来说简直就是梦想中的人生："白天的时间我用来工作和做爱；到了晚上我会出去喝酒，跟朋友们长谈，这些活动一般会在国王路上的'六铃铛'酒吧（Six Bells）和它身后的'绿地保龄球馆'（Bowling Green）进行。"这家切尔西区（Chelsea）酒吧的常客有迪伦·托马斯①、年轻演员雷克斯·哈里森②，以及"看上去无限量供应的年轻女孩……她们中的大多数人很快都会厌倦酒吧生活和困顿的人生，在怀念这段放荡不羁的岁月的同时，转而追求令人踏实而美好的中产阶级婚姻"。

尽管这样的生活别具魅力，26 岁的格尼还是感到了这个时代所赋予的紧迫感。和美国一样，数百万英国人也处于失业状态。在切尔西区边缘地带的贫民窟中，"本来仅供一家人居住的房子里面挤进了六户人家"，而就在附近的斯隆广场（Sloane Square），"住着的都是一帮富人，过着奢侈的生活，开豪车，住豪宅，家里还养着一帮用人"。同一时间，极具煽动力的奥斯瓦尔德·莫斯利③爵士正领导着日益好斗的英国法西斯联盟，其手下的激进分子们统一穿着黑色束腰外衣和黑色裤子，系着带铜扣的黑色宽皮带。只要莫斯利在集会过程中遭到台下观众的诘问，他便会停止讲话，等待着聚光灯光束打在质疑者的身上。随后，此人就会遭到穿着长筒靴的男人们的一顿暴打，然后被扔出会场。莫斯利的支持者还经常敲锣打鼓、彩旗飘飘地列队在犹太人街区游行，他们高声辱骂，行法西斯礼，攻击一

---

① 迪伦·托马斯（Dylan Thomas，1914～1953），人称"疯狂的迪伦"，英国作家、诗人，代表作《死亡与出场》《当我天生的五官都能看见》等。

② 雷克斯·哈里森（Rex Harrison，1908～1990），英国电影和戏剧演员，曾获得 1964 年奥斯卡最佳男主角奖。

③ 奥斯瓦尔德·莫斯利（Osward Mosley，1896～1980），英国右翼法西斯分子，成立了英国法西斯联盟。

切挡路的人。很快，该团体便扩张到了 5 万人的规模。[2]

“西班牙内战，”格尼后来写道，“就开始于莫斯利的法西斯社团带来的显而易见的危机达到顶峰的同一时间……西班牙人民正在进行着英勇的抗争……从某种意义上讲，他们所体现出的勇气，正是对所有看到了危险却不为所动的英国人的鞭挞。”他造访了位于考文特公园市场（Covent Garden market）后面的英国共产党办公室，并成了一名志愿兵。

在成千上万名加入国际纵队的欧洲人、美国人和其他各国 95
人中，格尼算是个绝对的少数派。他仅仅视自己为一名“老派的激进分子”，时刻对共产党保留着一种敏锐的怀疑态度。他觉得，共产主义者的问题在于他们“总是对的，没有任何事存在第二条路。他们学习了马克思、恩格斯和列宁的思想与著作，这里面总是包含着能说明天地万物所有道理的答案，然后问题就到此为止了。他们相信这些的那股深信不疑的劲头和这世上最顽固的宗教团体信奉自己的《圣经》一样，也因为如此，我并不适合加入共产党”。除此以外，他认识的共产党员都完全没有一点儿幽默感。“哪怕你表现出一点点幽默，他们的反应都像有人在教堂里放屁了一样。”

然而，格尼也完全明白共产党的吸引力所在：“地铁站口卖《工人日报》（*Daily Worker*）的那个小伙子不仅仅是个卖报纸的小伙子——他还是党支部的助理宣传秘书……他向上级进行汇报，他的上级带着赞许和鼓励的神情听他汇报。每周会议上，他提出的旨在增加报纸销量和读者人数的各种方案会被反复讨论，就好像会议的结果对全世界都十分重要一样。”

国际纵队由共产党组建的事实并未对格尼造成困扰。“我完全意识到了这一点，共产党人在利用战争实现他们自己的利益。

但要是我必须主动联合他们才能共同对抗法西斯暴政的话，我就一定会先这么做，然后再处理随后产生的问题。”毕竟，在西班牙生死存亡之际大量招兵买马要为它而战的，只有共产党。

应征刚 24 小时后，格尼就踏上了前往西班牙的旅程。到达巴黎北站后，当地的左翼出租车司机免费将这群英国志愿兵载到了工会办公室，即将前往西班牙战斗的志愿兵都在那里集结。随后不久，他便坐上了开往南方的红色快车。1937 年 1 月，格尼到达了巴塞罗那这座他口中“真正的革命之城”。同先期到
96 达的奥尔夫妇和奥威尔一样，他也因自己的所见所感而备受鼓舞：工人阶级组成的民兵武装戴着红色或红黑双色的领巾把守着各处公共建筑，最重要的是“那种引人入胜的乐观主义情绪，社会的一切不正确都一定会在即将成为现实的平等和自由的新世界被彻底改正过来的信念。这样的情绪可能不太现实，但对一个天生浪漫的年轻人来说，这实在是太有诱惑力了，我深深地沉醉于这样的想法之中”。至于对发动一场革命是否有助于赢得这场战争的问题，格尼此刻给出的答案是“能”。[3]

尽管格尼一直是个观察细致入微的人，可直到几十年以后开始撰写自己的回忆录时，他才得以更为深刻地审视年轻时的自己。比如，他后来才明白，为何在西班牙参加战斗的想法能够吸引那么多像自己一样的外国人成为志愿兵。“中产阶级在一场工人阶级运动中的位置总是很尴尬的，尤其是在像英国这样阶级严重固化的国家。双方都对此心照不宣，却极力假装无视这一状况……但在西班牙，一个人能够完全不受这些影响。西班牙的工人不会——也不能——在一群外国人中准确区分出他们各自的阶级……当太阳升起，我们所有人便会觉得，自己正处于一场伟大历史事件的舞台中心。”[4]

格尼无法不察觉到空气中弥漫的紧张的政治对立，尤其是共产主义者对 POUM 的憎恨，按照被克里姆林宫贴上的标签，后者是一群托洛茨基分子。“就像那些古老的宗教一样，同一宗教内部的异端分子总是要比真正的异教徒更让人憎恨。”讽刺的是，POUM 其实并不属于衰弱不堪、分崩离析的托洛茨基运动的范畴，严厉刻薄的托洛茨基本人还曾专门批评过他们的立场和定位。但在斯大林看来，该党就是异端分子，因为它的领导人里面有曾经与苏联公开决裂的前共产党员。[5]

格尼唯一的遗憾就是，由于巴塞罗那的大部分教堂都被摧毁、破坏或是处于关闭状态，他无法在停留期间进入尖顶高耸入云、久负盛名的圣家族大教堂①内部参观。作为一名艺术家，参观这座宏大建筑是他长久以来的梦想。（甚至就连洛伊丝·奥尔也曾把革命热情暂时放在一旁，专门给家里写了一封信，描述这座由安东尼·高迪②设计的“像婚礼蛋糕一样十足梦幻般 97
的哥特式教堂”。）几天以后，他和同伴们再次踏上旅途，搭乘火车到达了阿尔巴塞特。迎接新来者们的是安德烈·马蒂的长篇大论，对他，格尼的讨厌程度与路易斯·费舍尔相比有过之而无不及。“这个人既阴险又滑稽。他是个满脸络腮胡子的大胖子，总是戴着一顶黑色的大贝雷帽……他总是歇斯底里地吼叫着同人讲话，他怀疑每个人都是叛徒，要么就谁的建议都不听，这比遭到怀疑更糟……现在，他正站在那里，用法语朝我们大

---

① 圣家族大教堂（Sagrada Família Basilica），又译作神圣家族大教堂，简称圣家堂，是位于西班牙巴塞罗那的一座罗马天主教大型教堂，由西班牙建筑师安东尼·高迪设计。

② 安东尼·高迪（Antoni Gaudí，1852～1926），西班牙建筑师，塑性建筑流派的代表人物，代表作有古埃尔公园、米拉公寓、巴特罗公寓、圣家族大教堂等。

吼大叫，我们中的大多数人根本搞不懂他在说什么。”

格尼和一起到达的伙伴们每人得到了一条灯芯绒裤子、一件相对于 1 月的天气实在有些单薄的夹克外套、一条像纸一样又薄又脆的床单、一条别着笨重的弹药盒子的腰带以及一顶头盔。“尽管看起来挺时髦，但这顶头盔使用的金属实在是太薄了，根本抵挡不了任何比小孩扔的石头更有杀伤力的东西。”

他们没发步枪。

尽管如此，这些英国人还是乘着卡车，被送往距阿尔巴塞特一小时车程的一个世代农耕的小村子里接受训练。同很多国际纵队志愿兵一样，格尼被西班牙农民好似中世纪般的生存状态震惊了：“那里没有热东西的燃料，村子里的每个人都住在潮湿的房子里，穿着潮湿的衣服，呼吸着难闻的潮湿空气。”仅有的一点儿用来做饭的火是靠“几大把去年的葡萄藤砍成铅笔那么粗的四英寸长的枝条”点起来的。然而，“相对于规模如此之小的村子，当地教堂却可以称得上是个庞然大物，几英里外都能看到它的钟楼”。[6]

这座教堂现如今被改成了军队食堂，厨房在圣坛里，餐桌就放在中殿。这里的神职人员是被杀掉了吗？“我从没见村民进去过那里，”格尼写道，“他们甚至都不愿意看见那个地方，就好像有罪恶感一样。我从来也不知道那里到底发生过什么，但它让我有种不安的感觉，以前那里肯定发生过什么事情，只是每个人都想把它忘掉。”

格尼也是个讽刺高手。“每个人的称呼后面都加上了同志二
98 字……从营长同志、政委同志到没有前缀的纯‘同志’。”这造成了不少滑稽事，他写道，例如“有一次，两个灰头土脸的人来到了指挥部，一看就是刚参加完战斗，其中那个看起来稍微

精神点儿的拽着另外那个狼狈不堪的家伙大声喊着：‘这位同志偷了我的手表！’”[7]

这批英国志愿者在这里接受了为期六周的训练，但直到训练行将结束、他们第二天即将开往前线时，苏联的步枪才姗姗来迟。就在同一天，坏消息自马拉加（Málaga）传来，这座位于西班牙南部的滨海城市落入了佛朗哥之手，意大利军队派出坦克和装甲车对行动提供了大力支援。

然而，直到此时，佛朗哥依旧未能攻占马德里。现在，他计划让部队做钳形机动，以形成对马德里的包围之势。这是一场交战双方谈得上出色的将领屈指可数的战斗，尽管构成佛朗哥这把“钳子”的其中一支部队还未做好进攻准备，他还是命令其他部队开始了行动。按照计划，他们将首先越过城南的哈拉马河（Jarama River），然后向北进军，切断马德里与巴伦西亚间的陆上交通，这是马德里获得武器弹药以及食品补给的生命线。

进攻主力是摩尔人士兵和西班牙外籍军团，他们是国民军的核心力量，也是最让人闻风丧胆的两支部队。尽管一直被共和国妖魔化，但摩尔人自己其实也是极端贫困的受害者。他们几乎全部是文盲，基本找不到工作，在遭受严重干旱侵袭的贫穷的摩洛哥村庄里，军队带来现金和食物，承诺保证他们家人的生活，并作为交换将他们招募为士兵。

外籍军团一直以其战斗口号“死亡万岁！”（¡Viva la muerte!）和残忍的军纪而闻名。每一个军官和军士都随身带着小鞭子，一旦有长官发现士兵违抗军令或表现懦弱，他们有权将其当场处死。发动攻击的国民军部队装备有包括 88 毫米高射炮在内的最先进的德国武器。这种大炮起初作为防空炮被研发出来，射

99 击极为精准，在西班牙首次投入实战使用。国民军和他们的纳粹盟友很快便会发现，只要使用适合的炮弹，这种炮在远距离轰击或是击穿坦克装甲方面的表现同样高效。凭借每分钟 15 ~ 20 发的高射速，它将成为第二次世界大战期间最负盛名的多功能炮兵武器，成为盟军士兵的梦魇。对希特勒来说，西班牙内战成了德国新式武器的绝佳试验场。

1937 年 2 月 6 日，佛朗哥正式展开了行动。短短几天之内，国民军打死打伤共和军总数超过 1000 人，迅速逼近了马德里—巴伦西亚交通线。共和军指挥官急忙派遣主要由国际纵队组成的部队前往受到严重威胁的交通线侧翼防守。格尼和战友们便被派往了这里，他们冒着国民军密集炮火的轰击，穿过一大片被雨水浸透了的橄榄树林向指定地点进军。终于接收到步枪令他们感到如释重负。“我们又开始觉得自己是个爷们儿了，从某种意义上讲，我们体内的十字军精神又重新复苏了，”格尼写道，“要是知道我们中一半的人都会在接下来 24 小时内死去，我当时的感受可能会完全不一样。”[8]

格尼所在的英国营向前线进军之时，美国志愿兵们还在后方接受训练。美国共产党在 1936 年下半年就已经开始了对支援西班牙的志愿者的秘密招募，他们来自各行各业。詹姆斯·耶茨（James Yates）的祖母曾经是一名黑奴，15 岁那年，身穿蓝色军服的北方军队到达了她所在的密西西比种植园并将她解放了。她一直活到了 80 多岁，去世的时候，她的孙子正在西班牙为共和军驾驶卡车运送物资。在另外约 90 名美国黑人志愿兵中，有些是曾经希望到埃塞俄比亚与墨索里尼进行战斗的人，他们中有个人发明了一句口号：“这不是埃塞俄比亚，但以后未

必。”其他一些志愿者的手上和脸上有蓝色的痕迹，那是炭灰淤
积在已经愈合了的割伤或擦伤伤口内留下的印记——煤矿工人
的印记。弗兰克·亚历山大（Frank Alexander）从小在内布拉
斯加的一块印第安保留地长大，会说英语和苏语①，他的父亲
曾是小马快递②的一名快递员；欧文·戈夫（Irving Goff）是一
名杂技演员；莱恩·利文森（Len Levenson）和鲍勃·科尔弗 100
（Bob Colver）二人曾经从事过指纹技术员或是FBI特工之类的
职业（他们都是地下共产党员）；海曼·卡茨（Hyman Katz）
是一名犹太教拉比③；戴维·麦凯尔维·怀特（David Mckelvy
White）的父亲刚刚结束自己俄亥俄州长的任期。

这些美国来的志愿者中大约3/4的人都是美共或美共青年团的成员，[9]他们中的一些人在儿童时期就已经通过美共组织的夏令营彼此相识。这些人的平均年龄为29岁。许多人是工会会员，很多日后在同一个战壕里出生入死的战友也是一起在街上示威游行的同志。因为在当年的纽约港口罢工和制衣行业罢工中经历了锻炼，最早一批志愿者大多是失业水手、码头工人或制衣厂工人。超过1/3的志愿者来自大纽约地区[10]——其中有约60人来自纽约城市学院这一所院校，他们

① 北美洲印第安人中的苏族人使用的语言。

② 小马快递（Pony Express）也译作驿马快信制，创立于1860年4月，在1861年10月横跨北美大陆的电报系统完工后停用，总共存在了一年半的时间。服务范围东起密苏里州圣约瑟夫，西至加利福尼亚州萨克拉门托，全长约2900公里，共设157个驿站，每个骑手一般骑行120～160公里，每隔16～24公里便换马一次，邮件从东岸的纽约到西岸的旧金山最快约10天可抵达。

③ 拉比（rabbi），犹太人中的一个特别阶层，是老师也是智者的象征，指接受过正规犹太教育，系统学习过《塔纳赫》《塔木德》等犹太教经典，担任犹太人社团或犹太教教会精神领袖或在犹太经学院中传授犹太教教义者。

中有学生，有教师，还有学校的行政人员和毕业生。约一半的志愿者是犹太人，在西班牙，他们能与其他国家的志愿者用意第绪语进行沟通；至少有十名志愿者出自同一所机构——布鲁克林犹太人孤儿院。“对我们来说，一切同佛朗哥无关，”在那里长大的纽约人莫里·科勒（Maury Colow）说，“我们要对付的是希特勒。”[11]

在这些美国志愿者中，没有人像约翰·康福德（查尔斯·达尔文的后裔，死于马德里战斗中），或是朱利安·贝尔（Julian Bell，弗吉尼亚·伍尔夫的侄子，在另外一场战斗中身亡）以及刘易斯·克莱武（Lewis Clive，18 世纪为英国攫取印度次大陆财富立下汗马功劳的“印度的克莱武”罗伯特·克莱武男爵的后裔）那样出自名门望族，他们中无人拥有乔治·奥威尔那样的政治洞见，他们身边的未来作家们也无人能够取得匹敌奥威尔与安德烈·马尔罗的成就。这些在西班牙的美国人之所以在历史上占据一席之地，不是因为他们的身份或是他们的作品，而是因为他们所做的事情。最后，在西班牙战斗的美国人将来自 46 个不同的州，他们曾经从事各行各业，不过，如果为志愿兵们挑选一个典型样板的话，他将是一位来自纽约的共产党员，一代或者二代移民，工会成员，还属于一个在当今美国社会中已经消失了的群体：犹太工人阶级。

共产党之外，只有社会党在尝试系统性地从美国招募赴西班牙战斗的志愿者，不过他们成功招募的人寥寥无几。相比之下，美共的组织性要强得多，并且几乎不拒绝任何人的申请。的确，正如历史学家彼得·N. 卡罗尔（Peter N. Carroll）所写
101 的那样：“有一个志愿者带着金属护膝去了西班牙，另一个是个独眼龙，还有个已经参加了战斗的竟然安着一条假腿！（这条

‘腿’是在被机关枪子弹击中打碎以后才被发现的。)”即便如此，“比起其他欧洲国家来的志愿者，美国志愿者们普遍营养状况良好，这也意味着更好的身体健康状况”。[12]

由于担心在美国本土为外国军队招募人员的做法可能会遭到起诉，美共的干部告诉第一批志愿者，对外要说自己是以学生、游客或是徒步旅行爱好者的身份前往欧洲旅行。但实际上，他们每个人都领到了一个一模一样、由廉价的黑色硬纸板制成、捆着黄色绳带的手提箱，里面装着从一个共产党同情者在纽约所开的剩余物资商店采购的一战军装。1936 年 12 月 26 日，大约 100 名年轻人登上了法国航运公司拥有三个烟囱的旗舰客轮“诺曼底号”（Normandie）的甲板。他们被告知在船上不要与其他人待在一起，不过，当发现乘客中有来自巴黎著名的女神歌舞厅（Folies Bergère）的女演员时，这条指令被轻松违背了。

虽然处处防范，其他人却似乎对他们的去向充满了好奇。有个友善的签证官告诉即将登船出发的，强壮的水手和码头工人比尔·贝利（Bill Bailey）：“一路上一定要保持低调行事。”有个志愿者发现船员会偷偷塞给他食物。还有个志愿者整个行程中都十分谨慎，吃饭时从不参与有关西班牙战事话题的探讨，结果当船马上抵达目的地的时候，一个和他同桌的纽约商人对他低声说：“祝你们到那里以后好运。”并给了他一个装满现金的信封，令他大吃一惊。

当“诺曼底号”抵达法国的勒阿弗尔（Le Havre）后，戴着圆形筒状帽的海关人员微笑地看着他们全部一模一样的箱子大声喊道：“共和国万岁！”志愿者们发现，法国当地报纸都在大篇幅报道就在他们到达的那一周爆发的，史无前例的通用工厂静坐罢工活动，共有上万名汽车工人参与其中，人数足以占领六座密歇根通用工厂大小的厂房。1937 年，将有近 500 万美国人投身于罢工运动当中。此时此刻大西洋两岸似乎都充满了革命气息。

坐在红色快车的三等车厢里，听着满车厢的人用包括瑞典
102 语和匈牙利语在内的各种语言演唱《国际歌》等歌曲穿越法国是一种令人陶醉的体验。美国人、奥地利人、意大利人、丹麦人、德国人和其他一些国家的人彼此分享红酒、奶酪、意大利蒜香肠和法棍面包。志愿者们倚坐在车窗边，同窗外在田地里劳作的人、卡车司机以及铁路轨道工人兴高采烈地互致握拳礼。每当火车从站台缓缓驶出，人们会在站台上追着火车，一边喝彩一边送出飞吻。

在搭乘一辆老旧的校车穿过比利牛斯山脉进入西班牙境内后，一个美国志愿者向一个路边站着的男人行握拳礼，并高声喊道："共和国万岁！"这一次，回敬他的是无政府主义者的行礼（紧握的双手举过头顶，代表着四海之内皆兄弟的信念）和一声呼喊："不，无产阶级革命万岁！"但不管彼此之间有哪些不同点，所有来自左翼力量的西班牙人还是欢呼着对这些漂洋过海同他们并肩作战的新来者表达了欢迎。接风宴上，乐队奏响乐曲，人们高声呼喊："他们将寸步难行！"[13]

几天以后，美国驻巴塞罗那总领事震惊地发现，一大群人——比从纽约出发时少了 15 个：他们在巴黎待得太尽兴，结果没能赶上火车，随后才被送到西班牙——穿着一战式样的卡其布军服，排成四列纵队，穿过加泰罗尼亚广场来到了他的办公室前。他们举着一面美国国旗，就停在领事办公室的窗外，大声唱起《星光灿烂的旗帜》。令人出乎意料的是，他们还把歌一直唱到了平常很少听到的最后几节。例如第三

节是这样唱的：

> 都到哪里去了，信誓旦旦的人们？
> 他们向往的是能在战争中幸存，
> 家乡和祖国，不要抛弃我们。
> 他们自己用血，清洗肮脏的脚印。

大为惊讶的领事先生当然并不知道那个广为流传的左翼笑话：“怎么才能看出谁是共青团员？那些会唱《星光灿烂的旗帜》第三节的人就是。”[14]一直以来，美国共产党都渴望证明自 103
己完全是“美式”的。第二天，更多人结队穿越了那座巨大的广场。这一次，他们拉了一条红色的横幅，上面写着“亚伯拉罕·林肯美国第一营”。[15]这个名字也是美共的尝试之一，以平息任何对其并非“美式”的质疑。毕竟在南北战争中，林肯领导的是最终取得胜利的一方，而这场战争本身也是由一场反对民选的国家政府的武装叛乱而引发的。

更多美国人来到并加入了“林肯营”。根据指令，不管谁问他们的政治派别，他们都只回答自己是“反法西斯主义者”。到1937年2月中旬，他们中约有400人已经到达了阿尔巴塞特，在那里，有人形容安德烈·马蒂那顶号码偏大的贝雷帽像是“一张浸过水的黑色大饼”[16]。在一场对美国志愿者们的讲话中，马蒂抛出警告说，一切托洛茨基分子或其他“政治思想产生偏差”的人都会被揪出并遭到驱逐。初次邂逅就让法国人心情糟糕，更让他生气的是，这些美共派来的人几乎没有任何军事经验。形势却很危急：这些毫无经验的新来者必须被马上训练，然后立即投入战斗。当他们被命令去挑选自己合脚的靴子时，他们看见了一个大约两英尺高的鞋堆。没有一双是新鞋，很多鞋上还沾着血迹。这些靴子的原主人已经再也无法进行战斗了。

有一个美国人已经在前线了。早在林肯营组建之前，他便已来到西班牙加入了英国志愿者的队伍。

小约瑟夫·赛里格曼（Joseph Seligman Jr.）来自肯塔基州的路易斯维尔（Louisville），那里是洛伊丝·奥尔的老家。事实上，他们二人的母亲彼此还认识。赛里格曼和他的两个姐姐成长在一个有些不寻常的家庭：他们的父亲是共和党肯塔基地区前任主席，母亲却支持社会党。作为校园文学杂志的主编和学校辩论队的成员，仅仅几个月之前，约瑟夫才刚刚开始在宾夕法尼亚斯沃斯莫尔学院（Swarthmore College）的大四生活。他原本希望在毕业之后去哈佛大学攻读哲学研究生，但不久之后，
104 人们在他的论文里发现的一幅涂鸦揭示了此时日益占据他内心世界的事情是什么。他画了一张简单的地图，地图里面，德国、意大利、葡萄牙和西班牙的国民军控制区被涂成了黑色。地图的标题写道："欧洲：再次成为黑死病的受害者"。

1936 年 11 月 11 日，英国国王爱德华八世向他的子民宣布，自己将正式退位，然后和"我所爱的女人"结婚。那一天，约瑟夫的母亲给自己在斯沃斯莫尔的儿子打了一个电话。令她大感震惊的是，电话那头的人告诉她，她的儿子失踪了。

他的父母最后还是收到了儿子的消息。那是一封由他的一个朋友故意延迟了一周时间才寄出的信，信的开头写道："当你们收到这封信的时候，我应该已经到欧洲了。我要去西班牙……我实在是太气愤、太激动了，别的事情我根本不想做……在法西斯肆虐的年代，文凭将非常有用——对我来说，

西班牙就是得到这张文凭的重要测验。”约瑟夫的父亲急疯了，他给儿子在学校的一个朋友的父亲发了一封电报，约瑟夫过去在感恩节时曾去过他家：“惊闻犬子约瑟夫于 11 月 3 日离校前往西班牙，传闻令郎与之同行……如有任何消息还请回报。”但事情却并非如此；对方在回报中说，约瑟夫并未对朋友全家透露任何计划。随后，那位居住在佛蒙特州的约瑟夫朋友的父亲又写了封信过来。“我们都觉得约瑟夫是个令人感到十分愉悦的客人，”他在信中写道，“在我们家做客之后，他还给我们留了一张言辞十分亲切礼貌的感谢便笺。”[17]

在写给父母的信中，约瑟夫还写道：“请不要来西班牙找我或带我回去，不要尝试做诸如此类的事。”不过，作为一名曾在最高法院参与过庭审的出色律师，他的父并没有按信中的请求去做。他雇了一名拥有国际联络渠道的新泽西私家侦探，并把他带到了自己在路易斯维尔的办公室。在这里，私家侦探给轮船公司、签证办公室和美国领事馆等处发电报，打电话，通过一个法国的联络人，他成功找到了约瑟夫在法国的地址，此时约瑟夫已经在法国应征参加了国际纵队。老赛里格曼随即派出了一名年轻的律所合伙人火急火燎地赶到巴黎，去劝说他的儿子赶紧回家。一家人还动员在路易斯维尔熟识的一名律师的堂兄弟、美国驻法大使本人一起帮忙。不知为何，约瑟夫还真被说服来到大使馆接听了父母打来的电话。然而，他们的努力最 105
终仍徒劳无功。

一开始，国际纵队招募专员拒绝了约瑟夫的申请，因为他刚刚 19 岁，实在太年轻了。可约瑟夫又试了一次，他花 15 美元从一个叫弗兰克·内亚里（Frank Neary）的爱尔兰人那里买来了伪造的身份证件，解决了这个问题。刚一入伍，他便随队来到了西班牙，并以内亚里的名字高兴地加入了英国营。后来，他在一封信中坦陈：“化名更能增添冒险的快感和浪漫色彩。”[18]约瑟夫远远不是唯一一个使用化名参加战斗的志愿者，在当时，改换名字就像一个信号，标志着一个人能够像重塑这个世界一般重塑自我。

在寄回家的信中，约瑟夫骄傲地提到自己正在留胡子，其中有一封还附上了一张照片，照片里的他穿着一身军装，戴着一顶贝雷帽。在即将开始和其他英国志愿者一起训练之前，他在家书中告诉父母：“不要担心，我很安全。”他在信中提到，自己将会成为一名司机，或者是一名口译员，因此将得以远离前线的战火。的确，约瑟夫通晓法语和德语，还略懂一点儿西班牙语，同时，“我还正在学习英国腔”。[19]可约瑟夫的父亲却一点儿也放心不下儿子，当听说路易斯·费舍尔正在西班牙为《国家》周刊做战地记者时，他便写信给后者，恳请他多帮着打听些儿子的消息。

1937 年 2 月 11 日，这天是约瑟夫、伦敦雕塑家帕特·格尼和其他刚草草完成训练的英国营志愿者正式开往前线的日子。在马德里进行的战斗中，约瑟夫将成为首个加入战斗的美国人。

对于离开那个破破烂烂的训练基地，人们更多感到的是如释重负。第二天天色大亮，温度很低。正当佛朗哥的大炮狂轰滥炸，战斗机不断地俯冲盘旋进行着空中搏斗时，英国营接到了向前方进军的命令。他们前进方向的景色就像风景画般美丽，高原和峡谷里到处都是松树、橡树、柏树和橄榄树，地上则铺满了气味芬芳的鼠尾草和墨角兰。有那么一刻，站在山丘上，下面的村落尽收眼底。感受着一点儿伟大的国际合作的滋味（法国和比利时志愿者将到达他们的右侧），一个英国营志愿者

后来回忆：“我们看起来棒极了，我们的感觉也棒极了。我们 107
想，要是国内的那些同事能够看到我们现在的样子，他们该多骄傲啊。”[20]

但根据格尼的回忆，“甚至就连纵队参谋手里都没有一幅地图。作为他们赖以决策的依据，战地报告有四种不同的语言版本”。[21]除此之外，部队里装备的机关枪——绝大多数都特别容易卡壳——需要四种不同的子弹，步枪更是需要五种。有些子弹带没法匹配整个营的任何一挺机关枪。对于这些英国人来说，一个理论上的优势在于他们的部分军队所处的位置在一座高地上。可当一场持续三小时的国民军炮击开始后，他们给这座高地重新命名为“自杀岭”。他们没接受过训练，不知道如何挖掘战壕和散兵坑——就算知道，他们手上也没有工兵铲。

随后，数千名摩尔人士兵发动了进攻。“他们的军服外面，”格尼写道，“披着褐色的像雨披一样的毯子，毯子中间有窟窿，他们一跑起来，毯子就随风摆动……摩尔步兵能够利用地上随便哪里的石头缝作为掩体，这种离奇的能力实在让人非常害怕……他们实在是非常令人恐惧的对手，尤其是对一群在城市里面长大、没有战争经验，也不知道如何在开阔丘陵上找到掩护的年轻小伙子来说。就算比枪法，我们也完全不是对手。”[22]士兵数量上国民军占优，再加上冷酷无情的德国大炮如暴雨般猛烈的轰炸，英国营遭受了惨重的伤亡。在这些面前，之前军训时纵队总部那一串串俄语和法语的训导词毫无帮助。

由于敌人的炮火切断了营队的电话线路，约瑟夫被指派为信使。随着时间流逝，伤亡数字还在进一步增长。到了晚上，400人中只有125人安然无恙。“到处都有人躺在地上，”一名幸存者回忆道，“大家的表情很奇怪，就像是死鸟一样。”[23]

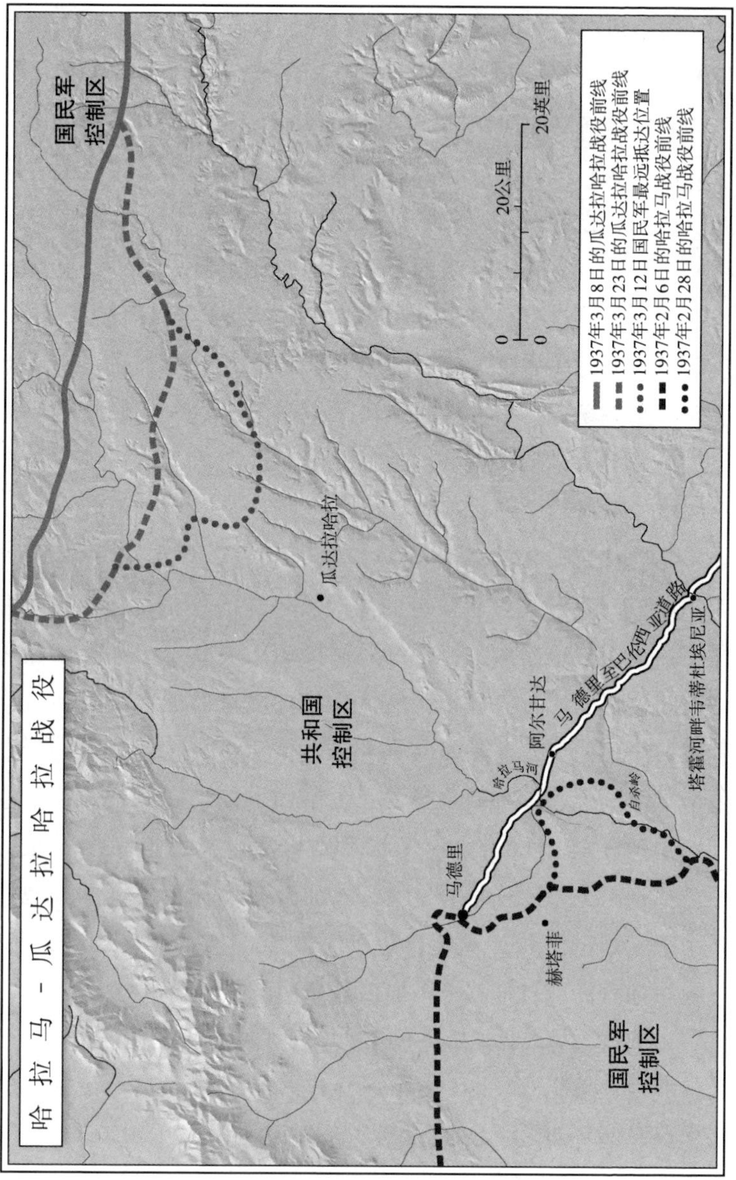
哈拉马－瓜达拉哈拉战役
国民军控制区
共和国控制区
国民军控制区
瓜达拉哈拉
马德里
阿尔甘达
赫塔菲
哈拉马河
自杀岭
塔霍河畔韦蒂杜埃尼亚
马德里至巴伦西亚道路
0
20公里
0
20英里
1937年3月8日的瓜达拉哈拉战役前线
1937年3月23日的瓜达拉哈拉战役前线
1937年3月12日国民军最远抵达位置
1937年2月6日的哈拉马战役前线
1937年2月28日的哈拉马战役前线

接近黄昏时分，格尼出乎预料地遇到了一群伤者。起初他们被带到了“一座不存在的战地医疗站，后来，本来应该再被转移到后方医院的他们被人遗忘在了这里。这里大约有 50 副担架，上面躺满了人，但很多人其实已经死了，剩下的大多也活 108
不到第二天的早上……他们都是我很熟悉的人，有些人和我的关系还很好——有一个大约十八九岁的犹太小伙子，巧妙地将自己的伦敦腔和犹太式幽默结合到了一起，走到哪里都和大家嬉笑打闹，引人发笑……现在，他正躺在那儿，腹部的全部肌肉组织好像都被割掉了一样，从肚脐一直到生殖器那里，他的内脏全部暴露在外。他的肠子已经变成了一团粉褐色的可怕东西，一颤一颤的，有苍蝇在上面嗡嗡飞过。他的意识完全清醒，但已经说不出话了。”[24]

这样的场景深深烙在了格尼的脑海里。“我依次来到他们身边，可除了握握他们的手或者递上一支烟以外，我什么也做不了……我尽全力去安慰他们，向他们保证尽量找到救护车。我当然失败了，这让我产生了永远无法摆脱的负罪感……他们都在向我要水喝，但我却连点儿水都给不了他们。”

还有一个英国营成员也许就在这些伤员中间，这个人就是约瑟夫·赛里格曼，在白天的战斗中，摩尔人的一发子弹射中了他的头部。头部受伤对士兵来说就是一场可怕的噩梦，最后，他被一头骡子驮离战场，并死在了马德里附近的一所医院。

收到消息后，约瑟夫惊慌失措的父母马上开始向华盛顿和西班牙两地的外交官们发送电报。“紧急求助，请将他带离战区，如果他身体状况允许，可能的话请将他送到法国。”约瑟夫的父亲还给国务卿科德尔·赫尔发电报说，“本人将承担一切必要费用。"[25]关于接下来发生的事情，现有的资料是矛盾的。英国共产党主席哈里·波立特（Harry Pollitt）寄来了一封辞藻华丽的信，他向老赛里格曼保证，约瑟夫已经"被转移到了能够提供一切必要治疗的医院，还亲自表达了对所有与他保持联络的人给予他的担忧和善意的感激之情"。[26]但来自英国的另外一名幸存者，同时也是与约瑟夫一起担任信使的同伴却告诉家族的一个朋友说，约瑟夫再也没能重新恢复意识。不论真实情况
109 如何，受伤后的两个星期内——或者更短，当时的医疗记录已无从考证——最终他还是死了。

在同一封信里，波立特还提到了约瑟夫是多么惹人喜爱，谈到了"无数向您儿子一样的好儿子所做出的崇高的自我牺牲"，还说约瑟夫已经被"以标准军礼下葬了"。可当约瑟夫悲痛欲绝的父亲向美国国务院官员询问能否将儿子的尸体运回国内时（费用还是由他自己负责），国务卿发来的电报却讲述了一个完全不一样的故事。电报中说，由于约瑟夫与其他大概七八个人埋葬在一起，根本无法确认每具尸体的具体身份，因此他的遗骨已无法被移出再葬。实际上，国务卿已经尽量使驻西班牙的美国外交官发回的消息显得不那么难以接受了。两天以前，这位外交官向华盛顿报告，与约瑟夫死亡同期，约有 250 名死亡士兵的尸体在被从医院拉走后一次性地集中掩埋了。[27]

没法找回儿子尸体的父亲又请求国务院帮忙，想办法将约瑟夫的随身物品寄回美国。然而，能够找到的全部物品只用一个信封就能够装下：两个分别装着肯塔基州驾照和斯沃斯莫尔学院健身房身份识别卡的皮夹子。

当装满共和国伤员的卡车与救护车驶回后方时，一名来自

澳大利亚的志愿护士在她的日记里写道：“我们就像是在一条永无尽头的血河中跋涉。”[28]缺少足够的头盔意味着许多像约瑟夫·赛里格曼这样的士兵都死于头部创伤。但即便如此，国民军仍未能够成功切断马德里至巴伦西亚间的陆路交通。幸存的英国志愿兵和其他国家的志愿兵们一起修筑了一条新的防线，在这期间，对他们的英国同志所遭受的大屠杀还一无所知的美国营志愿兵被派到了前线。

由于亲眼看见了发生的一切和无法对伤者们提供任何帮助的沮丧造成的深刻打击，格尼接下来的十天是在精疲力竭中浑浑噩噩地度过的。“我应该，”他写道，“在2月22日之前就振作起来了，因为我还清楚地记得第一次与林肯营相遇的情景。 110
当时他们在沿着道路行军，距离隐藏在山肩后的法西斯分子的战线只有300码……他们大约有五六百人……他们曾经幻想着早在到达目的地以前就能听到战斗爆发时产生的巨响，但他们真正能听到的，只有某一刻一串断断续续的狙击枪开火的声音。如果他们在路口拐弯继续向前走会发生些什么，我不敢去想。带领他们行进的是个戴着眼镜、看起来像个校长的高个子男人，带着佩枪，挂着望远镜，全副武装。当我从山丘下面大声喊叫，叫他们停止前进的时候，他看上去还挺生气。”[29]

后来，格尼听到其他美国志愿者叫那个带领他们的高个子军官“学院男孩”。这个人正是鲍勃·梅里曼。

当梅里曼于1937年1月上旬到达西班牙时，起初他最犯愁的是找到愿意让他参加战斗的人。和大多数志愿者不同，他是孤身一人来西班牙的，并不是随所在国共产党招募的一拨人一起到来的。直到1月22日——就在格尼在路上看到他的一个月之前——他才被允许加入。“没有玛丽昂在身边有些孤单，”他在第二天的日记里写道，“但我大体上还是很高兴的。”

即便从安德烈·马蒂这样多疑的人的角度看，梅里曼也有两件事对自己十分有利。其一，尽管来时只有一个人，但他的出发地是莫斯科。一个美国的志愿兵听过一则传言，说梅里曼是苏联军官学校伏龙芝军事学院（Frunze Military Academy）的毕业生；另一则传言则怀疑他是共产党的重要人物，因为他一直在接到从莫斯科发来的电报（这些电报其实都是玛丽昂发过来的）。万一他是克里姆林宫派来专门监视国际纵队军官动向的人呢？另一个对梅里曼有利的因素是，不像其他大多数美国志愿者，他在美国预备役军官训练营接受过正规的军事训练，还是美国陆军预备役部队的一名军官。

在应征加入国际纵队时的自我陈述中，梅里曼将以上两点进行了夸大处理。他把自己说成是陆军预备役的上尉，并宣称他在莫斯科的一个“共产主义学院”学习过一年时间[30]——这
111 听起来肯定要比自己在伯克利读过八个月大学更能让人留下深刻印象。

很快，他便被任命为林肯营的副指挥。指挥官是名搭乘“诺曼底号”来到西班牙的陆军老兵，后来被证明是个有酒就喝，喝完就语无伦次，还总在关键时刻消失的人。不久之后，梅里曼接到命令接替了他的职务。就在到达西班牙后的最初几个星期里，他最终加入了共产党——西班牙共产党。

在很短的时间内，梅里曼就得到了人们由衷的钦佩，甚至就连那些并不认同共产党训导的人也不例外。“梅里曼赢得了广泛的尊敬与喜爱……他就是那种源源不断地向外散发着力量，激发起人们信心的人，”一个名叫桑德尔·弗洛斯（Sandor Voros）的林肯营成员——写下这些文字的时候，弗洛斯本人已

经成了一名激进的反共产主义者——回忆道，“他的个子很高，肩膀很宽，面庞红润……运动员一般的健壮体格，如学者般内敛的为人处世风格，再加上眼中发出的炯炯光芒，无不述说着他强大的内在力量。”[31]

接管了对美国志愿者的训练后，梅里曼尽量将自己在预备役军官训练营所学的知识都传授给了他们：侦察、发信号、看地图（尽管他们手头没有能用于实战的地图）、扔手榴弹以及挖掘战壕。他还向志愿兵们演示过如何对机关枪，以及部分纯粹用于训练、不上子弹且枪龄超过 30 年的加拿大造步枪进行拆解与组装。

部队此时士气很低。无尽的政治演讲显然代替不了对弹药的需求，用于冬季御寒的毛毯几乎没有，由于马蒂的人以“安全”为名收走了人们的护照，有些人感到十分不安。几周以前，比其他人先察觉到端倪的格尼就已经把自己的护照藏好了。后来，大约有 580 名美国志愿者向国务院上报自己的护照“丢失”了。苏联收集这些护照显然自有打算。例如，1940 年，列夫·托洛茨基在墨西哥遇刺时，苏联派出的行刺特工所使用的就是一个加拿大志愿者的护照。

这些美国人在吃饭时得到的是驴肉或骡子肉，有个志愿者写道，这些肉“硬到无法咀嚼”，“它们就像旧轮胎一样韧劲十足，当你放弃从肉块上撕下一块时，它马上就回弹了。想吃这 112
些肉的唯一办法就是直接把它们咽下去，然后等着消化系统自己搞定一切”。[32]很多人作为工会会员，在大声疾呼、争取权利方面很有经验，而因为他们中间几乎没人感受过军事纪律的约束，由一些鸡毛蒜皮的小事导致的邻近分队间的矛盾与对立变得越发严重。此外，国际纵队还效法了苏联红军那套双头管理模式：除了指挥官以外，每个分队的每一层级都还配备了一名政委，他们的职责是检测部队的士气，保证所有人的政治立场正确无误，有时政委的权力甚至能够凌驾于指挥官之上。

到了晚上，那些脑子里一直惦记着女人的美国人感到的只有失望。只要他们牵着当地女孩的手一起散步，女孩的父母就会一直跟在后面。“只有在一种情况下，”一个美国志愿者在写给家人的信中说，“你们才能收到我和坐在我膝盖上的西班牙女士的合影，那就是当时她的妈妈也正坐在别人膝盖上。”[33]医生向他们发放了避孕套，但绝大多数人都只能拿这些避孕套当烟草袋来用。有一次，一个叫哈里·费舍尔（Harry Fisher）的美国志愿者邀请一个大约 18 岁的女孩一起去看电影，结果她的整个家族都跟来了，就在电影院里坐在他们二人的身旁。还有个美国人发现了一个名字叫作“自由妇女”（Mujeres Libres）的无政府主义妇女组织，起初还以为自己捡到了宝，但“很明显，她们感兴趣的话题只有政治”。

美国志愿兵们发现，当地村民都以为他们是被罗斯福总统——他们说他是穷人的朋友——派到西班牙来的。西班牙人是怎么看待周围这些外国人的？这不太好总结，但许多林肯营的志愿者都记得一些令人感到温暖的片段。“那些西班牙农民以前从未见过黑人，”出生于田纳西州的沃恩·洛夫（Vaughn Love）写道，“有一天我恰好在村子的水池那里，这时一群妇女过来取水，并开始窃窃私语。她们将我团团围住，仔细端详我的身体，有个妇女还用手擦我的脸，看看颜色能不能擦掉……有个
113 妇女拥抱我之后和我说：‘可怜的奴隶。’她们轮流拥抱我，让我非常感动。”[34]

每个营通常有 500 多人，林肯营是组成第十五国际旅（XV

International Brigade）的四个营中的一个（当时的其他三个营分别是命运多舛的英国营，法国－比利时联合营以及一个主要由东欧人组成的营）。共和国正在将所有可用的国际纵队力量派去参加保卫马德里—巴伦西亚公路的战斗。在美国人之前，其他三个营已经被一个接一个地派到了前线。对于英国人遭受的重创，美国人此时还一无所知。

之后的一个下午，一支由车身画着国际纵队的三角星标志的，各式各样卡车组成的车队出现在了林肯营的基地门口，将这里的人全部带到了阿尔巴塞特的斗牛场。天黑之后，卡车车灯照亮了斗牛场。马蒂和其他高级指挥官告诉他们，保卫马德里至巴伦西亚的道路是目前共和国面临的最重要的任务，国际纵队需要再次挺身而出，拯救马德里。英国营和法国营的军官也发表了讲话，他们大声用西班牙语喊道：“不能让他们通过！”高级军官们在与士兵们握手后离开。

美国人奉命从一辆物资卡车上卸下了一批木制板条箱。撬开以后，大家发现里面装着的是一批仍用墨西哥城的报纸包着、还处于油封状态的雷明顿式手动步枪。在这批枪里，最老的甚至还在枪身上印着沙皇俄国的双头鹰徽记。他们还得到了长得像缝衣针一样细长的“猎猪者”（pig－sticker）刺刀，但很多枪上根本没地方装刺刀。由于他们手头没有什么东西能把枪油去掉，于是梅里曼告诉他们从衣服上撕下布料来擦拭枪支。

梅里曼一声号令，他们登上了车厢棚顶由帆布覆盖着的卡车，卡车驶出了斗牛场大门，大门上挂着一只晃晃悠悠的灯泡。驶进无尽的夜色中时，林肯营的人们感觉不到一点儿信心。在开往前线的路上经历了长时间的寒冷与颠簸以后，他们终于被允许下车，在一个采石场的墙壁上试试步枪的火力：每人配发五个弹夹。对于他们中的绝大多数人——来自布鲁克林或是底特律之类的地方，从未打过猎的年轻人——来说，这是他们有生以来第一次开枪。再次起程以后，麻烦来了：没人有地图，
114 组织混乱的共和军部队没有在路口放置任何引导标识，车队中装载着超过六名美国志愿者、至少一名加拿大志愿者以及全部营队记录资料的头两辆卡车错过了正确的路口，直接驶向了国民军控制区域。他们再也没有重新出现。

剩下的卡车在正确的路口拐了弯。当车队停下时，指挥官们命令大家在坚如磐石的土地上挖掘战壕。“亲爱的玛丽昂我爱你！”日记里，梅里曼的情感罕见地喷发了，“我愿为自己的理想而死——愿我为你和他们而活！我接到了命令，就要到前线打仗了。”[35]用头盔和刺刀挖了一宿战壕之后——他们还是没有装备工兵铲——黎明时分，美国人迎来的是强大的炮火与机关枪弹雨的攻击。原来，他们挖掘的战壕就在地平线上最为暴露的危险地带。当营队的火炮观察员查尔斯·爱德华兹（Charles Edwards）将头探出战壕搜寻敌方炮击位置时，一颗飞来的狙击子弹正中他的头部。

在林肯营又经受了数日的猛烈攻击之后，格尼才在那条通往新地点——和新的挫折——的路上遇见了指挥部队的梅里曼。有几个人在重压之下崩溃了，令人不安的是，有一个还是梅里曼的副指挥：“史蒂夫·达杜科（Steve Daduk）的精神垮了，我建议他回国休养。”[36]1937 年 2 月 23 日，林肯营发动了第一次攻击，他们穿过橄榄园向前方进攻，但营里的 8 挺机关枪却没有一挺能够正常工作。共有 20 人死亡，超过 40 人负伤。又有一批约 70 个未经训练的美国志愿兵被补充进来，在他们当中，有些人甚至还穿着平民服装，脚上踩着科迪斯（keds）牌运动

鞋。当手下的战士挖掘战壕时，梅里曼正竭尽全力地重新整编部队，理清混乱的物资供应，因为他的人装备了不少于 17 种不同的枪支。为了将它们与对应的子弹配对，梅里曼支了张木桌，将上面放着的不同弹夹的样品逐一打上了标签。

最重要的是，天上还开始下起了雪。

直到 2 月 27 日清晨，已经凉了的咖啡和面包才被送到战壕里。令梅里曼大为惊恐的是，上头随即又下令林肯营发动攻击，
可是，本该削弱国民军战壕内有生力量的共和军炮火支援却整 115
整晚了三个小时，并且还没有击中目标。原定支援此次攻击的 20 架共和军飞机最终仅出现了 3 架，承诺给他们的新机枪和装甲车更是连影子都没有。一支计划策应林肯营一同攻击的西班牙人部队试图前进，但在遭遇敌军炮火的猛烈攻击后突然撤退了。“对面的火力将我们整条防线上的沙包打得坑坑洼洼”，一名志愿者后来回忆，一连串的子弹就像“铆接机器持续不断发出的重击一般向我们阵地的方向倾泻而来”。[37]

梅里曼在战地电话里向指挥部提出抗议，指出此时进攻将与自杀无异。结果，他的抗议淹没在了来自南斯拉夫，命令美国人“不惜一切代价”发动进攻的专横跋扈的国际纵队总指挥官的大声吼叫之中。这名怒火冲天的指挥官无视确凿的证据，坚持认为前来支援的西班牙人部队已经赶在了林肯营的前方。这通电话结束之后，他还派出了两名军官骑着摩托车来到梅里曼的指挥部，以确认他是否真的执行了命令。毫无疑问，以上四名当事人应该还记得两个月以前发生的一件事：因为共和军的一次撤退行动，暴怒的安德烈·马蒂认为下达命令的法国指挥官太过胆小如鼠，于是将其指控为间谍，在经过军事法庭审判后，该军官被枪毙了。梅里曼所要面对的，不仅仅是任何抗

命行为都可能被指控为间谍活动的粗暴的共产国际军纪要求，还有战争本身的风险，这一时期，很多国家的军队都还配备有战场行刑队。一战期间，单是英军就因擅自脱离部队、表现软弱、丢弃军火以及违抗军令等罪名处决了超过 300 名士兵，法军处决的人数大概是英军的两倍。

已经不再属于那个每天忙于搜集论文素材的研究生世界的梅里曼觉得自己已经别无选择了。不管有多么痛苦或是不情愿，最终，身先士卒的他还是带领林肯营的士兵们走出战壕展开了进攻。

116 在莫斯科，另外一场大型公审正在进行当中。这一次的指控更加离奇，多名高级官员作为托洛茨基、德国和日本的秘密同谋而被判处死刑。但在回忆录中，玛丽昂仅仅提到了席卷全城的“吓人的流言”，她评论道：“那时候，只要谈话有任何要被引向政治话题的苗头，绝大多数苏联人都会变得十分戒备。”[38]她最担心的还是远在西班牙的鲍勃·梅里曼。

在梅里曼训练期间，偶尔会有信件送来。他会在信中谈起西班牙的贫穷现状，以及志愿者们在当地受到的热情款待，还有自己对玛丽昂的无比思念。只是一旦提到政治话题，他就只是老老实实地复述现在党的路线方针中的革命道路将会漫长而曲折之类的道理。

“后来，”她写道，“令人心碎的消息还是来了。”[39]

电报很短，只有几个字：“受伤了，快来。”

7 1860年代的步枪

在1930年代后期的所有国家中，苏联的武器装备可称得上 117
是最不协调的：最新式的武器被生产线源源不断地制造出来，但还有一大批各式各样、历史更加久远的装备堆满了这个巨大国家遍布各地的军械库。有些武器是十月革命爆发前的沙皇俄国遗留下来的，有些是沙俄军队在一战爆发初期从装备更加破败的奥匈帝国军队手中缴获的。更多的装备则是1918～1921年苏俄内战期间白军遗留的，这些装备由美国、英国、加拿大、法国、意大利和日本等国提供，都是各个国家的自用装备。

尽管佛朗哥的宣传机构就斯大林向共和军提供武器这一事实大肆进行宣传攻击，但国民军其实并不知道，在这些被他们吹捧上天的苏联武器中，有一部分几乎是没法正常使用的。直到半个多世纪之后，得益于莫斯科档案馆开放了更多有关当时情况的资料，英国军事史学家杰拉德·豪森（Gerald Howson）才发现了更多与此相关的细节。

如果每个士兵都使用同种型号的步枪、机枪与火炮，使用
同类型弹药的话，装备一支部队当然容易得多。然而，当苏联 118
货船陆续在1936年年末、1937年年初到达西班牙时，人们怀着这样的期许从船上卸下来的，却是包括早在20年前就已过时的德式掷弹筒，以及一大批枪龄超过60年的笨拙的单发式步枪在内的老古董。其中有9000支美制温彻斯特步枪，最古老的早在1860年代时就已经被温彻斯特公司在康涅狄格州的工厂制造

了出来。超过 11000 支发射 11 毫米口径子弹的意大利步枪则明显是沙俄在 1877 年与土耳其的战争中缴获的。还有超过 11000 支由法国和奥地利制造的步枪，尽管它们也是 11 毫米口径，但其子弹却无法与意大利的型号互换使用，而且不论如何，这一口径的子弹本身也已经有超过 40 年没有生产过了。一旦同时运来的少量弹药消耗完毕，这些步枪便毫无用处了。

重型武器方面也没有好到哪儿去，完全是另一锅万国武器大杂烩，就如苏联国防人民委员克利缅特·伏罗希洛夫（Kliment Voroshilov）元帅在写给斯大林的报告中所说："选择这些武器是为了一劳永逸地将我国武器库中那些外国装备——英国的、法国的、日本的——处理干净。"[1]由于太过陈旧，西班牙人还给一种出自沙皇时代型号的大炮起了一个外号："叶卡捷琳娜大帝之炮"（the battery of Catherine the Great）。

一并运抵的还有总数超过 300 挺的法国圣埃蒂安 M1907 式机枪。操纵这种机枪的时候，机枪手要坐在机枪三脚支架最后一根上面长得像自行车坐垫一样的座位上。拆开第一批枪械包装的国际纵队成员们对所见之物感到非常困惑，当时一名在场的英国志愿者回忆道："我们都面面相觑……我们当中有的人曾经参加过好几场战争，使用过六七种武器……但就连他们也从未见过如此古老的机关枪。"[2]

"这种机关枪可称得上是最不寻常的那种——制造工艺精密，结构却极端复杂，闭锁（我们从未真正搞懂其工作原理）依靠一个由齿轮和枪机组成的系统运行，与老式钟表一样复杂，就是那种使用同样结构控制日期显示乃至指示月食时间的座钟。可是，最让我们担心的还是它的重量。"加上座位和三脚支架，每挺机枪总重超过 120 磅。不仅如此，这种枪还经常卡壳——

这也是法国军队在 1914 年就对其弃之不用的原因。

这也就不奇怪，为何鲍勃·梅里曼对自己手下的战士要使 119
用如此令人眼花缭乱的各式武器在哈拉马河畔进行作战感到沮丧了。一份战争后期的物品清单显示，当时共和军总共装备有 49 种不同的步枪，41 种型号的机关枪，还有令人震惊的多达 60 余种各型火炮。[3]在苏联将这些古董武器的库存彻底出清后，运往西班牙的装备品质得到了逐步提高，尤其是顶级的苏制坦克和飞机，已经成了捉襟见肘的共和军军火库中的重要武器组成部分。但是在头几个月时间里，苏联的武器援助相比后来却少得多——尽管西班牙人已经为它们慷慨解囊，并将共和国庞大黄金储备的 3/4 都运往了苏联。

共和国政府别无选择。苏联是主要大国中唯一愿意向其出售武器的。况且，就算留着那些黄金，它们不但可能成为国民军的战利品，还可能被无政府主义者抢夺，对于这一点，共和国政府在之前发生的众多银行劫案中便已深有体会。1936 年下半年的某段时间，无政府主义者确实曾经策划对西班牙央行实施抢劫，只是后来放弃了这个计划。[4]要是当初将这些黄金存放在英国或是法国可能更不安全，因为事到如今，两国政府可能早已把寄存的黄金冻结了。（迫于法国右翼势力的压力，在此之前，法国央行确实对部分西班牙共和国存放的黄金实施了冻结。）

向西班牙共和国出售武器的苏联的资产账户则因这些黄金逐渐充盈起来。首先，黄金被伪装为成箱的弹药，装在木质弹药箱里运到了卡塔赫纳港（Cartagena）一处海军基地内由重兵把守的洞穴当中。“这是共和军的重炮炮弹！”士兵们被如此告知，“轻拿轻放！”[5]就在希特勒的轰炸机对实行灯火管制、一片漆黑的马德里进行为期三天的轰炸时，卡车司机正忙于将一车车黄金运到码头。在那里，它们将被装上四艘开往敖德萨（Odessa）的小型货船。在秘密警察的全程监视下，货运火车再将这些黄金运往莫斯科。这批黄金除了西班牙央行铸造的标准金锭外，还有成千上万开口绑得严严实实的麻袋，里面大概一共装了 6000 万枚金币——法郎、美元、德国马克、里拉、弗罗林、比索、埃斯库多、比塞塔和其他西班牙政府一个多世纪以来积攒的，来自许多不同国家的金币。斯大林向身边的随从讲
120 了一句俄国的老话，“就像他们再也看不见自己的耳朵一样”，西班牙再也不会见到他们的金子了。[6]金子当然是再也见不到了，可要不是凭着用金子换来的武器装备，共和国的军队可能早在 1936 年年末就已经失败了。

那些老掉牙的武器并非全都直接出自苏联的库房。许多武器都是从第三国，例如玻利维亚、巴拉圭、爱沙尼亚和波兰等地购买的。在这些国家，那些手头掌握着部分苏联老旧军火的武器商人们摩拳擦掌，准备好好利用西班牙共和国对武器的迫切需求大赚一笔。即便在最乐观的情况下，军火交易也不是属于门外汉的游戏，更何况共和国派出的代表们对此的确极为业余，而奸商们就是利用了这一点。突然抬价，并声称共和国方面的出价低于佛朗哥代理人开出的报价是武器黑市商人们的一项惯用伎俩。这些精明的武器贩子还怂恿来自不同政治势力的代表互相内斗，或是向马德里的有关人士散布谣言，声称共和国方面派来的代表不可信任，暗中破坏他们在哥本哈根或是布鲁塞尔经历艰苦卓绝的谈判才得以达成的交易。许多共和国已经付了款的武器最后根本就没有如约发货，战斗机上没有配备机关枪，火炮缺少瞄准具也是家常便饭。在有些国家，海关官

员会故意延迟发货并索要贿赂或是武器的“仓储费”，还有的国家则针对所谓的武器出口许可证收取高额费用，不知从哪里冒出来的“交易费”也会被计算在总价当中。在整个过程中，西班牙共和国几乎没有从美国——这个世界上制造业最为发达的国家——得到任何帮助。

和惊慌失措的玛丽昂·梅里曼发现的一样，罗斯福总统希望美国置身西班牙内战之外的渴望，使他的人民就连去那里都变得比以往更加困难了。在前往西班牙途中，她求助于一个在美国驻巴黎领事馆工作的朋友。这个朋友直接带她走出了办公大楼，避开同事们的耳目，告诉玛丽昂：“如果我见到你的护照，我将不得不在上面盖上‘不得前往西班牙’的章。”[8]这一举措，是美国政府为阻止美国志愿者赴西班牙作战而进行的尝
试；国务院只批准记者、医疗人员、救援队，以及有临时需要 121
的重要人物前往那里。

玛丽昂首先到达巴伦西亚，米利·贝内特在当地的共和国政府新闻局找到了一份工作。对于鲍勃的事，贝内特告诉她：“他正在穆尔西亚（Murcia）的国际医院住院。”[9]

玛丽昂告诉贝内特一个叫凯特·曼根（Kate Mangan）的英国女同事：“我就是用尽吃奶的力气，也要把鲍勃带出西班牙，离这些破事远远的。整件事情里，最糟糕的就是他坚信不疑的所谓理想。”曼根后来记得，玛丽昂“看起来太年轻了，她就像来自另外一个世界，仍然相信还有普通人平常的快乐存在，而对我们来说，这些早已经被忘得一干二净了”。[10]由于美国报纸纷纷报道了鲍勃负伤与众多林肯营士兵死亡的消息，从国内发给玛丽昂的电报像雪片一般涌来。

玛丽昂最终在穆尔西亚这座西班牙东南部城市见到了丈夫。他“从左肩膀到腰部都被绷带绑着，左前臂以一种扭曲的姿势僵着，搭在比腰带扣的位置稍高一点儿的地方。由于没有医用的轻量石膏可用，医生只能将他被子弹打得五处骨折的肩膀用普通的家用石膏进行固定”。[11]在他平时净是政治和军事会议纪要的日记里，鲍勃·梅里曼写道：“玛丽昂来了……我和她在医院四处散步，就像在梦里一样。”[12]

贝内特也去探望了梅里曼，她回忆道，鲍勃“肩膀那里有一栋房子那么宽，壮得就像一头公牛，但在骨头愈合的过程中，他根本无法一次站立超过 15 分钟……石膏太沉了”。[13]医生保证他能够彻底恢复，但这显然需要时间。

玛丽昂毛遂自荐，开始为这家医院工作，又在不久之后开始帮那些因受伤而无法握笔的美国人写家书。“我甚至还遇到过一个负伤的英国志愿者，他的脊椎断了两节，却坚持要下床走路。”医院的药品十分有限：“我们有阿司匹林，但别的药没有多少。”[14]

鲍勃向玛丽昂讲述了那个灾难般的清晨在哈拉马河谷里发生的故事，他就是在那天早晨身负重伤的。也正是这场战斗，让他在写给第十五国际旅指挥部的战斗备忘录中的情绪仍显得愤怒不已。[15]被第十五国际旅的南斯拉夫指挥官弗拉迪米尔·乔皮奇（Vladimir Copic）上校在电话里一顿叱喝威胁之后，他带
122 着手下的部队跃出战壕，发动了一场注定失败的攻击。还没有走出几步，他就被子弹打中了。

其他人试图继续向前穿过一片橄榄园，但对面机关枪射出的子弹无情地阻挡了他们的脚步。一些人趴在地上，发疯似的用泥土盖在身上隐藏自己，雪水和雨水很快便把泥土变成了泥

浆。很快，迫击炮弹在他们周围爆炸。当梅里曼被带到战线后方以后，一切更是雪上加霜。来自荷兰的担架员在努力将更多伤者抬走的过程中被机枪射杀，临时负责战地指挥的英国中尉将局势变得更糟了：他用左轮手枪威胁不愿继续冲锋的美国士兵，先是让他们发起了另一波攻击，后来又在天色仍亮的情况下，命令被敌人火力死死压制的士兵们撤回战壕。那些听从了命令的人全都暴露在了国民军机枪手发射的致命弹雨之中。

混乱之中，不知道到底有多少林肯营志愿兵死于此次战斗。在布满岩石且冻得僵硬的地上挖掘坟墓根本不可能，许多尸体都被堆在一起烧掉，遗骸则被埋葬在了由石块、泥土和头盔堆成的纪念冢下。对于伤亡人数的估计有很多版本，其中一个版本认为战斗造成了 120 人死亡，175 人受伤。[16]共和国方面没有夺得一寸土地，整个攻击行动不管怎么说都是完全没有必要的，因为国民军切断马德里至巴伦西亚交通的行动在此之前就已经暂停了。

战场上的灾难仍在继续，负伤的梅里曼下定决心要“和乔皮奇说道说道”，[17]就如他之后在日记中记载的那样。但在担架员将他抬到国际纵队的指挥总部后，穿着擦得锃亮的靴子，身上挂着配枪、望远镜和皮质的地图盒，衣着考究的乔皮奇却拒绝与他对话。梅里曼随后被带到了一所医疗救助站。在后来的记录中，他形容那里就像一座“屠宰场”，“伤员们就死在院子里的担架上”，止痛药也严重短缺。他的胳膊被固定在一块木板上，在救护车里忍受了三个半小时的颠簸。这辆车先是迷了路，最终将梅里曼送到了一座几天之前才匆匆投入使用的战地医院。

招募士兵的同时，共产党也招募到了一些医疗志愿者，爱德华·巴尔斯基（Edward Barsky）医生和他 17 人的医疗队刚刚

123 于这场战斗打响前的几个星期抵达西班牙。哈拉马河战斗爆发后，他接到命令："建立一所拥有100个床位的急救医院，并确保在48小时内投入使用。"[18]巴尔斯基是一名来自纽约贝思以色列医院（Beth Israel Hospital）的外科医生，留着小胡子，平时严肃认真，是一杆老烟枪。尽管身受胃溃疡折磨，但他从来都表现得坚忍平静，并在工作中表现出了十足的激情，这为他赢得了极高的声誉。他和他的医疗队成员们在一所学校的校舍将从美国带来的一箱箱医疗装备撬开，将这里改造成了战地医院。他们吃惊地发现，一些箱子已经在路上丢失了，很可能是被其他极度缺乏补给的部队拿错了，但这已经无法挽回。

学生和老师们将桌子、书籍和黑板等教学用具抬出楼外，巴尔斯基则极力发动起当地工匠连夜将楼内的墙壁打通，并从头开始打造木头床架。当地镇上的人们纷纷提着筐子，用石头和土将路上的坑坑洼洼填平，好让伤员少受颠簸之苦。这所医院里没有电话，没有自来水，没有厨房，也没有厕所。"我们没有在屋顶上放置红十字标志，因为这样做将会招来灭顶之灾，"一名护士写道，"马德里就曾经发生过这样的事情，德国轰炸机轰炸了那里的数所医院。"[19]出于同样的考虑，救护车司机也涂掉了车身外面的红十字标志。

第一批伤员抵达时，医疗队为使医院准备就绪已经连续工作了两天一夜。"在卡车的车厢里面，大约有25名伤员躺在床垫子上，"一名药剂师回忆，"有两个已经死了，还有几个的情况也非常不乐观。剩下的伤员由于骨折和一路颠簸忍受着剧烈的疼痛。"[20]很快，又有六辆卡车抵达，伤员很快便占满了所有床位。先是一张床上躺两名伤员，然后是地板上铺床垫安置伤员，最后仍然有很多伤员只能继续在操场的担架上待着。

短短一天时间，200 名伤员——有美国人、法国人、德国人和西班牙人——就塞满了这所设计床位仅为 75 人的医院。医生和护士们连续工作了 40 个小时没有休息。一些伤员休克了，为了给他们保温——楼里没有暖气——护士在床和担架底下点燃了做饭用的小型炉灶。在一个寒冷的夜晚，医院仅有的微弱 124
电力供应中断，这让巴尔斯基医生不得不借着手电筒的微弱光线完成手术，将伤员被打坏的肾脏摘除。“每拿起一件手术器具，那种冰冷的感觉就像拿着冰块一样。”他后来回忆道。[21]

“每天不分昼夜，都有伤员被送到医院……在手术过程中，我时常得不停蹦跳才能让自己感觉暖和一点儿，”护士安妮·塔夫脱（Anne Taft）回忆道，“手术工具摸起来冰凉，都快要粘在我的手上了……你都能看到伤者腹部和其他伤口里散发着的热气。”来西班牙的路上，医疗队曾与部分林肯营的志愿者搭乘同一艘船。另一个叫利妮·富尔（Lini Fuhr）的护士“亲手剪开了来时与我一起跳舞的小伙子的衣服”。[22]

梅里曼被从巴尔斯基的战地医院送到穆尔西亚进行康复的很长时间以后，对这次进攻的激烈争论仍在持续进行中。有些士兵把失败的责任归咎于他，其他人则认为，那天接替梅里曼进行指挥的无能的英国中尉难辞其咎；梅里曼自己将责任归咎于乔皮奇；乔皮奇则将责任归咎于他的上司，一个很不招人待见的匈牙利将军。这名将军试图粉饰这场失利，他向一个记者宣称，一些美国人在死亡的最后一刻还保持着人民阵线握拳礼的姿势。

林肯营的士兵变得暴躁多疑，有些人擅自脱离了部队。在向哨兵展示了自己的工会会员身份取得信任后，一大群愤怒的生还者将哨兵塞进战壕，一齐前往后方要求与第十五国际旅的政委见面。与其说这是一场兵变，不如说这是一场对从前所受待遇的抗议，因为他们提出的要求之一，仅仅是希望重新接受具有真正军事经验的军官为期几周的训练。国际纵队从欧洲各国前来的军官和他们的苏联顾问团从未见过如此以下克上的行为，对士兵们的举动大为惊骇。怨恨的阴云徘徊在林肯营上空长达数月之久，一个经历了那场悲惨战斗的生还者告诉前来采访的报社记者："可以这么说，我们营叫'林肯营'的真正原因，在于林肯本人最后也被杀死了。"[23]

在哈拉马河的另一侧当兵是什么感觉？战斗打响时，佛朗哥的军队同样存在外国志愿者，对岸也有一个说英语的人。21
125 岁的英国人彼得·坎普（Peter Kemp）是在梅里曼负伤大约十天前到达前线的，作为一名同样享受"冒险的感觉"[24]的忠实的君主主义者和反共产主义者，他刚从剑桥大学毕业，父亲是一名退休的孟买地区高等法院法官。坎普的世界是由英国的乡间别墅、私立学校、身份尊贵的朋友以及绚丽多彩的殖民地生活组成的。尽管只会说一点儿西班牙语，他却在国民军的圈子里结识了众多权贵和官员，这些人也认识坎普社交圈子中的人，不仅如此，他还成功取得了他们的信任，被任命为军官。

坎普发现，国民军中存在着非常严格的等级制度。与其他高级军官一样，他也配备了一名勤务兵，帮他端茶倒水，打扫营房，叫贴身仆人也不为过。当他所在的部队乘火车前往新地点时，高级军官坐的是五个人一间包厢的头等座，低级军官坐的是二等座，至于普通士兵，尽管正值严寒的冬季，他们却只能待在拉牲口的车厢里。

国民军中有许多随军神父。令坎普感到有意思的是，一次他遇到了一名神父，当他告诉这名神父，在英国牧师也可以结婚时，这名神父“大为吃惊”。到达哈拉马河后的第一天，坎普见到了他所属连队的随军神父，“一名表情严峻、戴着眼镜的精瘦的纳瓦拉男人，然而镜片却挡不住他狂热的目光。他是我在西班牙见过的最嗜血、最大胆的人……‘你好，唐佩德罗[①]！’他冲我喊道，‘你一定是来杀赤色分子的吧！提前祝贺你！你一定能干掉很多！’说话时，他贝雷帽上的紫色流苏在烛光中左右摇曳”。[25]

第二天的战斗中，一队国民军坦克逼得共和军仓皇撤退。“我发现文森特（Vicente）神父就在我旁边……他决心不让任何敌人从我们的眼前溜走。他不断向我指示攻击目标，尖声催促我开枪将他们放倒……他几乎都快控制不住把我手里的步枪抢过去自己用了……不论何时，只要有敌方的倒霉士兵疯狂地从掩体跑向安全地带，我都能听到他用难以抑制兴奋之情的声音大声说：‘别让他们跑了——哦！别让他们跑了！开枪，老 126
兄，开枪！再往左瞄一点儿！啊，打中了！’并看着那些可怜的家伙倒在地上不断抽搐。”

在之后的一场战斗中，文森特神父竟然“亲自骑着一匹白马，奔驰在攻击部队侧翼的最前方，仍旧戴着他那顶有紫色流苏的猩红色贝雷帽”。

不但帽子上有流苏装饰，坎普所在的国民军部队拥有的现代化武器装备同样十分丰富。整个战争期间，单德国一国就为佛朗哥贡献了以下装备：令共和国空军损失惨重的高射炮，最新型野炮，约200辆坦克，超过600架军用飞机。由于纳粹国

① Don Pedro，莎士比亚喜剧《无事生非》中的阿拉贡亲王。

防军急于在西班牙战场上检验装备性能，因此德国提供的大多数装备都是最新型的。总共有约 19000 名德国士兵、飞行员、教官和顾问先后投入在西班牙的直接战斗行动，或是对数千名国民军军官和士官的训练中。[26]

秃鹰军团（Condor Legion）是当中最重要的一支军事力量。作为德国的精英部队，其飞行员穿着卡其色军服，长期装备有 99～132 架最先进的战斗机、轰炸机以及侦察机。秃鹰军团经常载着西班牙受训者一起执行各种任务，并在更为先进的战机抵达西班牙后，将自己原来装备的飞机转让给国民军。战争中大部分时间，秃鹰军团的指挥官每周会与佛朗哥见几次面。国民军视该军团的飞行员为座上贵宾，不但为他们在塞维利亚提供了一整间宾馆供其随意使用，还为他们安排打猎、赴西属摩洛哥的短途购物旅行以及逛妓院活动，连妓女都要事先经过医生专门体检。在一家位于度假别墅的妓院，妓女们为这些来自德国的军官和士兵分别提供了性服务：军官在蓝色卧室，普通士兵在绿色隔间。

秃鹰军团的众多德国飞行员通过西班牙内战磨炼了自己的战斗技巧。在他们当中，维尔纳·莫尔德斯①在西班牙期间共击落 14 架共和军战机；几年之后，又经过在法国、英国、苏联等多地辗转战斗，他最终成了二战时期纳粹空军首位击落 100 架飞机的飞行员。另一位魅力超凡的飞行员是共击落战机超过 100 架的阿道夫·加兰德②，在西班牙驾驶 He-51 型战斗机的

① 维尔纳·莫尔德斯（Werner Mölders，1913～1941），第二次世界大战纳粹德国空军王牌飞行员，为史上第一位取得 100 次空战胜利者，后死于空难。

② 阿道夫·加兰德（Adolf Galland，1912～1996），德国空军中将，著名的王牌飞行员，曾在二战期间担任空军战斗机总监职务。1945 年 5 月 14 日被美军俘虏，战后受阿根廷总统庇隆邀请，在阿根廷建立了一个航校训练飞行员。

几个月时间里，由于机舱温度太高，他索性穿着泳裤驾驶飞机。后来，他接替莫尔德斯成了纳粹空军战斗机总监。此外，有 27 名德国日后的二战王牌飞行员在西班牙第一次参与了空中实战。127 来自秃鹰军团的老兵们后来还训练了许多参与对波兰闪击战的轰炸机机组成员。

墨索里尼的飞机没有那么先进，但截至战争结束，他支援国民军的飞机数量是 762 架，同时还有 1801 门火炮，至少 149 辆坦克，223784 支步枪，3436 挺机关枪，以及大量弹药。将近 80000 名意大利士兵先后为佛朗哥战斗过。无怪乎在 1937 年 3 月 27 日发表的一篇报道中，在世界各地的报纸开始用大写字母大幅报道这个词组许多年之前，路易斯·费舍尔就将接下来的战斗称为了“第二次世界大战”。[27]

由于佛朗哥仍在马德里周边投入重兵力图将其包围，交战区的其他大部分区域显得相对平静。奥威尔和他所在的 POUM 民兵部队就被派到了这样一个相对平静的地方，距离巴塞罗那 140 英里西偏北一点儿、遍布丘陵的阿拉贡地区的贫瘠乡村。当看到下发的枪支后，奥威尔感到很失望。他自己的那一把“已经生锈，枪栓也不灵活，木制的枪托已经开裂；只消看一眼枪口，就能发现里面已经严重腐蚀，根本没法用了……整批枪支里面状况最好的一把‘只有’十年枪龄，却被派给了一个脑子不大灵光的 15 岁小孩”。[28]讽刺的是，与身边其他民兵不同，由于在缅甸当过五年殖民地警察，奥威尔还算是具有一些枪械知识的。

他所在部队的指挥官是比利时人，军医来自纽约，但按捺不住的奥威尔早在另一批来自英国的志愿者抵达前几周就已经报到了。刚开始时他的战友几乎全部都是西班牙人，他的身高要比周围的年轻人高出一头。

“你无法想象出我们的狼狈样。队伍乱七八糟的，都不如一群羊……一半入伍时所谓的‘男人’根本就是孩子——我说的是真正的孩子，最大的也就 16 岁……想想就让人害怕，共和国的保卫者竟然是一群衣衫褴褛的孩子，手里握着不知道如何使
128 用的破枪。我还记得自己当时在想，要是法西斯的飞行员从我们上空飞过会发生什么——他是不是都懒得俯冲下来射我们一梭子子弹？确实，就算从天上也能看出来，我们根本算不上真正的士兵。”

奥威尔会说加泰罗尼亚语，对周围事物具有敏锐的观察力，还总会在日记里记下自己的所见所闻，这些都让他的战友们印象深刻。（“他总是在写，”一个和奥威尔同属一支部队的爱尔兰人回忆，“白天他坐在战壕外面写，到了晚上就点着蜡烛写。”[29]）奥威尔所经历过的世界是某种奇怪的混合物：对激进政治的热衷让他来到了西班牙，然而他自己的大部分时光却都是在等级制度下度过的——来自阶层意识根深蒂固的英国，先后在伊顿和其他高级寄宿学校接受教育，还做过殖民地警察。他想在西班牙见识一下，POUM 和无政府主义民兵要如何建设一支在绝大多数人看来都是自相矛盾的军队——一支奉行平等主义的军队，这一点使他倍受吸引。

> 从将军到列兵，每个人都领一样的军饷，吃一样的饭菜，穿一样的衣服，彼此以完全平等的关系相互交往。要是你想从后背拍一下你们的师长问他要一支烟，没问题，没人会对此大惊小怪……命令需要遵守，但大家都彼此认

> 可这种命令下达是同志对同志之间的，而不是上级对下级之间的。部队里有军官，也有军士，但没有一般意义上的那种等级体系；没有军衔，没有肩章，也不用立正敬礼。他们试图在民兵武装内部建立一套临时的无等级制的运作模式……
>
> 我承认，刚到前线时，我被这样的景象吓得不轻。这样一支军队怎么可能赢得战争？……［但是］并没有现代化的机械化部队为我方提供支援，要是政府一直等着自己拥有能够任意调遣的训练有素的部队，那佛朗哥就永远无法被击败了……随着时间的推移，即便是民兵中最差的那 129
> 些人，纪律水平也得到了显著的提高。1 月的时候，为了让一群新兵蛋子成为合格的士兵，我累得连头发都快白了。等到了 5 月，当我作为少尉指挥一支由英国人和西班牙人组成的 30 人小队时，由于我们都已经历过好几个月的战火洗礼，他们执行起命令来一点儿问题都没有。[30]

对奥威尔本人来讲，他说的可能都是事实。但对许多 POUM 或无政府主义者民兵组织的军官来说，想让自己的命令没有异议地得到执行却没那么容易——有时命令甚至根本无法被执行。[31]

尽管奥威尔所在的 POUM 民兵部队正在为创造一个无阶级的小世界而努力，但他们本身所处的生存条件却并非乌托邦一般美好。无尽的虱子、“腐烂面包和尿液混合的气味，再加上小锅里人们匆匆下咽的豆子汤发出的那一股罐头特有的金属味儿”构成了战壕中的生活日常。从望远镜到手电筒，关键物资一样都没有，奥威尔平时都用橄榄油、培根的肥油、凉掉的奶油或是凡士林给步枪上油。因为水资源极度短缺，他们刮胡子的时候只能把红酒当水用。“蜡烛已经不发了，火柴也剩的越来越少。西班牙人教我们这些外国人怎么用炼乳罐子、弹夹和一小块破布自己制作橄榄油灯……这种灯点亮以后会大量冒烟，亮度只有蜡烛的大约 1/4，只够就着亮光在黑暗中摸索着找找自己的步枪在哪儿。”[32]

在前线待了几个月以后，奥威尔终于迎来了自己的首次战斗，他们将趁着夜色掩护对一处国民军据点进行突袭。现在，POUM 民兵已经拥有来自 14 个国家的超过 600 名外国士兵，参加此次行动的是德国、西班牙和他自己所在的英国支队。奥威尔认为，“我们之中最棒的”是一个著名的苏格兰劳工领袖的孙子，来自格拉斯哥大学的鲍勃·斯迈利（Bob Smillie），他时常演唱曲调悠扬的苏格兰民歌为战友带来些许快乐。

奥威尔对攻击行动的生动描述向我们展现了当晚的可怕景象：部队在泥泞的甜菜地里挣扎前行，穿过一片“水深及腰，
130 肮脏黏糊的泥巴倒灌进靴子里”的灌溉水渠，周围是黑夜中分辨不出长相的本方士兵，“好像一群弯腰驼背的黑色大蘑菇在缓缓地向前滑行”。他担心自己的脚踩在泥里发出声音将行踪暴露给敌人。每 30 人只有一把用来剪断敌方带刺铁丝网的钳子。敌人会听到他们剪断铁丝网的声响吗？他们突然开始扔出手榴弹，同时在黑夜中交替射击：“每一个洞口似乎都在喷出火舌。在黑暗中被击中永远都让人觉得十分不爽——就好像对面的每一枪都是瞄准你开火的一样。”[33]他们成功突入了国民军的战壕，杀掉了部分守军，并迫使其余敌军撤退了。

“我记得当时的一切都让我很害怕：战场上的混乱、黑暗还有震耳欲聋的可怕喧嚣，泥泞中的蜿蜒跋涉，时刻提防眼前的沙包被引爆——手里的枪一点儿都不好用，但我不敢把枪放下，

因为一旦找不到枪，事情只会更糟……鲍勃·斯迈利脸上的一处伤口不断地冒出鲜血，投弹时血就会溅到他的膝盖上。”[34]战斗当中，几名德国志愿者一路从另外一处敌军战壕突破到奥威尔他们激战的敌军战壕附近。但他们既不会说英语也不会说西班牙语，只能手忙脚乱地用手势和奥威尔他们交流。

以下是在战斗中缴获的战利品：一箱子弹，一箱手榴弹，几支步枪。都需要冒着敌人火力穿越泥泞才能被拖回 POUM 民兵修筑的战壕。在一支缺枪少弹的部队，这些就是无价之宝。

在遥远的南方，正在穆尔西亚的医院康复的鲍勃·梅里曼让妻子玛丽昂搬到了自己的病房居住——不论在哪场战争里，这都是几乎没有伤员能享受到的奢侈待遇。没等肩膀和手臂上的石膏拆掉，他就准备回到部队继续训练新来的美国志愿兵。玛丽昂陪着丈夫，二人冒着一路的炮火，先到了马德里，随后又抵达了哈拉马河战场。发现丈夫已经下定决心在身体恢复之 131
后马上重返前线参加战斗，而自己也没有可能说服他一起返回美国后，她决定留下来。“只要能和鲍勃在一起，我愿意做任何事。所以，我也应征入伍，拿到服役证书，成了一名下士……我直接去找了个女裁缝，她为我做了一身带裙裤的卡其色毛料军服，料子和男款军服的一模一样。”[35]与其他大多数国外来的志愿者不同，玛丽昂会说一些西班牙语，不久之后，她便开始在阿尔巴塞特的国际纵队总部担任文书工作，成了那里唯一一名美国女性，薪水为每天 6 比塞塔。

8 翻山越岭

132 1937 年春季的一天，当远洋客轮“哈定总统号”（President Harding）靠近法国勒阿弗尔港时，前来领航的引导艇上载了一名来自美国领事馆的官员。他要求客轮上的 30 多名准备前往林肯营的美国志愿者在船上的沙龙集合。“政府知道你们的目的地是哪里，”他警告他们，“我有义务通知你们，你们正在犯下一个非常严重且代价巨大的错误。如果你们加入他国武装部队，你们将失去美国国籍。”眼下这当然不是真的，但国务卿对这一立场非常拥护，有关提案此时正在国会讨论。这名领事官又补充道：“美国政府慷慨解囊，愿意为你们承担返回纽约的交通费用。”结果，无人领情。[1]

对于先期抵达的美国人来说，来西班牙是比较容易的。然而，到了 1937 年 3 月，由于英国政府中的佛朗哥支持者施加压力，前往西班牙的巨大障碍出现了：法国正式关闭了军事援助从本国进入西班牙的全部通道。两国之间的过境站配备了探照灯和机关枪，武装守卫开始牵着军犬在边境附近巡逻。对于以
133 后几乎所有加入国际纵队的志愿者来说，前往西班牙都将意味着一段在巴斯克地区的职业走私者的引导下，沿着比利牛斯山千变万化的积雪小道长途跋涉，且无比艰辛的秘密旅程。

海拔超过 11000 英尺的比利牛斯山脉是西欧除阿尔卑斯山脉以外最为艰险的天然屏障，也是法西两国的天然边界。在山脉绝大部分区域，只有少数几处可供旅行者跨越国境的通道存

在，这些通道不但平均海拔超过 6500 英尺，还都设有边防检查站。冰川造就的自然禁区——同时亦是今日的滑雪胜地——使一些美国志愿者在抵达战区之前便命丧于此。

当来自俄亥俄州的匈牙利裔美国人沃勒什·山多尔（Sandor Voros）在春天穿越这条山脉时，他所在的团队都是日暮时分才起程沿着一条位于树木线①以上的曲折道路行进的。有一次，“向导走着走着，突然停下向其他人示意别动。我们都站在原地……就在我们下方几百英尺的地方，灯光在黑暗中晃来晃去——是边境巡逻队！……我们请求向导放慢行军速度，但他摇了摇头，仍然继续无情地向上攀爬。我的胸膛里就像有块烧烫了的铁在不断地撞着肺部，每喘一口气，我心头的压力就大一分。我的眼睛渐渐肿了起来，耳朵后面有根动脉血管开始狂跳，脑子里面轰隆轰隆的，就像火车发出的啸叫”。[2]

到了整队人停下来稍事休息的时候，沃勒什累得都不愿意从脚下白雪融化成的小溪处迈开一步，径直躺了下去。“我们在晚上继续爬山赶路，黎明时分，我们发现自己到达了一片雪地……这里人迹罕至，周围都是被冰雪覆盖的悬崖峭壁，看不到任何生命存在的迹象……突然，向导像是吓了一跳，告诉我们赶紧起来清点人数。一共只有 16 个人，有一个德国来的同志不见了。”

向导花了一个多小时追溯队伍来时的足迹，然后才回到他们身边，那个德国人是不可能找得到了。向导不顾有人抗议，坚持继续向前赶路。志愿者们靠吃雪缓解喉咙中的干渴，却没有食物能消灭腹中的饥饿。队伍中的大多数人脚上都穿着在城

① 树木线是指森林线以上，树木继续散生生长，直到分布最高的矮生树木的生长界线。

134 里居住时的普通鞋，脚底由于长时间被雪水浸泡生出的水泡令人疼痛难忍。第二天晚上，当他们生起火堆聚在一起取暖时，一个牧羊人带来了坏消息：法国巡逻队正在附近追踪他们。这些人的脚已经肿胀得几乎无法再穿鞋，但他们仍然得逃命。正当他们在黑暗中通过一处狭窄的岩壁时，沃勒什听到了一声尖叫：一名波兰志愿者从悬崖边上掉了下去。队伍中的其他人在原地待命等天亮，而这一次，向导花了两个小时才回来，他仍旧找不到人，也没有找到尸体。临近午夜时分，他们终于在一处村落买到了一些面包和奶酪，然后继续开始第三天的行程。

在穿越一块山顶下方的破碎雪地时，沃勒什不小心滑倒跌向脚下的山坡，靠着抓住雪中生长的一束灌木才没有继续掉下深渊。他惊恐地发现，其他人还在继续前进，而他由于跌落得太远，无法听到他们在喊些什么。已经放弃了希望的沃勒什最后终于发现，队伍里的两名美国同伴正向自己的方向跑来。返回原路追赶大部队的三人有好几次都不得不将鞋子用鞋带系在脖子上，涉水通过齐腰深的山间溪流。就在第三天的夜幕即将降临之时，一条道路和几座小屋出现在他们的视线当中：西班牙到了。之后的几个月时间里，将有 200 多名志愿者将生命遗落在穿越比利牛斯山脉的旅程当中。[3]

由于哈拉马河一役导致包括梅里曼在内的许多美国人负伤乃至死亡，因此，由新到的志愿者完全接替之前牺牲和负伤的林肯营战友需要花上几周时间。在后方进行训练期间，没有人敢于向新来者透露那场发生于 2 月 27 日的大溃败的真实情况有多严重。“我们的小伙子们在一场发生在马德里附近的非常重要的战斗中取得了胜利，”一名军官告诉他们，“那是一场保卫战，他们在战斗中将法西斯们打死在了路上……我知道，你们在等着我说出战斗的伤亡情况……只有一名美国人战死，四人受伤。”[4]话音刚落，一屋子的新兵发出了兴奋的欢呼声。战争期间，像这样用宣传掩盖事实的做法既不是第一次也不是最后一次。但这一次的宣传尤其损害部队的士气，因为新兵们刚一抵达前线， 135
就马上知道了2月的那场战斗所导致的伤亡到底有多惨重。

当数量足够再组一个营的美国人穿越比利牛斯山来到西班牙后，最初，他们通过投票的方式将自己的新营以一位著名的加州劳工运动殉道者、被判处终身监禁的汤姆·穆尼（Tom Mooney，伍迪·格思里①后来还为他创作了一首主题歌）命名。然而，美国共产党自纽约发来的一封电报以如此命名太过有煽动性为由将其禁止，并用“乔治·华盛顿营”的新名字取而代之。林肯营的机枪手倒是把自己所在机枪连命名为了“穆尼连”，不过美共仍旧在命名这件事情上表现出一种坚决的爱国主义倾向；在国内，美共发给这些志愿者家属的特制胸针上的图案是自由钟②。当足够再组成第三个营的美国人越过大西洋抵达西班牙时，出于政治因素的考虑，为了鼓励众多同样来到西班牙的加拿大志愿者，新的营队被以两位在加拿大像林肯与华盛顿在美国般广受尊敬的19世纪爱国者的名字命名为“麦肯齐－帕皮诺营”（Mackenzie－Papineau Battalion）——尽管这支部队上至军官下到士兵的大多数人都来自美国。尚处于身体恢复期的鲍勃·梅里曼负责对这两支部队进行训练。又过了超过两

① 伍迪·格思里（Woody Guthrie，1912～1967），美国民谣歌手，代表作为《这是你的土地》。

② 自由钟（Liberty Bell），又称独立钟，是一口位于美国费城的钟，是美国独立战争最主要的标志，由于1776年7月8日大陆会议代表约翰·尼克松上校宣读独立宣言前敲响此钟召集费城市民而得名。

个月时间，他肩膀上固定着的沉重石膏终于被摘掉了。“这石膏实在打得太久了！”他在日记里写道。[5]

更多医生和护士也来到了西班牙。整个战争期间，共有140名美国医务工作者服务于西班牙。同其他普通志愿者一样，他们中的许多人曾经也是政治活跃分子，有些人曾加入过一个为罢工群众和其家属提供医疗帮助的纽约团体。过了没多久，巴尔斯基医生和他的团队被从那所设在校舍里的临时医院转移到了更为宽敞的营舍当中。医院新址位于帕兹庄园（Villa Paz），这里原来是玛丽亚公主——西班牙末代国王的姑妈——的豪华乡间别墅的所在地。她的肖像仍然挂在宅子的墙上，原属于她的书籍、油画和古董家具也都原封不动地放在她的大卧室里。巴尔斯基对于自己的好运感到十分惊讶：“公主的庄园真是个令
136 人沉醉的地方，浪漫别致的庭院里种着各色稀有树木和芳香鲜花，树上还有夜莺安家……猎狼犬在院子里徘徊，听周边的农民讲，这些大狗从不离开自己看守的土地。它们如今瘦得让人无法想象……就在院子里的大树和长得过于茂盛的灌木篱笆间来回游荡，倒也使映入眼帘的大片绿色风景多了些点缀。

“原来巨大的马厩和粮仓都被我们改成了病房。别墅里面有一张大床，周围装饰着锦缎制成的王室风格的床帘……床中间覆盖着一个巨大的皇家徽章。我们有三个护士常常一起在那里就寝。”[6]护士们发现桃子罐头被装在蚀刻有皇冠图案的玻璃广口瓶里，于是她们先把里面的桃子吃掉，然后给瓶子消毒，用它们装缝合针。美国医生驻扎在帕兹庄园的消息迅速地传开了。“农民们都来找我们，”一个救护车司机不无讽刺地说，“……带着折磨了他们好几个世纪的病痛，期盼着奇迹出现。”[7]

农民们已将庄园周围的栅栏放倒，开始对一部分土地进行开

垦。他们告诉美国人，庄园里有一栋用杨树木材搭成的小型建筑，是从前公主的“私人监狱”。[8]一个叫萨拉莉亚·基尔（Salaria Kea）的黑人护士看到，公主的住宿条件极尽奢华，而农民们“依附于自己的土地，生活贫穷，目不识丁，世代居住在面积狭窄、光线昏暗的小屋中。在只有一间屋子的小房子里，这里的居民靠着在瓦片上烧牛粪取暖，这是他们唯一的热源”。二者之间的对比令她十分震惊。尽管公主一家早已经被逐出庄园，但农民们仍然不敢搬进去；有些农民甚至还住在附近的洞穴里。“这是我第一次切实地体会到，源自种族主义之外的歧视是什么样子的。”[9]

基尔后来成了一间病房的护士长，手下有五名护士——这样的事情不可能在美国出现。医疗队迅速建起了一间手术室和250个床位。它们日后派上了大用场。

1937年2月哈拉马河畔的战斗夺去了格尼许多英国战友的生命，这让他备受打击，于是他主动要求调到林肯营。他的加入给美国同志们带来了很多快乐。“他是一个高个子的金发男子，留 137
着一点儿络腮胡子，”一个美国人回忆道，“说话带着让人难以抗拒的英式口音。当他向我们讲述那些幽默故事或演唱伦敦版的救世军的歌时，他的口音被发挥得淋漓尽致。”靠着对《旧约全书》里面的传奇故事进行下流的改编，格尼在军营中很受欢迎。“他是个有趣的人，他的表演大受欢迎。”不过，他也向人们展现出了英国营死伤大半的那个可怕日子给他带来的创伤。还是上文那个美国人，在他的回忆中，格尼“总是一遍一遍地重复着，自己当时有多么害怕”。尽管格尼后来在回忆录中对此讳莫如深，人们仍然能意识到他内心所受的创伤。“他的精神有点儿崩溃。”一个美国护士回忆道。每当谈到自己在前线的经历，他总是“啜泣着，一股脑地向听者倾诉心声”。[10]

使格尼备受折磨的，是一种在今天被称作“创伤后应激障碍”的心理疾病。他与另外二十几名英国和美国志愿者一起，接受了威廉·派克（William Pike）医生的治疗，后者是一名来自纽约的精神科医生，在前线，他也会作为普通大夫救治其他病人。派克相信工作是最好的治疗，于是他派自己的患者们前去修筑道路，这条道路既能够缩短原来从前线到距离前线最近的医疗站之间长达数小时的艰苦路程，又能利用地形的高差，更好地保护旅行者免受炮火攻击。凭着素描功底，格尼帮忙绘制了“派克高速公路”的草图，也使自己的内心又逐渐获得了平衡。

同期的林肯营一直在忍受国民军长达数月之久的断断续续的狙击、机枪射击和堑壕突袭的骚扰，没有经历过大规模战斗。然而，他们却经历着许多战争中的士兵都再熟悉不过的一种麻烦。“只要是个活人，在战壕里都深受虱子侵扰，”格尼写道，“它们是一群又大又黄的半透明的小畜生，乍一看就像是群红蚂蚁。它们主要生活在各种衣物的褶皱里，白天相对缄默，晚上则相当活跃。被它们咬了之后，皮肤会高高地肿起来，瘙痒难忍……我们没有杀虫剂，对付它们唯一有效的办法，就是每隔一段时间用蜡烛在所有衣服的褶子里烧一遍。当这些虱子和它
138 们的卵被火焰烧到之后，它们会在噗噗嗞嗞的声音中爆裂，让人感到特别恶心。”[11]

这还不是最惨的。每条战壕的底部都淤积了几英寸厚的淤泥，还弄得食物、香烟和床单上到处都是。更糟糕的是，1937年3月发生了连续降雨，驻扎在战壕里的士兵们不得不反复舀干战壕里的水。冰冷刺骨的寒风呼啸着席卷了整个山坡。虽然国际纵队的武器装备仍然十分紧缺，但国民军此时却装备了迫

击炮，能够将炮弹以近乎垂直的角度直接射进对面阵地的战壕里。反观国际纵队，他们所拥有的，仅仅是一门英国志愿者用钢管制作的手工迫击炮，使用时还隐患重重。

夹在两方阵地之间的尸体开始发臭，只能趁天黑将其带回阵地埋葬，没有士兵愿意接受这个差事。尽管医生们苦苦哀求，但战士们对于冒着凄风苦雨挖掘厕所兴趣寥寥，而没有厕所导致的食物污染则使每个人都得了痢疾。一个士兵在家书中写道：“痢疾与我如影随形，我们彼此再熟悉不过了。从突然有点儿想上厕所到猛烈喷泻而出，什么样的感觉我都体验过。”[12]

派克医生努力让美国志愿者们造出条件更好的厕所，并用沙子和一点点水来清洁他们脏兮兮的食物。他发现，尽管西班牙士兵的卫生习惯同样糟糕，但他们却没有受到痢疾的困扰。在他看来，造成这一现象的原因就是他们挂在壕沟的墙上、编成一穗穗的大蒜：西班牙人每天都会嚼些生蒜。不过，他无法说服美国人也去这么做。

纽约街道名字的标志——百老汇、联合广场——出现在了许多战壕内。在战壕后面向下的斜坡上，士兵们建造了供自己睡觉和保暖用的临时住处，这些住处往往还带有从红土里挖出来的地下室，带有波形板做的屋顶，有时还有用木板搭出来的墙壁和地板。这些临时住处与遍布美国、群集出现的成千上万的“胡佛村”小屋并无二致。“战争结束之后，我们再也不会向任何人支付房租了，”一个纽约来的士兵对前来参观的记者 139
说，“我们就在炮台公园①里盖些这样的小棚子”。[13]

---

① 炮台公园（Battery Park）位于美国纽约市曼哈顿的最南端，面积约 21 英亩，填海而成。公园名称来自 17 世纪时架设于曼哈顿岛南端的炮台，建造于 19 世纪。

在一个看不到月亮的夜晚，格尼和另外几个人一起去“砍掉挡住观测敌军战壕视线的那些新长出来的葡萄藤。我们在伸手不见五指的黑暗中蹑手蹑脚地四处移动，斩断还冒着汁液的新藤。突然，我们意识到周围的人数好像多了一倍。没人说一句话，但双方都突然意识到，我们正在和对方的人一起，完成一项相同的任务……双方人马都立刻以最快的速度跑回了己方阵地”。[14]

美国人在 3 月 14 日这天短暂地体验了战斗的激烈和获胜的滋味。当天，摩尔人部队与数辆意军菲亚特坦克一起试图突破临近地区由共和军的西班牙士兵驻守的防线。在这场被随意命名为“死骡子沟战役”（Battle of Dead Mule Trench）的战斗中，共和军集结并击退了来犯的摩尔人。有那么一会儿，国际大团结的理想显得那么的鲜活：英美志愿者一起向着战壕冲锋，法国军官作为狙击手加入战斗，苏联的坦克前来支援。战斗结束后，西班牙人对美国人表示了感谢，摩尔人的尸体则凌乱地躺在双方战线间的无主地上。

然而，这样的事情在大多数时候都不会发生。与一战中的堑壕战不同，由于人手太过短缺，国际纵队无法每隔几天就让士兵轮流到后方休息，洗澡，换上干净的衣服，再吃些好点儿的食物。由此带来的后果，格尼写道，是“几个月的时间里，我们没有哪天不是穿着军装睡觉，也从来没吃过一顿热饭。我们始终处在对狙击手和冷不防袭来的迫击炮弹的恐惧当中无法解脱。我们身上全是虱子，污秽不堪，我们开始觉得自己掉进了一个永远无法逃离的陷阱当中。这种情况导致一系列开小差……如果有人消失了一段时间，由于害怕官方的小题大做，假装没人注意到他的消失对我们来说更为安全”。

进一步打击士气的，是对人们被招募时需要服役多久这一问题模棱两可的态度。一些相信战争将很快取得胜利的人当时对此连问都没问就应征了，问过的人则被告知这一时间是 6 个月。但是随着时间的流逝，看起来没有尽头的战争导致抗议和 140
抱怨此起彼伏，以至于第十五国际旅的机关报纸《我们的战斗》（*Our Fight*）特意呼吁道："同志们，让我们不要抱怨。"[15]

食物则使问题变得更糟了。"在吃饭的问题上，他们除了胡乱将能吃的东西都扔进水桶里再煮开以外，从没有真正努力过。"格尼回忆道，"我们的食物是一堆看着发白的液态物，里面主要是土豆和干豆子，偶尔有一点点肉，放一点点橄榄油，等这东西被送到前线的时候早已经凉了，通常看上去让人丝毫没有胃口，完全没有下咽的欲望。"[16]

正是由于这个原因，4 月底，史蒂夫·纳尔逊（Steve Nelson）到来并成了新的林肯营政委，事情也终于开始得到改善。纳尔逊是因哈拉马河惨剧而被美国共产党派驻西班牙的一队经验丰富的积极分子之一，当时 34 岁，是个语气温和、外表谦和的人，身上散发出沉静的威仪，是少数能同时得到苏共高层（他曾在莫斯科为共产国际工作）和美国志愿兵信任的人。

纳尔逊不久便发现了能够帮助他提升部队士气的人：杰克·白井（Jack Shirai）。日裔美国人白井是一名来自旧金山的厨师，他经常和两名志愿兵同伴一起探讨在战后开一家餐馆，所有曾为西班牙而战的人都可以免费就餐。白井曾坚持做一名步枪兵，纳尔逊则将他安排在营队厨房，附加条件是他可以将步枪随时带在身边以在紧急情况下使用。因为他做的饭，一个感激不尽的士兵将白井称作"奇迹之人"。

国际纵队的独特魅力让它成了许多显赫人物特别喜爱的一

处旅游景点。“某种意义上，”格尼写道，“大多数这样的活动就像慈善救济会的领导走访孤儿院一样。他们打扮得干干净净，衣着考究，营养状况良好，生活在安全的环境之中；而我们则满身污秽，衣衫褴褛，忍饥挨饿，随时可能看不到明天的太阳。但最重要的是，我们是真正一直待在那里的人，而他们则只需要忍受那里的肮脏和恶臭半个小时就可以了——偶尔从人们头顶掠过的子弹，提醒了他们此刻身处的现实到底为何，倒也为参观活动增添了额外的刺激……

141 “所有访客中最令人讨厌的，是那种嘴上说着‘哦上帝，我真希望我能在这里陪着你们’——言下之意可能是他们的使命太过于重要，以至于他们其实不可能真的出现在这里，反倒是我们这些‘幸运’的小伙子由于平时太闲，以至于有时间在这儿‘享受’真正的战斗乐趣——的人。”有一次，一队十分特别的重要人物前来看望在战壕里作战的美国与英国志愿者们，据说，里面最受欢迎的人是歌手保罗·罗伯逊[①]，他自发地在从军营到战地医院的各个地点演唱了激动人心的男中低音版本的《奥尔曼河》（*Ol'Man River*）和一些其他歌曲，并且引发了美国人和西班牙人的热烈欢呼。

其他的来访者还包括英国工党领袖克莱门特·艾德礼（Clement Attlee）（他错把¡No pasarán!［他们不可能从这里通过!］说成了¡No pasaremos!［我们不可能从这里通过!]），印度独立领袖贾瓦哈拉尔·尼赫鲁（Jawaharlal Nehru），演员埃罗尔·弗林（Errol Flynn）以及斯蒂芬·斯彭德（Stephen Spender）、西奥多·德莱塞、阿奇博尔德·麦克利什（Archibald MacLeish）、兰

① 保罗·罗伯逊（Paul Robeson，1898～1976），美国著名男低音歌唱家、演员、社会活动家。

斯顿·休斯等著名作家，其中，休斯还为第十五国际旅车辆调配场的司机和技工们现场朗诵了一首诗歌。有个志愿者评论：“除了莎士比亚没来，其余的都到齐了。”[17]

按照格尼的说法，“这些人中有一个最具争议的家伙，一肚子虚情假意。他坐在机关枪的防弹罩子后面，向敌军的大概方向随便发射了一整条子弹带的子弹，结果这招来了敌人对他所在方位的一波迫击炮轰炸”。[18]

这个人，就是时年37岁，已经成为当时最有名气的作家之一的欧内斯特·海明威。他在1920年代就完成了自己头两部小说和短篇故事集的写作，从那以后，他的生活便在一定程度上向自己笔下创造出的人物形象靠拢。如今，他在报道和照片中向世人展现的是狩猎大型猎物、与斗牛士相约游玩、在船上用机关枪射击鲨鱼和钓马林鱼。某些他自以为十分具有硬汉气概的元素也反映在了他的后续作品之中。此时来访，距离他出版上一部小说①已经过去了八年，最近出版的两本非虚构类作品②先后收获了一些差评，评论家们——海明威自己可能也一样——在怀疑他是否已经失去了写作的灵感。诗人约翰·皮尔·毕晓普（John Peale Bishop）写道：“他好像已经变成了自己作品中
所描写的人物的某种集合……滑雪时被紫外线灼伤的面颊；穿 142
成垂钓者的样子，皮肤在加勒比炙热的阳光下晒得乌黑发亮；蹲在猎物的尸体旁边，微笑着的英俊健壮的老猎人。”[19]

尽管海明威此前一直是对政治最不感兴趣的美国作家之一——大萧条时期，他写了一本关于在非洲狩猎的书，1936年大选时他也并未参与投票——但对西班牙，他却有种他人无法

---

① 指《永别了武器》。

② 指《死在午后》和《非洲的青山》。

比拟的热爱。之前在西班牙的游历为他的成名作《太阳照常升起》（*The Sun Also Rises*）奠定了基础，在那之后，他也经常返回西班牙看望朋友，同时为《死在午后》（*Death in the Afternoon*）——他的另一本关于斗牛的书——收集素材。国民军发动的政变使他大为震怒，在他看来，这场政变就是对他所挚爱的西班牙文化发动的一场巨大的暴行。一战期间，他在还有一年从高中毕业的情况下成了一名红十字会救护车的司机，正因如此，他与那些作为志愿者为西班牙共和国而战的美国人很有共鸣。

西班牙内战仿佛是为海明威而爆发的。他在给一个相识记者的信中写道："西班牙或许是又一场大战的起点。"他甚至还穿上了年轻时的衣服，好像这样就能够找回那些年轻的时光一样。当在四面围城的马德里见到海明威时，他的小说家朋友约瑟芬·赫布斯特（Josephine Herbst）发现他穿着"好像是卡其布做的制服，脚上踩着一双擦得锃光瓦亮的皮靴"。[20]他把击中自己所在的佛罗里达宾馆（Hotel Florida）的弹片收集起来，分别在上面刻上它们所摧毁的房间号，还用一枚哑弹做了一盏台灯。

"他是个非常强大的人，"林肯营的威廉·派克医生写道，"但在慷慨大方、极端诚实、热爱工作的硬汉形象之外，他也有气量狭窄、迟疑不决、担惊受怕、咄咄逼人的孩子气的一面。他过于相信肉体力量带来的勇气，总想不断地证明自己是个'硬汉'……他告诉我，他不需要精神科的帮助，其他人才有需要，他不需要——对他来说，看心理医生相当于承认了自己的软弱。"[21]

尽管过于自大、口出狂言的一面经常引发与那些他认为冒犯了自己的人之间的肢体冲突，海明威本身倒是很善于发现他人好的一面。他与包括派克在内的林肯营的人成了朋友，他对林肯营战士的友好热情在他给报社所写的报道中表现得淋漓尽致，他尽 143
心尽力为美国医疗队募集资金换来了一辆救护车，他为数名志愿者来到西班牙支付旅费，还去看望住在医院的林肯营伤员。战争结束以后，他依然保持着同许多西班牙内战老兵的联系，给钱或借钱给那些需要的人。尽管具有一定程度的反犹倾向，还写过歌颂狂放不羁的野外生活的书，他却对林肯营的人表现出了很深的感情，虽然这些人中的大多数要么此前一直在城市生活，要么是犹太人，要么是此前一直在城市生活的犹太人。

海明威此前已与由 50 余家美国日报社组成的“北美报业联盟”（NANA）签约，在西班牙报道这场被他称为“无法避免的欧洲大战的预演”[22]的战争。他对于这份使命的接受本身便成了当时的一大新闻事件。在他发表正式公告以前，媒体便注意到他已到达欧洲并越过国境线进入了西班牙。战争期间，他在西班牙一共进行了四次长途旅行，北美报业联盟向他通过邮政系统寄回的每篇报道支付 1000 美元（这笔钱放在今天价值超过 15000 美元），向他通过昂贵的跨大西洋电报系统发回的每条短信支付 500 美元。对海明威来说，西班牙能够给予他的不仅是对战争的再次体验，还有对年轻时光的回顾。1920 年代早期，海明威曾经做过驻外记者，由于发电报不得不使用尽量简洁的语言，这种简洁的文风成了他日后写作风格的一部分。不论格尼对海明威多么不屑，后者的确在美国人的西班牙内战记忆中打上了自己的个人烙印。尽管有时夸夸其谈，可对自己从战地记者到士兵的身份转变，他却从未在笔下大肆宣扬。

当然，乔治·奥威尔早已完成了身份转换。历经四个月前线的战斗生活后，在返回巴塞罗那休假的列车上，他写道：

> 沿途每经过一站，都有潮水一般的农民挤上火车；他们提着大捆的蔬菜，带着无精打采的家禽，满地蠕动的麻袋里面装着活兔子——最后还有一大群羊被赶到了车上，
> 144 塞满了车厢里的每一寸空间。民兵们大声演唱的革命歌曲盖过了火车运行时的嘎吱作响，一路上，他们亲吻漂亮姑娘的手，有时还会朝她们挥动手中的红黑色手帕。装着红酒、茴香酒和污浊不堪的阿拉贡自酿酒的瓶子在人丛中不断地传递着。西班牙特产羊皮水壶在手，穿越车厢与朋友开怀畅饮，省却了千言万语。我旁边坐着一个长着黑色瞳仁的15岁男孩，正在向两个面容枯槁的农民吹嘘自己耸人听闻的战场经历，二人听得合不拢嘴，但我毫不怀疑那都是些虚构的故事。此时此刻，二人解开了包裹，给了我们一些口感发黏的深色红酒。[23]

此时仍被当作埃里克·布莱尔的奥威尔十分希望赶快到达巴塞罗那，因为与他结婚还不满一年的新婚妻子为了离他更近一些，已经于先期抵达了那里。目前，她正在查尔斯·奥尔的办公室做秘书，后者正在为POUM编辑出版英文报纸。和同时代的众多女性一样，艾琳·奥肖内西（Eileen O'Shaughnessy）在文字中呈现的往往只是她的容貌以及所属何人；即便在自己的西班牙回忆录中，奥威尔对她的表述也仅限于“我的妻子”而已，并未对她施以更多笔墨。在查尔斯·奥尔的描述中，她是一名迷人活泼的“圆脸爱尔兰女孩，端庄漂亮，一头黑发，还有一双大大的黑眼睛”。艾琳的一个女性朋友也对这双眼睛印

象深刻，觉得她的眼睛“就像在翩翩起舞，像盯着什么摇摇晃晃的物体一直看的小猫的眼睛一样清澈无邪”。[24]当在巴塞罗那的一家商店买到了雪茄和人造黄油等稀缺产品后，她马上将这些东西分给了奥威尔和他所在的 POUM 民兵部队的战友们，这让他们十分感激。不过，艾琳来到巴塞罗那之后，奥威尔只见过她几次，有一次还是她和查尔斯及另一名英国朋友一起，花了一天时间主动去奥威尔所在的战壕探望他。

火车到达巴塞罗那以后，奥威尔发现，与他初到西班牙时那个曾经见过的巴塞罗那相比，眼前的这座城市发生了肉眼可见的变化。“民兵制服和蓝色工装几乎消失了，每个人似乎都穿 145
着西班牙裁缝最善于缝制的那种好看的夏装。臃肿富态的男人、举止优雅的女人和造型优美的轿车满街都是。”简单地说，这是一座“贫富差距和阶层分化又重新出现了的城市……一次，我和妻子去兰布拉大街上的一家针织商店买袜子，店员搓着手向我们深鞠躬，即便在英国，售货员都不会这么做……给小费的习惯也在不经意间悄悄恢复了。”[25]

每天步行上班的路上，洛伊丝·奥尔总能发现同样的现象：男人们又戴起了领带，在政府法令的要求下，许多之前被改为集体所有的商店和经营场所又静悄悄地回到了它们战前的拥有者手中。她在写给姐姐的信中写道：“当我意识到工人们在忍受了多年的压迫和苦难后，终于凭自己的力量争取来的一切正在被一点一点重新夺走的时候，那感觉真是糟透了。”[26]

变化的背后，是巴塞罗那正在承受的压力：工厂因生产武器而不再生产民用商品；许多集体农庄的农民经常把生产出来的蔬菜和肉类留给自己，引发了城市食品价格的上涨；地下经济开始出现。每当好心的艾琳·布莱尔或者别的一些手握外币，刚到西班牙的外国人“愿意请我在黑市花上30比塞塔吃顿饭时”，洛伊丝都感到有些愧疚，“但因为实在太过饥饿，每次我还是会高兴地赴约”。[27]

奥威尔将这些变化归咎于共和国政府和苏联顾问团对加泰罗尼亚社会革命所抱有的敌意，但这远远不是使无政府主义者们的理想搁浅的唯一原因。比如说，查尔斯·奥尔最后就对对所有人一视同仁——不论是工人、经理人、秘书、懒惰的资本家，还是外国来的支持者——每月得到10比塞塔薪酬的胜利法案产生了怀疑。“尽管这种收入分配制度看似简单明了，但认真推敲后却能发现问题很多。”工作在工厂或者企业的人得到了各种附加福利——从免费午餐到免费床单再到免费住房（查尔斯和洛伊丝就能享受到）——其他人却几乎得不到，或是只能得
146 到除薪酬外很少一点儿额外的好处。而在当时，急速上涨的物价意味着，购买一天的食物可能就会耗光那10比塞塔。他还预计，当乌托邦的理想与复杂的现实碰撞时，还会有更多问题出现：“作为民主社会主义者，我为工人直接所有制的理念所吸引……但是作为一名经济学家，我对这一制度在顶层设计上能否协调好各种因素抱有深深的担忧……各项经济决策在整体上是由中央计划确立，还是交给市场竞争决定?”[28]

其他各种麻烦事也在加剧困难局面。奥尔一家并不是唯一一直不交电费的人，同样，算上全部的公有和非公企业，压力巨大的本地电力企业也不是唯一一家要为收回各种欠款发愁的企业。在最初的革命热情像闪电一样消逝后，不管理论上听起来有多么辉煌灿烂，“各尽所能，按需分配”的理想已被证明很难推行，特别是当众多工人发觉他们需要的其实是更多休息时间的时候，矛盾就更明显了。工厂的缺勤率在上升，仓库几

个月前还堆满了各种食品和原材料，现在却空空如也。

还有一个更深刻的问题是所有试图在一夜之间完成革命事业的社会都需要面临的。改变一个工厂或是一项生意的所有权是一回事，改变几个世纪的旧习惯则是另一回事。查尔斯观察到，“基本上，人们是无法放弃他们世世代代的生活方式的”，尽管“看起来有成千上万人在参与各种场合的庆祝，大声呐喊最为革命的口号”。他自己就遇到过这样的场面：“那是一场在一座礼堂举行的‘解放妇女’大型集会，数千名工人群众出席了活动。当然，全都是男人——这是因为，带着妇女参加周四晚上举行的集会？对他们来说，这简直闻所未闻。”[29]

尽管饱含革命热情，洛伊丝最终也不得不承认了与之相似的观点：“对于自由主义者（无政府主义者）来说，妇女问题是个棘手的问题。相比于抽象的伟大革命理想，她们对于缝纫机和学会如何抚养孩子更为感兴趣……无政府主义者举行的第一个与解放妇女有关的大型运动……是促使妓女从良的运动。自由主义青年联盟（The Libertarian Youth）也加入这场运动当中，但当民兵们返回巴塞罗那休假时，已被收归集体化的、原先属于妓院的房屋门前排成的长达几个街区的队伍却好像丝毫 147
没有因为这场运动而缩短。”[30]

尽管巴塞罗那远离前线战火，但日益加剧的物资短缺却在提醒着人们，西班牙仍旧处于战争之中。希特勒的扩军行动再清楚不过地向人们展示了另一场波及整个欧洲大陆的战争不久即将爆发的前景。就在巴塞罗那的住所里，洛伊丝收到了自己的肯塔基同乡，年轻的乔·赛里格曼死于马德里保卫战的消息。他的家人仍在努力找回他的个人随身物品，并恳求洛伊丝一家提供帮助。“对于同志的死，我感到无比遗憾，”洛伊丝在家信中写道，“我希望你们能够替我告诉他的家人，他是为了值得为之一战的事业而死的。我将尽最大努力把他的遗物带回给他的母亲。”[31]

尽管如此，奥尔夫妇偶尔依然有机会享受难得的假期。夫妇二人对艾琳·布莱尔的热情和幽默十分欣赏，他们与她以及另外一个意大利朋友还曾在一个周日一起去郊外野餐过。查尔斯提到自己曾经在墨西哥住过，艾琳则说，要是以后世界大战爆发，他们可以一起去那里避难。尽管奥威尔本人总显得笨拙而局促，查尔斯写道，他的妻子“却十分友好，善于交际，行事低调……在办公室的时候，艾琳总是控制不住提起埃里克——被她视为英雄的丈夫，很明显，她对自己的丈夫充满了爱慕和敬仰之情。我倒是因此日复一日，总是能听说各种与他有关的事情，不过我对这些并没有太放在心上。对我来说，他仍旧只是一个不知名的‘自封’作家，与其他人一样，来到西班牙与法西斯作战”。查尔斯感觉奥威尔“毫无疑问需要一名善于社交的外向型妻子，作为他通往外部世界的窗口。艾琳帮助她不善言辞的丈夫与他人进行沟通。尽管结婚还不到一年，她已经成了他的代言人。”[32]

正当这个外国人小团体逐渐熟悉彼此的时候，巴塞罗那的政治气氛却开始日益变得紧张起来。洛伊丝写道：“我觉得自己就像活在一座火药桶里。”就像奥威尔所说的那样，各种变化背后，潜藏着“希望革命继续进行与希望克制革命规模，乃至中止革命的两股势力之间的对抗——最终演变成了无政府主义者
148 和共产主义者之间的对抗”。[33]一名外国访问者在一间共产党办公室墙外发现了两张令他备感惊讶的海报：“尊重小农的财产权”和“尊重小企业主的财产权”。那个曾经许给世人一个无

政府新纪元的西班牙，正在逐渐从人们的视线中消失。

与此同时，一些其他因素的存在也加剧了紧张气氛。共和国政府正急切地试图建立一支正规的国防军，以替代缺少训练且分别对不同政治党派和工会组织效忠的大杂烩般的各路民兵组织。在对以上现状的控诉中，一名共产党记者也在隐约暗示对自己党派的不满："军队的政委和军需官们利用政治影响力以权谋私，为自己在马德里捞取好处。只要在关键部门里面塞进一名自己人，一个党派便有可能将所有稀缺的弹药、机枪、步枪……据为己有。"共和国内阁成员们相信——这样的想法并非不合逻辑——要想击败国民军，他们就需要一支直接听命于中央的步调统一、纪律严明的军队。"考虑到各股并行力量的存在，"奥威尔写道，"产生麻烦是必然的。"[34]

由于哈拉马河谷没有进一步发生大规模战斗，海明威并无太多可以发掘的新闻以供报道。但是不久之后，佛朗哥的另外一支大军终于对共和军发动了计划已久且几经延期的钳形攻势。自北面发动进攻的国民军首先将目标锁定为占领瓜达拉哈拉（Guadalajara）省会，以此形成对马德里的合围之势，随后再彻底切断至关重要的马德里—巴伦西亚通道——这一次从新的方向展开行动。然而值得注意的是，参与行动的所有士兵当中，只有15000名来自西班牙或摩洛哥，另外35000人实际是由墨索里尼派出的所谓的志愿者——意大利志愿军，这也是目前为止，德意两国派往西班牙参战兵力规模最大的一次。

与他们作战的则是规模要小得多的共和军部队，包括两支国际旅，其中一支国际旅中还有一个多数由意大利人组成的营，30年之后，这个营的一个连长彼得罗·南尼（Pietro Nenni）成

了意大利外交部部长。营中的大多数人都是从意大利逃亡而来
149 的政治难民，这也给国外传媒提供了绝佳的报道素材：来自意大利的法西斯主义者和反法西斯主义者正在第三国的土地上交战。

结果，战斗很快演变成为一场令墨索里尼派来的部队难堪的溃败，相比作战的本事，他们显然对于做黑衫军时的虚张声势更为在行。在这些被派往西班牙的部队中，有一支是由正规军组成的，这些并非志愿兵的士兵一开始还以为自己来到的是意大利新近占领的殖民地埃塞俄比亚。很多人只配发了轻量级的热带军服，这些衣物根本不足以抵御 3 月西班牙的冻雨和降雪。当被俘时，他们中甚至有人供称自己还以为是被派来给一部讲述古罗马将军的电影做临时演员的。

墨索里尼的指挥官下达命令的依据仅仅是一份米其林地图①，除了标注已经变为一片泥泞的土路之外并不能提供更多的有用信息。就在这些泥泞的道路上，意军由 2000 辆卡车组成的车队很快便深陷其中，无法脱身。除此之外，这些意大利士兵还时刻暴露在共和军用意大利语播送的扬声器宣传攻势之下："兄弟们，西班牙人民正在为自由而战，抛弃西班牙人民的敌人授予你们的军衔把！加入我们！"[35]

确实有许多人这么做了——随后，他们又接过扬声器，号召自己的战友也这么做。国民军方面，上千名士兵溃逃至后方，超过 6000 人伤亡或被俘，他们的攻势很快便陷入停滞。一贯言辞夸张且反复无常的墨索里尼对此愤怒不已，他从西班牙召回

① 出版地图是法国轮胎制造商米其林的业务之一，除法国地图外，米其林也出版欧洲其他国家、非洲部分国家以及美国等国的地图。为满足军事目的，二战期间，德国与英国曾先后在本土对米其林地图进行过再版。

了部分将军并宣布，除非失败的耻辱最终被胜利一扫而空，否则将无人能从西班牙回到意大利。瓜达拉哈拉一役是共和军在内战中取得的第一场大胜，这场战役也因此为人所铭记。

“道路两边是大堆被遗弃的机枪、高射炮、轻型迫击炮、炮弹和成箱的机枪子弹，以及卡车、轻型坦克和拖拉机，”在报道中，海明威兴高采烈地告诉自己的读者，“还有信件、文件、背包、野营餐具、挖掘工具和随处可见的死尸。”[36]

他写道，这场战役的结果，是“令愤怒的人民联合起来，一齐抗击外国侵略者……热情之火使所有人都席卷其中……”他还不无夸张地宣布，西班牙共和国在瓜达拉哈拉取得的胜利，“将在世界军事史上，与其他那些曾经起到决定性意义的战役一 150
样，获得自己的一席之地”。[37]

尽管言语多有夸张，但对这场由意大利人对意大利人的内战中的内战，海明威和其他记者确实值得大书特书一番。不过，另一场形态不同的内战却也正在记者中进行着，作为美国最具影响力的报纸，《纽约时报》就是它的战场。

9 《纽约时报》的“内战”

151 37 岁的赫伯特·L. 马修斯是《纽约时报》负责报道西班牙共和国的首席记者。[1]他身材瘦长，说话轻声细语，经常头戴贝雷帽，身穿灰色的法兰绒裤子。以格尼的英国人视角来看，马修斯“言行举止是典型的美国佬银行家做派。他又高又瘦，衣服穿在他身上就好像搭在晾衣架上一般；他的脸又瘦又长，颧骨突出，总是一副有点儿不以为然的神情。在战壕里面遇见来回穿梭的马修斯算是种难得的经历。他总是西装革履，就好像刚从办公室出来似的。他的衣着挺过时的，脚上的系带靴子还是我爷爷年轻时城市绅士的指定款式。营里的人对他都挺冷淡，他们觉得《纽约时报》派来的代表对他们的理想和事业肯定多有反感。结果证明，我们完全错了”。[2]

来自国际纵队总部的一些官僚为林肯营的美国志愿兵拟定了一份“适宜阅读”的出版物清单，里面包括《工人日报》、《黑人工人报》（*Negro Worker*）、《今日苏联报》（*Soviet Russia Today*）等，着实令他们十分反感；来自资本主义世界的《纽约
152 时报》则被列在了另一份“不可邮寄报纸及周刊”[3]的清单中，但各种剪报仍被夹在人们的家书中邮寄过来。没过多久，士兵们便开始以比对待《工人日报》记者更强烈的热情对待马修斯。

从马修斯的背景看，完全没有迹象显示他将会成为一名西班牙共和国的热烈支持者。马修斯曾于1920 年代在意大利读书，并表现出了对墨索里尼十足的仰慕之情。1929 年的日本之行，让他

感受到了当地不亚于意大利的“活力”。作为《纽约时报》派出的随军记者，他在1935年同意大利军队一起来到了埃塞俄比亚，并对在自己陌生的世界进行战争报道感到“无比激动”。在那个认为殖民主义理所应当的年代，他对那场战争的感受是再平常不过的“意大利人真的在给埃塞俄比亚人带来一种文明”，那里的原住民“是纯粹的野蛮人，对鲜血有着近乎凶残的欲望”。他告诉读者，意大利士兵进行的是一场“光荣的战役”。不考虑埃塞俄比亚根本没有什么现代化武器装备用以对抗墨索里尼的轰炸机和毒气战的事实，也不去想遭受了成千上万的军民死伤之后埃塞俄比亚人对于国家被侵略者征服的真实想法，他宣称：“绝大部分当地居民都支持意大利的占领。”不出意料，墨索里尼委派的埃塞俄比亚首任总督授予了马修斯一枚勋章，以表彰他作为意大利国内外首位报道这场战争的战地记者的“光辉事迹”。[4]

然而，当他亲眼看见炸弹落在欧洲人而非非洲“野蛮人”的头上后，一切在西班牙共和国发生了转变——就和发生在许多其他曾经铁石心肠的记者身上的一样。马修斯在报道中由衷地写道：“他们是如此顽强，这些西班牙人！”因为相信“当前世界的命运正在由这里发生的一切所决定”，他与处在围困当中的马德里人民产生了共鸣，而此前他从未对那些非洲的墨索里尼受害者产生过同样的感情。奇怪的是，他自己倒是从未因此感觉到任何矛盾之处：一本有关自己对这两场战争进行报道的生涯回忆录还被他轻快地命名为《两场战争，以及更多》（*Two Wars and More to Come*）。但在西班牙期间，他的确对自己所在的阵营深信不疑。十年之后，他在为共和国的辩护词中写道：“它使人们慷慨赴死，向人们赐予生命的意义、对人性的信念和勇气，教会我们国际主义的真正含义……在那里，人们明白了 153

一个道理：人人皆兄弟。”[5]

此等对共和国溢于言表的赞美自然不适合在《纽约时报》上的长篇专栏刊登，他的作品也因此受到了更多的限制。然而和今天的做法一样，通过措辞的使用和对所要报道的故事进行特意挑选，这位原本被认为没有异见的美国日报记者总有办法表达自己的真情实感。每个人都知道他到底是什么立场。

当时的人们都说，《纽约时报》是一份由犹太人拥有、由天主教徒编辑、被新教徒阅读的报纸。总编埃德温·L. 詹姆斯（Edwin L. James）是个对生活非常讲究的人，经常穿着奢华惹眼的西装并随身带着手杖。他对夜生活非常喜爱，总是为此早早下班，给那些在大办公室里办公的夜班编辑极大的自由。在这些编辑当中，负责头版的尼尔·麦克尼尔（Neil MacNeil）是名活跃的天主教徒，曾经出书和发表演讲批判过道德败坏的现象；夜间编辑负责人、副总编克拉伦斯·豪厄尔（Clarence Howell）刚刚皈依天主教，在马修斯看来，他“虔诚得几乎让人无法想象”。[6]二人同时负责编辑国外新闻，决定哪些故事能够登上头版，有时为了迎合自己的政治偏好，他们还会改写报道标题。（例如，有个标题一开始是“神父为法西斯国家辩护”，经过修改，它变成了“神父认为苏维埃才是美国的真正敌人”。）

细心的读者不久便发现，西班牙内战不仅在西班牙的战场上打响，《纽约时报》内部也因此成了观点交锋的战场。在纽约，詹姆斯有时会将一周的战场新闻总结在星期天版的报纸出版。例如，他在 1937 年 2 月 14 日写道：“佛朗哥将军正努力切断马德里与海岸地区的联系，也就是说，切断马德里补给来源……从首都前往巴伦西亚的主要公路已经基本失去作用……

据称，佛朗哥的军队甚至已经跨过了阿尔甘达大桥①。”[7]

愤怒的马修斯将这篇文章视作一种公开冒犯，因为就在前一天出版的报纸上，他还在报道中说佛朗哥的军队并未切断那条马德里的生命线。[8]他和另外一名记者还冒着战地炮火，搭乘一辆破旧的出租车亲自驶过了阿尔甘达大桥。为了将他所鄙视 154
的詹姆斯的说辞扭转过来，他在随后的一系列报道中都有意提到，道路仍在共和军的掌握之中。

3 月，瓜达拉哈拉战役爆发。在接到大量来自意大利驻美国大使馆的愤怒抗议，抗议马修斯在一系列报道中宣称“佛朗哥的军队其实都是意大利人，且战斗力非常低下”后，《纽约时报》的编辑们将有关报道撤掉了。在马修斯原来对战斗结果的描写中，“死尸，战俘，各种各样的物资……全都是意大利人和他们的东西”，[9]而编辑部则将其改为“全都是起义者和他们的东西（起义者经常被用来指代佛朗哥的国民军部队）”，并在后来的版本中将这句话彻底删除了。

马修斯感到十分愤怒。他的回忆录中——他曾写过好几本回忆录——充满了对詹姆斯和编辑部编辑们的严词谴责。他甚至在其中收录了当时与他们之间言语愤怒的往来电报。在其中一篇有代表性的电报中，他称詹姆斯的话“逃避事实”。在马修斯准备在去世后捐赠给哥伦比亚大学的报纸中，他通过电报发回《纽约时报》的报道的副本也包含在内，以便让历史见证都有哪些内容是被重新编辑过的。但经过后世的仔细研究发现，当时审查的力度实际上是非常轻微的，并没有更多像把“意大利人”替换为“起义者”一样的重大修改。[10]事实上，《纽约时

① Arganda bridge，哈拉马河上的一座桥。

报》内部真正的战争并非发生在骨瘦如柴的马修斯和远在纽约的编辑之间，而是在他和有时仅相隔几英里、正在国民军一方进行战地报道的同社记者之间。

被同事们称作“比尔将军”的威廉·P. 卡尼（William P. Carney）是一名来自得克萨斯的虔诚天主教徒，也是一名佛朗哥的公开支持者。在好几年的时间里，被战场所隔开的卡尼与马修斯都在进行着隔空争斗。马修斯总是强调佛朗哥军队轰炸和炮击造成的平民伤亡，以及其接受希特勒与墨索里尼援助的事实，卡尼则着眼于国民军控制区的人们对佛朗哥的支持，
155 以及共和军杀害神职人员的行为。正当马修斯在瓜达拉哈拉报道国民军的耻辱一败时，卡尼则前往了位于西班牙南部的塞维利亚，撰写了一篇描写当地“节日气氛”的长篇报道。卡尼还为凯波·德利亚诺——那位因在广播中大肆宣扬马德里妇女将被其手下摩尔人士兵强奸而臭名昭著的国民军将领——撰写过一篇极尽谄媚之能事的专访（“声望显赫……一丝不苟的军人作风……始终微笑……热情好客……平易近人”[11]）。

卡尼的部分文章被美国的佛朗哥支持者结集成册后进行了再版。根据美国驻西班牙大使克劳德·鲍尔斯（Claude Bowers）的说法，[12]有一次，卡尼甚至还在一座国民军的广播站进行了一次宣传广播，其广播结尾正是佛朗哥那句经典的战争口号：“崛起吧，西班牙！”卡尼曾写道，在西班牙共和国，“一切对民主形式的伪装和政府的作用都已经消失了”，不幸的工人们因为“被恐吓”而加入工会。在这篇写于战争初期他在马德里稍做停留期间的文章里，卡尼还透露了共和军好几个火炮和高射炮阵地的具体位置，令当时正与佛朗哥交战的人们十分愤怒。

卡尼从未试图掩饰自己的政治倾向。周游国民军控制区期

间，他使用的通信地址是纳粹德国大使馆的地址；一个名叫“哥伦布骑士团”（The knights of Columbus）的天主教互助会因卡尼“对记者事业的杰出贡献”[13]而授予其一枚金质奖章。同一时间，天主教会则对马修斯发起了攻击。一名神父和教育家约瑟夫·索宁（Joseph Thorning）博士将马修斯称作“得了狂犬病的死硬赤色分子”，并与其他地位显赫的天主教徒一起，参加了一场旨在促使《纽约时报》报社将其从西班牙召回的活动。不过，由于得到了老板——《纽约时报》的出版人阿瑟·海斯·苏兹贝格（Arthur Hays Sulzberger），其妻是马修斯儿子的教母——的力挺，马修斯的职务得以保留。

几个月之后，随着双方的争斗逐渐变得更加直接，马修斯给予了卡尼的记者生涯一记沉重打击。

瓜达拉哈拉战役结束后的第十天，一辆小汽车沿着蜿蜒曲折的道路自巴伦西亚来到了处于封锁当中的马德里。车上有两 156
名美国乘客：刚到西班牙的26岁记者弗吉尼亚·考尔斯（Virginia Cowles）和米利·贝内特。贝内特此时还在为共和国新闻办公室工作，此次来马德里是为进行一次自由报道。考尔斯后来写道：“贝内特长了一张猴子一样的脸，戴着一副厚厚的角质框架眼镜。她是个性格泼辣的人，我打看到她的第一刻起就喜欢上她了……她是个坚定的左派分子，但在这个早晨，她表现出的观点倒是不太友好。”[14]贝内特告诉了考尔斯有关车上的第三位乘客，一个不会说英语、手指被烟熏黄的老神父的事情。“我认识这个老骗子：他就像个展览品，”贝内特说，尽管她自己也在共和国从事宣传工作，“他在法国各地进行宣传演说——说那些神父在共和国得到了很好的对待，肯定靠这个赚了不少。”

外国记者当中，女记者算是稀有品种。如果说为贝内特在这个领域暂时找到立足点的是她的泼辣和假小子作风，那么考尔斯则靠着相反的方式实现了相同目的。作为一名杰出的精神科医生的女儿，被朋友们唤作金妮（Ginny）的考尔斯出生在波士顿，直到1928～1929“赛季”才走出深闺，参加各种上流社会的社交活动，而那时已经是大萧条引发的股市大崩盘发生的前夜。从性格上看，考尔斯并不是个叛逆的女孩，但她胸怀大志，想要亲自在全世界游历写作。但她很快发现，作为一名女性，想要实现这个愿望并不容易。刚开始为报社撰写文章时，考尔斯便发现“问题在于，他们总是想要我以女性视角写作”。这样要求的结果便是一系列诸如“考尔斯小姐为你分析初入社交界的小姐的择偶标准”这样的文章。然而，考尔斯已经下定决心，前往西班牙报道内战。“如果一名女性要想去报道这场战争，”她在那之后不久写道，“唯一的办法，就是告诉报社，无论如何她都要去，然后问问他们想不想要些有关的新闻报道。”这就是她在去西班牙之前对所在的赫斯特报业集团的高级主管采取的策略，并且她的策略奏效了。[15]

到达西班牙后，考尔斯在向其他记者——基本全是男性——请教问题时表现得毫不羞怯，而他们都争先恐后地为她提供帮助。酷似演员劳伦·白考尔（Lauren Bacall）的长相、高雅的穿戴、苗条的身材、头顶迷人的贝雷帽和黑色长发都使她备受欢迎。她棕色的大眼睛眼距很远，按照一名对她一见倾心的男士的回忆，这双眼睛“让人无法将眼神移开”。[16]一次，在一个既没有出租
157 车也没有小汽车的地方，同行的男摄影师自告奋勇，帮考尔斯把行李箱拎了一英里远，她后来写道：“我当时感觉，做女人可真好。”

这位将自己描述为“除好奇心以外毫无战地记者资格”[17]的

年轻名媛后来成了西班牙战场上最好的记者之一。在她的自传《自找麻烦》（*Looking for Trouble*）中，部分内容直接来自她在西班牙期间撰写的文章。即便在今天看来，人们也仍然能感觉到里面干脆利落的语言和细致入微的观察，而由许多当时的其他美国战地记者撰写的回忆录读起来则毫无新意，味同嚼蜡。

不论男女，几乎每一个曾在笔下记录过在西班牙期间与考尔斯见面的人都提到过她姣好的面容，她的高跟鞋，和她作为社交名媛的过去。但她的早年生活——考尔斯本人对此很少提及——却是一种富贵和贫穷的奇怪结合体，这段经历可能也解释了她做记者时所显现出的超乎寻常的智慧从何而来。经过一段痛苦的离婚和抚养权争夺大战后，考尔斯的父亲拒绝支付抚养费，她和姐姐由母亲抚养。她们的母亲要在《波士顿先驱报》（*Boston Herald*）做排字工贴补家用，还会兼职写作来赚些外快，后来，她成了另一家报社的编辑。凭借自己赚来的薪水，她将 11 岁的弗吉尼亚送到了一所私立女子学校读书。尽管在波士顿当地报纸上，弗吉尼亚总是以社交舞会常客的形象出现，但在大萧条的早期，她却必须靠推销广告和杂志订阅来维持生活。最终，1932 年，保险公司为母亲的去世支付了足够的保险金，提供了足够的钱让她得以出国旅行[18]——通过这次旅行，她凭借在报纸上发表的文章充分展现出了自己的才能，开启了写作生涯。

说到最早主动请缨为考尔斯在马德里指点迷津的人，来自伦敦《每日快报》（*Daily Express*）的塞夫顿·“汤姆”·德尔默①算是一个。

---

① 本名丹尼斯·塞夫顿·德尔默（Denis Sefton Delmer，1904 ~ 1979），英国记者，曾于 1931 年采访过希特勒，第二次世界大战期间成功地领导了对纳粹德国的心理战宣传攻势。

> 在我们沿着格兰大道返回宾馆的路上，我问他，这座
> 城市多久遭到一次炮击。他立刻停下来，看了看自己的手
> 表说：“现在是正午刚过，他们一般会在午餐时间以前放几
> 158 炮。”话音刚落，我就听到了像是撕裂布料似的噪音。开始
> 时这声音还很轻微，随后就变成了剧烈的“咝咝”声；紧
> 接着，在一瞬间短暂的寂静后，一枚炮弹击中了街道尽头
> 石砌的白色电话大楼，发出了一声巨响。砖头瓦块散落一
> 地，烟雾一下子升腾起来。第二枚炮弹击中了离我们 30 码
> 开外的人行道，第三枚击中了街角的一幢木头结构的公寓
> 楼。人们开始四散奔逃，冲进路边建筑的大堂和门廊处避
> 难，就像无数张纸被一阵狂风吹散一样。
>
> 我和汤姆躲进了一家香水店，外面分分秒秒都有爆炸声响起。我的心还在惊魂不定地猛跳，外边的残垣断壁和遮天蔽日的浓烟就好像《圣经》中描绘的大灾难降临到了 20 世纪一般。
>
> 炮击持续了大约半个小时。炮击结束后，我们出来继续沿着街道步行；人行道上到处都是砖头碎块和炮弹弹片，一根电线杆就像喝醉了似的，摇摇晃晃地斜靠在一栋楼房上，电线就像彩带纸一样，一团团地散落在地面上。一家帽子店的二楼地板被炸出了一个大洞，街角的一辆汽车被炸成了一大块扭曲变形的钢铁，旁边有两名女士被炸死在人行道上，鲜血流了一地……我从来也没有体验过这种深入骨髓的恐惧。[19]

和其他外国记者一样，考尔斯也住在外墙由大理石覆盖的新艺术建筑派风格的佛罗里达宾馆——这里的房间由于面向胡

同，房费曾经要更便宜一些，但现在则由于背对国民军炮击的方向而涨价了。入住之后不久，她就成了海明威在自己房间举办的夜谈会的常客。在那儿，记者们能够喝到啤酒和威士忌，还能品尝到从法国带来的短缺物资——罐头火腿和鹅肝。他们偶尔还会吃到这位大作家打猎得来、再由宾馆女仆烹制的野兔和松鸡。（由于通向马德里的各条道路均面临着炮火袭击，宾馆里曾经的高档餐厅现在只能提供面包、洋葱和豆子之类的食物了。）记者们伴着海明威喜爱的肖邦乐曲有吃有喝，不过他们通
常要把大衣穿在身上，由于西班牙国内大部分煤炭资源都被国 159
民军控制，马德里市区几乎已停止供暖。

海明威是这个在佛罗里达宾馆形成的小圈子的中心人物。这个圈子包括了《每日快报》的德尔默、《纽约时报》的马修斯和流行周刊《科利尔》（*Collier's*）的签约作者玛莎·盖尔霍恩（Martha Gellhorn）等人。海明威当时正与盖尔霍恩沉浸在一段后来闻名遐迩的恋情中，几年以后，她成了海明威的第三任妻子。

对海明威来说，西班牙内战就像一块为他提供灵感的原材料，但它同时也是他得以表现自己的广阔舞台。他的不断变化的听众群囊括了其他作家、军队将领、普通步兵、外交官、共和国内阁官员和到访西班牙的大人物等。西班牙共和国新闻办公室的凯特·曼根（Kate Mangan）回忆，海明威似乎始终都在强迫自己尽一切努力给旁人留下深刻印象。“他的身边总是跟着一名随从……他是个肤色通红的大个子，穿着毛茸茸的粗花呢斑点套装，握手十分有力……人们总是有种感觉，在伟大的海明威背后，某种似有若无、无法言说的奴颜婢膝的身影正在晃动。”与金发碧眼、魅力超凡的盖尔霍恩——他那打扮得无可挑

剔、围着雪纺绸围巾、身穿萨克斯第五大道精品百货店（Saks Fifth Avenue）的高档服装的伴侣——一起出现在人们的视线当中似乎也是他个人表演的一部分。“她发型高雅，身穿尼龙套装，日光浴晒过的皮肤颜色十分均匀。相比短裤，她更爱穿裙装坐在桌子旁边，挑逗似的摆动她细长的双腿。西班牙人不喜欢这样，他们相信，性感一次只能呈现在一人眼前，而且最好在私密场合。”[20]

对于记者，这座离他们每天发送电报的电信大厦不远的佛罗里达宾馆就像世界的中心。小说家安德烈·马尔罗和飞行员兼作家安托万·德·圣埃克絮佩里①是巴黎一家日报社的代表，二人曾多次组织外国志愿者乘飞机来往于西班牙共和国。随便往宾馆大厅瞥上一眼，人们就可能见到美国来的诗人、瑞典的劳工领袖和英国的议员。对于酒店的住客们来说，与战争前线近距离接触并时刻处于危险当中的体验就像一剂强力春药。就像德尔默所写的那样，每当发生炮击或者空袭，“一对对体验私情的男女出现在从客房蜂拥进入地下室避难的人群中，里面就
160 有欧内斯特和玛莎的身影”。[21]这对急忙跑出房间的男女之所以能被人从其他楼层看到，是因为这座十层楼高的宾馆采用了中空结构，站在中庭就能够直接看到楼顶的玻璃吊顶。

一个英国访客发现，在佛罗里达宾馆的“幽会”中，有一些是人们与“职业人士”进行的。坎特伯雷大主教休利特·约翰逊（Hewlett Johnson）牧师是一位左翼事业的热心支持者。在

① 安托万·德·圣埃克絮佩里（Antoine de Saint - Exupéry，1900 ~ 1944），法国作家。他是法国最早的一代飞行员之一。作品主要描述飞行员生活，代表作有小说《夜航》，散文集《人类的大地》《空军飞行员》，童话《小王子》等。在 1944 年 7 月 31 日执行一次飞行任务时失踪。

小说家约瑟芬·赫布斯特的描述中，他“总穿着黑色长袍……是个毫无疑问的好人，却长着一张矫情做作的粉红色大脸，短胖的脑袋几乎全秃了，只有几缕婴儿绒毛般的头发耷拉着”。[22]他那间屋子的前任房客、两个经常做国际纵队士兵生意的摩洛哥妓女，是在之前的一个早晨搬走的。德尔默讲述了接下来发生的事情：“主教几乎刚在房里安顿下来，门口便传来了敲门声。他打开门，发现站在走廊上的是一小队刚从前线返回后方的英国士兵，他们是来找之前那两个摩洛哥姑娘的。当然，对于这些，主教当时并不知情。由于之前听见了他们用英语交谈，主教还以为这些英国小伙子是前线的自由斗士们派出的代表，是来这里向他这位红衣主教表示尊敬的。于是，他与他们展开了亲切交谈，赞扬了他们的奉献和牺牲精神，还根据他们为之战斗的理想中所体现的基督教道德进行了一场即兴布道。随后，他祝福了他们，并再一次走进了房间。”[23]

然而，有个苏格兰志愿者“刚才一直在楼下喝酒，跌跌撞撞地向主教的房间走去，恰好看到前面一伙人的‘好事’刚刚结束，并且主教还走进了那间他以为是摩洛哥姑娘居住的屋子。这个苏格兰佬彻底搞错了状况……他在外面等啊等，等啊等，耐心终于到了极限，在某种充满正义感的愤怒情绪的驱使下，他走到门口，用拳头使劲砸门。‘你个老畜生，给我滚出来！’他大声喊道，‘你已经在里面待了 20 分钟了！你到时间了！快点儿滚出来！’”

在马德里，从事这一最古老职业的并非只有这两名摩洛哥姑娘。这一行当在城里的竞争还很激烈，还流传出了许多奇闻逸事。言语放荡的贝内特常常给其他记者讲一个故事，在故事当中，有个美国志愿者在找女伴时要求对方给他打五折——因 161

为他有一个睾丸被子弹打掉了。

在佛罗里达宾馆，“海明威房间的活动都由西德尼·富兰克林①主持”。考尔斯写道：“他是个年轻健壮的美国斗牛士……一次我问他，为何要来马德里。他回答说：‘这个，是这样，有一天欧内斯特给我打电话说：“嗨，小子，想来西班牙参战吗?”然后我回答他：“没问题，老爹，咱们加入的是哪一方?”’”[24]

海明威很享受被小团体簇拥为领袖的感觉。德尔默回忆，每当盖尔霍恩在他的身边，“他都要告诉她如何像个作家那样观察生活”。[25]有时候，出于对自己的“专业素养”的自豪，他会带着考尔斯、盖尔霍恩和其他人一起去一座已经被炸毁了一半的八层建筑，在那里观看前线正在进行的战斗。楼内的公寓已经严重被毁，地上遗落着各种杂物，从结婚照片到卷发器。“‘老农庄’，”考尔斯写道，“是海明威在首都郊外发现的一幢房子。它的前脸已经整个被炸弹掀掉了，因此成了一处观看前线战斗的绝佳地点……远处绵延不绝的群山下，弥漫的烟雾像一团团乱糟糟的棉花，坦克看起来就像小孩子的玩具。当它们中的哪一辆起火燃烧时，火焰看起来并不比火柴点燃产生的焰火大多少……”

“海明威就是这么热切地追逐着战斗场面。‘战争是人类能够对彼此所做的最肮脏罪恶的事，’他严肃地表示，‘但也是最刺激的事。’”[26]

到1937年春天，马德里的人们已经学会如何在看似永无止

---

① 西德尼·富兰克林（Sidney Franklin，1903～1976），美国斗牛士，海明威的挚友。

境的封锁中生存了。建筑的外墙被炮火炸得坑坑洼洼；还没被炸碎的窗户玻璃也被人们用胶带将缝隙粘好；一间大型书店的员工把书堆在前窗口做成防护墙；皇宫酒店早已被改成了一间医院，在曾经的酒店餐厅，原来放置的金框镜子和水晶吊灯变成了八个手术台。考尔斯注意到，这里的护士原来都是妓女：“她们的头发被染成了金色，手显得脏兮兮的，指甲上还涂了鲜红的指甲油。过去我听说，护士一直以来都只能由修女担任； 162
但因为他们是为佛朗哥效力，这些医生就不得不开始利用他们能够得到的一切帮手了。”[27]

交战双方都在大学城地区挖掘了纵横交错的战壕，校园中的建筑物已被炮火炸得只剩下了框架。佛罗里达宾馆距离这一区域很近，在考尔斯的记载中，“先坐一会儿电车，再走差不多同样长的时间就能到那儿”。从来也没有一场战争能像西班牙内战这样，让战地记者和摄影师随心所欲地进入战场上战况最激烈的区域进行采访。无论何时，只要考尔斯想要去战地进行采访，似乎都有男士十分愿意与她同行。“抵达马德里几天以后，我在格兰大道上的一家餐馆见到了正在吃午餐的 J. B. S. 霍尔丹（J. B. S. Haldane）教授，他在剑桥大学任教，是一位科学家。‘我估计会去战场那边看看，’他很随意地跟我说，‘想一起来吗？’”

在他们接近前线后，

> 穿着毛衣绒裤的持枪守卫先是和我们说“祝您健康”，然后示意我们出示通行证。绝大多数守卫都不识字，有些甚至还把我们的证件拿反了。但他们还是皱着眉头对着这些文件仔细研究了一番，向我们行过人民战线的握拳礼，

> 然后就将我们放行了。
>
> 我们眼前街道的尽头一片荒芜，大量房屋被毁，人去楼空。有些房子……看起来楼梯和前脸都被整个炸掉了。有栋房子的楼上，餐桌布置完毕，餐巾已经就位，座椅也已摆好，墙壁已经没了，蓝天就是它的顶。
>
> 突然……我们发现自己已经到了前线。大批士兵正通过沙袋上的开孔向对面射击，他们的脸上胡子拉碴，身上的夹克和卡其色的裤子被油渍和泥巴弄得肮脏不堪。看面相，有些士兵的年纪绝对不超过十六七岁……
>
> 一个士兵递给我一支步枪，问我愿不愿意试试朝对面开几枪。然后，又有一个面颊粉红、棕色眼睛的年轻男孩
> 163 拿着潜望镜走了过来，靠着他的潜望镜，我能看到敌方战线的动态了。敌人就在 50 码开外的乱石堆和杂草丛后面，双方战线中间的无主地上躺着死状狰狞的尸体。
>
> “都是同胞的尸体（Los muertos nuestros）。”那个男孩轻声说。[28]

除了这次以外，考尔斯还去过几次前线，有一次是和海明威一起去的。当时，共和军士兵“用一辆防弹汽车将我们载到一条被敌军炮火覆盖的道路上，让我们听听子弹击中钢制车身的声音，他们认为这是向我们展现自己友好态度的一种方式”。[29]有一天，在格兰大道宾馆的地下室餐馆里为新闻界人士预留的大餐桌上，海明威与考尔斯和约瑟芬共进午餐，其间，他向二人炫耀了自己对另一种暴力的了解。

> 炮弹不断落在咖啡馆门外的街道上，使我们根本无法

离开那里，于是我们只能在座位上继续慢慢地喝咖啡。我注意到旁边那桌有个看起来十分高冷的男人，从头到脚的穿戴都是鸽子灰色。他的额头很高，长着知识分子一样的修长手指，鼻子上架着的角质框架眼镜为他增添了几分勤于思考的气质。

“那个人，”海明威说，“是马德里最大的刽子手。”(他的名字叫佩佩·金塔尼利亚［Pepe Quintanilla］，西班牙共和国反间谍活动领导小组的负责人。)

海明威邀请他与我们一起就座，礼尚往来，他想要请我们喝瓶红酒，我们接受了他的好意。他对我们的态度很好，简直到了曲意逢迎的地步。但我永远都忘不了他那棕色大理石般明亮的眼眸中透出的神情……海明威对那些死亡事件的细节十分感兴趣，很快就开始向他连珠炮般地发问。

“马德里有很多人死亡吗?”

“革命总是惨烈的。”

“其中有没有错杀的?”

“错杀？人非圣贤，孰能无过。”

“他们具体都是怎么死的?”

“大体来说，考虑到那些是错杀，”他思考了会儿，说
道，“结果还是很不错的；事实上，死的都是些权贵人 164
物!”他说话的方式让我倒吸了一口冷气，他的语气中透着一丝狂喜，声音在结尾的单词瞬间提高，眼中闪烁着享受的光芒。他拿起酒瓶给我斟满了酒。酒被汩汩地倒进玻璃杯，看着这杯浓稠的红色液体，我能联想到的只有血。

当我们走出餐馆，海明威说：“这人挺酷的，对吧？记住，我交定他了。”[30]

几个月之后，当她读到海明威写的关于西班牙内战的戏剧《第五纵队》（*The Fifth Column*）时，考尔斯从里面的台词中认出了当时二人的谈话内容。

赫布斯特笔下也有对这顿饭的记录。她在提到考尔斯时写道："她年轻漂亮，一袭黑衣，纤细的手腕上戴着一只沉甸甸的金手镯，脚上的黑色高跟鞋高得令人不可思议。我当时一直在想，穿着这双鞋她要怎么在街上的瓦砾间行走。"

和其他许多男人一样，那个刽子手对考尔斯也很有好感。当其他食客纷纷放弃到因轰炸而噪音大作、窗户颤抖的街头餐馆吃饭时，"他轻轻地拍着她的膝盖，安慰地说道：'我们可以一起去我家。我将和妻子离婚，然后娶你。我家有很多房间，床也多，就算海明威来了也有地方住下……我有个儿子，'他告诉考尔斯，'所以你不需要再生孩子了。做我的妻子吧，我现在的妻子可以给咱们做饭……'

"'恐怕等你厌倦我以后也会让我负责做饭。'考尔斯说。"[31]

这个春天考尔斯在马德里还发现，海明威和身边人正在开展一项他本人期望颇高的项目。这是一部纪录片，名字准备叫《西班牙的土地》（*The Spanish Earth*），影片导演尤里斯·伊文思①与共产国际关系密切。共和国的支持者们热切希望，这部影片能在著名大作家的参与下，充分将海外力量动员起来。负责为影片撰写解说词的海明威个人为影片捐献了4000美元制作费，许多朋友纷纷加入项目令他非常高兴。这些人中包括了他
165 的斗牛士好友西德尼·富兰克林，新欢玛莎·盖尔霍恩和长期钓友、作家约翰·多斯·帕索斯，他俩是一战时在意大利做救

① 尤里斯·伊文思（Joris Ivens，1898～1989），荷兰导演、编剧、制作人，曾在中国拍摄《四万万人民》《愚公移山》《风的故事》等作品。

护车司机时结识的。他们以前经常结伴出游，并且都对西班牙怀有很深的感情。

在超过一个月的时间里，海明威和他不断加入又离开的朋友们一起陪伴在伊文思和他的摄制组身边。摄制组在大学城拍摄战壕，拍摄马德里附近地区发生的战斗，拍摄正在进行当中的空袭，拍摄炮弹落地的瞬间，拍摄躺在担架上的受伤士兵，有一次甚至还拍到了一架德国飞机坠毁的画面。在这期间，身强力壮的海明威有时会帮助摄制组搬运摄影器材。摄制组的汽车曾经被弹片击中过，用他一贯舞台式的夸张语言，海明威还曾在一篇报道里提到，有一次子弹击中并嵌进了一栋摄制组正在进行拍摄的建筑的墙壁中。有一天，考尔斯加入了摄制组的工作，地点在马德里至巴伦西亚途中一个影片剧本中提到的村子。但她写道，由于西德尼·富兰克林也在，剧组无法顺利完成影片的拍摄，因为“我们刚到那里没几分钟，就有人认出他是斗牛士，于是全村人都出来准备看个究竟……村长拿来了一壶酒，孩子们将屋子挤得满满当当，整个一下午的时间，我们都在那里讨论斗牛技巧”。[32]当影片在 1937 年 5 月杀青时，伊文思匆匆回到美国对影片进行后期制作。每个人都对影片抱有很高的期望，希望这部影片能在举足轻重的国家——美国——产生巨大反响。

几个月以后，考尔斯离开了西班牙。“在巴黎，有好几周时间，不管是汽车引擎运转不灵发出的回火声，还是真空吸尘器发出的嗡嗡声，都能让我突然被傻乎乎地吓一大跳……西班牙在我生命当中留下的印记，比我自己所意识到的更加深刻。”[33]尽管如此，她却开始了为完成下一个目标的准备工作：在国民军一侧报道战争。

10 迷恋独裁者的男人

166 那些曾在西班牙记录马德里经受痛苦折磨的“群星璀璨”的外国记者的事迹，在一系列回忆录、小说和历史书籍中得到了人们的歌颂。2012 年，甚至有一部名为《海明威和盖尔霍恩》（*Hemingway and Gellhorn*）的电视电影诞生。为了拍摄这部影片，加州一处废弃的火车站被剧组改造成为佛罗里达宾馆的大堂布景。将近 1000 名来自各个国家的记者在战争中的不同时刻来到了西班牙进行报道，他们用各种语言，对遭受封锁和持续空袭的、美丽宏伟的马德里城进行了连篇累牍的报道。然而奇怪的是，所有的记者都忘记了一件重要的事。

看来，他们中没有一个人曾经抬头看一看马德里上空排成 V 字形队列嗡嗡飞行的德国容克轰炸机编队，然后心中发出疑问：这些飞机的燃料从何而来？

这本来就是个明摆着的问题。不光是飞机、坦克、装甲车、卡车，还有其他许多对现代战争至关重要的武器装备都依赖石油才能正常运行：内战期间，西班牙进口的全部石油中有超过 60% 是被交战双方消耗的。[1]而对于匆匆支援了佛朗哥大批陆军、空军和其他各种装备的希特勒和墨索里尼来说，石油也是稀缺品。事实上，单是德国，其国内所用石油的 2/3 就要依赖进口。
167 正常情况下，国民军无法轻松负担从国际市场购买石油的成本，因为西班牙当时的黄金储备被掌握在共和国的手中。本来，对佛朗哥最主要的军火提供者希特勒和墨索里尼来说，为西班牙盟友的军队花钱购买石油将极大地增加两国的开支，但事实证明，他们不需要这样做。

佛朗哥的石油靠赊账得到，来自得克萨斯。

为此奠定基础的男人经常在“21俱乐部”——一家纽约时髦的俊男靓女经常光顾的餐馆——现身。这个曾经的非法酒吧以其红色的皮革座椅靠背、整条木板制成的吧台和昂贵奢华的食物而闻名。店内拥有各种各样颜色鲜亮的骑师雕像，它们大多是那些自己拥有赛马的老主顾捐赠的。有些客人在地窖里还储存着私人酿酒珍藏。这里的常客从大名鼎鼎的帮派成员到亨弗莱·鲍嘉（Humphrey Bogart）和马克斯兄弟[①]，不一而足。菜单上的菜品有时候代表着对某位受欢迎客人的尊敬和纪念，例如，有一道汉堡加蛋结合而成的菜肴，就是以一位四方大脸、胸肌发达、一出现便令全场瞩目的大人物的名字命名的。

15岁那年，出生在挪威的托基尔·里贝尔（Torkild Rieber）成了一艘装备齐全的高速帆船上的水手。当时，巴拿马运河还未修好，花上六个月的时间，这艘船才能从欧洲出海后绕过合恩角（Cape Horn）抵达旧金山。接下来的两年，他又成了另一艘从加尔各答（Calcutta）运送苦力到英属西印度群岛糖料种植园的船上的水手。在这艘船上，船员们每运送一名苦力就会得到一份提成，这一奴隶贸易的残余使这些“苦力船”成了当时海上航行的条件最残酷、环境最拥挤的船只。终其一生，里贝尔都很乐意用他低沉嘶哑的声音讲述自己的航海故事：爬上甲板上倾斜晃动的高高的桁杆将船帆卷起，在傍晚时分观察天空预测

① 马克斯兄弟（Marx Brothers），美国著名的家庭喜剧团体。

风暴，在装满严重晕船的印度苦力的船上熬过大西洋上的飓风。而上岸之后，他则喜欢换上燕尾服，正装前往“21 俱乐部”或是别的什么类似的地方进餐，因为按他的说法，“英国人就是这么统治他们在加尔各答的殖民地的”。[2]

168 在被一名醉酒船员刺伤痊愈之后，年轻的里贝尔入籍美国，并第一次成了一艘油轮的船长。从那以后，他便以“船长”（Cap.）的绰号为人所知。到西班牙内战爆发时，他已经远离海上生活很久了。如今，坐在纽约克莱斯勒大厦（Chrysler Building）里高档实木墙板装修的办公室内，办公桌后摆着地球仪，墙上挂着卷轴式地图，里贝尔这时所率领的，是一家石油公司。

在旗下的油轮被得克萨斯石油公司（Texas Company）——该公司更因其加油站品牌“德士古”（Texaco）而闻名——收购之后，里贝尔便意识到，在陆地上做石油生意才能赚到大钱。随着德士古公司的扩张，印着德士古红星、带绿色 T 字标志的德士古加油站开遍了全世界。里贝尔与公司老板的秘书结了婚，并以火箭般的速度获得了升迁。“他无法在桌子旁边安分地坐着，”一个对里贝尔充满敬畏的《生活》（*Life*）杂志记者写道，“他给人的感觉总是上蹿下跳的，在地板上走路就像在甲板上一样。他永远都闲不住，满世界奔走。他无法在同一间办公室、同一座城市甚至同一块大陆上待太长时间。”作为《生活》的姊妹刊物，《时代周刊》（*Time*）同样被里贝尔像粗金刚石一般的魅力所打动，说他像是个“骑在马背上”“头脑冷静、意志坚定”的“企业酋长”，“统帅”，“德士古‘三联式引擎’的动力之源”。[3]

一直以来，德士古公司便作为大型石油公司中最嚣张跋扈和最具侵略性的一家而广为人知。里贝尔是由创始人招聘进入公司的，这位创始人骄傲地在自己的办公大楼顶上插了一面黑色的骷髅旗。一名壳牌公司的高层人士曾说：“如果我马上就要死在一家德士古加油站里面的话，我会要求人们把我抬到马路对面的。”[4]从波斯湾到哥伦比亚，靠着在全世界与当地强力人物进行秘密交易，里贝尔为公司在石油领域杀出了一条血路。在德士古于哥伦比亚获取石油开采权的一块面积有罗得岛那么大的土地上，一座被称作“石油城”的新城拔地而起。将这里开采的石油输送到另外一处哥伦比亚港口需要修建一条长 263 英里的输油管道，这条管道要穿越热带雨林和崇山峻岭，经“里贝尔船长山口”越过安第斯山脉一处高空山脊。许多工人死于这一工程，里贝尔的德国朋友因此为他取了一个德文昵称：Leichenfänger（尸体清道夫）。里贝尔的野心跨越了整个地球，就像他在 1936 年的一次旅行象征的那样：他得到了许多人梦寐 169
以求的舱位，与一位探险家、一名歌剧演员、法兰克福市长以及其他众多名人一起，搭乘首航的“兴登堡号”（Hindenburg）飞艇进行了从德国到美国的长途旅行。

和与他同时代的许多公司高管一样，脾气暴躁的里贝尔对工会和罗斯福的新政没有好感。但潜藏在宽厚的臂膀、铁钳般的手掌、水手式的咒骂以及在“21 俱乐部”扮演的纯熟的白手起家形象之下的，是某些更加黑暗的东西。尽管并不十分反犹——“为什么要反犹呢，”他会说，“我有几个最好的朋友都是该死的犹太人，比如伯尼·金贝尔（Bernie Gimbel）和所罗门·古根海姆（Solomon Guggenheim）。”——他却是个希特勒的崇拜者。在以后的岁月里，他一直声称他对希特勒的欣赏只是纯粹出于生意的考虑，将其说得轻描淡写。“他总是觉得，与独裁者打交道要比与民主制度打交道好得多。”他的一个朋友回忆，“他说，你只需要向一名独裁者行贿一次就足够了，却得没完没了地对民主制度做同样的事。”[5]

国民军发动政变一年以前，德士古就已经成了西班牙的主要石油供应商。当佛朗哥和他的共谋者们起兵攫取国家权力时，里贝尔并未继续执行其与共和国政府旗下的国家石油公司的合同，而是开始与未来的独裁者做起了生意。里贝尔明白，军用卡车、坦克和飞机不仅需要燃料，还需要一系列机油和润滑油配套使用，于是他迅速在法国波尔多港（Bordeaux）订购了一批上述物资，它们已经完成装桶封罐，正待一艘德士古公司的空载油轮运走。里贝尔将这些物资装船发给了国民军。[6]

一个人的政治观点常常因个人关系的影响而强化。里贝尔与比他年轻得多的胡塞·安东尼奥·阿尔瓦雷斯·阿隆索（José Antonio Álvarez Alonso）是朋友，阿隆索当时 28 岁，在国家石油公司工作，会说英语。1935 年，该公司与德士古签订了一份合约，从德士古购买了一艘油轮，阿隆索亲自来到德士古输油管线的终端集散站——得克萨斯的亚瑟港（Port Arthur）会见了后者的新任董事长，以纪念双方达成交易。阿隆索是西班牙国内的法西斯团体——西班牙长枪党的积极分子，当里贝尔陪着他在那艘新购油轮上散步聊天的时候，他们发现彼此非
170 常合得来，并且拥有相同的世界观。几个月以后，“德士古酋长”邀请阿隆索来到美国，参加一场在洛杉矶举办的石油行业会议。国民军于 1936 年起事之后，共和国控制下的马德里对法西斯分子来说成了危险的地方，阿隆索因此逃亡法国。他知道，国民军将会面临石油短缺的问题，于是他从马赛向德士古驻巴黎业务代表威廉·M. 布鲁斯特（William M. Brewster）发送了一封电

报。他很快便收到了回复："来巴黎，里贝尔船长在这儿，他想见你。"[7]

阿隆索与二人会面期间，"里贝尔先生告诉我，他的公司将支持国民军"。阿隆索随后前往佛朗哥总部所在城市布尔戈斯（Burgos）。在那里，他给在巴黎等得失去耐心的里贝尔发去了消息，向他解释，尽管国民军对石油的需求非常迫切，但他们没有油轮，也没有用以支付的现金。里贝尔则向他回复了一封日后被佛朗哥核心小集团高度赞扬的电报："钱的问题不用担心。"[8]很快，阿隆索将里贝尔和布鲁斯特邀至布尔戈斯。双方达成协议，德士古将向佛朗哥供应他所需的全部石油——通过赊购。横跨报业、银行业和烟草业的大亨胡安·马奇（Juan March）是国民军最大的金主，他成了此次交易的担保人。[9]在前线短暂志愿服役后，阿隆索成了国民军石油进口事务的负责人，他和里贝尔之间的关系变得愈发紧密。（战争结束后，为表彰阿隆索，德士古将其任命为该公司西班牙分部的总经理。[10]）

在大西洋的另一边，1936 年秋，当一艘共和国油轮停靠在亚瑟港码头时，它的船长失望地发现，在里贝尔的命令下，本以为会忠实履行合同的德士古将不再向共和国出售一滴石油。由于国民军和他们的德意盟友均缺少石油，且美国却对它们均敞开石油供应，依靠这条来自得克萨斯的石油生命线，佛朗哥得以继续进行他的战争。如果美国政府出面对此进行干预，国民军的战备将遭到严重破坏。

西班牙共和国与其在世界各地的支持者们都热切地盼望着 171
罗斯福总统能够很快改变对西班牙战场的中立态度。确实，罗斯福比任何当时的西方领袖都更不想看到希特勒与墨索里尼获得另外一个盟友。第一夫人埃莉诺·罗斯福（Eleanor Roosevelt）在各地煤矿访问，看望中南部风沙侵蚀区苦苦挣扎的农户，以及在阿巴拉契亚看望棚户区的居民时充分表现出了对工人和流离失所的人民的关切，她的确对西班牙的事态持有与共和国相同的立场。

事实上，她确实曾以个人名义，为一项以救济西班牙儿童为使命的贵格会教徒发起的基金进行过捐款。尽管她十分小心，自己从来不在受众广泛的报纸专栏上发表对美国政策的直接批评，共和国支持者们仍旧因为她在文章中反复提到西班牙人民因战争遭受的苦难而备受鼓舞。然而，权力最终仍旧属于总统，随着时间的推移，不论他内心的真实想法是什么，在这件事情上，罗斯福确实表现得非常谨慎。帮助西班牙不能为他赢得更多的选票，倒是一定会激怒全国的天主教主教和成千上万由天主教控制的报纸杂志的编辑。人们相信，1936 年第二次大选期间，罗斯福曾私下向美国天主教领袖承诺不会支持西班牙两股势力的任何一方。电台传教士库格林神父在节目中将佛朗哥称作“为基督而战的反抗者，为人类福祉而战的反抗者”，[11]并将对成千上万名西班牙神父的谋杀描述为“基督的兄弟们被钉死在了共产主义的血色十字架上”。[12]

罗斯福对当时相对还算十分新颖的民意测验十分关注，紧密地迎合其调查结果。1937 年 2 月的一次民意测验显示，尽管美国的西班牙共和国支持者以接近 2∶1 的比例在人数上超过了佛朗哥支持者，但仍有 66% 的民众不支持任何一方，或没有任何特定倾向。民意测验专家乔治·盖洛普（George Gallup）写道，这一结果“使孤立主义者们备感温暖”。[13]相比之下，大部分美国人明确地表示了自己对英王爱德华八世主动退位以迎娶辛普森夫人一事的看法：他是正确的。

由于曝光了佛朗哥军队的屠杀行为，杰伊·艾伦被保守的《芝加哥每日论坛报》解雇，成了一名为西班牙共和国游说的 172
干劲十足的说客，并在曼哈顿一栋民宅中办公。埃莉诺·罗斯福总是十分乐于听取他的想法，有一次还安排他在哈德孙河畔的乡村别墅亲自向总统进言，以争取后者对西班牙共和国的帮助。保罗·普雷斯顿讲述了这样一个故事："那天，他来到海德公园（Hyde Park）发表演说。演说结束后，本以为已经尽善尽美地完成了任务的艾伦被罗斯福简短的回应弄得困惑不已：'艾伦先生，我听不见你说话！'这令他感到不知所措。总统真的听不见他说话吗？他刚才讲话的声音不够大吗？……看到他的不安，总统解释道：'艾伦先生，罗马天主教会和其盟友的声音，我都能听得很清楚，他们的声音特别大，能请你和你的朋友们再大点儿声吗？'"[14]

罗斯福继续在听那些嗓门最响亮的人讲话。根据美国法律，向处于战争状态的他国出口"武器、弹药以及其他装备"是被禁止的行为。1937 年上半年，国会通过的一项决议明确表示，任何向"西班牙发生的不幸内战"提供武器装备的行为都是适用于上述法律而被明令禁止的。参议院以 80 票赞成、0 票反对的结果通过了此项决议，众议院的投票结果则是 411 比 1。唯一的一张反对票来自明尼苏达州的约翰·T. 伯纳德（John T. Bernard），他在科西嘉岛出生，倔强的他曾是一名铁矿矿主，也是一名歌剧爱好者。在投票现场，他不停地提出异议，直到西班牙共和国的货船"坎塔布连海号"（Mar Cantábrico）载着一船的二手民用飞机、一些飞机引擎和其他物资驶出纽约港并驶入国际水域后方才停止。投票结束前，这艘货船一直被一艘海岸警卫队的小艇和一架纽约警方的飞机跟踪，还有记者和摄影师也坐着好几架飞机尾随其后。得知船已驶出美国领海，伯纳德中断了自己说到一半的发言，决议得以顺利通过。然而，“坎塔布连海号”并没有走完自己的旅程。接近西班牙海域时，一艘国民军军舰将它拦截了。船长、五名乘客和十名船员被枪毙，其他人在被判处终身监禁后成了苦力。佛朗哥的空军轻而
173 易举地得到了船上的飞机——其中一架后来将运载两名来自美国的重要访客往返于国民军控制区各地。

进一步强化的美国中立法案受到了佛朗哥的欢迎，他说，罗斯福“表现得像个真正的绅士”。[15]毫无疑问，这位独裁者对于另一件事也很开心，新法令令人奇怪地并未禁止原油、汽油以及航空燃油出口，缺了这些，他的陆军和空军将会陷入大麻烦。德士古不是唯一向佛朗哥供应石油的美国公司。紧跟里贝尔的脚步，壳牌（Shell）、美孚（Socony）、大西洋炼油公司（Atlantic Refining）和新泽西标准石油公司（Standard Oil of New Jersey）也将佛朗哥变成了客户，但大半的份额仍然由德士古掌握。[16]仅仅德士古一家向国民军供应的石油总量，就是西班牙共和国从所有渠道购买到的两倍以上。[17]

同石油一样，卡车也未被视为军备品出现在禁运清单中。佛朗哥军队使用的卡车大多是美国货——共约 12000 辆分别购自通用汽车、斯蒂庞克（Studebaker）和福特的卡车。（通用给予了佛朗哥巨大帮助，他们接受国民军发行的比塞塔作为付款货币，这种货币战时不被国际承认，并且只有在佛朗哥获胜的情况下才能保持币值。）风驰通轮胎（Firestone Tires）同样将其产品卖给了大元帅的军队。它在西班牙的一则广告宣称：“胜

利向最好的人微笑。光荣的国民军总在战场上获胜，而风驰通轮胎在印第安纳波利斯 500 英里大奖赛（Indianapolis 500）中获得 19 连胜。”[18]

不过，美国法律的确有以下规定：向处于战争状态的国家输送的非军事类物资不得使用美国船只。就西班牙目前的情况来说，佛朗哥来自德士古的石油生命线似乎有望被切断，因为海关官员发现，里贝尔的油轮正试图规避这一条款的限制。首先，德士古的船会带着证明它们的目的地是安特卫普（Antwerp）、鹿特丹（Rotterdam）或阿姆斯特丹的载货清单离开输油管线集散站。直到到了海上以后，船长们才会开启密封的指示，依照指令前往指定的国民军港口。

除了擅自修改目的地之外，里贝尔还触犯了另一条法律：不得为处于战争状态的一国政府提供贷款。名义上，这笔贷款会从原油运抵目的地开始计算，期限为 90 天——这对石油行业 174
来说算是不可思议的宽大政策了，而贷款的真实条件还要比这慷慨得多。阿隆索后来解释道：“只要有钱我们就会尽力偿还，借到的钱也总是能突破原先定好的限额。”[19]里贝尔事实上扮演了佛朗哥的银行家这一角色。

1937 年春，当联邦调查局的特工就里贝尔的违法行为对其展开问询时，这位嗓音低沉的前船长充分施展了自己的魅力，在特工们面前扮演了一名不问政治的形象的商人。他向对方解释，他很确定，国民军“将取得胜利，而自己不想失去在西班牙每年总额在 300 万到 500 万美元的生意”。[20]显然，联邦调查局没有意识到，当国民军需要德士古的产品目录里面没有的物资时，里贝尔的公司还在扮演着物资采购代理人的角色。仅仅十年之后，人们就从解密的档案中了解到，该公司对佛朗哥的帮助远不只这么简单。[21]

在里贝尔面前，负责调查德士古的司法部年轻官员似乎不敢采取行动。收到德士古伪造货运清单的消息的三个多月之后，他才写信给自己的上司、司法部部长霍默·卡明斯（Homer Cummings），说自己有意将本案移交德士古总部所在地纽约进行起诉，但“鉴于本案部分被告的重要地位……您可能会希望在案件正式递交之前了解一下有关情况”。[22]

在这之后的第二周，卡明斯将该案呈上内阁会议，并提到可能将以共谋罪起诉德士古。[23]他在报告中写道，罗斯福总统当场表示“支持迅速对有关涉案机构及个人进行有力指控”。[24]不过，总统本人随后改变了主意，因为最终的结果证明，本次起诉根本谈不上有力。尽管违反中立法案应该被处以五年监禁的刑罚，德士古却仅仅被象征性地处罚了一下：因向处于交战状态的外国政府提供贷款，德士古被处以22000美元罚金。数年后，当各大石油公司开始向普通消费者发放信用卡时，一则笑话在业内人士中间流传着：谁是德士古公司的首位信用卡客户？弗朗西斯科·佛朗哥。

11　与苏联的交易

尽管在瓜达拉哈拉遭到了挫败，1937 年春天的国民军却在其他地方，尤其是西班牙北部海岸地区高歌猛进。在那里，巴斯克武装正在苦苦挣扎，努力维持着自己从共和国争得，如今正不断遭到蚕食的控制区，又一群人成了国民军蓄意施行的恐怖政策的牺牲品。因为巴斯克地区大多数天主教会的神职人员都曾支持共和国，共和国政府给予了他们用巴斯克语传教和授课的自由。（一名巴斯克国民军支持者说，他曾在忏悔室坦白自己犯下过“使用西班牙语词”的罪。[1]）结果，16 名神父被国民军杀害，更多人则受到了残酷折磨，超过 80 人被判处长期监禁。[2]从此，国民军占领区再未响起过巴斯克语的布道声。 175

不久之后，战火蔓延到了一座距离前线不超过 10 英里的内陆小城，城里满是从国民军控制区逃难而来的百姓，他们的行李只能堆放在来时的牛车上。格尔尼卡（Guernica，现在通常按它的巴斯克语名称拼为 Gernika）是一座长久以来，在对独立心向往之的巴斯克人心目当中占据了特殊位置的城市。传说，当年统 176
一西班牙的斐迪南国王和伊莎贝拉女王在 1476 年来到了格尔尼卡，他们在一棵橡树下许下承诺，誓将为巴斯克恢复它曾经享有的荣耀。为此，有位诗人还写下一首著名歌曲献给这棵橡树。此处后来被种下了两棵橡树，1936 年，代表们聚集在这里，见证了与西班牙共和国结成联盟的巴斯克自治区的首任主席宣誓就职。

1937 年 4 月 26 日下午，格尔尼卡教堂的鸣钟敲响了空袭警报。有的人急忙跑进地窖躲避，其他人，包括那些在赶集日将牛羊带到市集准备卖掉的农民，则逃往了城镇外面的开阔地带。起初，只有一架纳粹战机从人们的头上飞过并扔下飞机上的炸弹，接下来没有发生任何事。见状，人们又重新聚集到街上。就在这时——敌机第一次光临没有遭到什么攻击的事实，说明格尔尼卡几乎没有防空手段——真正的空袭开始了。在十多架其他各型飞机的护卫下，隶属秃鹰军团的 23 架 Ju－52 轰炸机轮番从附近基地飞来，先后向地面投掷了杀伤炸弹、高爆弹，以及能够点燃攻击之下已被摧毁建筑中的木头，让目标变成一片火海的铝制外壳燃烧弹。德国飞行员将这种混合投弹方式称作“Generalstabsmischung”（总参谋部鸡尾酒），三个小时内，他们的总投弹量超过了 30 吨。

无数家庭被埋葬在自家房屋的废墟中；大量烟尘冲上云霄；燃烧弹中的化学物质沾了牛羊一身，这些浑身起火的畜生惊恐地狂奔在已化为一片瓦砾的街道上。在圣玛利亚教堂，神父用圣餐酒熄灭了一枚燃烧弹，但在这个毁灭之日，这样的好运实在是太过稀有了。当意识到建筑正在倒塌，地窖已经无法保护他们幸免于难时，人们纷纷逃了出来。就在这时，一大波 He-51 战斗机发现了人群，它们改为低空飞行，不论人畜，向视线中的一切活物疯狂扫射。约 200 人被射杀，还有更多人受伤。[3]大半城镇化为了一片焦土，建筑残骸仍在燃烧。夜幕降临之时，可怕的橘色光芒照亮了天空。

在某种意义上，格尔尼卡可以被算作军事目标，因为从前线撤退的共和军部队和其辎重都会从这里经过。可是，只要集中火力将附近的一座桥梁炸断，纳粹就足以破坏这条行军路线了。结果，这座桥反倒逃过一劫，安然无恙，城里发生空袭时，

还有人在桥下避难。城中的兵工厂是这里唯一无可争议的军事 177
设施，却也在空袭中毫发无损。本质上，这次空袭是对高强度轰炸能对一座城镇造成多大破坏的试验。秃鹰军团的军官们已经有好一段时间都在急切地盼望通过这种方式检验火力了，一份五个月前做成的德军内部备忘录中写道："要是最后国民军请求我们对建成区进行轰炸的话，那就再好不过了。"[4]最终，秃鹰军团总参谋长、普鲁士贵族、空军中校沃尔弗拉姆·冯·里希特霍芬（Wolfram von Richthofen，他是一战期间著名的"红男爵"［Red Baron］的堂弟，还曾是其麾下驱逐机大队的一名飞行员）在4月26日的战地日记中写道："格尔尼卡成为轰炸目标。"沃尔弗拉姆蓝色的眼睛、金色的小平头、笔挺的军人姿态和对健身的热爱使他成了希特勒最为欣赏的"雅利安人"样板。

对格尔尼卡的地毯式轰炸，代表着欧洲第一次有城市几近被空袭摧毁。事实上，尽管这次轰炸造成的人员伤亡要比几周前，国民军在另一次不太引人注意的攻击行动中对附近另一座城镇造成的伤亡更小，但对还没经历过伦敦大轰炸或是盟军对德累斯顿（Dresden）和广岛的毁灭性轰炸的世人来说，这次轰炸足以造成巨大的影响。当然，这次轰炸还激发了20世纪最著名画作的诞生。巴勃罗·毕加索（Pablo Pieasso）此前已经因马德里遭受轰炸而大为震怒。本来，受西班牙共和国委托，他要为当年夏天巴黎世界博览会的西班牙馆创作一幅壁画。事件发生之后，毕加索放弃了原先的计划，他或站或跪，有时还要借助梯子，以超过11英尺高、超过25英尺宽的画幅描绘了轰炸的场景，就连遇难的动物也被包括其中。世界各地都对这场轰炸表示强烈谴责。

尽管格尔尼卡大轰炸早已成为里程碑式的历史事件，但我们都忘记了它起初激起民愤的真正原因：佛朗哥和西班牙天主教会高层极力否认轰炸的发生。一个被巴斯克人击落的德国飞行员4月26日当天的日记中出现了“Gernika”（格尔尼卡）一词，他却辩称这是他在汉堡的女朋友的名字。英国外交大臣以及美国国务卿都接受了佛朗哥的说辞，两国都决心不被
178 西班牙内战牵连。国民军的宣传机器声称，格尔尼卡是撤退的共和军放火烧毁的。作为回应，法国讽刺周刊《鸭鸣报》（*Le Canard Enchaîné*）刊登了一条新闻：圣女贞德将自己绑在火刑柱上自焚而死。

将近40年里，佛朗哥政权一直坚称是巴斯克人自己炸掉了格尔尼卡。然而，几名外国记者在轰炸结束后六个小时就抵达了那里，当时废墟还在燃烧，其中一名来自英国《泰晤士报》的记者以生动有力的文字记录下了执行轰炸的德军飞机和其空投炸弹型号等准确翔实的细节，得到了多国报刊的转载。另一边，来自《纽约时报》的佛朗哥支持者威廉·P. 卡尼报道了国民军方面对于此次轰炸的否认。佛朗哥军队在轰炸结束几天以后刚进占格尔尼卡，他就立刻入城参观了城中的废墟。卡尼坚称，他没有在街道上发现炸弹弹坑的痕迹，进而得出结论，“正如国民军方面所说的那样，这里的大多数破坏都是由纵火和炸药造成的，因为，许多建筑尽管没有了屋顶，但空壳仍然矗立着，飞机的巨型炸弹是不可能把建筑炸成空壳，却让建筑四面的墙壁依然立着的”。[5]至于为什么靠炸药和放火能将建筑变成空壳而炸弹不能，卡尼并没有做出解释。

包含此次事件在内，由于多次为国民军事业做出贡献，战争结束多年以后，当卡尼从《纽约时报》退休时，他成了佛朗

哥政权驻美国的说客兼公关负责人。[6]

当格尔尼卡遭受轰炸的消息传到最新一批抵达西班牙的美国志愿者耳中时，他们绝大多数正在梅里曼的指挥下，在位于格尔尼卡以南几百英里的地方进行训练。在日记里，梅里曼写满了他对新兵表现直言不讳的评价，和对那些不守纪律或酒后滋事的新兵的反感。尽管坚持让新兵们向自己行军礼，并且和他们一同就餐，但如果有人像在传统军队中那样叫他“长官”，他却会纠正他们。传统的军人要是听到下面的事情同样会皱起眉头：一次例行训练中，梅里曼将玛丽昂也带到了现场。对此，玛丽昂是这样描述的：“他们筹备了一场11英里野外拉练…… 179
于是，我也穿上了自己的亚麻底便鞋，同男人们一起沿着一条尘土飞扬的道路前往机枪训练场，他们将在那进行机枪实弹演练。真子弹从他们头顶咻咻飞过，再清楚不过地向他们展示着战场的真正模样……那天晚上，我和鲍勃一起，睡在了一张开阔地上由短叶松树枝搭成的床上。”梅里曼的日记则如同往常一样，只有一句“玛丽昂在野外表现不错”明确提及玛丽昂也参与了拉练。[7]

然而，二人在大多数时间都是分开的。玛丽昂在阿尔巴塞特的国际纵队指挥部工作，梅里曼驻扎在附近一处营地，那些在他手下接受训练的美国志愿者住在营地里一座爬满葡萄藤的女修道院，吃饭则在一座教堂的旧址解决。当二人都放假的时候，他们会去阿尔巴塞特附近的胡卡尔河（Jucar River）游泳。有一次放假，他们还去了趟马德里，在那里，梅里曼、海明威、派克医生和其他一些人一起为西班牙共和国进行了一次面向美国国内的短波广播。商店里几乎没有食品出售，街道上到处都是瓦砾，这一次，玛丽昂亲身体会到了在一座处于封锁状态，并时刻面临炮火袭击的城市生存是什么感觉。在阿尔巴塞特，她在雷吉纳宾馆（Hotel Regina）的房间就像不当班的美国志愿兵们的天堂一样，来自美国医疗队的医生和护士们也是同样的感觉，因为他们总能在这里喝上一杯“乔治·华盛顿”牌速溶咖啡，要是她在本地商店碰上了好运气的话，还能吃上沙丁鱼配薄脆饼干。工作期间，玛丽昂要打字，帮人跑腿，为国际纵队的报纸写文章，复印美军手册，还要接待像多萝西·帕克[①]这样来访的著名人物。同时，她跟随丈夫的脚步加入了共产党。事实证明，她在西班牙的工作同在美国时一样令她大开眼界，直到此时她才首次结识黑人和犹太人便是一例。

美国志愿者们接受了她的存在，但是，玛丽昂写道：“有时我被他们过于接受了。偶尔，他们会得寸进尺……我就曾和一个思想活络的小伙子讲……如果我按照他的建议和他一起睡觉，为了公平，我就不得不和另外 2000 多人也一起睡觉，这我可力
180 不从心。”一个对她爱意似火的美国人试图说服她“和他睡觉是党赋予我的职责，因为我是一名党员，而他又需要我”。[8]

为了给自己在报纸杂志发表文章搜集素材，路易斯·费舍尔参观了鲍勃的训练营。他写道：“在干燥的卡斯蒂利亚高原的正中央，密西西比口音、布朗克斯口音、新英格兰口音、费城口音、芝加哥口音和西海岸码头口音的英语混杂着附近地区的西班牙方言……‘一年前的这个下午，’我心想，‘我还在罗夫卡（Petrovka，莫斯科的一条街）和梅里曼一起打网球。’”然而，鲍勃如今正全情投入一场战争当中，对自己的前网球搭档

① 多萝西·帕克（Dorothy Parker，1893～1967），美国作家，代表作有《足够长的绳索》等。

的态度似乎有些冷淡。他在日记中提到费舍尔时写道，他“还是那副老样子——身边有漂亮女孩，气质也没有变化”。[9]

作为林肯营中唯一的英国人，格尼此时仍然待在前线的战壕中，他表达了作为一名前线老兵对待在后方的人的蔑视之情。阿尔巴塞特那些“大人物”，他写道，“大多都穿着自己发明的奇异制服——各种颜色、各种长度的皮大衣，搭配五花八门的、长度惊人的靴子的马裤，还有贝雷帽。他们扎着样式各异、制作精良的武装带，别着像模像样的大手枪。尽管他们在城里穿成这样毫无用处，并且前线才更加迫切地需要他们，但没人会放弃这最后的彰显身份的方式”。[10]

有位志愿者写了一首打油诗：

在阿尔巴塞特的前线上
后方的将军来访。
哦！他们在打一场大仗
尽管没听过大炮的声响，
空谈就是他们的模样。
你会听见将军这样讲：
“是的，我们将要前往哈拉马
不是今日，就是明天。”[11]

林肯营一直把守的距马德里东南 20 英里的防线还算稳固，但间歇性袭来的炮火和狙击手的冷枪意味着，格尼写道，“你永 181
远也不可能得到放松”。他的职责之一，是每天穿越布满乱石的光秃秃的地面，从林肯营的战壕去一趟第十五国际旅的总部，他所走的路线让他每天都要经过“晒肉场……在这里，白天死去的人的尸体就躺着等着被抬走。每天尸体的数量从两具到二十具不等。狙击手和迫击炮造成的伤亡虽小，但十分稳定，每天早晨都会有新的尸体被抬回来，上面盖着被单”。[12]

在其他林肯营老兵的回忆中，出现的也是在战壕中度过的那段好像没有尽头的岁月里令人压抑的景象，有烦闷的生活，肮脏的环境，恶劣的食物，还有无能的高层指挥官。但这并没能阻止记者们对此描绘出一种完全不同的氛围，没有人比赫伯特·马修斯更热衷此道了。1937 年 5 月，在对战场短暂访问期间，他在一篇《纽约时报》的报道中写道，这里的美国人“是群充满战斗激情的健康快乐的人。一个自称曾在去年冬天参加过海员大罢工的小伙子告诉我，他在这儿得到的食物要比在纽约的时候好得多”。相比之下，大约也在同一时期参观了这些战壕的弗吉尼亚·考尔斯则更加实事求是：“他们看起来精神高度紧张，而且病恹恹的。据我了解，他们已经在前线连续战斗 74 天而没有休整了……他们的脸上布满皱纹，憔悴不堪。”[13]

前线的战斗时光扑灭了格尼曾经对西班牙革命抱有的狂热情绪，如今他觉得，无政府主义者和 POUM “天真得简直有罪”，他们竟然相信军队事务能交给士兵投票决定。即便如此，当看到国际纵队派来的政委是如何煽动士兵们的仇恨心理时，格尼仍然感到十分惊骇。“得到苏联支持的部分党派人士……展开了再明显不过的荒谬的大规模宣传攻势，声称 POUM 是佛朗哥的盟友。可佛朗哥就算千错万错，他也绝对不会和这样一个持不同政见的马克思主义小党派结盟。”春去夏来之际，格尼开始“寻找机会离开这整个表演……我已准备好为西班牙的社会公正战斗至死，但我不想因为共产党或其他人的什么论战而死”。[14]

然而，格尼的同志们却基本上没人有与他一样的政治苦恼。前线的国际纵队部队根据不同的语言，和对像巴塞罗那这样的 182
地方日益加剧的政治斗争的参与程度而彼此区分，似乎没什么人对格尼关注的那些感到在意。许多林肯营的人都是在数年或数十年之后才与共产党决裂的。[15]尽管感到挫败，格尼却从未质疑过自己当年来到西班牙的正确性。“现实的悲剧之处在于，我们中的绝大多数人仍然对我们事业的正义性深信不疑，渴望为它而战。”[16]

格尼见到的政治紧张并不为西班牙共和国所独有。其他很多曾经处于动荡之中的社会也面临过同一个问题：社会革命和战争可以同时发生吗？当查理一世在英国内战中被抓后，1647年，激进派在著名的帕特尼辩论①中提出了很多划时代的构想，例如普遍的男性选举权等。但战争在查理一世逃跑以后再次爆发，即便对于男性来说，获得普遍选举权也要等到几个世纪以后了。1790年代，当凭借一场他们历史上最大规模的奴隶暴动获得自由后，海地人将曾经奴役自己的大种植园的土地分割成小块，自由的男女们终于能够耕种属于自己的土地了。但是，这样的体制并没有生产出购买急需的外国武器以对抗法国，尝试重新夺回殖民地企图所需要的糖和咖啡。结果，海地领

① 帕特尼辩论（Putney Debates）是英国革命时期独立派高级军官和平等派进行的一场辩论。为解决两派围绕未来国家政治制度问题产生的分歧，双方于1647年10月28日在伦敦郊外的帕特尼教堂举行全军会议，就重大的政治原则问题展开讨论。争论的焦点是国家政权形式和普选权。独立派主张保留国王和上院，平等派针锋相对，一致要求废除君主制和上院，由人民和人民选举的下院行使最高权力；平等派坚持普选权的原则，独立派则认为选举权应有财产资格限制，实行普选权会造成对私有财产的威胁。两派分歧难以调和，未获结果。11月11日克伦威尔下令中止会议。

袖杜桑·卢维杜尔（Toussaint L'Ouverture）强迫不情愿的人们重返种植园模式，在严厉纪律的管束下，他们重新种起了经济作物。

相似的冲突正困扰着西班牙共和国。虽然听起来诱惑力十足，但那些使仍处在襁褓之中的西班牙革命对其仰慕者具有吸引力的特色——平均主义、权力分散、蔑视权威——从来都不是一支强大的军队得以建立的基石。一边是一心革命的无政府主义者和 POUM，另一边是势力不断增强的共产主义者和他们拥有主流地位的盟友，对西班牙未来将要采取何种政体的意见冲突势必爆发。在马德里、巴塞罗那和其他一些地方，双方就
183 因此产生了冲突并造成多人死亡，一位杰出的共产党政治家遭到暗杀。

除了是否应该让革命性的改变推迟到战争胜利之后再行发生的分歧之外，双方还存在着其他对立现象：无政府主义者恢复了他们长久以来对一切政府的怀疑；而借助苏联军火援助带来的影响力，共产主义者将党员安插进了军队和安全部门的关键位置任职。“我们在军队当中的影响力……正在飞速增强。”一名林肯营政委在当年春天写给妻子的一封信中写道。偏执情绪同时在双方阵营蔓延。共产党贴出了海报，海报上的人将 POUM 的面具抬起一半，露出下面的纳粹标记，而洛伊丝·奥尔则坚信，共产党及其盟友正“允许明知是第五纵队的人在马德里横行无忌”。[17]

在无政府主义者的大本营巴塞罗那，事态终于一触即发。历史学家至今仍在争论谁应对此负责，但最后的导火线却只是由几通电话点燃的。

无政府主义者的红黑色旗帜已经在城中的电话交换大厦上

飘扬了几个月，这是革命力量胜利的象征，因为，这里从前是被美资国际电话与电报集团把持的。无政府主义者民兵武装在大厦门口配备了拥有沙袋构筑的防御工事的卫兵。无政府主义者们认为，电话系统对于人民对经济的控制至关重要——并且，就像过去和当下的众多政权一样，这也是监视政敌的一种方便手段。1937 年 5 月 2 日，巴伦西亚一位共和国政府部长试图给位于巴塞罗那的加泰罗尼亚地区政府的一名官员打电话，结果却被一个无政府主义者接线员告知，并不存在这样的一个政府——这是无政府主义者的梦想——他们只有“防御委员会”。当共和国总统曼努埃尔·阿萨尼亚①在同一天与加泰罗尼亚主席路易斯·孔帕尼通话时，一名无政府主义者接线员突然打断通话，坚持让二人停止交谈。双方政府官员对此都很愤怒，加泰罗尼亚地区政府安全部长命令警察夺占了电话大厦，手持武装的无政府主义者卫兵开始向警察开火。

“枪声吓得一大群鸟飞向了灰色的阴暗天空，”洛伊丝·奥 184
尔回忆道，“并使消息加速传遍全城：冲突终于爆发了。”[18]战斗迅速升级，这场“战争中的战争”夺走了许多人的生命。这是对谁将控制这座西班牙第二大城市，甚至直抵法西国境的西班牙东北部地区的具有决定意义的较量。权力最终将属于位于巴伦西亚的共和国政府和其下属的加泰罗尼亚地区政府，还是将被数千名控制了无数大楼、路障乃至——就像奥尔夫妇刚到西班牙时发现的那样——边防站的无政府主义者民兵掌握？

正在巴塞罗那休假的乔治·奥威尔发现自己正陷于双方交战之中。尽管之前已经意识到了共和国内部存在的紧张政治气

---

① 曼努埃尔·阿萨尼亚（Manuel Azaña，1880～1940），西班牙内战时任共和国总统，共和国被推翻后流亡法国。

氛，但直到现在，他才理解了这样的紧张已经到了多么严重的地步。事实上，他曾经希望利用休假间隙从 POUM 民兵部队调到国际纵队去。尽管对共产党并不信任，他却明白，共产党的军队拥有更为精良的装备，并且正在守卫着马德里，与相对沉闷的阿拉贡战线相比，那里的战斗才显得十分重要。“对于 POUM 的革命纯粹主义，”他写道，“尽管我看到了它的内在逻辑，但它对我来说显得没什么意义。毕竟，只有赢得战争才是真正重要的事情。”[19]

在西班牙的英国共产党成员知道奥威尔是一名作家，他们觉得将他调入国际纵队将是个十分漂亮的举措。他们在巴塞罗那拥有数名线人，其中至少有一人是奥威尔夫妇所认为的 POUM 同志。一份写给驻阿尔巴塞特的国际纵队总部的报告中说，奥威尔“对政治不甚了解”，但是在与 POUM 作战的英国人当中“广受尊敬且具有领导气质”，还“希望参与马德里前线的战斗，并表示数日之内就将正式向我方递交申请”。[20]

然而，事情的进程受到了干扰：

“5 月 3 日中午前后，”后来，奥威尔在《向加泰罗尼亚致敬》中写道，“一个朋友穿过休息室来到我身边，随意地对我说道：‘电话交换大楼那里遇到了一些麻烦，我听说……’就
185 在那天下午三四点，我在兰布拉大街走到一半，听见身后发出了几声枪响……一路上都能听见商店店主们将窗户上的钢制窗罩猛地拉下发出的声音。”

由于警察对无政府主义者和 POUM 展开了镇压行动，奥威尔随即被派去保卫 POUM 党部大楼，他的妻子艾琳和查尔斯·奥尔都在那里工作。整整三天三夜，他和包括与自己来自同一民兵连队的纽约人哈里·米尔顿（Harry Milton）在内的一小队

人一起，驻防在一座电影院的屋顶，从那里，他们能够将隔着绿树成荫的兰布拉大街对面的党部大楼尽收眼底。

“当时我总是愿意坐在屋顶上，为视野中那些奇异的建筑感到惊叹，”他写道，“你能看到周围好几英里远的地方——都是又高又细的大楼，它们有玻璃穹顶和看起来很棒的弯曲形状的屋顶，上面铺着绿色和红棕色的瓷砖。往东看去是泛着淡蓝色光芒的大海——这是我来到西班牙以来第一次瞥见大海。整座城市的100多万人都被某种极端的惰性封印了……除了从路障和摆满沙袋的窗户后面射出的子弹以外，没有其他任何事情发生……兰布拉大街上到处停着有轨电车，司机在战斗打响的时候已经弃车而逃了。可怕的噪音一直在好几千栋石头建筑中间回响着，不停地回响着，好像是热带的暴风雨一样。”

几天以后，他所在的小队被派去砌石块来加强党部大楼的防御。清点武器时，他们发现一共只剩下20支还能使用的步枪，大约50发子弹，还有几把手枪和一些手榴弹。艾琳加入了他们，随时为任何伤者提供照料，但他们并没有医疗用品。与此同时，交战双方的武装人员都占领了更多建筑的屋顶。“形势太复杂了，”他写道，“要是有哪一栋楼上没有一面党旗插着，都让人觉得莫名其妙。”共和国政府准军事化的城市警察部队“突击卫队”攻占了奥威尔他们所在大厦斜对角的大楼。

“这太让人生气了。我在前线待过115天，迫不及待地回到巴塞罗那是为了好好休息和放松一下。但是，我得把时间全用 186
在楼顶上坐着，和我对面的那些‘突击卫队’一样无聊。他们偶尔会向我招手，向我保证他们是‘工人’（意思是他们不希望我对他们射击），但若是接到命令向我们开枪，他们绝对会照做。”[21]

他们没有开火，但城中其他地方却发生了大量交火，街上的战斗持续了将近一周时间。战斗结束后——但他此时还未意识到这一切将造成的后果——奥威尔因为这激烈的党派之争而感到痛苦，并为共和国政府的警察部队将枪口指向无政府主义者和 POUM 而感到愤怒，他放弃了调到国际纵队的计划。尽管发生了这一切，他仍然相信这场战争是值得他去为之战斗的，并返回了前线的民兵连队。

由于生病，战斗打响时，洛伊丝·奥尔正在家里休养。奥威尔的苏格兰同志鲍勃·斯迈利（Bob Smillie）当时也在巴塞罗那休假，作为奥尔夫妇的朋友，他之前给洛伊丝带去了一些鸡蛋、面包和草莓。然而，冲突刚一爆发，她就下床了。“刚听到消息也就十分钟时间，她就开始帮我一起修筑路障。”在 5 月 8 日的一封信里，查尔斯·奥尔骄傲地给母亲写道，“我现在是一名专家了——在我的阵地击伤了五六个，还杀掉了一个。我的脖子擦破了。但就是死了也值得……我们很好。……就是有点儿饿。最终战斗显然结束了——但没有人是赢家。”[22]

这一点他说得并不正确。共和国最终取得了胜利，并在之后的整个内战期间建立起了对巴塞罗那和周边地区的有效统治。最近一份研究指出，冲突造成了 218 人死亡，其中绝大部分都是无政府主义者。[23]尽管无政府主义者得到了大多数加泰罗尼亚人的支持，他们却面临着一项痛苦的抉择：要控制巴塞罗那，他们就不得不从前线撤回民兵部队，并将他们投入对抗共和国准军事部队的街头巷战中。这样做可能会暂时使他们赢得城里的战斗，但无疑会让对抗佛朗哥的努力毁于一旦。尽管被众多更加狂热的支持者认为是种背叛，无政府主义者领袖们还是下令停止了武装反抗。

查尔斯·奥尔很快就意识到了真实情况。“过去的几天里，我们看到了很多，也了解了很多，”他在写给母亲的信中说，“我们随时准备转入地下继续抵抗。”从这之后，他写给家里的大部分书信用的都是假名。战斗到最后一刻的洛伊丝对她所认为的无政府主义投降者充满了鄙视之情。“革命结束了，”她写道，“但反革命们还没表现出他们将要做什么。我们走着瞧。”[24] 187

经过数月门可罗雀的日子后，巴塞罗那的帽子店突然迎来了营业额暴涨。6月到来之前，奥尔夫妇还注意到，人们原有的生活方式正在回归。依旧和其他外国人一起住在原纳粹德国领事宅邸公寓中的二人发现，电力和热水供应都中断了。“我现在正靠着蜡烛的照明写这封信，”查尔斯告诉母亲，“因为电力公司想让我们连之前领事的电费也一起交了。我们提议只从我们2月15日入住算起，但是他们毫不妥协。于是乎——再没有热水澡了。”[25]由于再没有任何有关革命变化的新闻稿要写，洛伊丝辞去了在加泰罗尼亚地区政府宣传办公室的工作。艾琳·布莱尔为她额外找来了些食物，试着让她振作起来。

尽管无政府主义者的势力已经瓦解了，但在斯大林对持不同政见者的憎恶的鼓动下，相对弱小的POUM才是影响力日益增强的共产党要对付的首要目标。共产党员们坚持要求共和国总理、左翼社会主义者弗朗西斯科·拉尔戈·卡瓦列罗①取缔POUM并将其领导层尽数逮捕。在他表示拒绝后，由共产党员、主流派自由主义者和温和派社会主义者组成的联盟强迫其辞职，

① 弗朗西斯科·拉尔戈·卡瓦列罗（Francisco Largo Caballero，1869～1946），西班牙工人社会党领袖，1936～1939年任西班牙共和国总理兼国防部长。1939年后流亡法国，二战中被纳粹德国关押于达豪集中营，1946年在流亡中去世。

并让胡安·内格林取而代之。内格林是一名体形肥胖、能说多国语言的生理学家，因其食欲旺盛而十分有名——有时候一个晚上他能在不同的餐馆吃两三顿晚饭——是军队统一化和战时经济中央统制化的支持者。“然而，要是因此就说内格林仅仅是执行苏联政策的工具的话，”休·托马斯（Hugh Thomas）在他的内战通史中写道，“那就错了。”[26]

摆在内格林和其内阁成员们面前的，是与苏联的交易。由于美国、英国和法国纷纷拒绝向共和国出售武器，苏联成了共
188 和国武器的唯一来源和最大供应者，更不要说苏联还向共和国派出了军事顾问，并为坦克驾驶员和飞行员等专业人员提供了训练。作为回报，共产党员持续不断地在警察机构和军队中的关键位置任职，现在，苏联还要求对 POUM 的领导人进行公审。内格林尽最大努力操纵着共和国的大船在危机四伏的水域中小心地行驶，尽管他没有全盘照做，可也还是让斯大林的部分要求得以满足。当然，在几年以后爆发的另一场战争中，美国和英国同样要面临一模一样的与苏联的交易。英美想要击败希特勒，就必须满足斯大林的部分要求——例如战后控制东欧——才能换取苏联的结盟。

1937 年 6 月 17 日上午八点，四个穿着军装的人——其中一人是苏联人——和四名来自被苏联控制的共和国军事情报部门的便衣警察来到了奥尔夫妇的家门口。他们“向我们出示了我们所在公寓的建筑平面图”，洛伊丝后来写道，“以及一份名单，在这里住过，哪怕仅仅是来拜访过的人都在上面”。[27]他们将二人逮捕，没收了他们所有往来书信、日记和其他物品，就连一块红黄色的布——红黄双色是君主主义者的代表颜色，他

们将这块布挂在了浴室门上作为装饰——都没有放过。再没有人见到过这些东西。

半个多世纪后，一些解密的苏联情报档案清楚表明，奥尔夫妇当时受到了无孔不入的严密监视，就连洛伊丝的立场比查尔斯更激进，特工们都知道得一清二楚。“在巴塞罗那工作期间，”一份报告写道，“她对众多政治议题的狂热参与给人留下了尤为深刻的印象。”[28]

巴塞罗那的共产国际地下组织由多国人士组成。对洛伊丝的评语和对其他外国的 POUM 支持者的笔录是用德语写成的。他们当中，有个德国共产党特工名叫胡贝特·冯·兰克（Hubert von Ranke），由于他在 1937 年年底前改变了立场，我们才得以了解到他的名字：他离开了西班牙，退出了共产党，并宣称那些他曾监视及问询过的人“不是‘佛朗哥的特务’，只是些诚实的革命分子”。[29]这些人中还有一个是来自英国的共产党员戴维·克鲁克（David Crook），他曾假扮成 POUM 的支持者，在 189
奥尔夫妇被捕不到两周以前与他们一起去海滩野餐过。他在回忆录中写道，自己曾利用西班牙漫长的午休时间偷偷溜进查尔斯·奥尔和艾琳·布莱尔的办公室窃取文件，这些文件会在一处苏联人设立的安全屋中被迅速照相存档。苏联档案中的一些监视报告是用法语写成的，这些报告显示，国际纵队的政委安德烈·马蒂可能也在巴塞罗那安插了自己的特工人员。

关押奥尔夫妇的警察局非常拥挤，一些犯人只能在楼梯井里待着。在这儿，查尔斯认出了 POUM 的诸位西班牙领袖和来自美国、加拿大、苏格兰、荷兰、德国、瑞士以及波兰的反斯大林人士，这些人之前和他都是一个小圈子的。他和其他 100 名犯人一起挤在一间只有 35 张折叠床的囚室中，每天只能吃到两碗汤和两片面包。床虱在墙上爬来爬去。

不久后的一个午夜，查尔斯、洛伊丝和其他 30 名外国人被赶到狭窄的街道上前往一处原属本地右翼分子的住处，唯一的照明来自看守们的手电筒。用人原来的房间被改造成了牢房。在那里，随着时间一天天过去，有些犯人开始绝食抗议。男人和女人被分别关押，他们都在自己的牢房里认出了混在犯人当中的便衣警察，他们的存在抑制了犯人们的谈话。

这些反斯大林分子发现，与他们关在一起的还有国际纵队的士兵，有些是战场逃兵，有些则是因为与上司发生了冲突。“斯大林的恐怖统治当时到达了顶点，”洛伊丝写道，“一些忠实的斯大林主义者在我们囚室的墙上画了一张漂亮的苏联地图，用心地画出了矿藏地点、工业中心、山脉分布和冻土层位置等细节。男人们告诉我们，他们囚室的墙上挂着一张巨大的斯大林照片。这些墙上认真完成的画和照片让我近距离感受到了莫斯科审判的恐怖，在那里，你只能懦弱地向错误指控并最终杀掉你的人宣示自己的爱与忠诚。我的结局也会是这样吗？”

190 她发现看守们都很友好。“他们并不是虐待狂，而是很有人性的人，因为我们是女人，他们对我们显得很宽容。俄国人不得不用西班牙人来干他们的‘脏活’，这对我们来说是种幸运……他们允许我们通过牢门和男囚交谈，在牢房之间来回传递便笺和字条，甚至还出去为我们购买肥皂，当时这东西在巴塞罗那可是抢手货。”洛伊丝跟一名德国狱友学德语，还从一个波兰狱友那里学习服装设计，试着靠这种方式让自己振作精神。“她们叫我‘宝贝’，因为我结婚的时间太短了，她们很善良地照顾我……我们每天都唱歌。我们的囚室会传出法国歌、德国歌甚至美国歌的歌声，与其他囚室传出的遥远的歌声混杂在一起。”[30]囚犯中最让她担心的是德国人和意大利人，因为一旦被释放，若是被遣返回国，他们将面临牢狱之灾，甚至更糟。当巴塞罗那的代理领事听说奥尔夫妇被逮捕的消息后，他立即将电话打给了警察局，结果却被不实地告知，他们拒绝他的探视。

当查尔斯和洛伊丝先后被传唤录入指纹和接受问询时，一个英语说得不错的苏联人接见了他们。“你们永远都无法摆脱法西斯的罪名。”[31]他告诉洛伊丝。当一份共产党报纸上——所有人都被允许阅读这份报纸——出现了 POUM 被指控为国民军间谍网络一部分的新闻时，他们的斗志很受打击。

奥尔夫妇和其他许多 POUM 支持者在监狱羁押期间，这样
的荒谬指控被来自多个国家的外国记者尽职尽责地重复着，他
们就像所有着急赶稿的记者一样，仅仅是将官员们告诉他们的
报道了出来。苏联驻巴伦西亚大使馆的情报专员向美国联合通
讯社的记者提供了一些传闻，作为不署名的内幕消息。类似的
匿名来源的故事还出现在了伦敦的《泰晤士报》（“据说”）、
《曼彻斯特卫报》（“细节……得到了公开”）以及《纽约时报》
上（“据称”）。以上四家报社的记者甚至都不在巴塞罗那。《纽
约时报》刊登的文章由赫伯特·马修斯撰写，标题是《阴谋在
西班牙被揭开……一份地图后面发现了写给佛朗哥的消息》。文
中继续提到，200 名军队官员、法西斯主义者和 POUM 成员被
指控使用秘密电台向国民军发送加密情报，使用隐形墨水为佛 191
朗哥提供消息。[32]另一篇文章则怪诞地欢呼着共和国在巴塞罗那
的流血战斗中取得了“不流血的胜利”。马修斯在报道中指出，
POUM 和全国劳工联盟（CNT）“是事件的最大主谋。这是毫无
疑问的背叛行为”。在第二年出版的一本书中，马修斯宣称，无
政府主义者和 POUM 在冲突中“部分接受了法西斯的金钱援

助”。[33]

人们将巴塞罗那爆发的内乱归咎于自己的唆使令佛朗哥感到很高兴。根据德国大使的说法，他开始吹嘘“那些街头冲突是由他派出的特工率先打响的”。[34]从这个角度看，共产党和国民军的宣传口径倒是出奇的一致。

“多么令人难以置信的谎言，”洛伊丝·奥尔十分愤怒，“还有那些关于我的说辞。都是假的。”[35]

乔治·奥威尔毫发无损地度过了巴塞罗那为期一周的街头冲突，可回到前线后，他却陷入了深深的沮丧。自己年轻的苏格兰朋友鲍勃·斯迈利遭到逮捕并被投入监狱的消息令奥威尔心烦不已。不过，始终令他关注的还是大局。“不论从什么角度看，”奥威尔写道，“前景都令人沮丧。但这并不代表共和国政府不值得人们为之战斗，以对抗业已成熟的佛朗哥和希特勒赤裸裸的法西斯主义。无论西班牙未来的战后政府过去犯下过什么样的错误，我敢肯定，如果是佛朗哥篡权成功，他的政权都将做得更糟。”[36]

奥威尔所属的民兵部队正驻扎在韦斯卡城外的前线，离敌方阵地距离约 500 英尺。国民军部队所处的地势更高，这使 POUM 战壕突出的一处转弯危险地暴露在敌人狙击步枪的火力之下。奥威尔负责监督哨兵的轮岗，其中一名哨兵是他的美国同志哈里·米尔顿。奥威尔会在每天早晨 5 点出现在岗哨。根据米尔顿的说法，奥威尔的身高本来就达到了六英尺三英寸——在战壕战中，这非常危险——他还总是不顾后果地伸出头，将脑袋露出战壕张望。

192 作家的观察力即便在此时也仍旧发挥着作用：

> 被子弹击中的整个体验可以说非常有趣，我认为值得对其详细描述一下……粗略地说，那感觉就像是位于一场爆炸的中心一样。我就像是被……让人炫目的闪光包围着，感觉到一股巨大的冲击力——没有痛感，只是强烈的震动，就像你碰到电插座时的感觉一样；随之而来的还有彻底的虚弱感，就好像被痛苦折磨得什么都没剩下。眼前的沙袋在迅速地后退。我猜要是被闪电击中的话，感觉应该和这差不多……
>
> 他们扶我躺下……这时，有人拿来了一副担架。一听说有颗子弹径直贯穿了我的颈部，我就很自然地觉得自己已经完蛋了……肯定有那么两三分钟的时间，我觉得自己已经死了。这同样很有趣——我是说，了解到在这样的时刻你自己的所思所想很有趣。我第一个想到的是我的妻子，普普通通的想法。我的第二个念头，是对不得不离开这个归根结底很适合我的世界感到强烈的憎恨……这愚蠢的不幸让我很愤怒。完全没有意义！我甚至不是在战场上被干掉，而是死在了这样一个飘荡着腐烂气味的战壕一角，全都是因为自己一时大意！[37]

米尔顿剪开了奥威尔的衬衫，四个男人将他抬到了1.5英里半之外的救护车那里，救护车将他送到了一座设在一间小木屋的急救站。很快，两个和他同一连队的朋友现身，要走了他的手表、手枪和手电筒——全部都是紧缺物资。几天之后，奥威尔发现自己正在一列开往位于巴塞罗那以南、坐落在地中海海岸上的塔拉戈纳（Tarragona）的伤员专列上。列车到站时，另一列火车刚好出站，满载着来自意大利的国际纵队志愿兵开赴前线。

> 193 车上拥挤到了极点，野战炮不断撞击着，在开放式车厢上来回晃动，它们周围同样簇拥着人群。我对那列火车在夕阳下驶过的画面的记忆尤为深刻；一个接一个从车窗中浮现的面目模糊的笑脸，长长的倾斜的炮筒，猩红色的围巾在风中飘动——所有的一切就在松绿色大海背景的映衬下，从我们旁边缓慢地滑行而过。
>
> 旁边的列车经过时，那些身体状况尚可支持站立的人在车厢间来回移动，为意大利人喝彩。一根拐杖被伸出车窗来回挥舞着，缠着绷带的前臂做着共产主义式的行礼。一切就像一幅战争的讽刺画；鲜活的生命被火车骄傲地运往前线，残废了的人们则在缓慢滑行的火车上，开放式货车厢上的大炮还是像往常一样让他们怦然心动，唤醒了他们心中那虽然有害但无法舍弃的情感：战争毕竟是光荣的。[38]

子弹击中奥威尔的位置离他的颈动脉只有几毫米远。由于恢复得比较缓慢，奥威尔只能嘶哑着嗓子低声说话，他的指挥官将他的声音比作福特T型轿车刹车时发出的刺耳声音。奥威尔先后被转移到好几座城镇，第一次转移是为了接受治疗，第二次是为了得到病退所需的文件。在其中一间医院，“我旁边病床上躺着的人左眼受了伤，来自‘突击卫队’。他对我很友好，还给我烟抽。我对他说：‘在巴塞罗那的时候，我们应该互相对射过。’然后我们一起笑了。奇怪的是，人们的普遍情绪似乎一到了前线附近就会发生变化。一离开前线，对于不同政党派系的强烈憎恨便消失得无影无踪”。[39]

然而在远离前线的地方，对 POUM 的胡乱指控仍在继续。世界各地的共产党媒体都在指控 POUM 的支持者在巴塞罗那建筑的阳台上插放君主主义旗帜和与柏林秘密勾结的罪行。POUM 党民兵部队的士兵据称为消磨时间曾和佛朗哥的士兵在双方战线间的无主地（该词在海明威和马修斯的文章中都曾反复出现）上踢足球。“他们说，”奥威尔写道，“这其实就发生 194
在部队正遭受严重伤亡，我的许多朋友负伤或死去的时候。”[40]

很快，奥威尔本人也被伦敦的《工人日报》指控曾秘密离开 POUM 战壕，访问了一处距离国民军战线不远的可疑房屋。[41] 尽管他本已经对政治宣传在自己生活的世界中的无孔不入颇有认识，可是现在，这种与几乎让自己丧命的战争有关的明目张胆的谎言仍对他造成了深远影响。这些影响，将会在他十年后的小说《1984》对真理部的描写中展现出来。

随着颈部伤势逐渐好转，奥威尔回到巴塞罗那与艾琳见面，并准备与她一起离开西班牙。“当我到达宾馆时，我的妻子正待在休息室。她站起来，以一种让我震惊的、毫不在意我的方式向我走来。为了顾及休息室中的其他人的感受，她冲我露出微笑，向我低声耳语道：

‘离开这里！’

‘什么？’

‘赶紧离开这里！’

‘什么？’

‘别站在这儿发呆！你必须马上离开！’

‘什么？为什么？你是什么意思？’

没有回答我的问题，她便已经架着我的胳膊，将我带出了那里。”[42]

在休息室外面的走廊上，艾琳迅速向他说明了原委：POUM被取缔了；奥尔夫妇和其他外国的POUM支持者被逮捕了，POUM领袖安德鲁·尼恩①和其他党的高级官员也被逮捕了。早先被逮捕的鲍勃·斯迈利此刻仍被关押着。就在两天前，六名便衣警察闯进了艾琳在宾馆的房间，对房间进行了将近两个小时的搜查，带走了二人所有的往来书信和文件——其中就包括奥威尔刚刚抵达前线的头四个月时小心保管的日记。

（上述文件被认为仍然封存在莫斯科的一份未解密档案中。不过，一份于苏联解体后公开的文件包含了两张记载了那天从
195 艾琳房间搜出的全部材料的清单，包括“乔治·奥威尔［又名埃里克·布莱尔］就其作品《通往威根码头之路》进行的通信”，“家人的来信”，“1936年10月和11月的支票簿”，一份夫妇二人通信人的清单，和“许多画着画和涂鸦的草纸”。）[43]

由于艾琳相信自己只是作为抓捕丈夫的诱饵才被允许自由地待在宾馆的，奥威尔不敢再回去了。奥威尔当晚是在一座教堂的废墟中过夜的。第二天早上，他沮丧地听闻，刚刚过完21岁生日没几天的斯迈利死在了狱中，死因很明显是由于他的阑尾炎没有得到治疗。安德鲁·尼恩已死的流言——随后很快便被证明属实——也在四处扩散。和另外两名英国同志一起，奥威尔低调蛰伏了数日，还曾在一块空地上过了一夜。他们好几次撞见了其他在逃的POUM外国支持者，其中就有当时还年轻的维利·勃兰特。

几天以后，夫妇二人得以重新团聚，并成功溜过了法西边境。尽管奥威尔是出于对自己为之战斗的政府将要逮捕自己的

① 安德鲁·尼恩（Andreu Nin，1892~1937），西班牙政治家，先后参与创建了西班牙共产党与马克思主义统一工人党。

恐惧而离开西班牙的，可内心深处，他却仍惦念着在他看来必将爆发的更大规模的战争。在第二年年初写作完成的回忆录中，奥威尔将乘火车回家时，透过车窗看到的颇有预言意味的景象作为了结尾："伦敦的外城，肮脏河道上的驳船，熟悉的街道，宣传板球比赛和王室婚礼的海报，带着圆顶高帽的男人，特拉法尔加广场的鸽子，红色巴士，穿着蓝色制服的警察——一切都在沉睡，英格兰在沉睡，这景象令我不时感到恐惧，我总觉得，只有炸弹的呼啸才能将我们从沉睡中猛然惊醒。"[44]

第三部分

12 “如果我是你，我绝不会那么写”

负伤的奥威尔再也没有回到过西班牙。不过，其他一些人 199
却决心故地重游：弗吉尼亚·考尔斯仍然想在国民军阵中观察这场战争。对于一名已经因在共和国方面从事战斗报道而为人所知的记者来说，这是一件困难的事。“我被告知自己不可能得到签证……即便如此，我也决定要尝试一下。”她将自己的行动基地定在了美丽的法国度假胜地圣让-德吕兹（Saint - Jean - de - Luz）。这里的大西洋海岸距离西班牙仅数英里远，整座城镇就是阴谋诡计的大本营，分属共和国与佛朗哥支持者的西班牙人彼此心神不定地关注着邻近咖啡店座位上对方的动向。为了躲避佛朗哥军队的炮击和空袭，大多数与西班牙共和国建立了外交关系的国家的大使馆都搬到了这里。但是，自从邻近地区也被国民军占领之后，便有来自秃鹰军团的德国军官频繁地驾车驶过边境来到法国这边吃饭。

考尔斯在社交名媛时期建立的社会关系派上了用场。还在纽约时，她就结识了如今英国驻西班牙大使的女儿。与和他来自同一阶层的众多英国人一样，大使本人毫不避讳承认自己佛朗哥支持者的身份，并将共和国人士称作“赤色分子”。通过
他的关系，考尔斯写道，“我见到了佛朗哥的代理人孔德·德曼 200
布拉斯（Conde de Mamblas）。回头看看，我觉得自己利用了这位伯爵，因为他就是一个老派的贵族，他对战争的观点被他简单的哲学观所限制着，认为佛朗哥将军得到了‘女士们和先生

们’的支持。经他同意与他见过面后，我觉得他可能认为我是个‘安全分子’”。这位伯爵开始帮她运作一纸签证。等待签证期间，考尔斯发现，将视线越过边界，看到戴着三角形黑色漆皮帽子的国民军守卫让她感觉十分不安。“我们曾经躲避过由那些人射出的机关枪子弹，曾经诅咒过他们射出的炮弹，飞奔着逃离他们飞机的轰炸。”[1]

最终，她成功获得了签证。尽管国民军控制区域很大程度上并未遭受共和国所面临的食物短缺，但对记者来说，在这里工作却比在共和国控制区困难得多。在共和国，记者享受着相对于一个处在战争状态的国家来说相当大的新闻自由，并且在采访区域上很少受到限制。从未有外国记者在战争期间被驱逐出境。然而在国民军控制区，不论一名外国记者想要前往哪里，他都需要得到批准和一个监护人的陪同。每天不分昼夜，都有大量记者聚集在国民军新闻办公室的走廊中等待旅行许可的下发。当局对外国记者的怀疑则格外严重。战争期间，他们逮捕了十多名外国记者，并将两名法国记者监禁了数月。超过 30 名外国记者由于官方反对其报道内容而被驱逐出境。法国中右翼报纸《不妥协之人》（*L'Intransigeant*）的记者居伊·德特拉韦赛（Guy de Traversay）被国民军将与他随行的共和军士兵一起逮捕后枪毙，尸体被浇上汽油焚烧。

国民军禁止报道任何与德国、意大利士兵有关的内容，对战俘与共和国支持者的处死，以及对除佛朗哥军队作风优良、纪律严明以外的报道也被禁止。即便外国记者拥有汽车，他们也只有在国民军新闻办公室的车辆的陪同下，随同军队车队一起才能前往前线。拥有犹太名字的记者受到了尤为严格的监视。考尔斯被分配到的监护人叫伊格纳西奥·罗萨莱斯（Ignacio

Rosalles)，是一个会说英语的富商。罗萨莱斯是佛朗哥事业真 201
正的忠实信徒，事实证明，这给考尔斯带来了一项优势：他提议带考尔斯去格尔尼卡，因为，佛朗哥声称是撤退的共和军部队放火将当地彻底毁灭的，而他则对这一说法信心满满。“现在，你可以亲眼看到了。”他告诉考尔斯。

“到了格尔尼卡，”她写道，“我们看到的，是一片狼藉的建筑木材和砖瓦遗落在人迹稀少的城里，就像上古文明遗址的发掘现场。街上只有三四个人。一个老人站在一栋房屋的门口，它的四面墙还在，内部却只剩下大堆砖块……我走到他跟前，问他城镇遭到摧毁时他是否在场。他点了点头，我问他当时都发生了什么，他向空中挥动手臂，声称当时的天空黑压压地布满了飞机。‘飞机，’他说，‘意大利的飞机，德国的飞机。’罗萨莱斯感到很震惊。

“‘格尔尼卡是被放火烧毁的。’他激动地反驳道。然而，笃信自己观点的老人坚称，经过四个小时的轰炸，城里已经没剩下什么能被烧掉的了。罗萨莱斯将我叫到了一边。‘他是个赤色分子。’他怒气冲冲地向我解释道。”但是，通过交谈，又有另外两人向他们确认了这个老人的说法。

过了一会儿，二人偶然路过了一处军队指挥部，罗萨莱斯认为可以让考尔斯采访一下这里的参谋们。“他们很高，长得都很英俊，说起话来充满热情……他们预计战争将在春天时结束。他们中的一个人说自己听说美国反对佛朗哥，还做出预测，除非美国修正政策，否则镰刀和锤子的阴影将很快笼罩白宫。‘对付赤色分子只能有一种办法，’他说，‘就是枪毙。’

“罗萨莱斯讲述了我们一路上的见闻，并和他们讲了在格尔尼卡的遭遇。‘那里全都是赤色分子，’他说，‘他们想告诉我，那里是被炸毁的，而不是被烧毁的。’一位高个子参谋回应道：‘但是，那里当然是被炸毁的。我们炸了又炸，炸了又炸，炸了又炸，棒极了，为什么不呢？’

“罗萨莱斯看上去十分惊讶，当我们回到车上继续前往毕尔巴鄂时，他对我说：‘如果我是你，我绝不会这么写。’”

202 这之后过了不久，考尔斯和罗萨莱斯发现他们被堵在了一条沿着陡峭的峡谷依山修的狭窄土路上。一辆重型卡车陷进了泥里，尽管由犯人组成的养路工们拼命地推车，它还是没能挪动地方。就在这时，考尔斯写道，“一辆前面有摩托车开路的长长的黑色轿车摇摇晃晃地开到我们身边停下，意大利大使从车里走了出来……他穿着一身华丽的黑色制服，胸口挂着好几排勋章，他的出现引起了西班牙人的极大兴奋。下令挪车的命令变得越来越大声，越来越粗暴，但那辆车的轮子仍旧在泥浆里无助地打着空转。

“可是，就这样让意大利大使在那儿干等实在是很失体统，于是，一个负责指挥的军官最终下令让犯人们将卡车推下了悬崖，解决了这个问题。人们将引擎仍在运转的卡车抬起，随着一声震耳欲聋的怒吼，卡车跌到了 300 英尺深的山涧中；大使来了个法西斯式敬礼，然后爬回了车上……

“罗萨莱斯又对我说了一遍：‘我认为你最好不要写这些。’”[2]

国民军的控制区对于考尔斯来说几乎没有什么值得留恋的。尽管如此，她也只能在离开之后才能安全地发表她的很多作品。有一次，她站在马德里郊外的一座山丘上，眺望着远处的前线，那些她曾经在共和国控制区采访时走过的街道也尽收眼底。她甚至能看到那栋自己曾在里面发送新闻电报的高大的白色电信大厦。

在一座刚被占领的城镇中，考尔斯见到了佛朗哥麾下的摩尔人部队洗劫村民的场面：“他们从房子里出来，怀里装满了各种奇怪的小玩意儿：有个士兵肩膀上搭着一把厨房椅，口袋里装着一个打蛋器；另一个士兵拿着一个小孩玩的布娃娃和一双旧鞋。几个摩尔人在路边围坐成一圈打牌，对手里五颜六色的扑克啧啧称赞。”[3]（需要对这种劫掠行为负最终责任的是国民军的军官们，他们做出保证，这些抢劫来的赃物将会被送回那些摩尔士兵的摩洛哥老家，这被证明对在当地的征兵招募工作帮助巨大。）

最让考尔斯惊讶的，是没人做哪怕一丁点儿努力来隐藏佛朗哥军火的真正来源。“从这头到那头，德国和意大利的国旗在 203
西班牙的叛乱地区全境飘扬。”她在各地都能看到希特勒和墨索里尼的海报，看到纳粹标志的旗帜挂在宾馆、酒吧和饭店。她能看到墙上涂着的“德意志万岁”的西班牙语口号，还有商店橱窗上的德文标志：提供德语服务。在萨拉曼卡，养路工牺牲了一辆卡车才接来的意大利大使得到了一大群手持火把的人和一群摩尔骑兵的欢迎，“摩尔骑兵的阵仗令人吃惊，他们轰轰隆隆地从广场穿过，身上的白色长袍在月光下飞舞”。[4]

在西班牙北部海岸的桑坦德（Santander），考尔斯亲眼看见了意大利的士兵、坦克、卡车和装甲车举行的胜利游行，成千上万全部家当只有可怜的一捆的难民则“凝视着庆祝的队伍，眼泪从脸颊上滑落”。与此同时，“工人阶级居住的街区里，门窗紧闭”。在一座监狱外面，女人和孩子们排成长队打探囚犯的消息。“进城士兵的枪支和摩托车上华丽地装点着鲜花和花环，他们的到来几乎预示着凶兆的降临。”[5]

趁罗萨莱斯离开游行线路与一个朋友交谈的机会，考尔斯找到身边一个因大声欢呼而引人注目的西班牙人，问他有多喜欢意大利人。“‘哦，我们当然喜欢他们。’他回答道。然后他眨了眨眼用西班牙语说：‘否则……’并暗示性地做了一个手指划过喉咙的手势。”[6]

“这里的复仇情绪……远比马德里强烈。”考尔斯写道。“在这样一个鼓励人们举报自己邻居的制度下”，人们大量遭到逮捕。监狱“不堪重负，被处死者的数量十分惊人。只要国民军占领一座城镇，他们就设立军事法庭开始进行审判”。在桑坦德，考尔斯目睹了对被抓获的共和国的三名军官和一名城市官员的审判过程。“审判持续了大约 15 分钟。”四人均被判死刑。审判小组里的一个年轻的国民军上尉愉快地告诉考尔斯，这天上午审判的 16 个人中有 14 个都是这样的下场。尽管得出准确的死亡总数还需要多年时间，不过我们了解到，仅在桑坦德一
204 地，在被国民军占领之后的一周时间内，就有 1267 人在考尔斯见到的这类审判中被判处死刑，超过 739 人未经审判便被执行枪决，至少有 389 人死于狱中的虐待行为。[7]

休庭时，“我和这名上尉一起顺着楼梯走出庭审室来到户外。一辆敞篷卡车停在这栋建筑的门口，车上挤满了人。当我们靠近这辆车后，我看到他们都是刚刚受到审判的犯人。天空湛蓝，阳光明媚，令死刑判决显得愈发不真实。他们中有的人低头坐在车厢里，但当我们靠近之后，他们认出了作为审判官之一的年轻上尉，有那么一瞬间，我觉得他们心中可能燃起了一线希望，觉得他可能会救他们一命。他们像一群不知所措的动物一样盯着他，然后匆忙地站起来向他敬礼。场面看起来十分可悲，惨不忍睹，但年轻的上尉只是随意地回了一个军礼，深吸了一口新鲜空气，然后高兴地对我说：‘让我们去咖啡馆喝

点儿东西吧。’”[8]

在戴着珠宝、穿着高跟鞋的上流社会纯真少女的形象掩护下，作为一个机灵的记者，考尔斯搜集到了远比接待她的国民军东道主们所意识到的要多得多的信息，其中就包含了为佛朗哥作战的德、意军队人数的相当准确的数据。再次离开西班牙后不久，她便将这些数据刊登在了《星期日泰晤士报》的一篇长篇文章中。这篇文章引起了极大关注，支持西班牙共和国的英国前首相大卫·劳合·乔治（David Lloyd George）还曾在下议院发言时详细提到这些数据。[9]首相猜测，这篇没有署名的文章应该是由一名男士所写，因此在讲话中，他均以“他”来指代作者。不久以后，两人的一个共同的朋友为考尔斯提供了一次与首相在其乡村别墅共进午餐的机会。“当我走出车门，”考尔斯写道，“那位老人惊讶地打量着我，眼神里几乎透露出一股憎恨。我猜，那是因为对他来说，发现自己所引用过的有名的权威材料仅仅出自一个穿着绿衣的年轻女子之手，让他感到很受打击……当我们要离开时，他似乎已经原谅了我并不是一名将军的事实，送给我一罐蜂蜜，还有一些从农场里采摘的苹果。”[10]

那辆载着考尔斯和她的陪同人员环游国民军占领区的陆军 205
参谋部轿车使用的汽油，很可能就是由德士古石油公司提供的石油精炼而来的——那些轰炸了格尔尼卡的飞机用的估计也是。罗斯福总统将里贝尔传唤到了华盛顿，谴责了他为佛朗哥提供贷款购买石油的行为。[11]为此，国民军官员和德士古公司还曾通过电报焦虑地商讨过对策，但里贝尔暗地里仍下令继续为佛朗哥提供贷款。尽管武器禁运法案赋予了总统相当大的自由裁决权，但他却没有做出更多行动。感激不已的佛朗哥给里贝尔写了一封亲笔信，对他能够继续提供帮助表示感谢。

眼看着墨索里尼和希特勒派出几百架飞机与几十万大军支援佛朗哥，纵使世界各地的西班牙共和国支持者对佛朗哥的石油来路不甚了解乃至一无所知，但这丝毫不妨碍他们对毫无作为的西方各民主国家感到愤怒。美国的做法似乎尤其令人沮丧，就连第一夫人埃莉诺·罗斯福都亲自出动了。她利用自己的声望，为西班牙儿童募集购买牛奶的资金，还在自己的报纸专栏上不断地讲述着这个国家的遭遇。不论总统还是总统夫人肯定都不愿意看到法西斯主义在欧洲取得成功，问题在于：怎样才是向西方国家施加压力的最好方式？

罗斯福夫妇比历届美国总统夫妇更愿意招待各种各样的人到白宫长期做客，两年前，有一位当时正在西班牙的女人曾经就是这些长期客人中的一员。玛莎·盖尔霍恩的母亲是埃莉诺母亲的老友，玛莎还在写作一本有关贫困问题的书时，第一夫人就曾邀请她来白宫小住。在白宫进餐的头天晚上，玛莎发现自己的座位就挨着总统本人。埃莉诺在桌子的另一头招呼道：“富兰克林，和你左手边的那个孩子聊聊。她说，南方人不是有糙皮病就是感染了梅毒。”[12]

每天都有上百名美国人写信给埃莉诺·罗斯福，有抱怨的，有提出建议的，还有请求帮助的，正因如此，很快她便开始让盖尔霍恩帮忙给专栏读者们回信。对自己的写作事业要求严格且野心勃勃的盖尔霍恩发觉自己在白宫没有什么时间可以
206 完成写作。几周之后，她离开了那里，但仍旧保持着与第一夫人的友谊，二人在接下来的数年里进行了大量通信。当盖尔霍恩和海明威于 1937 年 5 月从西班牙返回纽约，协助正在剪辑

西班牙内战期间，葡萄牙驻西班牙大使佩德罗·特奥托尼奥·佩雷拉（Pedro Teotónio Pereira）与西班牙国民军将军何塞·米兰－阿斯特赖·特雷罗斯（José Millán-Astray y Terreros，西班牙外籍军团创始人、佛朗哥宣传部门负责人）在萨拉曼卡同行，右侧是尼古拉斯·佛朗哥 (Nicolás Franco)。©TPG images

马德里正在燃烧的教堂。暴徒在共和军控制区杀害了大约 7000 名神职人员，烧毁了数百座教堂和修道院。©TPG images

马德里正在燃烧的教堂。暴徒在共和军控制区杀害了大约 7000 名神职人员，烧毁了数百座教堂和修道院。©TPG images

人民阵线的民兵在韦尔瓦附近的野战厨房前排队领食物。©TPG images

1936 年 7 月 22 日，西班牙巴塞罗那的法西斯叛乱。在砖砌路障后的共和党志愿者用政府配备的步枪和左轮手枪进行街头战斗。©TPG images

西班牙托莱多遭受攻击时平民和士兵躲在一辆装甲车后，1936 年 7 月 20 日。©TPG images

武装志愿者经过欢呼的人群离开马德里增援瓜达拉马，1936 年 7 月 29 日。©TPG images

最受佛朗哥青睐的石油大亨，德士古石油公司董事长、得克萨斯人托基尔·里贝尔。Source：Wiki commons, public domain.

1937 年 2 月，在巴塞罗那的部队动员，一名国际纵队的志愿者即将奔赴前线。©TPG images

由奥地利施蒂利亚的威利·萨特勒（Willy Sattler）任指挥官，一支主要由奥地利人组成的国际纵队正在驾驶一队装甲车增援共和国军队。©TPG images

由政府招募并武装的数百名志愿者正离开马德里前往北部的瓜达拉马——国民军进军的目的地，增援当地的政府军队。前景中是众多被政府招募的女性士兵之一，1936年7月20日。©TPG images

摩尔人士兵在马德里的前线，1937年8月13日。17岁的安尼塔·罗约(Anita Royo)来自摩洛哥，她从梅利利亚（Melilla）逃离，秘密地藏匿于西班牙南部，是唯一在马德里前线与反叛部队一起服役并担任护士的女性。 ©TPG images

同情西班牙共和国的埃莉诺·罗斯福和丈夫富兰克林·罗斯福。直到一切已无法挽回之际，后者才公开承认，对西班牙实施武器禁运是个“严重的错误”。
©TPG images

正在会面的希特勒和佛朗哥。©TPG images

正在巴塞罗那举行婚礼的民兵组织成员。©TPG images

正在巴塞罗那举行婚礼的民兵组织成员。©TPG images

欢聚一堂。在刚刚占领的特鲁埃尔，欧内斯特·海明威和第十五国际旅作战处长马尔科姆·邓巴（左一）、赫伯特·马修斯（左二）以及共和军将军恩里克·利斯特（Enrique Líster，右一）在一起。©TPG images

支援国民军的德国秃鹰军团发明了恐怖的轰炸方式，此后不久在第二次世界大战中广泛使用。格尔尼卡轰炸是秃鹰军团最臭名昭著的行动。胡戈·施佩勒指挥其飞机编队，威廉·里特·冯·托马指挥地面部队。©TPG images

对国民军最后的绝地反击：共和军跨过埃布罗河。©TPG images

纪录片的伊文思工作时，她和总统夫人之间仍然保持着书信往来。5月末，盖尔霍恩和其他一些客人一起，在马里兰州格林贝尔特的“新政”民生项目现场，一处专为低收入者提供廉价住房的社区见到了总统。“当盖尔霍恩向我们讲述她在西班牙的经历时，”埃莉诺在专栏中写道，“我们每个人都在听她讲话。”她在给盖尔霍恩的信中写道：“你努力让人们意识到正在西班牙发生的事情有可能在其他任何地方发生的做法很对。”[13]

与海明威的浪漫邂逅诚然令盖尔霍恩兴奋，战时的马德里同样令她深受触动。“短短六周时间竟然能颠覆一个人的生活，”她在给海明威的信中写道，“这实在令人诧异……现在，生活就是早报和晚报之间的那段痛苦的等待，是正发生在那里的每个人身上的恐怖。”[14]

盖尔霍恩全身心投入制作《西班牙的土地》的工作当中。影片中混合了弗吉尼亚·考尔斯曾经和摄影团队一起访问过的马德里附近的农业村庄塔霍河畔的韦蒂杜埃尼亚（Fuentidueña de Tajo）的摄影片段，西班牙人和国际纵队中的英雄人物的射击镜头、战斗场景和纳粹空袭的画面。将这些不同的素材联系到一起的，是一个虚构的年轻男人，他从前线回到了自己的家乡韦蒂杜埃尼亚，训练那里的村民进行战斗。

“两晚以前，”盖尔霍恩在给埃莉诺·罗斯福的信中写道，“我们与三名声效师一起在哥伦比亚广播公司的一间实验室里工作。我们用上了足球内胆和空气软管，再加上用指甲划过银幕的声音，模拟出了炮弹即将落下时发出的声音，将全部声音放大后，由于听起来太逼真，我们都吓得要死。”[15]影片的目标受众是尽可能广泛的大众群体，但还有两位观众对影片来说同样至关重要。盖尔霍恩向第一夫人建议在白宫为影片举行一场私人点映，后者马上就定了一个日期。

207 心情越来越焦躁沮丧的格尼此时仍在马德里东南防线的前线地带。“无所事事地坐在哈拉马河边的山丘上，被敌人的狙击手和痢疾一点点消灭掉，这样无法给任何人提供帮助。我不喜欢战斗，但就算如此，我仍准备好在任何人需要我的时候进行战斗。但是，因无能为力而无所作为则是没有出息的。当战斗真的发生时，我的所有问题都在一个天气晴好的夏日清晨被轻松地解决了。”

林肯营接到命令，要重新绘制地图，对国民军战壕的机枪据点进行标记。因具备素描功底，格尼是所在连队的地图绘制员，他带着指南针和速记本，开始了工作。“我并不急着工作，在沿着战壕完成工作时，我中途会在防空壕停留，与朋友们闲聊。双方没有交火，鲜花和葡萄藤在无主地上生长得旺盛又漂亮；总之，此时的我对生命的态度特别无忧无虑，特别开心快乐。每隔一段距离，我会在战壕的胸墙上的射击孔中放置好指南针。”

当格尼到达一处战壕背面的土堤异常低矮的发射孔时，他几乎马上就要完成工作了。在这里，一个警觉的国民军狙击手透过发射孔能够看到一小块天空，如果天空被挡住，他就能知道是有人站在那里。然而，敌方战壕远在200码开外，射击孔却只有五平方英寸，因此，当格尼在这用指南针测定方位角时，他并不担心。

击中他的子弹猛地穿过他正握着指南针的手，“弹孔大到足够放下一个鸡蛋”，金属碎片溅到了他的眼睛里和脸上。再次恢复意识后，他发现自己正在之前与自己一起工作过好几个月的威廉·派克医生的战壕急救站里。这位外科医生尽全力为他进行了包扎，然后用救护车将他送到了后方。被推进手术室时，格尼听到有人在用外语谈话。“我直到第二天早上才醒过来……
我的右手好像是被有拳击手套那么大的一坨绷带包着，感觉就 208
像一个剧痛无比的大圆球。我的脸上也缠着绷带，因此什么也看不见。”格尼逐渐意识到，自己正在一间小型军队诊所中，这里只有一个捷克医生和四个未受过训练的西班牙护士，她们对保持伤口无菌完全没有概念。

“我决心努力让自己尽快转到美国人的医院。”三天后，恢复了部分视力的格尼在诊所的庭院看见了一个认识的美国救护车司机。他对格尼说“‘上车’，在有人注意到之前，他就带着我溜走了”。[16]

在格尼惊叹不已的描述中，作为前皇家宅邸的帕兹庄园是“一座由红砖建造的大型建筑，唯一的入口是一个巨大的拱形地道，穿过南墙的中央，进入一座鹅卵石铺就的庭院，面积足有一英亩”。对他来说，占据了这座建筑的医院就像天堂一般，坐落在“整个西班牙最美的地区之一，周围良田万顷，绿树成荫，还有溪流穿过”。这里有旋转楼梯，一座图书馆，墙上还挂着大公们的画像。

注射了镇静剂后，格尼被安置在病床上。当在午夜时分醒来后，透过雕刻家的双眼，他所看到的景象是这样的：

> 在我的床脚旁边，一名护士正在一张小桌旁借着昏暗的灯光阅读。她是个瘦高的女孩，坐姿很奇怪，两条前臂互相缠绕支撑着脑袋，一条腿又缠着另一条腿，使她在小

> 椅子上保持平衡。她的手肘抵在小桌上……她的脑袋看起来有种奇特的古典气质。她的额头很好看，下面长着粗粗的黑色眉毛和大大的黑眼睛。她那笔挺的鼻子就好像出自佛罗伦萨画派的画家笔下一样，她的颧骨很高，下巴很结实。一张稍微有点儿大的嘴，嘴角像酒神狄俄尼索斯那样微微撇着。几乎全黑的头发在中间分开向后盘起，带着一
> 209 点点波浪，并垂到细长的脖子下方打成一个小结。奇怪的姿势和昏暗的光线让她的脑袋显得那么让人难忘且引人注目。

这名护士名叫托比·珍斯基（Toby Jensky），26 岁，出生在一个来自俄国的美国移民家庭，在家里说意第绪语长大，有些矛盾的是，她家的住所曾经是马萨诸塞州乡村的一个教区牧师的住宅。她之前在纽约的贝思以色列医院工作，在格尼入住她所在的病房前几周才刚来到西班牙。“她将这些都告诉了我，”格尼写道，“她的声音低沉得不可思议，与她的看似柔弱的外表形成了强烈的对比。最后，她扶我躺下睡觉，关掉了灯……很长时间以来，这是我第一次沉睡在彻底的平和与满足当中。”

格尼还需要经历一场手术，这场手术令他感到很害怕，因为手术需要将他眼睛周围的金属碎片摘除。从手术中醒来后，格尼什么也看不见，也无法随意挪动自己的手，但“我感到自己彻底平静了下来，我知道托比就在离我不远的身边。她肯定看到了我在动，将手放在了我的肩膀上。‘别担心，他们干得很漂亮，一切都会好起来的。’

“‘他们怎么知道？’

“‘你的视神经好像没有受到损害，那些小金属碎片没有造

成真正的伤害。他们将一部分碎片取了出来，剩下的那些都是无害的。’”[17]

几天后，格尼脸上的绷带被彻底摘了下来，他又能看到珍斯基，并和她谈话了。

至少，在将近40年后出版的回忆录中，格尼对自己和托比·珍斯基的相遇是这样描述的。但在医院的首席护士、珍斯基的上司弗雷德里卡·马丁（Fredericka Martin）口中，一切都大不相同。“他可真会编故事。”马丁在读过格尼的回忆录之后写道，“他和托比是在医院的庭院里相遇的。那时她的腿被虫子咬伤了，她把腿向前伸开好让阳光帮助治疗，她乏味地坐在那里好几个小时，给各种蔬菜去皮，因为厨房出现了点儿状况。”（当天西班牙的厨师没有出现。）“所以，格尼爱上的是一个长着小精灵面孔的女孩，她腿上‘超标’（原文如此）的疮疡正在太阳底下暴晒，这一场景后来变成了一场令人感伤的床边相遇……所以，他说的所有关于醒来之后看见她的眼睛的事都是幻想出来的。”[18]哪一个版本才是真实的？我们永远都不得而知。 210

格尼手上的伤十分严重，他意识到，自己将再也不能战斗或从事雕刻了。尽管医院里一派田园牧歌，前方传来的消息却日益令人担忧。巴斯克地区的大部分土地已被佛朗哥军队占领，他和他的纳粹及意大利盟友对共和国其余部分展开全力进攻也仅仅是时间问题。新的改良武器在过去几个月中被展示出来：希特勒的秃鹰军团发明了一种技巧，他们将飞机的副油箱与燃烧弹一起投掷下去，创造了现代凝固汽油弹的雏形，飞行员们将其称为“燃烧的炸弹”。

格尼十分确信，这场战争他们输定了。“我感到非常抱歉……与医院里工作的温柔友好的西班牙人见面，谈话，同时清楚地知道他们落入佛朗哥之手将面临的命运，作为所有他们对我们展现出来的善良和慷慨的报复的命运，这样的情形让人感觉糟糕透顶。即便在30年之后，这种情形带来的恐怖的感觉仍徘徊在我的周围，就像正在腐坏分解的牛奶的味道一样。我并未为他们的利益做到些什么，如果我无法做到更多，那么就是时候离开了。”[19]但他无法独自离开，因为此时他正在热恋当中。

西班牙共和国与苏联之间的交易确保苏联人取得了对共和国政府内部安全机构的控制。国民军对第五纵队秘密特务的鼓吹所带来的恐惧心理与苏联人控制的安全部门一起，引发了大规模的逮捕行动。共产党很快控制了共和国的军事反间谍机构军事调查局（SIM）。同世界上类似的组织一样，军事调查局内部充斥着虐待狂，并因恶劣的监狱条件而臭名昭著。它的确破坏了国民军几个重要的间谍网络，但没有人知道，在被它投入监狱并遭到折磨的人中，有多少来自佛朗哥的第五纵队，又有多少是反对斯大林的左派人士。

211 在这当中，一名囚犯的案件将在美国文学界被不断提起。何塞·罗夫莱斯（José Robles）是一个充满理想主义精神的西班牙年轻人，他在1920年代由于反对西班牙的军事独裁而逃往美国避难。作为约翰·霍普金斯大学的西班牙语教授，他学习了俄语，以便阅读俄国19世纪那些伟大的小说作品原文。西班牙内战爆发时，他正在西班牙访问，并立即志愿加入了共和国军队。共和军对于他的加入感到十分高兴，因为他们极其缺乏军官，尤其是懂英语、法语或俄语的军官。罗夫莱斯被任命为陆军中校，并被同时授予了一项秘密职务，据说，他成了弗拉基米尔·戈列夫（Vladimir Gorev）将军的联络官，后者是苏联驻西班牙的军事专员和军事情报主管。

罗夫莱斯认识约翰·多斯·帕索斯已经有20年了，他曾将帕索斯的一本小说翻译为西班牙语。这位小说家相信，罗夫莱斯将很乐意为自己和老朋友欧内斯特·海明威就《西班牙的土地》的制作工作提供帮助。但当帕索斯1937年4月到达西班牙并尝试与罗夫莱斯取得联系时，人们却对罗夫莱斯的下落含糊其词。直到他找到了罗夫莱斯的妻子以后才得知，罗夫莱斯已经被逮捕了。

罗夫莱斯是否真的因为什么原因而有罪，我们不得而知。唯一能够确定的是，他所处的位置，使他对苏联在西班牙共和国不断增长的影响力所知甚多。他不是共产党员，一辈子都是个学究，对保守秘密没有任何专业的技巧而言，有传闻指出，他曾很不明智地向别人讲述了自己知道的事情。将罗夫莱斯逮捕也有可能是苏联秘密警察，苏联内务部内卫部队（NKVD）用来对付他们的对手、以戈列夫为代表的军事情报局的一种手段。[20]

作为一名左翼作家，多斯·帕索斯刚因其《美国三部曲》而登上《时代周刊》的封面，朋友被捕却又无人能告诉他原因令他感到惊骇不已。罗夫莱斯的妻子乞求他帮忙营救丈夫。随后他又进一步受到了冲击：他被告知，罗夫莱斯已经被执行了枪决。

海明威态度鲜明地认为，帕索斯应该停止对罗夫莱斯的死提出疑问，这样一来，朋友被杀对帕索斯造成的伤痛变得更加 212
严重了。约瑟芬·赫布斯特这样总结海明威的态度：“这将会给我们所有人带来怀疑，给我们造成麻烦。”海明威乐于对同行展开残忍的突然袭击人尽皆知，他已经在帕索斯身上感到了竞争压力。“他想成为他自己所处时代最伟大的战争作家”，赫布斯特写道，他不可能对法国的让 - 保罗·萨特（Jean - Paul Sartre）刚刚将帕索斯称作“我们时代最伟大的作家”的事实感到高兴。除此之外，帕索斯和他的妻子与海明威的妻子保利娜（Pauline）关系很亲近，而海明威本人却正处于与玛莎·盖尔霍恩日益公开化的暧昧关系中。[21]

尽管帕索斯从一而终地完成了《西班牙的土地》的工作，但他却从未停止质疑。离开西班牙后，他为罗夫莱斯的死而感到绝望，政治立场开始由左转向右，并永远地疏远了海明威。正如一位评论家观察到的那样，“海明威就好像只有每隔几年毁掉一段友谊或是婚姻才能维持自己的正常运转似的。而在马德里，这两样都被他毁掉过”。[22]然而，不论海明威的心胸到底有多狭窄，对他来说，这其中牵涉的不仅是个人之间的竞争而已。不管西班牙共和国存在哪些缺陷或不公正现象——后来他向人们展示出了他对这些问题早有充分认识——他最在乎的，还是它能否赢得战争。他对任何可能分散政府注意力的事情都有所提防，即便那仅仅是一起神秘的死亡事件。

其他在 1937 年春天死于军事调查局之手的受害者还包括加泰罗尼亚前司法部部长、将陀思妥耶夫斯基的《罪与罚》翻译为加泰罗尼亚文的 POUM 领袖安德鲁·尼恩。由于尼恩在成为反斯大林主义者前在苏联待过将近十年，还曾一度与斯大林的宿敌托洛茨基十分接近，他尤其成了苏联发泄怒气的目标。在西班牙共和国境内，POUM 的报纸几乎是唯一对“大清洗”中的审判展开抨击的。斯大林派往西班牙的首席秘密警察亚历山大·奥尔洛夫（Alexander Orlov）似乎亲自监督了对尼恩的审问和行刑。

尽管发生了这些死亡事件，但奥威尔和其他人所恐惧的针对
所有非斯大林主义左翼分子的大屠杀却并未发生。准确的死亡人
数无从得知，但一个同情 POUM 的学者估计，除去那些死于巴塞
罗那街头战斗中的人以外，大约有 30 名 POUM 成员、托洛茨基分 213
子和无政府主义者是被共产党人在军事调查局和其他地方杀害的。[23]

奥威尔后来认为，内格林的政府“展现了超出所有人预期的政治容忍度”。[24]早在战争爆发初期，他的政府就已经展开了对共和国境内发生的若干起无端杀戮事件的调查，这让无政府主义者和共产党感到失望。尽管共产党控制了军事调查局的监狱系统，它却没能在共和国的法院系统中获得相似的权力。尽管也存在瑕疵，还会承受政治压力，可是，相比许多国家的战时法院，这些法院却显得公正得多。经过多次延期，当 POUM 执行委员会的成员们被最终带上审判席时，审判并未成为斯大林要求的那种苏联式的公审；尽管部分被告被判入狱，但其余被告却摆脱了对他们的全部指控。现场的共产国际代表向莫斯科失望地报告，审判结果“令人感到可耻”，因为“没有任何真正的惩罚”——换言之，死刑判决——下达。[25]

众多 POUM 的外国支持者和无政府主义者不久之后便被释放了。经过九天的拘留以后，同样的事情在洛伊丝和查尔斯身上也发生了，他们发现自己在一天清晨的四点钟突然被扔到了巴塞罗那的一条街道上。几天之后，他们登上了前往马赛的船。他们在西班牙的十个月旅程结束了，一如他们来到西班牙参加的社会变革实验的终结。当他们到船上的餐厅吃上船后的第一顿饭时，洛伊丝感觉自己像在“守灵”。[26]

1937 年年中以后，无政府主义者和其他持异见者办的报纸

开始隔三岔五地遭到审查，工人所剩不多的支配权也在很大程度上受到抑制。在阿拉贡，一支受共产党员指挥的部队甚至强迫正在进行集体耕种的农民将土地、工具和牲畜归还给它们原来的所有者。内格林总理急于从国外获得支持，就像他自己所说的那样，“去说服民主力量相信共和国从事的斗争的非革命本质”,[27]他宣布计划，要将之前被国有化的各行各业重新变为私
214 有。尽管战争仍然在开足马力地继续，西班牙革命却已经走向了终结。我们要怎么回顾这场革命呢？

想要为激情澎湃的革命时期为何具有如此巨大的吸引力给个解释，答案十分简单。一个多世纪以来，理想主义者一直在梦想着一个财富均分、工人有其厂、农民有其田，以及，尽管方式有待确定但民主更加直接的世界。在好几个月的时间里，这些梦想中的很大一部分实际上已经在西班牙第二大城市巴塞罗那、加泰罗尼亚周边地区和阿拉贡附近实现了。你可以想象有这样一场发生在美国的彻底的革命，以芝加哥为中心，囊括了整个伊利诺伊和印第安纳地区。这场巨变的确被几千人遭受的屠戮深深玷污了。可是，无论向前看还是向后看，我们都很难再找到这样的一个实例，见证许多平时被当成空谈的梦想以如此大的规模照进现实，并影响几百万人的生活。

如果西班牙革命不受阻碍地继续，它能对共和国赢得战争带来帮助吗？洛伊丝·奥尔对此十分确定：“只要人们立即行动起来，将一切夺回到自己手中，也许我们就能为一系列荒谬而毫无意义的失败画上句号了。”奥威尔在离开西班牙几年后出版的《向加泰罗尼亚致敬》中表达了同样的看法。实际上，POUM 和无政府主义者的标语“‘战争和革命是不可分割的’并非像它听上去那样是个空中楼阁”，他写道。如果共和国政府“不

以‘民主的西班牙’，而是以‘革命的西班牙’的名义将全世界的工人号召起来，很难相信他们不会得到回应”——以其他国家成百上千万工人组织的罢工和抗议的形式回应。除此之外，他还认为，如果能允诺西属摩洛哥独立，共和国本来是可以在佛朗哥的后方引发起义的。[28]

尽管我们今天将奥威尔视为独立思想的守护神，但此时此刻，和众多形形色色的左翼分子一样，他也在将工人阶级浪漫地描述为世界革命的关键力量。这是一种——一反奥威尔常态——极其一厢情愿的想法。西属摩洛哥并非如他所想的那样是个只需一根火柴就能将反殖民主义抗争引爆的火药桶。相反，它就像是一幅由极为传统的不同群体拼凑成的马赛克图案，独 215
立运动的支持者既弱小又分散。国民军能毫不费力地持续从摩洛哥招募士兵；到 1937 年，摩洛哥当地每七人中就有一人在佛朗哥的部队服役。[29]

确实，要是没有上百人在巷战中死伤，没有苏联控制的安全部门在监狱屠杀持异见者，共和国各政治派系也能够求同存异的话，形势原本可以好得多。然而，要打一场复杂的机械化战争，一支听命于中央指挥的、纪律严明的部队，远比一系列向一大批政党和工会组织拼凑成的机构分别报告的民兵部队有效率得多。尽管西班牙共产党确实渴望运用集中化管理来为自己攫取更多权力，但这并不能改变集中化管理更有效率的事实。至少，如果法国和美国能够认定西班牙并未爆发革命，他们或许会重新考虑自己不情愿向其出售军火的态度，这样的希望并非毫无理由。事实上，两国领袖后来都就软化有关政策给出过试探性暗示，曾经有一两次，法国真的向共和国出售了少量军火。

西班牙无政府主义者的梦想面临的问题更多。对一切形式政府的痛恨，加上对使用金钱的痛恨能够长久地与工业化社会相结合，这种画面我们很难想象。你很容易就能想到用鸡蛋换衣服的以物易物，可是，如果货物变成飞机零件或 X 光机呢？无政府主义者想象中的世界在和平时期就很难维持，在一场没有退路的求生之战中更是难上加难。尽管如此，即便西班牙革命的结局早已命中注定，一种不论在西班牙还是世界任何地方都再未出现过的极为不同的社会形态，的确成长并繁荣过好几个月。在当今经济愈发不平等的世界里，1936 ~ 1937 年在西班牙短暂出现过的大批农业合作社、集体耕种的土地和工人控制的工厂与企业树立了一个诱惑力十足的迷人榜样，铺就了一条没有被人走过的道路。

然而，若是有来自世界其他地方的人想要在这一切正发生
216 的时候进行学习，他们一定会面临困难。尽管西班牙革命发生在地球上外国记者当时最为集中的地方，他们实际上却从未对这场革命着过任何笔墨。

记者们很容易掉进羊群效应的舒适区里。刚到国外，很少有记者会不立即凑到其他带着笔记本、背着照相机的同行那里获取线索的。今天发生了什么？政府部门有新闻发布会吗？你听说过……吗？同时，那种已经先到一步、为自己学会如何在当地开展工作而扬扬得意，却不给新来者提供友好建议的记者同样是稀有动物。

当记者们不断遭到炮火袭击时——在西班牙，有几名记者因此死亡——这样的同志友谊变得更强了。在马德里，外国记者团在格兰大道宾馆位于地下的，像夜店一样的餐厅里专门预留给他们的长桌上一齐吃中饭和晚饭。约瑟芬·赫布斯特写道，

在那里，他们“就来袭的炮弹数量和被杀的人数……展开着深入的探讨”。他们几乎所有人都住在附近的佛罗里达宾馆。他们的回忆录中充斥着这种共同经历过的艰难生活的故事，包括格兰大道宾馆恶劣的食物。（“小米和水做成的汤，”海明威这样描述道，“里面放着发黄的大米和马肉。”[30]）桌上的所有人会以欢呼声热烈欢迎刚从海外前来、为记者同行们带来一手提箱罐头食品的新同伴；要是他没带，人们则会对他产生抱怨。

在这种情况下，一名记者报道的新闻会受到其他人报道内容很大影响。每个外派记者都有过这样的体验，国内的办公室焦急地发来消息，说竞争对手的报纸或网站上报道了这个或者那个，为什么他们从来没从你那里听到任何有关消息？现在，这样的消息是用电子邮件或者短信发过去的；在当时，它们则是用电报发过去的。同时，不管记者们从哪个角度密切关注着同行报道的内容，一种对事件报道的权威版本都会逐渐形成。要从不同的角度看待事情，需要有一种不寻常的独立和叛逆的精神。

“在那几年的佛罗里达宾馆，”海明威吹嘘道，“你能了解到的东西和你在世界任何地方所能了解到的都一样多。”[31]但是
这真能做到吗？在佛罗里达宾馆停留的记者们拥向各地报道大 217
型战斗，尤其是发生在马德里的战斗。在黑板上仍写满教学板书的大学城建筑间发生的交火和在炮火攻击下蜷伏在战壕里的士兵，比巴塞罗那一座被工人占领了的工厂，或是阿拉贡一座被农民占领了的农庄更有机会登上报纸的头版——尤其是在已经有竞争对手报社的记者发出了蜷伏在战壕里的士兵的报道的情况下。

西班牙内战报道的权威版本的核心是一个十分易于理解的

英雄对抗恶棍的叙事：西班牙的民选民主政府正在与得到希特勒和墨索里尼支持的右翼叛军交战，一座伟大的欧洲城市正面临包围。这当然也是共和国政府和它的支持者们迫切希望被报道的故事，讲故事的人越有名越好。例如，在谈到威斯坦·休·奥登①时，共产党员记者克劳德·科伯恩说："我们所真正希望的，是他能够亲自前往前线，写一些为共和国喝彩的话，然后回到后方写一些诗，继续为共和国喝彩。"[32]

如果检索那些年英美报刊的报道，在每1000篇关于双方在战场上对土地展开反复争夺和马德里遭受轰炸的报道中，要是你能发现一篇哪怕仅仅是提到西班牙人正为历史悠久的欧洲阶级斗争谱写新篇章的文章，你都算是幸运的。很少有靠报道这场战争而获得名气的有天赋的摄影师将他们新型便携式35毫米照相机的镜头对准过这样的故事。大多数记者对作为革命中心的加泰罗尼亚兴趣寥寥。"加泰罗尼亚人……有点儿像假的西班牙人。"玛莎·盖尔霍恩曾在写给埃莉诺·罗斯福的信中轻蔑地写道。[33]

即便在和平时期，一场乌托邦式的社会革命都像是不切实际的浪漫主义梦想；换到激烈的战争年代，当然更没有实现的希望。不过，这样的事实并不能削弱它的报道价值。在战争期间曾经到过西班牙的上百名记者当中，没有一人对他们身边持
218 续过数月的革命显示出太大的兴趣——不论是大名鼎鼎的海明威和盖尔霍恩，还是籍籍无名的米利·贝内特，或是他们在《纽约时报》言辞刻薄的对手马修斯和卡尼，还是像弗吉尼亚·考尔斯一样展现出对其他新闻不同寻常的大胆追求的人，

① 威斯坦·休·奥登（Wystan Hugh Auden，1907～1973），英裔美国诗人，代表作有《西班牙》《新年书信》《忧虑的时代》等。

皆是如此。不过，考尔斯至少还曾经记录道，佛罗里达宾馆“被控制在电梯操作员、看门人和接待员们的手中，而我用餐的餐厅则是被一群服务员联合控制着”。[34]极少有记者曾经提到过这样的事情，哪怕是顺便提及也没有。没有一个人愿意花上哪怕几天时间，在一处被工人或是农民夺取的西班牙工厂、企业或农庄考察一下乌托邦的梦想是如何正在被实践的。[35]

“他们描述的与我所在的是同一个西班牙，那个位于伊比利亚半岛的西班牙，”洛伊丝·奥尔在提到这些记者时说，“这看起来好像不太可能。”[36]一大批才能出众的记者同时对就在他们眼前发生的这样一件大事视而不见，历史上曾经有过这样的案例吗？对于西班牙革命这一重要时刻，美国人最全面的目击报告只存在于这个前往欧洲是为度蜜月的19岁年轻姑娘的信件和未公开出版的回忆录中。

13 “毫不逊色的婚礼”

219 在帕兹庄园做护士时，托比·珍斯基一有空就给家里写信。她总是告诉家人，自己离前线很远，没有危险，好让他们放心：“告诉妈妈不要担心——她的宝贝女儿很安全，吃得也很好。”在 1937 年 6 月 27 日的信里，她第一次提到了格尼：“这里的空气中仍然弥漫着许多浪漫因子——这回，浪漫与一个英国雕刻家有关——以后还会告诉你们更多关于他的事的。”[1]

尽管格尼情人众多，但他发现，没有哪个女人像珍斯基一样令自己这般心动过。负伤与目睹同志被杀深深改变了他：“我面对的，是从未在我身上发生过，以后也不会发生的事情。我被生一个孩子的想法深深迷住了。性爱开辟了全新的维度，我们不知疲倦地追求着它。应该在这样的形势下做点儿什么。”他找了一辆医院的轿车，挑上几个朋友，“去找能宣布我们成为合法夫妻的官员。但整件事好像没什么希望。战争爆发以前就没有婚姻法，现在神父也没了，而且就算有神父，我们俩也不想用他们……民政部门是如此的混乱，以至于市长也好，其他官
220 员也好，都不知道他们的权力是什么，相应的流程是什么。最终，我们放弃了。”

“后来我下定决心，如果我们不能拥有一场正式婚礼，我们就索性自己举办一场……［帕兹庄园］有一辆很棒的两轮马车和一对皮肤细滑、长着长角的漂亮公牛……我们给公牛戴上了花环，在车上装上一桶红酒和一堆各种各样的食物，然后出发

去举办一场婚宴。附近有一条小溪，源头在一片杂树林中，小溪尽头还有一个小瀑布。下班了的人都加入了我们。在四周树林形成的斑驳树荫下，我们又吃又喝，在小溪里泼水玩，爱抚两头可爱温顺的公牛。最后，我们牵着牛，边唱歌便往回漫步。托比和我在朋友们的欢呼中上床休息。与别人的相比，我们的婚礼毫不逊色。”[2]

然而，珍斯基的感受似乎并不一样。在一封写给姐姐和姐夫的长信中，直到第五页，她才开始写道，“我和一个手部受伤的英国雕刻家——是个身高 6 英尺 2 英寸的金发碧眼的男人，对我很着迷”——之间“大大的浪漫”。她继续写道：“他认定已与我相爱，希望我和他一起去英国。我本把这当成笑话，直到两个男人开着一辆轿车出现在我的面前。我们上了车去兜风，车上大约有六个人。当我们到了一个城镇之后，帕特说他想要结婚。他一直烦我，我就答应了他。我和他结婚，只是为了教教他，不要到处请求女孩嫁给他。当我们到市长那里的时候，我真的有点儿害怕了——沿着台阶上楼的时候，他们突然大笑起来……没有皮茨（Pitts）医生的证明文件我们就不能结婚，我得救了。”[3]她没有提到乘着牛车的远足旅行和宴会。

不久之后，二人被战争分开了。7 月 6 日，共和国在几百英里以外的布鲁内特（Brunete）发动了一场新的攻势。“这场战役造成了大量伤亡，”格尼写道，“我们接到命令，要将所有还能走动的伤员撤出帕兹庄园，好为布鲁内特来的伤员腾出地方……帕兹庄园已经成了我生活的中心。对我来说，这里除了有许多同我亲密无间的朋友和刚刚同我结合的妻子，还是在一 221
个极度不安全的世界里给予我和平与安全的净土。”[4]

但他别无选择：满载着负伤以及濒死的士兵的救护车驶进

了庭院。拿着医院颁发的出院许可，格尼搭车上路了。几天以后，珍斯基写了一封家信，她的真实想法却成了一个谜："他仍然爱着我，要是我不和他一起走，他就想在他离开之前和我结婚。我不①。他在去英国的路上，而且希望我也能快点儿去英国。"

运往帕兹庄园和其他医院的残破躯体很快就形成了一股洪流。珍斯基写给家里的信语气仍显得轻松平淡，好像她正在欧洲度假，而不是处于一场残忍的战争中。然而，在写给姐姐和姐夫的信中，她清楚地说明了自己为何要这样做："在西班牙写信很困难，因为信件会被审查——我们不能把看到或是听到的事情写进信里——只能谈谈天气和其他别的什么。"[5]审查不仅是出于对军事机密泄露的担忧；美国国内举行的募捐活动得以令共和军维持医药品供应，一旦传出其在战场受挫的消息，募集金额将会受到影响。

除了自己的病人和帕特·格尼，托比·珍斯基还牵挂着其他人。实际上，她一直保持着这样的关注。她在写给家人的信中常常提到这些。"我一直在打听菲尔的情况，他很好，正在巴塞罗那工作。"然后又有："我写信给你是想说，我收到了菲尔的来信。他正在一间工厂，工作十分繁忙，他很好，也很高兴……真的不用担心，他很好。我一直关注着他。"[6]

菲尔·沙克特（Phil Schachter）是珍斯基的家人：他的哥哥马克斯（Max）娶了珍斯基的姐姐。菲尔是纽约人，是一名刚从职业学校毕业并加入了共产主义青年团的技工，留给后世的文字资料甚少。想象他的青年生活就像仅凭寥寥数笔就为人

① 这里原文是 I didn't，不知道指的是不想结婚还是不想走，所以是个谜。

进行画像一样困难。他没敢和自己鳏居的父亲打招呼就来到了西班牙，此时他只有 21 岁。在一封抵达欧洲不久之后写给哥哥的信中，他说：“你可能已经猜到了我的目的地……很遗憾，我就这样离开了，但这样做是我唯一能够清楚地看到自己前路的办法……一有机会，我就会写信给你，把所有事情都告诉你。”[7] 222
但在给父亲的信中，他写道：

> 亲爱的爸爸：
>
> 我现在巴黎。旅途很愉快。下船后我将前往马赛。从那里，我可能会回去，也可能再去别的地方。我还不知道要去哪里……请不要为我担心，我会很好的。[8]

菲尔的父亲是一家洗衣店的店主，同当时的众多小商贩一样，大萧条期间，他也在挣扎着勉强维持经营，他的四个孩子也一直在帮父亲省钱。自从与珍斯基的姐姐结婚以后，马克斯就一直住在自家的公寓里。在家庭责任意识和自己对西班牙是国际反法西斯运动大熔炉的信念之间，菲尔清楚地感到了撕裂感。

经过夜间翻越比利牛斯山的艰苦旅程到达西班牙后，他首先将自己掌握的技工技术用在了在后方维修步枪的工作中。不过，1937 年 6 月，渴望战斗的菲尔在写给另一个哥哥、同样是信奉共产主义的技工哈里（Harry）的信中说，自己已经加入了新组建的乔治·华盛顿营，正在赶往前线。“要是我很久都没有信寄回去，设法让爸爸保持冷静……如果他对任何事产生怀疑，就写信告诉我。”他在给马克斯的信中写道：“我感觉很好，从来也没有对来到这里感到过一丝后悔。我唯一担心的，是爸爸……要怎么接受这样的消息。”[9]

接近月底的时候，他又写信给哈里：“我们现在处于预备役状态。我们正驻扎在一座橄榄园中，听着前线的枪声。”这时，他们的父亲显然已经意识到了菲尔在西班牙，但菲尔却仍旧坚持给他留下自己只是在后方修理步枪的印象，这从他在 7 月 3 日写给马克斯的信中就能看出：“我希望爸爸不知道我在军队。”[10]

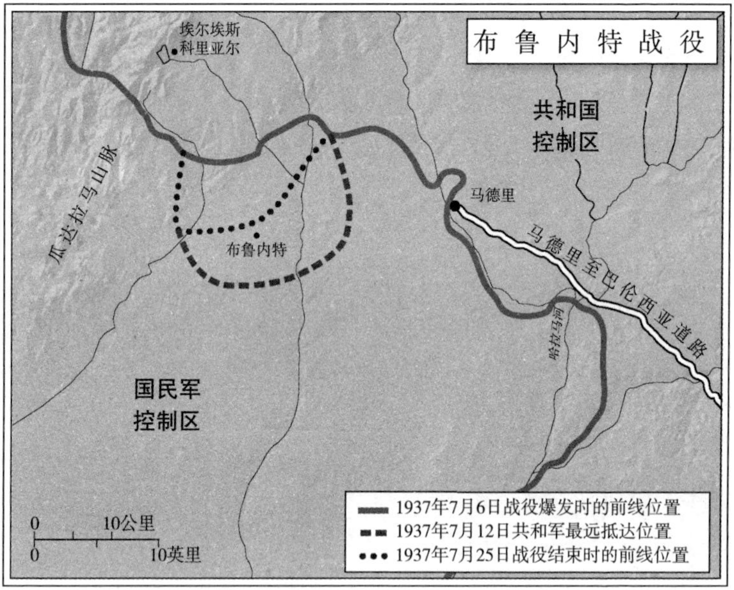

223 布鲁内特战役的名字来自马德里以西荒芜的瓜达拉马山脉（Guadarrama Mountains）旁的一个村庄。共和军计划歼灭深入马德里郊区的国民军，因为在那里，后者能向城中不间断地进行炮击。世界各地的报纸都对马德里围城的消息以头版头条进行过报道，对共和军来说，减轻马德里受到包围的压力不但是军事上的巨大胜利，也是宣传战的胜利。坦克以及火炮被投入了这场精心策划的突然袭击行动当中，大约 70000 名士兵的参与规模更是前所未有：这是一场由在战争第一年的大部分时间里一直在应付国民军攻击的共和军发起的大规模攻击。对许多刚到西班牙的美国人来说，这将是他们第一次参加战斗。在训练基地举办了一场由士兵演出的、开上司玩笑的幽默音乐滑稽剧组成的出征狂欢后，菲尔·沙克特所在的华盛顿营被派上了前线。

共和军中，有经验的军官仍然极度短缺，但是现在，每个
主要指挥官的身边都多了一个苏联顾问。为了这次进攻，有关 224
部队还装备了 132 辆崭新的苏制 T-26 坦克，性能比佛朗哥部队装备的任何坦克都要优越。（同希特勒一样，斯大林也将西班牙视作一块可以一用的武器试验场。）在攻击行动的头几天，共和军从国民军手中夺取了面积可观的土地。

鲍勃·梅里曼不在布鲁内特，但上百名经他之手训练过的士兵在那里，他焦虑不安地期待着前方传来他们的消息。在满是泥浆的战壕或训练营中度过了令人不舒服的几个月停滞的时光后，来自林肯营的，和从未经过实战检验的华盛顿营的士兵们渴望成为一场也许将改变战争进程的战役的一分子。当他们开始长途跋涉前往集结点时，“小伙子们信心十足，互相开着玩笑”，俄亥俄州一个犹太拉比的儿子，21 岁的塞缪尔·莱文杰（Samuel Levinger）写道。“但这些玩笑背后却潜藏着悲壮而深沉的含义，因为我们都充分地意识到……许多人是不可能活着离开战场的。”[11]莱文杰本人从这次战役中幸存了下来，不过他还是死在了接下来的战斗中。

因为这是一次突然袭击，所以外国记者不被允许随军采访。尽管如此，一向善于在幕后挥舞长袖的路易斯·费舍尔仍然成功地让自己成了一个例外。战役开始后不久，他开车离开了马德里，前往新近占领的布鲁内特村寻找当地村民。“街道上空空

荡荡。我进入两间房屋查看了一下，里面一个人也没有。第三座房子是个农民的棚屋。当我走进里面的时候，我用西班牙语大声叫道：‘这里有美国人吗?’然后我听见有人回答：‘有啊，你要找什么?’

“一个戴着头盔、穿着卡其布军服的年轻人坐在一堆大金属罐子上——那是从佛朗哥部队缴获的果酱——他正在写信……来到西班牙之前，他在芝加哥的共和钢铁公司（Republic Steel）的主吊车上工作。他想知道‘小钢铁公司罢工’① 的进展如何。

“我们从屋子里走到了场院中，听着炮火的声音。我们听到了尖锐的机枪射击声。大约在我们西边半英里左右，一架飞机俯冲向地面。‘他们在朝我们战壕里的人扫射。’这个吊车操作员向我解释道。过了一小会儿，第二架飞机朝地面俯冲，紧接着是第三架。”[12]

尽管初期取得了一定成果，但进攻很快就陷入了困境。共
225 和军装备的苏联坦克在崎岖不平的地形上展现出的机动性令人印象深刻，但它们的作战能力却被以两种方式无形地削弱了。在挑选西班牙人坦克手时，苏联顾问坚持挑选共产党员，拒绝考虑从取材范围更广的其他政党中挑选士兵，而他们当中许多人都要比共产党员在驾驶和维护坦克方面更加富有经验。其次是大清洗运动投射到西班牙的长长的阴影。这场运动最后一位

---

① “小钢铁公司罢工”（the Little Steel strike）是1937年美国钢铁工人组织委员会（SWOC）组织的一次罢工。1937年3月13日，美国钢铁公司（U. S. Steel）与SWOC签署了历史性集体谈判协议，规定了标准工资、每天工作8小时、加班时间1.5小时等。但以共和钢铁公司、内陆钢铁公司、扬斯敦板管公司为代表的小钢铁企业拒绝签字。因此，1937年5月26日，SWOC组织了这三家小钢铁企业工人罢工。罢工历时五个多月，最终失败，但为小钢铁企业的工会化奠定了基础。

杰出的受害者是苏联红军参谋长米哈伊尔·图哈切夫斯基（Mikhail Tukhachevsky）元帅，他被斯大林视作潜在的竞争对手。在遭受折磨之后，他承认自己是一名德国间谍，并在这场战役开始前几周被执行了死刑。这位元帅以其对装甲战具有开创性的理念而闻名，其中包括使用坦克纵队发动高机动性的钳形攻势的构想，这正是适用于正在进行当中的布鲁内特战役的奇袭战法。然而在实际战斗中，没有苏联顾问敢于冒险使用已经身败名裂了图哈切夫斯基发明的战术，因此，共和国的坦克部队摆出的是分散的阵型，在支援步兵作战方面远没有他的战术那样高效。[13]

除此之外，部队中的物资供应人员面对这样规模的军事行动完全没有任何经验。在足以把人烤焦的100华氏度的天气中，当地图上标记的小河被发现干涸了的时候，他们甚至无法为前线士兵提供用水。在华盛顿营里，每8名士兵中就有6名因中暑而倒下。（“阳光好像上帝发出的怒火。”[14]提到西班牙的炎热天气时，玛莎·盖尔霍恩曾这样写道。）太阳发出的光芒是如此强烈，以至于有些士兵在看到被阳光晃得发白的一切物体时产生了类似于雪盲症的体验。国民军的燃烧弹和炙热的炮弹弹片点燃了地表干燥的野草和灌木丛，更多的炮弹碎片则落进了美国志愿兵们起火做饭的炖锅中。

第十五国际旅的初期目标是一处被称作“蚊子岭”（Mosquito Ridge）的由国民军占据的高地。战斗头两天，林肯营和华盛顿营一直在穿过阿尔瓦公爵的私人狩猎保留地向那里进发。经过被从背后射杀的国民军军官们的尸体——显然是被自己人干掉的——时，大家感到了心中短暂涌起的鼓舞之情。没有水可供他们的水冷式马克沁重机枪使用，他们就朝包裹在

枪管周围的冷却套管撒尿降温。7 月 9 日破晓时分，美国人和
226 英国人试图夺取这座山岭，但驻防的摩尔人却死死地盘踞在高地之上。德国和意大利战斗机低空俯冲，在他们的头顶进行扫射，而美国人只能徒劳地仰面朝天，用步枪向飞机开火。补给人员试图上山为部队送去食物和弹药，结果都被子弹扫倒了。根据一个士兵的回忆，人们在干枯的河床上发疯似的深挖，喝的是涌出来的污浊不堪的水，吃的是死骡子肉，这导致了令人再熟悉不过的瘟疫——痢疾的再度泛滥。由于痢疾发作起来既迅速又频繁，有些人索性直接在裤子上撕开了口子。

林肯营的新任指挥官名叫奥利弗·劳（Oliver Law），是一名来自得克萨斯州的 36 岁陆军老兵。他曾在芝加哥开过黄色出租车①，干过其他一些蓝领工作，并在这期间成了一名共产党员。我们对于他来到西班牙以前的生活所知不多——共产党宣传中对他的赞美明显缺少细节——只提到了他作为劳工的工作经历，以及导致他最少有一次被芝加哥警察逮捕并殴打的，担任租户抗议组织者的经历。[15]选择劳作为指挥官的一个重要原因被以西班牙语记录在了他的国际纵队军事档案中：他是黑人。

共产党是各类组织中为数不多的，渴望展示其对美国黑人平等欢迎的组织之一。整个 1930 年代，共产党提名过黑人竞选副总统，还提名过黑人担任州一级与地区一级政府的公职。然而，与那些从未当选的黑人候选人不同，这次劳拥有了掌握生死的大权：这是黑人第一次指挥一支由美国人组成的实战综合部队。单是见到一个黑人军官，对于美国驻西班牙军事专员、南方人斯蒂芬·富卡（Stephen Fuqua）上校来说就已经是种令

---

① 1907 年由约翰·D. 赫兹在芝加哥建立的“黄色出租车公司”（Yellow Cab Company）旗下的出租车。

人震惊的体验了。他顺道走访了林肯营，以参观者道听途说的口气“对劳说：‘呃，我看你穿的是一件上尉制服？’劳很有尊严地回答道：‘是的，因为我本来就是一名上尉。’……于是这位上校支支吾吾了一会儿，最终说道：‘我确定你的手下一定为你感到很骄傲，我的孩子。’”[16]

林肯营中的老兵并不认可劳的能力，对于他以前主要作为私人武装驻扎在美墨边境时的军事经验是否能和指挥战争扯上 227
关系也多有质疑。然而，对共产党的宣传完全没有好感，并且很善于发现谁是骗子的帕特·格尼了解劳，并且认为他是一名“非常好”[17]的士兵。在哈拉马河，劳就曾与梅里曼共同经历过战火的洗礼，但布鲁内特是他首次获得战斗指挥经验的地方。起初，他说话时结巴得很严重，显示出了面对国民军倾泻而来的火力时自己与手下许多人一样的恐惧。在那之后，也许是为对一开始表露出的恐惧情绪做出弥补，他冲到了队伍的最前面，挥舞着手枪，号令士兵冲上蚊子岭，并在那里身受重伤。[18]劳作为一名由大多数白人组成的营的黑人指挥官的生涯仅仅持续了几天，可在以后若干年时间里，这样的事情都未曾在美国军队中发生过。

随着共和军进攻势头减弱，国民军展开了反击。机警的美国士兵们看到天空中布满了某种前所未见的不祥事物——一种外观优美、造型新颖的单引擎单翼飞机，速度空前的快，爬升率也高得吓人。这是德国梅塞施米特 Bf-109 战斗机在战场上的首次亮相。二战期间，这种威力强大、用途广泛的战机将成为纳粹空军的中坚力量。现在，国民军取得了对共和军的空中优势。佛朗哥一次能够派出 200 架飞机参加战斗，它们由训练有素的德国、意大利和西班牙飞行员驾驶。共和军的空中力量很快就被击垮了。仅一天时间，秃鹰军团就击落了 21 架共和军飞机。

与此同时，德国轰炸机对正在被太阳烤干了的大地上努力挖掘战壕的共和军步兵进行了轰炸。当华盛顿营士兵由于行军队形太过密集而混成一团时，四架意大利重型轰炸机将全部的机载炸弹投了下去，造成了非常严重的后果。“我们从这里经过时，”一个当时在附近的英国营上尉回忆道，“在弹坑间尽力寻找通行的道路。弹坑边，成堆的美国兵尸体仍在冒着烟。他们的尸体变成了古怪的黑色。”[19]

机枪手戴维·麦凯尔维·怀特（Dauid Mckelvy White）回忆道：

228 时间不复存在……天有时很亮，阳光毒辣，有时很黑，特别寒冷……我们见过颜色暗淡的、可怕的、荒唐至极的创伤。我们明白了一个道理，人死后的姿势并不总是高贵优雅的。巨大的炸弹每分钟有 8 到 10 颗，不断在我们身边落下。连续几个小时，我们都紧紧地趴在地上……我们在晚间看过空战，曳光弹的照耀令一切清晰可辨。我们见过一架巨大的德国轰炸机被直接击中，没有空中的摇摇晃晃，没有碎片残骸，只有升腾的巨大火焰云，然后，一切都消失了……我们经常要整晚行军，第二天执行战斗和警戒任务的间歇，我们还要挖掘我们自己永远都不可能用上的地下掩体，因为当晚还有更远的行军在等着我们。

我们没有食物，最倒霉的是，我们还没有水，因为我们的补给卡车被敌人拦截了……没等看到敌人四散奔逃，我们的部队就先崩溃了……我们在一片混乱中撤退，将我们的机枪、大量的弹药和一些食物留给了敌人，巧克力和美国香烟也留给了他们，这是最糟糕的。在几乎无法保持清醒的状态下，我们还要听政治演讲……有一次，我帮忙抬一副担架走了大概有200码，才发现上面躺着的指挥官已经死了，于是我们就随便地将尸体扔下了担架，回头去抬其他人……我们见过坚强的男人精神崩溃、像个目露凶光的婴儿般含混不清地胡言乱语的样子。我们见过男孩一夜之间变得果敢成熟。我们感受过因炸弹爆炸而变得灼热的空气，见到过人们在我们眼前烧成一个火球。[20]

三周后，当攻势逐渐减弱时，共和军已有约25000人牺牲、 229
受伤或被俘，其中有300人来自美国。那个日裔美国厨师杰克·白井死了，还有两名美国医生也死了。英国营方面同样损失惨重。为人古怪但倍受尊重的指挥官乔治·内森（George Nathan）上尉也在英国人的阵亡清单中。身负重伤后，这位公开出柜的同性恋者——在1930年代，这对一名军人来说并不是件容易的事——挥动着镶着金头的指挥棒，请求身边的士兵一直唱歌，直到他死去为止。

由于接近半数人员伤亡，林肯营与华盛顿营不得不进行了合并。新的营的正式称号是林肯－华盛顿营，不过很快，几乎所有人都又开始将其称为林肯营。精疲力竭之下，一些人试图逃离部队。据估计，整个战争期间，在西班牙战斗过的大约2800名志愿者中，至少有100人私自脱离了部队。[21]他们中的一些人被抓住了，至少有两人被执行了枪决；另外一些人则成功地翻山越岭到了法国，或是偷偷登上商船离开了西班牙。

此次攻势是一次代价高昂的失败，可对西班牙共和国政府来说，除了继续战斗下去，他们似乎也没有别的选择。回到英国以后，乔治·奥威尔写道，国际纵队在布鲁内特进行的战斗“某种意义上是在为我们所有人而战——仿佛有一条细线，受苦受难、装备破旧的人们站在中间，野蛮和起码的相对正义分居两边”。[22]

菲尔·沙克特的家人收到了两封日期写着 1937 年 7 月 15 日的信，信是在蚊子岭战斗间隙短暂的停火期间写的。在给哥哥马克斯和嫂子艾达（Ida）的信中，菲尔说，自己听说有人“试图让爸爸找领事帮忙找我。我希望你们能理解这主意是多么的荒谬……我觉得我已经到了知道自己该干什么的年龄，要是有人尝试朝那种方向努力，我将会非常愤怒……所以，请阻止爸爸采取任何此类行动”。在给哥哥哈里的信中，他写道：“我们的行动已经进行了大概七天，这可不是什么轻松的事……我还得为我的步枪做清洁，天就要黑了，所以先再见吧。告诉所有人，我爱他们。”[23]从此以后，他们的通信中断了。

布鲁内特还是一个至今其完整身世仍不为人所知的神秘美国人首次出现在西班牙战场上的地点。文森特·乌塞拉（Vincent Usera）[24]在波多黎各出生，身材高大，相貌出众，脸部轮廓分明，像电影明星一般英俊。当乌塞拉出现并准备应征入伍时，纽约的共产党官员感到喜出望外，因为与其他的美国志愿者不一样，乌塞拉之前有过战斗经验。但他们同时也很警惕，因为乌塞拉并非来自任何左翼政治团体。在他出发前往西班牙时，与他一起踏上旅程的可靠党员们受命对他进行严密监视。

230 西班牙的国际纵队军官们内心同样感到矛盾。“他的胡须修剪得很整齐，身上的制服裁剪得很合体，这些都使他看起来像是职业军官一样。”一份报告中这样写道。然而，“他大方地承认，来西班牙之前，他对劳工运动一无所知，也没有与他们建立过任何联系”。这份报告写道，乌塞拉“在一次讨论时显得对自己的陈述感到紧张并且不确定。他给人这样的印象：他在尝试‘伪装’自己，但对这样做感到很困难”。另一份用西班牙语写成的乌塞拉的档案中写着：“有特务嫌疑。”

乌塞拉用西班牙语告诉人们，他在17岁那年就加入了美国海军陆战队，在一艘在中国长江巡逻打击海盗的武装炮艇上服役。他说，自己后来参加过在尼加拉瓜的战斗，当时美国海军陆战队占领了这个国家，镇压了由当地游击队领袖奥古斯托·桑迪诺（Augusto Sandino）领导的起义。在那以后，他又短暂地加入了尼加拉瓜军队。尽管他对自己在长江上与海盗作战，以及在丛林中与桑迪诺游击队作战的令人眼花缭乱的描述无法验明真伪，但乌塞拉的美军官方服役证明确认他确实曾在十几岁时被海军陆战队征召入伍，在名称不详的不同地点服役了六年，并在随后加入了尼加拉瓜军队。在这之后，他的经历就变得模糊不清了。

乌塞拉对国际纵队的军官们宣称，“由于与一个‘比他更有影响力的人’的妻子之间发生了一些事情，他的海军陆战队生涯被突然中止了”。他说，在那以后，他用了两年时间在罗得岛的纽波特（Newport）从事“娱乐业”，在“范德比尔特女士”（Mrs. Vanderbilt）的帮助下摆脱了困境，后者是他在纽波特干那一行的时候认识的。又过了几年保险经纪人的生活之后，他自愿应征来到了西班牙。

向西班牙的共产党员吹嘘与范德比尔特女士的友谊显得惊人地欠考虑，但不管她是否真的存在，纽波特的一份报纸在1934年刊登的一篇文章中确实提到了乌塞拉在当地一间戏院担任前台经理的事。同时，他的一个海军陆战队同伴的口述证实

231 了他曾与别人妻子之间的风流韵事——实际上，与他发生过风流韵事的军官妻子似乎不止一位。[25]但乌塞拉日后的生活经历令人信服地显示，在应征成为西班牙内战的志愿者时，他的确是带着向美军进行报告的计划前来的。

美国的军事情报人员长久以来一直密切关注着国内左翼分子的动向，并且知道林肯营的士兵招募者对有军事经验的人是多么的渴望。“根据我们已知的情况，他们至少接近过一名预备役军官，”一名在芝加哥的特工在1937年向华盛顿报告，“向他提出建议，在军事训练方面请他提供指导。”[26]考虑到这一点，美军似乎有可能向林肯营派出一名能够为华盛顿提供秘密情报的军人。另外一种可能是，乌塞拉的军人生涯由于他拈花惹草的行为而被中止，于是他承担了一人前往西班牙的任务，希望自己能获取情报，博取军队的好感，恢复身份。

林肯营的高层们仍然感到不安：为什么这个无党无派的人要成为志愿者？也许是感觉到了自己所受的怀疑，乌塞拉吹嘘自己是华盛顿一位著名的劳工活动家的朋友。但他是在西班牙发表这一声明的，他的话无法得到验证。在军事事务上，他显然是一名对训练士兵拥有丰富经验的出色专家。而且，他既会说英语又会说西班牙语，这一点十分有用。他的能力一开始为他赢得了新兵指导的工作，然后是连队指挥官的职位，最后，在布鲁内特，他成了奥利弗·劳的副官（基本上算是二把手）。然而，在战役的一个关键时刻，就在劳牺牲之前不久，乌塞拉找了一个要去后方国际纵队总部的借口，然后就消失了。“他就是个雇佣兵。”愤怒的营队政委史蒂夫·纳尔逊断定。由于找不到乌塞拉，纳尔逊不得不接替指挥的任务，他又补充道：“但他对军事懂得很多，这样的人实在是太缺了。”[27]

被人们痛斥并被降职的乌塞拉再一次从人们的视野中消失，直到他在巴塞罗那因试图不经许可离开西班牙而被逮捕。这一次，他的名字被列在了国际纵队人员档案中的一份“坏分子”[28]名单上。尽管如此，他所具备的军事经验实在太宝贵，以至于他又被送回部队继续从事训练新兵的工作。当一个西班牙士兵 232
组成的连队不得不被整合进美国营时，他的语言技能更是被证明非常重要。

资料显示，乌塞拉对正规训练的重要性格外强调，同时对美国志愿兵们存在的种种问题十分关注：他们需要更好的纪律；军官应该更多地将任务委派给下属；鲍勃·梅里曼是一名好上司，但他总是试图让自己做太多事；军官应确保得到手下的服从，即便他们在平常生活中是朋友关系。他在安排了敌方假想攻击的演习中设置了复杂精密的演练项目——以班为单位作战，以连为单位作战，反堑壕战，丛林作战，还对己方部队指挥官死伤的情况进行模拟——他自信且富有见地的观点似乎给所有人留下了深刻的印象，也包括那些认为他在“伪装”的军官。在乌塞拉训练的一批士兵的结业典礼上，这些士兵由衷地向他鼓掌致意，这让确信他不可信任的国际纵队军官们感到不安。

然而，第二年早些时候，乌塞拉在一场战斗中再次抛弃美国志愿兵消失了，这一次，他再也没有回来。一份书面记录显示，他搭上了从安特卫普到新泽西威霍肯（Weehawken）的货轮，然后便暂时从人们的视野中消失了。

这一时期，大多数国家的军队都在试图从西班牙内战中学到应对下一场世界性战争的办法。我们今天得知，英国曾在国际纵队安插一名卧底特工达数月之久。[29]一些人认为，法国、捷克和波兰的情报机构也做了同样的事情。美军 1930 年代的档案中有大量对西班牙战局的评论。一份 1937 年出自美国驻英国武官之手的报告将西班牙称作“战争实验室”。[30]毫无疑问，正是出于这种特殊兴趣，1939 年，在马里兰州安纳波利斯（Annapolis），听众们才会在位于海军学院的内部智库美国海军学会（United States Naval Institute）汇聚一堂，聆听题为“西班牙内战的经验与教训”的演讲。

这场演讲的发言人正是文森特·乌塞拉。在这场囊括了战术、武器、训练、防空和其他内容的演讲结束后不久，乌塞拉
233 的军旅生涯成功得以继续，这一次他加入了陆军。他在 1943 年是陆军少校，1944 年成了在欧洲作战的一个步兵营的副指挥官。后来，他先后在军事情报部门担任了几个职务（这是对他在西班牙时角色的另一个暗示），之后还曾在堪萨斯州莱文沃思堡（Fort Leavenworth）的美军陆军指挥与参谋学院（Command and General Staff College）进修。在德怀特·D. 艾森豪威尔于 1951 年担任北约总司令时，乌塞拉成了其参谋部的一名情报人员。他在 1963 年以上校军衔退役，并移居佛朗哥治下的西班牙。他在退役前担任的最后一个职务是美军在越南的军事顾问。

在参观布鲁内特战场几天之后，路易斯·费舍尔动身前往巴黎。他在巴黎观看了令人印象深刻的一年一度的巴士底日阅兵游行，这让他苦涩地联想到了西班牙共和国所无法购买的武器装备。他觉得，“要是拥有那天早晨阅兵式上两成的武器装备”，共和军就能在三个月内赢得战争。

在国外待了半年后，费舍尔又回到了莫斯科。曾经在情感上支撑了他 15 年的梦想如今已变得残破不堪。费舍尔与家人曾经居住过的八层楼房有大约 150 间公寓，超过半数公寓中的居

民已经被逮捕了。由于预感自己大限将至，他的一个邻居“已将装着衣物和盥洗用品的小包袱打包完毕，以备随时取用”。三个星期后，秘密警察对他实施了逮捕。他们几乎总是在夜晚现身。从被公寓楼包围着的美国大使的宅邸，人们能够听见囚车发出的声音，和随后爆发的男人们在黑夜中被带走时他们的家人发出的惊恐尖叫。

斯大林的多疑总是带着些许排外色彩，大清洗运动的斧刃也以特别的力道落在了所有曾经在西班牙效力过的人身上。他害怕苏联的军官们可能已经被在那里接触到的西方思想或是西方情报机构腐蚀了。费舍尔一个曾经担任驻西班牙大使的朋友在被莫斯科召回之后消失了。苏联驻巴塞罗那总领事、一位俄国革命期间的著名人物也在召回后被行刑队枪毙了。一大批其 234
他高级外交官、将军、顾问和记者也突然被召回国内。有时候，他们在被当作英雄受到公众欢迎、受宴席款待并获得勋章后不久便迎来了死刑。

“最好不要拜访苏联的朋友和熟人。”费舍尔写道，“一名外国人的来访可能会给他们带来麻烦。当我从国外回来的时候，我们的公寓总是挤满了苏联人，过去确实总是这样。他们前来……欢迎我的归来，但也是为了获得国际上的最新消息和见闻。这样的时光一去不复返。”[31]

由于妻儿不能离开苏联，费舍尔不敢将他的失望情绪付诸报端。他很快便回到了西班牙。出于对接近权力中心的一贯渴望，他与他所信任的共和国总理胡安·内格林建立了密切关系，成了他的一名顾问，还一度住在了内格林的官邸——总统府。

他为总理撰写了一系列的备忘录，涉及众多议题，还试图研究出一种策略，将美国武器经由第三国运往西班牙以绕开武器禁运的限制。他在黑市上购买武器，设法从拉丁美洲雇用会说西班牙语的军官，还与法国政府进行了接触：他们难道不想让自己的预备役军官得到一些实战经验吗？他还代表西班牙共和国，与一个由 72 名议员组成的英国下院团体进行了对话。他陪内格林前往巴黎进行了一场徒劳无功的访问，希望法国在军售问题上改变想法。他还可能参与过对加入林肯营的美国人前往西班牙行程的安排，因为在一封信中，一个国际纵队的军官小心翼翼地承认了“我们收到的美国货物多亏了您值得称赞和不知疲倦的努力”。[32]此时此刻，到达西班牙的主要“美国货物”就是新来的美国志愿者。

费舍尔已经从根本上将他以前对苏联的忠诚转移到了西班牙共和国身上——一部分选择性失明也被同时转移了过来。同其他美国志愿者一样，他似乎根本没有意识到如今正受到压制的社会革命的存在。他还无视了苏联正在利用其对西班牙共和
235 国的帮助获取对后者安全部队控制权的事实——也许他只是觉得，这是共和国为获取苏联武器需要付出的代价。然而在对一些问题的看法上，他所展现的切中要害的观点令人不寒而栗。“如果民主在西班牙崩溃，”他告诉《国家》周刊的读者，“罗马和柏林将会确信，他们能够不受惩罚地继续他们针对小国的行动。对更大国家的颠覆也将在稍后发生。”[33]

14 德士古参战

尽管西班牙爆发了战争，富裕阶层的人们仍然将地中海视 236
作享乐的地方。1937 年夏，世界上最富有的女人之一，美国谷物食品公司（American Cereals）继承人玛乔丽·梅里威瑟·波斯特（Marjorie Merriweather Post）乘坐私人游艇“海云号”（Sea Cloud）——一艘长达350英尺的豪华的四桅杆船，船上配有72名船员——前往地中海旅游。一切原本都很顺利，突然，船长发现船上的电台无法工作了，因为意大利海军装备的早期雷达系统造成了干扰。贝尼托·墨索里尼已派出了他的战舰和潜水艇，对西班牙共和国的补给航线进行打击。

一条新的死亡战线出现了。国际纵队的志愿者成了这条战线的早期受害者——他们试图避免比利牛斯山的艰苦旅行——他们乘坐的是从马赛出发的客轮“巴塞罗那城号”（Ciudad de Barcelona），目的地就是这艘船以之命名的城市。船上的一个美国人回忆，当船距离终点还有20海里时，“一架共和军的水上飞机来到我们的船只旁边飞行，飞行员疯狂地向我们打着手势，指指点点”。他的警告来得太晚了：过了不大一会儿，一艘潜水
艇发射的鱼雷击中了客轮，它在七分钟后沉没了。“我还记得那 237
些被困在船舱里的人透过舷窗映出的尖叫的面孔。”[1]

具有讽刺意味的是，在没能成功逃离的志愿者中，有一个还是布鲁克林学院的前游泳队队长。大约50名来自各个国家的志愿者淹死，其中至少包括10名美国人。“船只周围漂浮着大

量残骸：油桶、木箱、盒子、木板、帆布，还有木制的床架。”一名加拿大幸存者写道，“上下浮动的脑袋和漂浮在水面上的尸体也混杂在残骸中，尸体周围的海水被鲜血染成了深红色。”[2]

后来，此类攻击活动急剧升级。佛朗哥将自己的兄弟派往罗马，请求墨索里尼将任何可能装载军火前往共和国的船只击沉，这位意大利独裁者则十分愿意承担这一责任。他们达成共识，如果意大利的潜水艇需要浮上水面，它要打出西班牙国民军的旗帜。意大利拥有当时世界上最大规模的潜艇部队之一，其中的52艘潜艇以及41艘巡洋舰和驱逐舰开始在地中海巡逻，搜寻前往西班牙共和国港口的船只。意大利人还提供给佛朗哥海军部分潜艇——正是这些潜艇中的一艘击沉了“巴塞罗那城号”。

单在1937年8月，意大利潜艇、飞机和水面舰队便共计击沉了26艘前往西班牙共和国港口或自西班牙共和国港口驶出的船。飞行员在天上能够看到地中海海面上布满的浮油，这些浮油就像水上漂浮的墓碑一样，标示了沉船发生的地点。这些沉船中有些是苏联船只，因此，8月后，苏联开始禁止任何试图经由地中海向西班牙运送武器弹药的行为。苏联船只改走安全但距离更远的路线，它们从北冰洋或波罗的海的港口出发，航行大西洋后将携带的补给在法国卸货，它们将由陆路继续运往西班牙。但实践证明，这条路线是靠不住的，因为内部存在分歧且善变的法国政府总是定期一次性查封波尔多港的苏联货物达数月之久。苏联军火的不稳定供应的确还能继续，但这些帮助同墨索里尼与希特勒提供给佛朗哥的则不可同日而语。苏联援助再也无法改变哪怕一场战斗的走势了。

238 要是援助不来自苏联，而是来自美国呢？世界最大民主国家的领导者会不会改变心意呢？这是玛莎·盖尔霍恩、欧内斯特·海明威、导演约里斯·伊文思在1937年7月8日的晚上被邀请到白宫向富兰克林与埃莉诺·罗斯福放映《西班牙的土地》时心中的希望。很少会有一部电影能够在比这次的观众更有权势的观众面前进行首映。出于经验，盖尔霍恩知道罗斯福的白宫厨房出品的食物很糟糕，因此，她坚持让他们将正送过来的三明治拿回去。

直到完成影片制作前的最后一分钟，这些电影制作人都一直在为影片中的素材争斗着。影片原定的解说员是奥森·威尔斯（Orson Welles），但在威尔斯于录音期间批评了海明威写作的解说剧本之后，这位大作家与他大吵了一架。在时长一小时的影片最终版本中，是海明威以自己写作的文本，用自己平淡的美国中部口音完成的配音。但是，这部纪录片并没有制作者们期望中的那么成功。将马德里被围困和韦蒂杜埃尼亚村庄两条故事线放在一起让影片显得很笨拙，而影片为战火纷飞的西班牙共和国博取同情的目的，偶尔会被海明威在解说中表现出的对战争的迷恋和将战场视作练兵场的赞颂所带偏："战斗中的终极孤独……这是投入战斗的男人们的真实面孔，它与你能见到的任何其他面孔都有点儿不一样。"

《西班牙的土地》还回避了一个中心问题。影片中，韦蒂杜埃尼亚的居民们干劲十足地挖掘灌溉水渠，通过这条灌溉水渠，他们将流水成功引入了这片干旱的西班牙土地。然而，影片解说从来也没有解释，村民们之所以能够这样做，是因为他们成立了农会，并从曾经拥有这些土地，并将其当作狩猎保留区的一小撮大地主手中没收了它们。同众多西班牙共和国的支持者一样，影片的主创人员害怕强调这些可能会惹恼影片希望吸引的观众。

对于和罗斯福夫妇的重聚，盖尔霍恩后来写道，她“紧张得发抖，但希望他们能够看看我所见到的”。在结束了一顿被海
239 明威描述为由“味道像雨水一样的汤、胶皮一样口感的乳鸽、蔬菜打蔫的美味沙拉和一块总统支持者送来的蛋糕”组成的晚宴之后，大约30名客人与他们一起，被坐在轮椅上的总统领到了白宫的电影放映厅。电影放映得很顺利，但一直保持沉默的罗斯福似乎意识到了影片在政治上的省略。在伊文思的回忆中，当罗斯福最后发表讲话时，他建议：“你们为什么不更着重强调这样的事实：西班牙人之所以战斗，不仅仅是为了维护自己政府的权利，同时也是为了将被旧制度暴政摧残得贫瘠不堪的广阔土地重新变得富饶的权利？”[3]也许是着眼于下一场战争，总统还询问了坦克装备在战争中的表现以及瓜达拉哈拉战役的情况，二者都在影片当中出现过。

海明威在写给岳母的信中继续展现着他的硬汉风格，称罗斯福“非常具有哈佛毕业生的独特魅力，男子气概不足，作风有些女性化，就像个出色的女劳工部长一样”。他还给妻子保利娜发了一封电报，里面完全没提到盖尔霍恩：“白宫还是那个白宫，但十分热情。”[4]

然而，如果保利娜读过两天之后埃莉诺·罗斯福的报纸专栏的话，她就会知道，盖尔霍恩一直与海明威和伊文思在一起。埃莉诺还在专栏中建议，他们的影片应该将政治观点表达得更加鲜明。“我觉得他们在影片中……过分地将与旧世界的各种情况有关的信息视为理所当然存在的前提，我希望影片在将它们普遍地展现给观众之前，能通过某种途径讲述一下这些对我们本国来说十分陌生的背景知识。毕竟在这里，土地还并未达到

那种完全集中于任何团体手中，以至于人民大众连一点儿自己的土地也得不到的程度。”[5]

在罗斯福夫人前往位于纽约海德公园的家庭度假别墅的路上，与她一起搭乘去纽约的卧铺火车的还有她的三位客人。在纽约，海明威和伊文思乘飞机飞往了好莱坞，参加了几场明星荟萃的公益放映活动，他们用筹集到的资金购买了 20 辆救护车运到了西班牙（尽管不清楚实际有多少辆车最终抵达了目的地）。盖尔霍恩满腔热情地给埃莉诺写信说，海明威与伊文思都“对您和罗斯福先生要让影片通过强调冲突的原因来变得更加有力的说法印象深刻——它实际上已经很有力了”。[6]这些建议难道 240
不正是美国将对西班牙改变政策的吉兆吗？

人人都愿意与赢家做生意，共和国领导者们希望战场上的一场大胜，能让他们从国外购买军火变得更容易。布鲁内特战役本来应该是这样的一场大胜，但共和军却失败了。在接下来的 1937 年 8 月，共和军再次进行了尝试。这一次，他们在靠近巴塞罗那的阿拉贡地区调集了 80000 人的部队。按照计划，他们要从佛朗哥手中夺取古城萨拉戈萨，那里有众多的共和国支持者。指挥的将军们还急切地希望在国民军将西班牙北部海岸地区彻底征服之前将他们引开。共和军在此地发动攻击还有另外一个动机：无政府主义者民兵武装仍控制着阿拉贡地区的大量铁路，共产党势力不断增强的共和军渴望将它们置于自己的控制之下。

然而，国民军的抵抗强度超出了预期。共和军在前往萨拉戈萨的路上陷入了苦战，不得已，他们将行动重心改为了面积小得多的贝尔奇特镇（Belchite）。重返战场的鲍勃·梅里曼此时已经被升为少校，成了第十五国际旅的参谋长，在他的带领下，美国志愿者们展开了激烈的战斗。该旅的旅长仍然是那个难以相处，并以回避前线作战而闻名的弗拉迪米尔·乔皮奇。（梅里曼发现他在战斗期间会“因害怕而浑身僵硬”，海明威则认为，在他的指挥下“他带的旅就像一座管理不善的猪圈……他就像是个上蹿下跳，想要在对阵纽约巨人队的橄榄球比赛中充当阻挡对方进攻的后卫的卖苹果的老太太”。）同往常一样，梅里曼的日记全都是对补给和士气、汽油短缺、运输瘫痪以及不停争吵的指挥官等问题的含混暗示——但他也吐露了与妻子分开对自己有多么艰难。“我收到了玛丽昂寄来的短信，又给她回了一封。下次再见，我亲爱的姑娘——我真的发疯似的想要见到你。”[7]

林肯营在战斗中俘虏了将近1000名国民军士兵，其中的大
241 多数都是因为被困在输水管被切断的山上要塞中而被抓获的，对于林肯营，这是前所未有的经历。“从筑有工事的高地上，”梅里曼写道，“为了水和其他补给品，战俘们成群结队前来投降。他们看起来十分憔悴。”[8]

在这场战争中，战俘们受到的对待是残酷无情的。按照惯例，共和军将那些他们觉得已无可救药的国民军军官枪毙了。但普通的国民军士兵被认为要么是受到了宣传的欺骗，要么就是违背自己的意愿被迫作战，因此他们基本上都被饶了一命。另一边，国民军同样也有组织地枪毙了许多被俘的共和军军官和军人，尤其是外国志愿者：已知被俘虏的287名美国人中，有173人被杀害了。[9]

梅里曼将在贝尔奇特射杀被俘敌军军官的事情记在了日记中，但并没有将自己对此的感受也同时记下，除了一句“一位

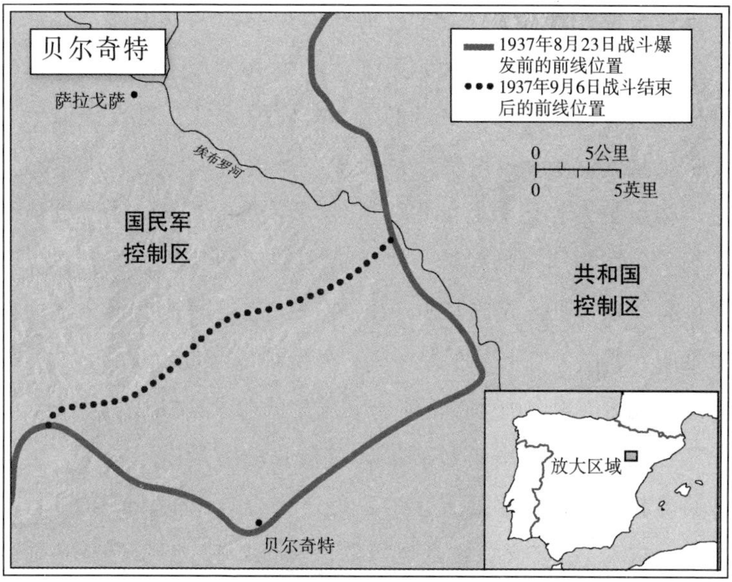

德国同志不必要地奚落了敌军一名英勇的年轻军官”。[10]他在感情上随着战争的深入而对这样的事变得无动于衷了吗？或者，是他认为在日记里对此表达质疑并非军人所为？我们不得而知。

在贝尔奇特，林肯营和其他共和军部队发现，国民军机枪手将据点设在了由钢铁和混凝土建造的半掩埋式的碉堡中，他 242
们在一座神学院和一间教堂的塔楼内也设置了据点，因为那儿的射击位置很好。美国人在城镇外的灌溉用浅水渠附近陷入了苦战，伤亡十分惨重。营下属全部三个连的连长在战斗第一天就全部阵亡。“我们不得不前进，”时任第十五国际旅政委的史蒂夫·纳尔逊多年以后解释道，“但这看起来像是自杀行为。另一方面，要是我们待在战壕里，我们就会像靶子一样被消灭。在无遮蔽的地面上进行撤退将比进攻的代价更高。”[11]

当梅里曼在旅指挥部下令让不情愿的林肯营士兵再次向前

推进时，他发现自己与七个月前在哈拉马河战役中的自己颠倒了角色：发布几乎一定会让某些人去送死的命令，而不是接到命令后反抗。令他感到愤怒的是，林肯营新任指挥官汉斯·阿米里（Hans Amlie）拒绝执行命令。挪威裔美国人阿米里的年纪比梅里曼大，是个来自北达科他州草原的激进分子，以前是一名采矿工程师，曾在第一次世界大战期间参战负伤，参加布鲁内特战役之前参加过哈拉马河战役。灵魂深处的他是个温文尔雅的人，以关心下属而为人所知。他得以当选指挥官，背后有一定的政治因素，因为他的哥哥是来自威斯康星州的国会议员。

在电话里，梅里曼和纳尔逊对倔强的阿米里爆发了，他们威胁要将后者以军法处置，纳尔逊还亲自赶到前线对其进行训导。“你们这帮家伙到底是他妈的怎么回事？”纳尔逊抵达前线后，阿米里冲他吼道，“前进——我们怎么能前进？那个镇子里面全是机关枪……你他妈想让整个营的人都死掉？”[12]

然而，纳尔逊注意到了其他进攻手段的存在。贝尔奇特城外往城内有一条很深的壕沟，他派林肯营的部分士兵通过这里潜入了壕沟尽头一座无人把守的橄榄油工厂。以此为据点，他们开始向城镇渗透。随后，城中爆发了逐家逐户进行的残酷巷战，持续时间接近一周。梅里曼亲自带领一小队人马穿梭在建筑物的屋顶，清理盘踞其中的国民军守军。“我们闯进屋子，扫清屋里的敌人——靠狙击手和手榴弹……敌人的手榴弹从窗子里朝我们扔来。我们夺占了几个地区……干了太多普通士兵的
243 活，”他自责地写道，“指挥工作却做得太少。”[13]国民军军官们告诉士兵，要是被国际纵队的人抓住，他们会被统统杀掉，士兵们因此战斗得十分凶悍，他们用碎石块、鹅卵石、床垫和其他一些他们能找到的东西构筑路障。有些军官还让手下的士兵

赤脚作战，以防止他们逃跑。

进攻一方伤亡惨重，阿米里和更受士兵欢迎的史蒂夫·纳尔逊都在战斗中受了伤。战斗将贝尔奇特变成了一片瓦砾，到林肯营和其他共和军部队取胜时，他们得到的只是座废墟。尽管根据官方规定，共和军士兵劫掠战利品的行为是严重犯罪，但梅里曼还是没经受住诱惑，从城镇的废墟中拿走了两件红色床罩。“抢劫行为仍旧十分普遍，我甚至还为玛丽昂拿了些好东西当礼品。”[14]他在日记中写道。可是，作为一座除了曾在拿破仑战争时成为一场战斗的发生地点外，没有任何重要军事价值的城镇，对小小的贝尔奇特的占领没有任何意义。进攻在到达预定目标萨拉戈萨之前就已止步不前。同在贝尔奇特发生的战斗一样，最终共和军只占领了一小片区域，却损失了太多的坦克、飞机和人员。

战斗结束后，鲍勃捎信让玛丽昂过来找他。他们当然都很渴望见到对方，但表面上，玛丽昂返回西班牙的原因是鲍勃所在旅的文件需要有人整理。人员在战斗中牺牲或负伤的情况需要留下记录——他们在英国或是美国的亲属可以据此为死者领取寿险金也是部分原因。

一天下午，梅里曼和妻子沿着贝尔奇特狭窄弯曲的街道散步。他向她指出了史蒂夫·纳尔逊受伤和其他人战死的地点，带她参观了他和手下士兵用手榴弹逐门逐户追击敌军士兵的，那些被炸成骨架的房屋残骸，以及他带领士兵袭击过的教堂塔楼。夏天炎热的天气里，玛丽昂发现，“像猫一样大”的褐鼠被正在腐烂的尸体吸引了过来。夜幕降临后，借助着满月的月光，玛丽昂在一座被摧毁的教堂里看到了一张仍然贴在墙上的国民军海报。“上面写着年轻女性的礼数条例，要求她们的裙子 244

要长，衣袖也要长，还说女性有原罪，因为她们总是让男人受到诱惑。”当他们离开教堂的时候，“突然，我们听见了钢琴演奏的声音……穿过一条街，在一栋前面的墙壁被炸掉了而变成一半的房子里，里面看上去是个舞台，台上有一名西班牙士兵坐在一架巨大的钢琴前面，正弹奏着贝多芬的曲子”。[15]

尽管真正参加过战斗的人对实际情况心知肚明，对贝尔奇特的占领仍然被当作一场激动人心的胜利展现在了全世界面前。绝大多数美国记者都对能够得到将林肯营描写成为战斗英雄的机会感到高兴，但他们无视了整个进攻行动的失败，以及共和军控制的土地正在被国民军逐步蚕食的事实。“共和政府获得了一场……比之前任何战斗中获得的都要伟大的胜利。”赫伯特·马修斯在《时代周刊》中写道，他将这场战斗称为“共和军最大的胜利”之一。[16]

海明威与盖尔霍恩结束了对白宫的访问，与马修斯一起来到了贝尔奇特。在《科利尔》上，盖尔霍恩称这座城镇“整个陷进了地面，你无法在那里的街道穿行，街上倒塌的房子将人行道都掩埋了。现在，只有少量士兵在贝尔奇特进行着善后清理工作。他们在成堆的迫击炮弹壳、砖头和倒塌的房梁下挖掘死者的尸体。你会经过高高的垃圾堆，还能突然闻到尸体发出的刺鼻的腐烂气味。再往远处走，你能看到一具腐烂了一半的骡子尸体，上面趴着密密麻麻的苍蝇。街上还立着一架孤零零的缝纫机，是在爆炸中被从屋子里炸出来的”。

她继续写道，鲍勃·梅里曼“向我们解释了这次攻击行动。他在满是尘土的地板上画出了行动计划，仔细地向我们讲解着每个要点，好像我们是他在加利福尼亚的经济学课堂上的新生。40 公里的行军……死尸在街上摞起来足有八英尺高……‘小伙子们干得不错。’梅里曼说。他的眼镜上蒙着灰尘，牙齿很白。他的块头很大，但有些羞涩拘谨，说话的声音会让你想叫他‘教授’”。[17]

海明威也热情洋溢地盛赞林肯营。“我去年夏天见过他们，他们现在都已经成了士兵。浪漫气氛已经消散，懦夫已经和身受重伤的人一起回了老家……”七个月过去了，他们已经成了老练的士兵。他们挨家挨户的战斗方式是“古老的印第安战术”——这一景象非常奇特，因为很少有美国印第安人曾在石 245
头建造的建筑之间作战过。梅里曼“是最终突袭行动的指挥者。他当时没刮胡子，脸被烟熏成了炭黑色。他的手下告诉我们他在前进路上是怎么遭到轰炸的，又是如何六次因手榴弹爆炸导致手部和面部受伤然而却拒绝包扎，直到占领教堂方才罢休的”。[18]

为联合通讯社写稿的米利·贝内特当时也在现场，她也非常享受与梅里曼的会面。长久以来，她比梅里曼对斯大林的清除异己更加警觉，听起来，他们似乎在贝尔奇特也进行了一场政治辩论，因为梅里曼在日记里写道，贝内特告诉了他“莫斯科外事部门的逮捕行动”。[19]这是指斯大林对苏联外交官的清洗活动，其中有些人他们俩都认识。我们不知道这些消息是否让梅里曼产生过任何疑惑：这是他在日记或信件中唯一一次提到这样的事情。

贝内特对去往贝尔奇特拥有异乎寻常的兴趣，因为被她一路追到西班牙的前男友华莱士·伯顿（Wallace Burton）就和林肯营一起在那里。尽管她一直跟所有人说伯顿是自己的未婚夫，但对水手出身的印第安纳州人伯顿来说，这种说法却从未听过。（“米利写信跟我说，只要伯顿一离开国际纵队，她就可能和他结婚。”在之前写给玛丽昂的一封信中，鲍勃·梅里曼告诉妻子，“伯顿则说这是他自己头一次听说这件事，但如果这能让他休个长假的话，他愿意答应。”[20])

然而，贝内特却从一间战地医院得知，伯顿前不久已经被敌方狙击手杀死了。为了撰写战地故事，贝内特本来已经去了巴伦西亚，不过，仅仅过了一周，她便搭乘一辆反坦克炮返回了，试图得到关于伯顿之死的更多信息。在一间医院，她偶遇了之前就认识的惹人喜欢、人高马大的金发帅哥汉斯·阿米里。此时阿米里正在养伤，等待自己被送回家乡。没花多长时间，贝内特就移情别恋了。“我要不要在这儿就嫁给他?”她问自己的好朋友玛丽昂，“或者等我们一起回到美国再说?”

“你最好趁自己还有机会赶紧把他收服了。”玛丽昂回应道。[21]

没等阿米里被派遣回国为林肯营争取支持，二人就找到了一名西班牙法官要求证婚。这位法官告诉他们，除非二人均能
246 提供出生证明，否则他就不能娶她。他们当然没有这些手续。正当沮丧的二人离开法官室的时候，一个为人和善的法院办事员悄悄给了他们一个建议：将死之人办理结婚是不需要出生证明的。准新娘和准新郎都与将死毫不沾边，但这个办事员认识一位医生，后者能够为他们出具相应的文书。成功结婚以后，二人一回到美国，贝内特就将这个故事发给了纽约一家报社。[22] 她承认阿米里已经是自己的第三任丈夫了，但她发誓，他也将是最后一任。

与此同时，另一段战地恋情却即将寿终正寝。帕特·格尼在 1937 年的仲夏时节回到了英国，计划与托比·珍斯基结婚。9 月 7 日，珍斯基在帕兹庄园的战地医院给姐姐写了一封信：“几天前，我收到了他的电报，他要我到伦敦找他并跟他结婚，

在那之前，我都开始觉得自己像是个受到轻视的女人了。我还是没准备好打包走人，但我也不知道自己会不会走——我似乎无法下定决心。”[23]

一个月过去了，她仍旧迟疑不决：“我陷入了困境当中——不知道要如何对待我在英国的爱人。他想让我去找他。我想要去——然后呢？”又过了一个月，种种迹象显示，格尼的愿望可能迎来了危机。又一次写信给姐姐时，珍斯基含糊地提到了“另外一段恋情，这次是和一个美国人”。[24]

尽管罗斯福当局始终未能向共和政府提供帮助，不过，只要有迹象显示有美国政府官员想法与众不同，林肯营仍然能受到鼓舞。很快，就在贝尔奇特战役和随后一场导致将近 80 名美国人死亡的失败的攻击行动之后，这样的迹象便随着一位乘坐一辆车头飘舞着美国小国旗的轿车出现在第十五国际旅总部的，出人意料的来访者一起到来了。

来访者是时年 62 岁的美国驻西班牙大使馆武官斯蒂芬·富卡上校。他是个矮壮的秃头男人，毕业于西点军校，曾参加过美菲战争和第一次世界大战，他的女儿即将在不久以后嫁给一名为佛朗哥效力的英国志愿者。这位来自路易斯安那州、一生戎马的军官本是最不被人指望能够支持美国志愿者的。然而， 247
在操着一口南方口音英语给第十五国际旅的士兵做的非正式演讲中，他告诉他们：“我很高兴你们中间有美国人。”他特别提到西班牙共和国是一个民主国家，并补充道：“我无法以官方身份发言。你们必须从字里行间来体会能够和你们一起在这里让我有多么高兴。”[25]作为曾经给这些听众的护照盖上“不得前往西班牙”印章的政府的军事代表，从他口中说出这样的言论显得意义非凡。

在发给华盛顿汇报此次访问的15页报告中，富卡对该旅缺少装备的事实——“毯子的问题，每个人都存在……根本不够他们过冬”——和他们操练密集阵型进攻的“可怜”尝试表达了遗憾。同时，他在报告中写道，他们“斗志十分高昂……他们所取得的战斗胜利看来是源自对自己投身其中的正义事业的强烈信念、抛头颅洒热血的胆量、个人的勇气以及不屈不挠的精神”。

富卡对好几个美国人都赞赏有加，但最让他印象深刻的，则是这些人的参谋长。“梅里曼少校……是第十五国际旅的中坚和主脑……他是那种很有男子气概的人，身高超过六英尺，身体壮得像头公牛，性格令人喜爱，为人当机立断，活力四射，无论在指挥部的任何地方都受到所有人的尊敬，是旅里毫无疑问的主导人物。”[26]

离开之前，富卡送给梅里曼一件他自己在一战时穿过的皮夹克作为礼物。这位武官在报告中没有提及的，是禁止向西班牙输送任何类型美国军火的严格禁运措施存在的情况下，自己的所作所为。离开林肯－华盛顿营时，他悄悄留下一个箱子，里面装着一些美军手册——手册底下，藏着两把手枪。[27]

富卡的手枪礼物或许能暂时鼓舞林肯营的士气，可另外一个美国人托基尔·里贝尔送给佛朗哥的礼物则要贵重得多：无
248 限量供应的德士古石油。美国新闻界继续对这件事保持无视。对于在西班牙的记者来说，若想挖掘事件的细节，他们就要多一些坚持不懈的态度，少一些浮夸的报道，而不是仅仅坐在全是同行的汽车上到前线进行当天往返的一日游。在美国，尽管

记者们有时会写些有关“里贝尔船长”又新开辟了油田以及他过去精彩的航海生活的文章，可他为国民军提供石油赊购的德士古补给线却从未被人提及。事实上，在整个战争期间，只有“忧郁者”（这是一个叫世界产业工人联盟［Industrial Workers of the World］的备受尊敬的激进组织）旗下的报纸曾经提到过这件事[28]——似乎是在里贝尔的油轮上工作的水手向编辑透露了消息。《纽约时报》或是其他任何美国主流日报则对这一话题一个字都没有提到过。

讽刺的是，有个几乎肯定知道整件事来龙去脉的主流媒体记者对这件事只字未写。他就是在国民军阵营进行报道的《纽约时报》记者威廉·P. 卡尼。里贝尔派驻巴黎的业务代表威廉·M. 布鲁斯特将卡尼称为“自己的好朋友”，布鲁斯特写信给垄断国民军石油业务的国家石油公司，询问自己和安东尼奥·阿尔瓦雷斯·阿隆索——那个在国家石油公司工作、同样赏识里贝尔的年轻官员——是否能够邀请卡尼共进午餐或晚餐，还说“在美国传媒业所有报社记者中，到目前为止对他们的事业做出了最有效率的宣传的就是卡尼”。[29]他显然很相信卡尼会对德士古在佛朗哥发动的战争中所扮演的中心角色守口如瓶，而卡尼也确实做到了这一点，他一次也没有在自己的报道中提到过这家公司。

没有记者听说过这家公司给予了佛朗哥如此令人震惊的额外帮助。美国政府知道德士古的这条石油生命线是靠船运维持的，执行这一任务的是该公司拥有的世界上最大规模的远洋油轮船队之一，这违反了美国中立法。但几十年以后，一位多年从事石油工程领域研究的西班牙学者吉列姆·马丁内斯·莫利诺斯（Guillem Martínez Molinos）在国家石油公司的档案中发现

了更多内容。里贝尔对他提供的石油没有索要高价。这些石油的定价就好像它们是被佛朗哥自己的船运走的一样。不光华盛
249 顿对这笔隐藏的巨额补贴一无所知，就连德士古的股东们对此也毫不知情，因为在该公司的年报中，此事从未被提起过。据我们所知，里贝尔也从未在董事会上提到过这件事，因为他们的会议记录中从未记载过此事。

马丁内斯还发现，该公司还送给了佛朗哥更令人惊讶的礼物。佛朗哥和其德意盟友的轰炸机、水面舰艇和攻击潜艇部队总是消息灵通。运载石油前往西班牙共和国的油轮是他们针对的首要目标之一：战争期间，至少有 29 艘这样的油轮被袭击、摧毁、击沉或捕获。因为风险太高，1937 年夏天地中海地区对油轮的保险费率突然上升了四倍多。事实证明，这片水域之所以变得如此危险，原因在于国民军曾经受到了国际海事情报网的帮助。这一网络的所有者正是德士古。

德士古公司在世界各地拥有办事处、石油设施以及销售代理人。在里贝尔的帮助下，有关命令被秘密传达给了这些机构和人员。各港口城市传至德士古巴黎办公室的电报提供了前往西班牙共和国油轮的详细信息。里贝尔在巴黎的伙伴布鲁斯特会对这些情报进行整理，然后将这些从伦敦、伊斯坦布尔、马赛以及其他地方得到的消息传给国民军。[30]在布鲁斯特发出的部分消息中，他会列出某一艘油轮上装载的石油、汽油以及柴油的吨数，以及共和国付出的相应费用等有关信息——这些对评估共和国石油供应情况和财政状况是十分有用的战略情报。但无论何时，只要有机会，他更愿意向正在寻找攻击目标的轰炸机飞行员和潜水艇驾驶员提供能为他们直接所用的信息，并为此感到开心。

以布鲁斯特 1937 年 7 月 2 日写给位于佛朗哥总部所在地布

尔戈斯的国家石油公司领导何塞·阿维利亚·赫尔南德斯（José Arvilla Hernandez）的一封信为例，他在信中提到了一艘在波尔多附近一处法国港口发现的共和国油轮：

> 我亲爱的朋友：
>
> “坎波阿莫号”（Campoamor）蒸汽船在5月9日早7点满载汽油抵达了勒韦尔东①。你应该记得，这件事我之前通 250
> 知过你。它的船长是富利奥·皮内达（Fulio Pineda）……
>
> 在这之后又有两次，“坎波阿莫号”虽然出过海，但每次都未在任何港口停留便返回了勒韦尔东。它的船名和船籍港信息被涂掉了，不过没有写上新的，同时，它的船身和烟囱都涂成了黑色。目前，它正在勒韦尔东港外抛锚停靠，但它几天前曾靠近过码头，装上了一大批食物补给，这可能显示它要提前离开……实际上，这艘船预计将在几天内挂英国国旗出海。
>
> 我认为应尽快将此消息提供给你，刻不容缓，我还在今天给你发送了一份电报，争取能向你简单介绍有关情况……
>
> ……船一出海，我会立即发电报给你。
>
> 不知你能否派人过来给皮内达做做工作，因为他好像只是个三心二意的赤色分子。只要简单地劝一下，他说不定就会在诱惑之下主动弃船。[31]

与这封信一起，布鲁斯特还寄出了一份由他在勒韦尔东码

① Le Verdon，法国吉伦特省的一个市镇，位于该省西北部，梅多克半岛北端。

头的手下用法语写成的包含更多相关细节的报告，其中包括一辆被人看到从滨水区开出的来自西班牙共和国的小轿车的车牌号。我们今天从当时的航海日志得知，“坎波阿莫号”之所以两次离开驻地，且返回时未卸下任何货物，是因为国民军的潜艇和战舰当时正在桑坦德——此时仍在共和国掌握下——的外海巡逻，而它本应向此地运送 10000 吨航空燃油。[32]实际上，在其中一次接近桑坦德的尝试中，多亏船体被刷成黑色，它才逃脱了一艘国民军巡洋舰的追踪。有关这艘船重新涂装并改换旗帜的消息本来是能够对国民军海军的指挥官们起到很大帮助的。

但当捕获行动真正取得成功时，以上信息根本不需要用到。更重要的信息，是布鲁斯特相信“坎波阿莫号”的船长可能会被说服加入国民军——他的那份由法国手下完成的报告里还写道，在勒韦尔东，“几乎每个晚上”，这艘船上的船员都会离开
251 船只玩乐。我们不知道国民军是否有其他情报来源以对从德士古取得的消息进行验证，但以上最后两条消息被证明的确十分重要。布鲁斯特写信并发出电报的四天之后，正当大多数船员在岸上参加一场舞会时，全副武装的国民军突击队在午夜时分登上了仍旧停泊在码头的“坎波阿莫号”。在船长的协助下，突击队迅速地将其开往了佛朗哥控制下的港口。[33]

美国也许是中立的，但德士古已经参战了。

15 “在我的书里，你将是个美国人”

经历过 1914 ~ 1918 年的岁月，在像马德里市郊这样的地方，敌对双方层层叠叠的堑壕固守在战线两侧的景象对欧洲人来说再熟悉不过了。然而在其他地方，共和军和国民军的分界线则在多山且贫瘠的地区迂回蜿蜒。在这样的地方，前线的形状犬牙交错，防守也多有漏洞，众多共和军游击队就是从这些漏洞穿过去对国民军控制区展开奇袭的。到 1937 年夏天，在苏联教官的指导下，已经有约 1600 人学习了游击战术，他们被编成了 6 个分队。 252

其中一支游击队的领导者是安东尼·克劳斯特（Antoni Chrost），一名工人阶级出身的波兰共产党员，是最早一批到达西班牙的外国志愿者之一。他们的营地位于阿尔凡布拉（Alfambra）的一个村庄，正处于马德里和巴塞罗那中间。一座山脉将阿尔凡布拉与一处被国民军控制的，像匕首一样插进共和国控制区的长长的尖角地带分割开来。这块条带形的狭长土地上有一条公路和一条铁路，均通往位于“匕首”尖端的特鲁埃尔省（Teruel）省会。翻过山，这些重要的补给线距阿尔凡布拉仅 15 英里，是克劳斯特游击队的袭击目标之一。

根据克劳斯特的说法，一天，当他到达游击队指挥部时，发现有个陌生人正在和一个政委聊天。此人个子很高，络腮胡子，似乎很愿意向别人显摆他所掌握的西班牙语骂人的话。“Me cago en la leche de la madre que te parió!”（我在你亲妈哺育 253

的奶里拉屎了！）当克劳斯特要他表明自己身份的时候，他正兴高采烈地说着这句话。新来者很快就出示了由一位部队高级指挥官颁发的通行证明文件。文件上说，这个拿着文件的家伙——克劳斯特不认得他的名字——应被给予任何他所需要的帮助。紧接着，这位访客就开始连珠炮般地提出有关游击队如何展开行动的各种问题。例如，由谁来给他们做向导穿过国民军防线，进入敌人后方？

“这些向导是我们从将要展开行动的地区招募来的，”克劳斯特解释道，“他们对每条大路和每条小路都了如指掌……在行动比较接近分界线的时候，我们就只用一名向导。要是行动比较远，我们就会用很多向导……游击队员都叫他们活指南针。”

“我现在饿得像条狗！”那名陌生人闻到了正在起火做饭的气味，暂时中断了谈话。二人在吃饭时继续交谈，直到最后，他提出要向克劳斯特介绍一个自己在巴伦西亚认识的女孩。克劳斯特拒绝了，于是这位客人向克劳斯特道别，并说道：“Salud（祝你健康），你这个多疑的家伙。”

克劳斯特说，六周之后，这个参观者又回来了，还带来了两个来自克劳斯特上级部队的军官，和他们获准参与一次游击队袭击活动的官方许可材料——里面明确说明，行动期间，他将接受克劳斯特的指挥。这次夜间袭击的任务是将一列将要穿过一座位于分界线上的桥梁前往特鲁埃尔省的火车炸毁。

将袭击选择在夜间进行能够带来超过 12.5 小时伸手不见五指的时光，绝大多数时间连月光也没有，这么长的时间，足够他们在夜幕掩护下翻山到达铁路，并走完大部分返程的路了。参加行动的人将自己要携带的补给分配完毕，那位访客也得到了自己的一份，他的比其他人的重量要轻一些：食品，一把左轮手枪和一些手榴弹。他们小心地在黑暗中前行，最终找到了他们要炸毁的那座铁路桥。他们先是藏在柳树林中，后来又藏在一个涵洞里。肉眼可见的烟尘和亮光从铁轨的方向传来，显示火车正在接近。当火车抵达桥梁上被游击 254
队员们安放了炸药的地点时，爆破按计划启动，一部分车厢被彻底摧毁了。

经过一段翻山越岭的艰苦跋涉，游击队员们迅速返回了阿尔凡布拉。克劳斯特命令所有人在温热的盐水中泡脚，因为有个波兰的民间偏方说这么做能除水泡，这也包括那位访问者在内——一开始，他粗暴地表示拒绝。后来，他们坐下来享受了一场由烤羊羔肉和红酒组成的庆祝宴会。克劳斯特回忆，那个精力旺盛的客人第一次问起了有关自己的问题：你是俄国人吗？

“不是，波兰人。”克劳斯特说。

“但在我的书里，”这人回答道，“你将是个美国人。”[1]

这个陌生人显然正是欧内斯特·海明威。和许多小说家一样，他很少提起自己在作品背后进行的调查——有时这些调查的工作量之大令人出乎意料。玛莎·盖尔霍恩和赫伯特·马修斯均在 1937 年 9 月海明威第一次访问阿尔凡布拉期间与他同行，盖尔霍恩在日记里提到过这次短暂停留。但是海明威从来没有写过，或是公开讲过自己第二次访问阿尔凡布拉的事情。（我们从其他当时的目击者那里了解到，那年秋天，海明威还曾花了一天时间，在离阿尔凡布拉不远的一座军营参观了正在进行训练的游击队。）在海明威参加敌后袭击活动的那一周里，盖尔霍恩从来没有在日记里提到过这件事，就算她知道这件事，她也不会在日记中透露。直到二十年以后，克劳斯特才讲出了他的故事。因此，读者们并不知道，在这次夜间袭击活动过去三年之后出版的小说《丧钟为谁而鸣》（*For Whom the Bell Tolls*）的中心章节，并不只是基于小说家的想象写成的。

整个 1937 年，许多美国人接到了他们所爱的人在西班牙被杀或受伤的消息。然而，有些人却什么也没有收到。在纽约，自从菲尔·沙克特在血腥的布鲁内特战斗期间寄出信后，他的家人就再也没有听到任何关于他的消息。那场战役过去数周之后，接到焦急询问的托比·珍斯基在帕兹庄园写信给姐姐："为了菲尔和他的爸爸——要是可以的话，告诉他的父亲，没收到这里的来信代表不了什么——我们的信件经常会滞留好几个星
255 期而无法邮寄，运送部队期间就更是这样——在这之后，他们才会用火车、卡车等一切交通工具来送信。"[2]

但对后方的亲人们来说，珍斯基的保证渐渐失去了意义。"我一直竭尽全力，想要获得一些和我弟弟有关的消息，"马克斯·沙克特写信给一个在阿尔巴塞特基地的国际纵队官员，"从我们上次收到他的消息到现在，13 周过去了……我的家人急得快要发疯了，关于他的确切消息将是上帝给我们的礼物……如果可能，请让我们尽快收到您的回复。"[3]

最后，珍斯基终于坦率地告诉了姐姐艾达事情的结果："我写这封信得到了政委的批准。菲尔是在 7 月 24 日失踪的。当时，我从他的指挥官沃尔特·加兰（Walter Garland，加兰是一名来自布鲁克林的美军老兵，他在布鲁内特的战斗中负伤，当时正在帕兹庄园医院疗养）那里听说了这件事……到目前为止，我们没有收到菲尔本人的消息，也没有任何与他有关的消息传来……至今，我已经与大约 75 个那天和他在一起或是在那之前见过他的人聊过，但他们的说法都是一样的。他被派出执行任务，然后就

再也没有人知道他的下落了。我不知道报纸都是怎么描写布鲁内特战斗的，但那确实是一段艰难混乱的时光……我仍然在尽我所能寻找任何消息……之前没有写这些事，是因为我每天都还保留着希望，希望能听到一些更加确切的消息……我知道以上这些还不够，也没有多少帮助，但这已经是人们知道的全部了。”

珍斯基肯定曾经收到过询问菲尔是否被敌人俘虏了的信件，因为她又补充道：“任何散布菲尔被俘谣言的人都肯定是在空想……根本没有这方面的记录。”[4]

1937 年 8 月，继德国和意大利之后，梵蒂冈也正式承认了佛朗哥政权作为西班牙合法政府的身份。西班牙共和国继续遭受着军事上的挫折，10 月的时候，更加严峻的消息传来：他们在西班牙北部沿海控制的最后一片区域也落入佛朗哥之手。

至此，西班牙接近 2/3 的工业、大部分农业以及矿产资源都掌握在了国民军的手中，其中包括阿斯图里亚斯地区的煤田
和巴斯克地区重要的军工厂、铁矿以及钢铁厂。共和国仍然掌 256
握着西班牙东部和中部的大片区域，国内最大的几个城市——马德里、巴塞罗那、巴伦西亚——也在其中，但这些城市的工厂的传统原材料供应渠道则基本被切断了。本来，大部分自国外流向“两个西班牙”的军火就一直在流入国民军一方，事到如今，工业和自然资源的天平也向国民军一侧急剧倾斜。

战争形势一天比一天严峻，鲍勃·梅里曼也清楚地意识到一个问题，那就是他的手下们因为玛丽昂人在西班牙，并且能够经常陪伴自己而嫉妒不已。有其他美国志愿者写信给梅里曼夫妇在西班牙共和国新闻办公室的英国朋友凯特·曼根表示：“只有鲍勃有妻子陪在身边，剩下的人却没有，这太不公平了。”

几个月以前，梅里曼夫妇在巴伦西亚度过了几天难得的假期，那里棕榈树成荫的街道和地中海吹来的微风成了他们躲避更为残酷的内陆形势的避风港。“尽管玛丽昂也是个高个子女人，”曼根回忆，“但由于丈夫特别高大，她看起来非常小鸟依人。”假期第一天夜里，玛丽昂说“自己预感鲍勃将会被杀，她极度渴望要一个孩子，这样也能留下点儿寄托。”

在他们短暂假期的第二天，夫妇二人与曼根及其他几个人一起去了海滩。“当我们都到了海滩上的时候，鲍勃向玛丽昂展示了一个他刚才一直携带着的盒子。盒子里面装着黄色丝绸制成的、刺绣的西班牙大披肩，非常漂亮。他们一起站了起来，他把披肩围在她的身上看了一下样子，披肩的边缘在风中摇曳。玛丽昂搂住了他。这一天是他们的结婚纪念日。他们已经结婚五年了。他们是那么率性，那么快乐，那么爱着彼此，看起来是那么的年轻俊美。”

他们全都躺在沙滩上，注视着飘荡着白色风帆的货船向岸边驶来。

“它们不应该那样。”鲍勃说。

“什么不应该？”

“哦，我是说太阳、蓝天和绿色的波浪，除此之外还有那艘
258 帆船，这太美了。这让人觉得生活太美好了。”

随后曼根注意到，一个专业摄影师正在为海滩上的人们拍照。

“‘你和玛丽昂不想来一张吗，’我问鲍勃，‘留下今天的回忆？’

“‘我会好好记住今天的，’他说，‘从今往后，日子将很难像今天一样了。’”[5]

玛丽昂也生动地回忆了这个纪念日。她在数十年后写道，

那条披肩“很鲜艳，是黄色的，被大量天鹅绒般柔软的玫瑰花瓣覆盖着……尽管有那场可怕的战争，但当时的我们是多么开心啊”。

时间又过了几个月，又有几百名美国人死去了，他们中的很多人都是夫妇二人十分熟悉的。每见到鲍勃一次，玛丽昂都觉得他的头发又稀疏了一分。在一次简短的约会中，他说有计划让玛丽昂“回国进行一次为期六个星期的巡回演讲”。[6]每每在自传里写到这样的时刻，她总会避免谈及共产党，但是很显然，这样的旅行计划肯定出自共产党的命令。佛朗哥不断拓展地盘，已经干扰了林肯营招募志愿者的工作，共产党正在派部分志愿者回国参加演讲和巡回募捐集资活动。

11 月中旬，玛丽昂在第十五国际旅新设在马德里以东一处旧磨坊的临时总部与鲍勃度过了临行前的最后几天时间。这里的主人为自己修建了一座豪华的宅子，里面有一间巨大的餐厅，天花板上绘着动物壁画，木制的房梁雕刻着花纹。他们住的卧室里，壁炉上方的瓷砖装饰着主人的家族纹章。有天晚上，每个人都在唱歌——西班牙人唱着民歌，黑人唱着圣歌，其他人唱着牛仔歌谣。尽管对于一名久经考验的共产党官员来说有些令人难以置信，不受待见的乔皮奇上校的确是一名法国大歌剧的爱好者，此刻他正进行着男中音独唱。

最后一天晚上，鲍勃与玛丽昂在月光下一起散步。他此时的说话语气是玛丽昂从未听到过的：“如果我们不能得到帮助，我们就将输掉这场战争。”他说，“我们需要弹药，我们需要物
资，我们需要飞机。”鲍勃进一步做出的补充并不能让玛丽昂感 259
觉好一些：“我想让你向我承诺一件事。如果我被杀了，你一定要再嫁。”他用二人非常熟悉的手法，一圈又一圈地转着玛丽昂

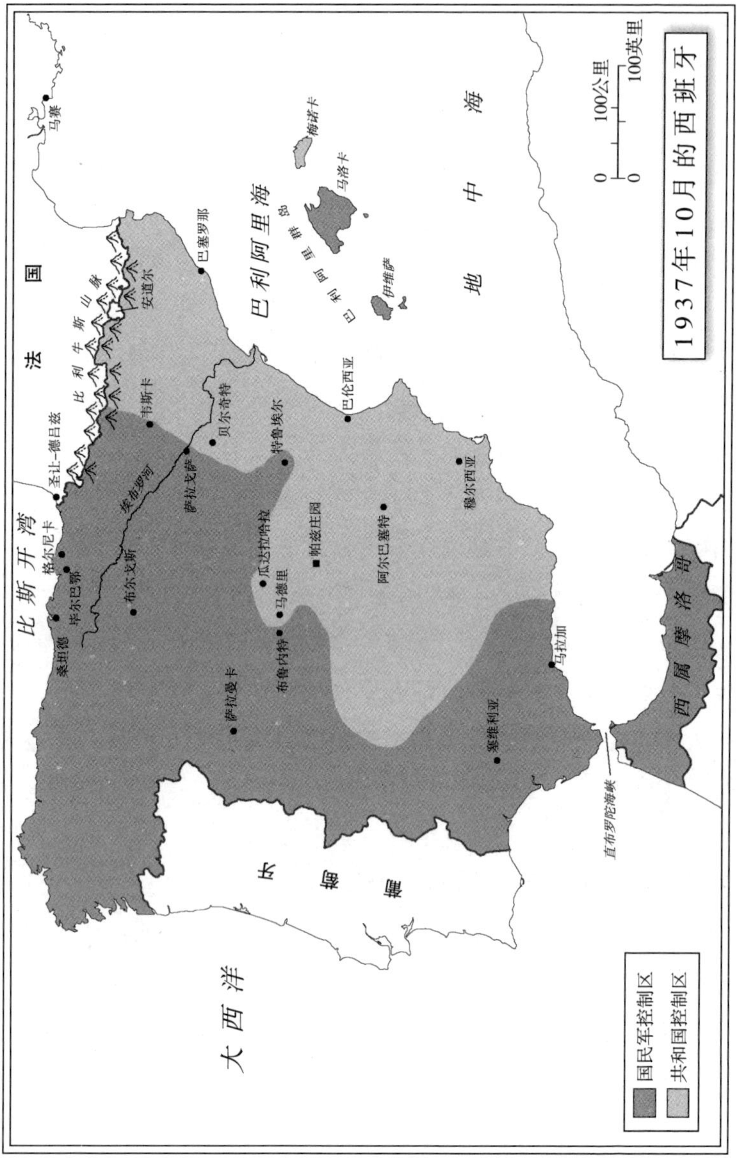
1937年10月的西班牙
法国
比利牛斯山脉
比斯开湾
大西洋
葡萄牙
巴利阿里海
巴利阿里群岛
地中海
西属摩洛哥
直布罗陀海峡
马赛
巴塞罗那
安道尔
梅诺卡
马洛卡
伊维萨
巴伦西亚
穆尔西亚
阿尔巴塞特
帕兹庄园
特鲁埃尔
贝尔奇特
萨拉戈萨
韦斯卡
圣让-德日兹
埃布罗河
格尔尼卡
毕尔巴鄂
桑坦德
布尔戈斯
瓜达拉哈拉
马德里
布鲁内特
萨拉曼卡
塞维利亚
马拉加
0 100公里
0 100英里
国民军控制区
共和国控制区

手指上的结婚戒指，然后给了她两本皮面袖珍日记本，里面的每一页都印着那一天对应的圣徒的名字，从来到西班牙起，鲍勃就一直用蝇头小字潦草地在上面做记录。他们在一起度过了最后一夜，第二天，一辆接她离开的军队汽车出现在了磨坊旁边。她哭着上路了。[7]

玛丽昂在法国边境搭乘的，前往巴黎的列车上坐满了醉酒的美国伤员，他们因终于能逃离战争而感到解脱。她在穿越大西洋回美国的船上发现了路易斯·费舍尔的身影——与她不同，他乘坐的是头等舱——“我们在一起花了很多时间讨论那场战争。”[8]费舍尔回国的目的同样是进行演讲，同时为共和国展开院外游说。同以往一样，他给玛丽昂提出了许多建议，告诉她巡回演讲期间都应该说些什么。玛丽昂开始在船舱里每天对着镜子练习。

当他们在圣诞节来临的前几天于纽约登陆时，“显然国际纵队一名指挥官的妻子回国的消息传开了；一小群人聚集在码头迎接我，并带着他们想要提出的问题。我见没见过谁的丈夫、父亲、兄弟和男朋友？……我实在没什么能告诉他们的。要我看着一位年轻女士的眼睛对她说‘没有’，这真的让我感到心碎”。在码头上，有位男士问道：“我的儿子是如何死的？”玛丽昂知道他的儿子是因当逃兵被枪毙的，但她回答道：“像个战士那样死去的。”[9]林肯营的战士的朋友们不停带记者来对玛丽昂进行采访，这些记者很愿意写下关于一个正待在西班牙继续战斗的、负伤美国战斗英雄28岁的漂亮妻子的故事。然而，她向他们所传达出的主要信息，却是她自己再也无法完全相信的：佛朗哥终将被击败。

可就在这之后，这样的未来突然间似乎有了实现的可能。

“就在整个世界都知道法西斯分子正策划进攻时，我们自己先发动了一场精彩的攻势。”鲍勃欣喜若狂地给玛丽昂写了一封信，“除此之外，这是我们头一次能够彻底贯彻计划意图的行动。特鲁埃尔是我们献给世界上所有反法西斯力量的圣诞礼物。”[10]

260 对国民军而言，这场始于 1937 年 12 月中旬的战斗是场沉重的打击，它分散了佛朗哥长久以来对围困占领马德里的企图的注意力。被古老城墙包围着的特鲁埃尔地处高山地带，周围是险峻的山峰与峡谷，它坐落在国民军控制区的狭长地带的顶端，其铁路已经在之前海明威参与的行动中被破坏了。在此之前，国民军每次占领了新的地区并需要炫耀他们的力量时，这座城市就差不多会变成一处实施暴行的据点。其中一次，包括一名 20 岁的年轻妇女和一所师范学校的主任在内的 13 人被裁决为破坏分子——教师们总是受怀疑的对象——并在特鲁埃尔的中心广场上被枪毙。行刑结束后，人们就在受害者的血泊中，随着管弦乐翩翩起舞。

当地的主教安塞尔莫·波朗科（Anselmo Polanco）表示了抗议——但仅仅是对跳舞表示抗议。此外，他本身就是一名国民军的坚定支持者，还准许佛朗哥的军队枪杀了两名他手下被认为对共和国过于友好的神父。8 月的时候，他还在自己宅邸的阳台上见证了一场由一个外籍军团的营发起的阅兵活动，他们的刺刀上钉着被杀害的共和国囚犯的鼻子、耳朵和其他身体部位。作为公开羞辱的对象，有个囚犯被留了一条命，被迫戴着牛轭，身上背着沉重的负载，就好像他是一匹拉车的牲畜一样。[11]

海拔 3000 英尺的特鲁埃尔以其像北极般寒冷的天气而为人所知，当年 12 月的一天诞生了该地区一个世纪以来最低气温的纪录。交战双方部队均面临着非常糟糕的处境。由于输水管道被冻住，人们不得不生火融雪才能得到水。国民军方面，仅一个师就上报了3500例冻伤。持续四天的一场大雪留下了厚厚一层新雪。即便如此，共和军仍发动了一次成功的奇袭，尽管由于饥饿的部队不得不将毛毯裹在头上和上身保暖，并停下来沿路搜刮食品补给而放慢了行军速度，他们仍然占领了特鲁埃尔绝大部分地区。共和军还拥有一项临时优势：糟糕的天气下，秃鹰军团不得不停飞。尽管冰封的城市里还在进行着残酷的巷战，但这场袭击行动已经成功登上了全世界报纸的头条。共和国首次即将占领一个省的省会，并即将在1月初取得彻底胜利。海明 261
威、赫伯特·马修斯和摄影师罗伯特·卡帕①火速前往事发地对事件进行了报道。共和国的黄红紫三色旗帜在城中飘扬，海明威宣称这场胜利是“自马克斯·施梅林（Max Schmeling）击倒乔·路易斯（Joe Louis）② 以来，业内专家们见到的最大冷门”。[12]

在《纽约时报》上，马修斯用更为克制的语言，将共和军对特鲁埃尔的占领称为“令人惊讶的戏剧性进展……其令人彻底惊讶，并且到目前为止，收获了与其带来的惊讶旗鼓相当的成功”。在后来的回忆录中，不再受时报文风限制的马修斯将这段经历称作“我生命当中最激动的时刻之一”。他写道，当时的严寒是压倒性的：“没有什么能够抵御从北方呼啸而来的冷风，它能穿透任何衣物。你的眼睛会因为风吹的刺痛不住地流眼泪；你的手指会肿起来，变得麻木；除了无法抵挡的冰冷，你的脚会失去任何知觉；你要大口喘气才能呼吸，还不能始终

---

① 罗伯特·卡帕（Robert Capa，1913～1954），匈牙利裔美籍摄影记者，20世纪最著名的战地摄影记者之一。

② 二人分别为当时的德国拳王和美国拳王，前者在1936年的比赛中击倒了后者。

站在一处……因为寒风会不停地往你的怀里钻，像个战士一样同你搏斗。”[13]

对海明威来说，特鲁埃尔是在公众面前彰显其勇猛无畏的作家形象的又一舞台，而他也总是愿意炫耀自己近距离参战的经历。在特鲁埃尔，“躺在我旁边的士兵的步枪出了一些问题。它每开一枪就会卡壳，于是我向他演示了如何用石块将枪栓砸开。突然，我们听见有人沿着战线呼喊着跑动的声音，翻过紧邻的山脊，我们看到了法西斯分子们正从他们的前线逃离。”罗伯特·卡帕的一张照片记录下了这一刻。照片里的海明威没戴帽子，戴着一副眼镜，紧挨着一个戴着头盔的共和军步兵卧在地上。由于对战斗太过热衷，这位小说家发送给北美报业联盟的报道数量远远超出了他们的需要。“当北美报业联盟的人发电报告诉我他们再也不想要这些报道的时候，”海明威怨恨地在写给自己第一任妻子的一封信中诉苦道，“我正准备将一篇最为精彩的巷战报道发过去呢。”[14]

他在一篇最终得以见诸报端的报道中写道，这场战斗“可能是战争中的决定性一战”。尽管年轻的弗吉尼亚·考尔斯对共和国的同情一点儿也不见得少，但她在这个问题上的观点后来被证
262 明更加明智。就在战斗还在激烈进行中时，观点丝毫不受特鲁埃尔落入共和军之手影响的考尔斯从整体上写下了自己对战争的看法。在她看来，共和军取得战争的胜利似乎“希望渺茫”，他们的战斗力“无法与训练有素的佛朗哥军队相提并论”。[15]

特鲁埃尔的战斗引发了《纽约时报》内部的又一轮争斗。1937 年 12 月 31 日，待在国民军战线后方的威廉·P. 卡尼提交了一份乐观的报道，声称国民军已通过大规模反击重新夺回了该地：“佛朗哥将军麾下的‘救世军’摧枯拉朽般地攻克了 16 天以

前刚刚由当地政府在特鲁埃尔西部和北部地区建立的长达 15 英里的防线，已于今天下午进入了这座被围困的城镇。”[16]

“是《纽约时报》为佛朗哥重新夺取了城镇吧。”[17]海明威对这一报道十分愤怒。马修斯刚刚还在特鲁埃尔待过，他对此也很生气。他知道，卡尼所依据的只是佛朗哥的媒体通稿。更让马修斯生气的，是刚刚离开西班牙前往巴黎的海明威在那里打给他的一通电话。海明威在巴黎能够买到《纽约时报》，他在电话里说，报社对马修斯发回的长篇报道的篇幅进行了缩减。尽管需要从巴伦西亚进行长途旅行才能到特鲁埃尔，马修斯还是直接返回了这座正处于交战中的城市，并向报社发回了一篇将会登上头版的报道，其大标题是“记者亲自访问证实，特鲁埃尔仍在共和军控制之中”。

“本报记者昨天进行的实地调查显示，叛军［国民军］从未接近过城镇，这应该是十分确定的……简单来说，就是他们从未对省会造成实质性威胁，这里仍牢牢地掌握在政府军的手中。”在同一篇报道中，他对报道中没有提到名字的卡尼进行了公然挖苦，他说：“在这场战争中，不言自明的是，除非有人实地亲眼看见，否则没有什么是确定无疑的。”[18]

当这一年接近尾声的时候，一支从驻在帕兹庄园的美国医院派出的流动救护队抵达了战场。托比·珍斯基写信给自己的姐姐和姐夫：“我们出发去了前线……乘坐一辆大型救护车、一辆小型救护车，还有一辆旅行车。我们驶上一座山再下来，然后又要驶上另一座山……车队是在一天前出发的。”他们开车经过堂吉诃德曾经在拉曼查（La Mancha）地区战斗过的风车地带时，飞机就在他们的头顶盘旋。继续出发后，珍斯基睡在了救 263

护车的担架上。“在我睡觉期间，轮胎好像瘪了两个，现在司机正面临着第三个轮胎也要瘪掉的局面。”随后，他们又一次出发到了“我正待在的小城镇”。由于安全原因，信里不能写出它的名字，但珍斯基暗示了她的流动救护队正服务的前线位于哪里：“当你看到这封信的时候，你可能应该已经读到了我们的部队在特鲁埃尔取得大胜的消息了。”[19]

第四部分

16 “给女朋友[①]的信”

1938 年 1 月中旬一个寒冷的夜晚，在被大雪覆盖的特鲁埃 267
尔，一座破旧的营房废墟里，一名个子很高、肩膀宽阔的 32 岁美国男子正借着火光写着什么。他的前额高耸，长着一个大鼻子，脸上总是浮现出笑意。他手里带有拉链式封皮的皮质笔记本引起了几名西班牙士兵的兴趣。当他们问他正在写些什么时，他说：“一封给我女朋友的信。”[1] 但那其实并不是他写给未婚妻的信，那是一篇日记。

詹姆斯·纽盖斯（James Neugass）和托比·珍斯基同属一支美国医疗队，是一名救护车司机。与许多美国志愿者一样，他是一名犹太人，但他与他们的相似之处仅此而已。纽盖斯来自新奥尔良（New Orleans）一个历史悠久的家族，其成员都是当地的银行家和慈善家；他的曾祖父曾担任过该市股票交易所的主席。他曾先后在哈佛、耶鲁和牛津大学念书，但都没待够毕业所需的时间。后来他总是会说：“我在特鲁埃尔得到了自己的硕士学位。”[2]

离开校园后，纽盖斯对很多事都浅尝辄止：拿着家里的钱四处游历，在《大西洋月刊》（*Atlantic Monthly*）和其他杂志上刊登诗歌，当过船员、记者、剑术教师、厨师和社工。1930 年
代，被当时的政治热情席卷的纽盖斯加入了共产党，成了几个 268

---

① “女朋友”一词原文用的是西班牙语 Novia。

左翼工会的刊物编辑者和活动组织者，并最终在一场罢工运动中遭到逮捕。他的诗歌反映出了那个时代的情况，同时，尽管成长背景有些不符，他的作品仍旧曾被诸如《美国无产阶级作家作品集》（*Proletarian Writers in the United States*）之类的选集收录过。1935 年，在对诗友们发表的演讲词中，他写道：

> 先生们，我们以前就谈过这些事情，
> 就算下一个千年依旧暗无天日……
> 但在此期间，小伙子们，我们有事要做。
> 我们要让火药倾泻而出，我们要让导火索引燃，我们要擦出火花。[3]

用那本皮革包边的笔记本写作时，他既不是以一个自称无产阶级的人的视角，也不是以一个制造事端的激进分子的视角，相反，他的写作是以一个具有与众不同的讽刺感的，自嘲的旁观者的视角进行的。纽盖斯的朋友们知道他在西班牙期间写过日记，但在好几十年的时间里，这些日记都被认为已经丢失了。直到他去世半个世纪之后，日记的一份副本才被发现。

当纽盖斯所在单位被命令前往特鲁埃尔前线后，纽盖斯——此前他从未“听过比汽车回火时的声响更大的噪音”——显得对自己能亲临战场感到很愉快。他驾驶的救护车，是“一辆又长又矮的加长轿车，线条和车玻璃就像棺材上的”，能搭载两名躺在担架上的伤员或九名能够坐着的伤员，跟在由一辆更大的救护车领头的车队后面，大救护车上印有“哈佛大学师生捐赠”的字样。

“夜间干咳、黄疸、溃疡、疥疮、痢疾和便秘是战争期间西班牙面临的主要疾病，”他在逐渐接近特鲁埃尔的途中写道，“便秘是其中最轻的一种病，因为它常常能被飞机的出现和它发出的声音治好。”[4]

佛朗哥的空军继续统治着天空，因此这支医疗派遣队总是小心翼翼地避免在夜间弄出光亮。当他们穿行在西班牙的农村地区时，纽盖斯一次又一次地被那里的赤贫状态所震惊。他在日记里将有关的句子特地用下划线标记了出来：“这些农民们犯 269
了什么罪？他们有什么罪过？为什么他们的教皇对他们采取敌对态度？”

一天晚上，在一个12口之家布满灰尘的地板上借宿时，纽盖斯发现，这家人能用来生火做饭和取暖的只有一种多刺灌木，“这是一种坚韧的小型植物，尺寸与形状与珊瑚枝很像。每隔30秒，就要往火里扔进一簇新的”。这家人邀请他一起吃饭，但“当我看到火上架着的唯一一个小得可怜的陶罐时，我便回答说自己已经吃过晚饭了”。[5]

农民缺少的不仅是食物。在另外一个地方，“我们停车加油，看到一个小女孩向我们跑过来，想要一份报纸。我没有报纸。然后她就问我要‘印着字的任何东西’。最后，我给她找到了一份三个星期前马德里出版的报纸，只有一部分，已经被撕坏了。那个小女孩特别满足”。[6]

在医疗队初次建立野战医院的村子里，纽盖斯写道：“我还从没在阿尔科里萨（Alcorisa）见过一座房子上面建有普通的人字形屋顶的。这里木材十分短缺，村民缺钱，买房梁又太贵。这里的普通房屋不是用晒干了的、混有稻草的泥巴建造的，就是用一点儿都不牢靠的、混着灰泥的碎石垒起来的，不用水泥，也没有粉刷过。”只有教会的建筑还可以：“村里的修道院建得又大又牢固，对于医院来说大小正好。以后这里容纳的将不再是修女们轻柔的祈祷，而是病患们痛苦的哭号。河床底部的土地是阿尔科里萨最为肥沃的，它们也属于教会。在不远处的山上，高耸着反射出蓝黑色光芒的雪松林中，有座建筑是曾经的教会庇护所，那是之前的主教作为夏季别墅的地方。”[7]

纽盖斯总是用揶揄的目光观察着自己的同志。例如他写道，有一个“5 英尺高、150 磅重的美国药剂师兼化验员，据说她每爱上一个人就会减掉 20 磅体重，然后会在恋爱目标身体恢复并返回前线之后再胖回几乎差不多的体重”。有一个英国来的护士被人们称为“偷渡的夜莺”，因为她总是违抗军令出现在前线，穿着高跟鞋，戴着贝雷帽，寻找自己男友的身影。

“我经常能见到鲍勃·梅里曼，”他写道，“他的体格像一
271 名俄勒冈的水手，浅灰色的眼睛透过角质框眼镜闪着光。他永远都显得很焦虑，但从来都不紧张。他对所有人和所有事都感兴趣。凭借自己几乎有些过于孩子气的感召力，他总有办法感染部队里每一个人。”[8] 其他人也经常对梅里曼的感召力进行评论，只有纽盖斯使用的“过于”抓住了梅里曼身上始终存在的太过理想化却有些不切实际的气质。

纽盖斯们面临的主要敌人之一，是特鲁埃尔的大名鼎鼎的寒冷天气。因为没有汽车防冻液，纽盖斯和别的驾驶员一起接到命令，“必须把每一片汽车散热器里面的水在晚上 10 点之前排干……我打开散热器阀门，发动引擎，直到仪表盘的示数达到 200，然后再关掉引擎……早上，我得先把蝶形螺母上的冰溜敲掉，才能将阀门关上。”

“我们要先敲破河面上的冰层，才能取水刷牙……在河边洗衣服的女孩和妇女们的双手泡在河水里，冻得像发青的火鸡爪。

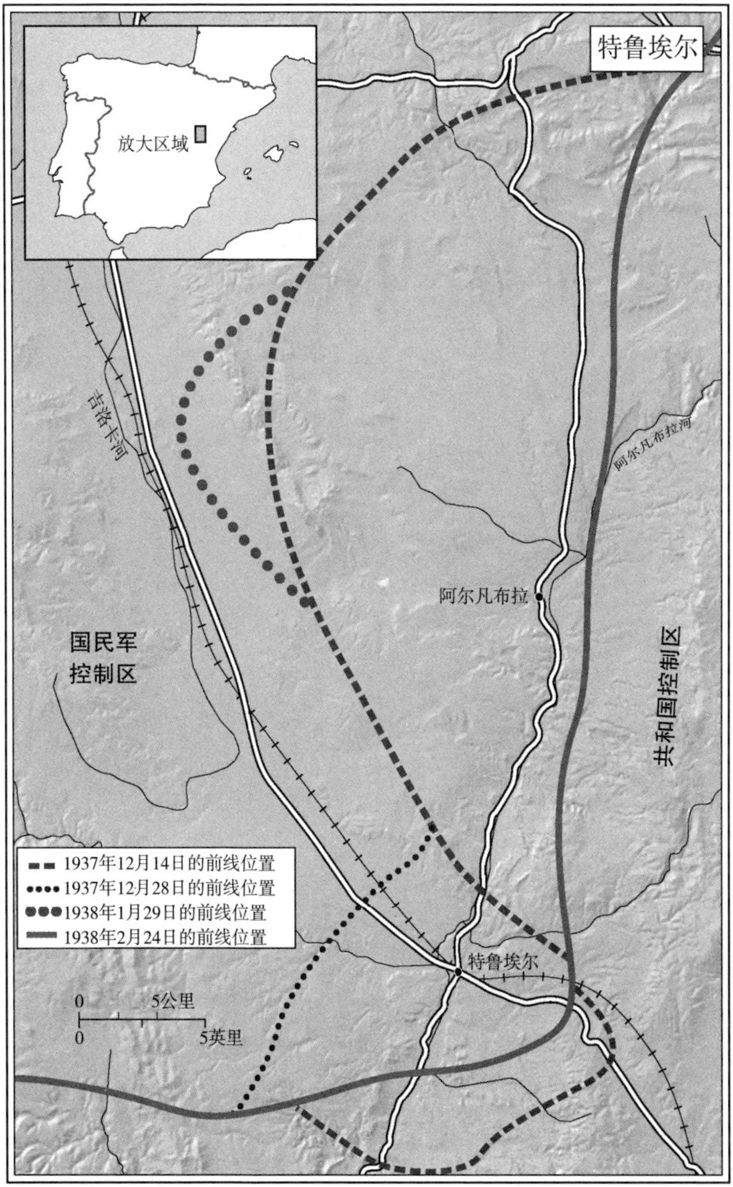
特鲁埃尔
放大区域
吉洛卡河
阿尔凡布拉河
阿尔凡布拉
国民军
控制区
共和国控制区
1937年12月14日的前线位置
1937年12月28日的前线位置
1938年1月29日的前线位置
1938年2月24日的前线位置
特鲁埃尔
0
5公里
0
5英里

这里好几个世纪以来都用火盆作为冬天的取暖方式，她们的手就像火盆里的小块木炭残骸一样坚硬多节，粗糙不堪。”太多士兵的出现已经耗尽了这里本就短缺的燃料供给。“除了前主教别墅周围那些高得不可思议的雪松树上的枝条以外，一切可燃物都已经被扔进村子里各家各户的壁炉，消失得无影无踪了。”[9]

由于标准营房短缺十分严重，美国志愿者们常常睡在地上、担架上和桌子上。如果有床位空出来，有时候上面要同时睡两到三个人。一次，纽盖斯发现自己要和医疗队里的口腔外科医生阿诺德·多诺瓦（Arnold Donowa）共享一张床。多诺瓦是哈佛大学口腔学院的第一任院长，出生于特立尼达（Trinidad）。“在一个世纪的时间里，我家的衣服都是黑人洗的，做饭也是黑人来做。黑人女性满足了男人们过于泛滥的性冲动，还要照顾这些男人和他们的妻子生下的小孩。”纽盖斯在日记里写道，“这是我第一次与一个黑人分享一个房间，更不要说还要分享一张床了。我的曾祖父是个奴隶主，两位先人曾经为南方军队而战。当我与多诺瓦站在房间里时，祖孙三代新奥尔良私人银行家和他们的妻子们仿佛正在看着我。他意识到了我的不对劲，但没说什么。”[10]

272 为洗刷特鲁埃尔的失败带来的耻辱，佛朗哥的军队在 1938 年 1～2 月发动了大规模攻势。可是，即便积雪常常塞满战壕，即便暴雪频繁拦住补给车队的道路，共和军却仍然继续控制着这座城镇。在万里无云的晴天，德国和意大利的飞机牢牢地掌握着制空权，他们的飞行员甚至会操纵飞机拉烟，在空中形成由箭头和牛轭组成的国民军标志来挑衅特鲁埃尔的守军。这支空中的无敌舰队扔下的燃烧弹使城中的木质建筑成为一片火海。

附近山地上的国民军炮兵会定时向城内发射空爆弹，爆炸产生的弹片对在废墟中、战壕中和壕沟中挤成一团的共和军士兵造成了二次杀伤。到处都能听见炙热的金属掉进雪堆发出的嘶嘶声。死掉的骡子和烧毁的卡车被遗弃在街道上。美国人和麦肯齐－帕皮诺营的加拿大人驻扎在一座白垩质山脊上，在国民军连续不断的密集炮火轰击下，地表变成了白色的粉尘，卡在人们的喉咙里，还堵塞了机关枪。

医疗队得不到一点儿喘息的机会。纽盖斯看到不断有卡车行驶在路上，将新兵源源不断地运到交战中的城市。“我想知道，那些从我们身边经过的士兵看到救护车时会做何感想。”他写道，“可能就像你在去医院的路上见到殡葬馆的工作人员时的那种感觉。”此时气温已经降到了零下 18 华氏度。然而，就在救护车挂着低速挡咆哮着驶上陡峭的山路时，他们的发动机里的水却烧干了，轮胎在雪地上打着空转。沮丧的司机们试着向散热片里塞雪。纽盖斯拿了一个大水罐额外存了些雪水，但是由于晃动，里面的水洒了出来，与救护车车厢地板上的血水混在一起，变成了像是冰冻树莓果子露一样的东西。这些车辆受到的都是像对待病人一般的照顾，因为它们对于医疗队来说实在是太重要了。“我们对待车子，就像哥萨克人对待马匹一样……备用零件几乎没有，备用轮胎比金子还宝贵。”纽盖斯的指挥官爱德华·巴尔斯基写道，他是一名来自纽约的外科医生。哈拉马河战役结束后，他曾为鲍勃·梅里曼治疗过受伤的肩膀，自那以后，他还为其他数以百计的国际纵队士兵治疗过伤病。他补充道：“我们有很多钱。可它们一点儿用也没有。”[11]

除了开救护车，纽盖斯也是巴尔斯基的司机。这位外科医生似乎只要有面包和香烟就能够生存下去。他对人总带有一丝嘲讽意味，但与纽盖斯相处得还不错。他们最终到达特鲁埃尔的旅行一开始就是段折磨人的经历。开了一整夜的车之后，纽盖斯再也无法保持清醒了。“我把方向盘交到了这位少校手上。‘我是医生，他才应该是司机。’我听见他这样说，这时我的眼皮已经控制不住地下沉，就像液压机不断缩小的狭口一样，‘他开车的时候我给他看路，现在我开车，他却在睡觉。’”

一个小时以后，大雪变成了狂风暴雪，他们既没有轮胎链，也没有雨刷器。纽盖斯“下了车，走到车子的前面，为巴尔斯基引路。我不得不将脚深深地踩进至少有12英寸厚的积雪，用脚后跟试探，才能发现哪里是硬路面，哪里是积雪深不见底的壕沟……我的胡子和头发冻得僵硬了，像沾着雪的小麦片一样。我得把胡子刮了。脸上带着这么多额外负担实在是没好处”。

在公路上，一辆毁坏了的卡车将他们的路挡住了，于是不得不掉转方向。“医生和护士们就像远洋轮船边上的拖船一样推着车子，让车子原地掉头。”他们原路返回到一座村庄，在那里，他们找到了一些由生牛皮制成的绳子——这是与轮胎链最接近的东西——回到路上尝试继续行驶，但很快，路面上雪太多又太陡，他们的卡车和救护车陷入了困境。纽盖斯被命令与车子待在一起，巴尔斯基、珍斯基和其他医疗人员穿过一座山并走了7公里后到达了一座城镇。他们在那里用当地稀缺的香烟换来了一些面包，并说服镇长派人将车队从困境里面救出来。[12]

随着时间一周周过去，情况变得越来越糟。他们没有除霜器。“现在我要在晚上用手擦掉挡风玻璃内侧的冰霜，”纽盖斯写道，“手套全都磨坏了。”

村子里响起的教堂钟声是空袭来临的信号。医疗队的手术台为那些没能及时找到庇护的人提供了保护。“货车将一车东西拉到村医院前面，乍一看就像一袋袋的小麦，上面覆盖着白雪。鲜血从汽车后挡板滴到了雪地上。敌人的飞机刚在距离特鲁埃尔 15 英里的地方……对一支我方部队进行了攻击，他们是在那里‘安息’的。”

这样的经历，再加上整夜开车导致的精疲力竭，逐渐消磨 274
着纽盖斯的斗志。“睡眠不足……让我的记忆变得迟钝。我知道，我应该是可以回忆起自己看到和做过的事情的。我的笔应该写出像润滑油一样流畅的句子。”[13]

当医疗队在一座新的村庄驻扎下来时，托比·珍斯基给姐姐和姐夫写了封信：“我们用煤油炉取暖，从城镇中心打水，往壕沟里倒尿壶……这些天里我都不怎么把身上的衣服脱下来，因为实在是太冷了——我只是把靴子脱掉，然后就钻进毯子了。”随后，她以自己书信里面典型的欢快口吻补充道：“把这些没有水，也没有厕所的棚屋改成医院——拥有手术室、设施齐全的医院……其实挺有意思的。”[14]

纽盖斯也在日记里记录了这座新宿营地，不必担心邮件审查的他在日记里写道：“移动淋浴车的发动机用来发电提供照明。两座手术台始终满负荷运转。有座房子的门总是开着，能看见里面穿着白色制服默不作声的医生和护士，病人身上裸露在外的皮肤，缠着绷带的断手断脚和漂浮在盛着红色液体的污水桶里的破布……当那些躺在毯子里的人不时地小声呜咽时，为什么没人能做点儿什么缓解他们的痛苦？直到少校让我返回大清真寺①取其他的医疗器具为止，我一直在帮忙抬担架。只

① 大清真寺（Mezquita），全名为科尔多瓦圣母升天主教座堂，又名科尔多瓦主教座堂（Catedral de Córdoba）或科尔多瓦清真寺，最早建于 786 年，1238 年天主教徒收复科尔多瓦后，将清真寺改为罗马式的主教座堂。

要能不受伤，我愿意做任何事，这让我觉得很惭愧。”[15]与此同时，巴尔斯基和其他医生正应付着潮水般袭来的伤员，他们曾连续进行50小时的手术而没有任何休息。

在这样的情况下，有时候护士也会代替医生上阵。一天晚上，护士埃斯特·西尔弗斯坦（Esther Silverstein）去一间手术室借器具。她吃惊地发现，里面的医生在椅子上睡觉，正在手术台前忙活的是他的护士。“她对我说：‘嘘！’我于是小声问她：‘你这是干什么呢？’她说：‘哦，我马上就完事了，可怜的大夫就是太累了。’然后我说：‘你经常这么干吗？’她说：‘哦，经常这么干，但别告诉任何人。’”[16]

护士们学会了不要把器具放在桌子的边缘，因为炸弹爆炸时可能会把它们震到地上。与来自其他国家的医生一起编成一队后，美国医生们也学会了如何与语言不通的其他医生共同
275 成手术。医疗设备很短缺，护士们不得不用石头将使用过的注射针头打磨得更尖锐。多年以后，珍斯基仍记得那几周发生的事情：“不断有伤者被运进来，也不断有尸体被抬出去……到处都一片混乱……人们就躺在走廊里。有些已经死了，其他的在等待着被抬进手术室。一些尸体——按照标准的四英尺长木材的堆放方式——被堆在一起。”有一次，她听见外面传来噪音，于是将身子探出窗外。这时有人从后面抓住了她并把她拉进屋子里面，对她说：“他们正对着这栋楼扫射呢，笨蛋。”她试着在空闲的时候做些针线活让自己放松，有一次还给巴尔斯基医生织了一条围巾。[17]

纽盖斯日记里的内容反映出了他对自己的驾驶工作和自己驾驶的救护车的骄傲之情（他总在日记里将它叫作“我的亲爱的”）。由于每天都要记日记，有时候他会把空闲的手术台当成

自己的书桌。这一切的背后，是一种对于抛弃了自己特权背景的难以言表的满足。他总是会在公路上停下车子与其他司机交换消息，并发觉他们在总体上比任何人都对战争中发生的事情更为了解。他学会了吃任何能够得到的东西——骡子脂肪制作的巧克力和尝起来“像是先把生牛皮泡在胶水里，然后再和机油一起煮过一样”的干鳕鱼；他学会了用打进一个生鸡蛋的办法将漏水的救护车散热片堵住——同时也草草地记下了如何用散热片煮鸡蛋的菜谱：“首先拿一个蛋。然后把它用纱布包上，扔进散热片里。发动引擎，在引擎盖上盖一张毯子，直到水沸腾为止。然后提着纱布把鸡蛋取出即可。”[18]

然而在大多数时候，纽盖斯记录的内容都比这要更加阴暗。刚开始的时候，他曾因为看到一个叫雷金纳德·萨克斯顿（Reginald Saxton）的医生用一个大注射器从一名刚刚死去的共和军士兵的血管里抽血而感到大为震惊。“萨克斯顿，你知不知道自己在做什么?”他问道。这位医生向纽盖斯解释：“我们缺乏献血者。”[19]这名士兵刚刚由于炮弹爆炸导致的窒息死在了特鲁埃尔一处防空壕沟，没有一点儿失血，这在战斗中极为罕见。这位医生会在确定从尸体上抽取的血液的血型后，用它为别人输血。（另一个名叫雅克·格兰布拉特的第十五国际旅医生曾在没有其他人血型相符的情况下，将自己的血输给了一个双侧截肢的伤员。）

不久之后，再也没有什么事情能让纽盖斯感到惊讶了。“我 276
的工作是帮着把伤员的衣服剪开，”他写道，“因为他们有感染的危险，也因为我们必须非常迅速地找到他们所有的受伤部位，所以必须这么做。在我昨天晚上或是其他任何时候见到的伤员里，几乎没有人是只受一处伤的。现代炮弹爆炸后会产生细小的金属碎片，它们会像在精心修剪的草坪上喷洒的水滴一样快速飞溅开来……你不能直接把他们的衣服脱下来，因为不管多小心、动作有多轻，这么做都会使他们折断了的骨头被挤进肌肉里。”

经过一个晚上极其疲劳的驾驶，又遭受了一个白天的炮火轰炸后，当医疗队为躲避轰炸而将手术室搬进一处很大的洞穴时，精疲力竭的纽盖斯也去里面找了一处睡觉的地方。“我爬进了洞穴的最深处，找到了一副沾着血迹的硬邦邦的担架。我凭借着插在土墙上的蜡烛发出的光线欣慰地看到，旁边两副担架上的人都已经死了。他们要是还活着，一定会弄出很多噪音。”他在另一天写道：“你会适应任何事的。再过两周这样的日子，我就能闻不到任何臭味地在一头死鲸鱼的胃里睡着了。”[20]

时间一周周过去，前景愈发暗淡。“你可以十分确定，要是视野里没有人，”他在去往特鲁埃尔的公路上写道，“那么敌人的军用飞机肯定就在你头上。它们越来越多，越来越多。柏林和罗马的飞机场肯定像夜里的棒球场一样空荡。”有一次，纽盖斯亲眼看见了一场空中缠斗，他目不转睛地盯着机尾画着黑色十字的白色国民军飞机与翼尖被涂成红色的共和军战斗机交战。“我们这边损失了一架飞机，他们损失了 3 架。我们把这算作一次失败。今天晚上，敌人的指挥官就会给希特勒发电报，24 小时之内，他们损失的 3 架飞机将会被 6 架崭新的飞机取代。昨晚，我从一架被我们击落的菲亚特战斗机的仪表盘上弄到了点火系统示意图，上面写的全都是意大利文。”墨索里尼海军发动的袭击减少了来自苏联的飞机和大炮，里面就包括非常急需的 75 毫米榴弹炮。“那些飞机，还有那一大堆 75 毫米炮都哪去了？”[21]

和在哈拉马时一样，大人物们也来到特鲁埃尔前线进行闪电式走访。纽盖斯觉得这些人没什么用处：“文学家，到访的国
277 会议员，工会领袖，为《纽约客》（*The New Yorker*）写作寻找素

材而穿越前线腹地的女小说家……他们就像泻盐一样……来到这里，问几个问题，看看天上，然后就跳回车里了。”只有一个前来参观的记者让他感觉与众不同：“我们有多讨厌卡尼……就有多喜欢赫伯特·马修斯。几个小时以前，他给我们带来了一条香烟和一瓶威士忌。我们喝了一半，把剩下的一半给了梅里曼。”

大多数在特鲁埃尔参战的美国人都活了下来，但共和军却在努力保卫城市的过程中遭受了严重伤亡。他们的补给严重不足，身上的衣服变得破破烂烂。纽盖斯不得不用胶布修补鞋尖。一天晚上，他看到英国营的士兵来到了前线战壕的阵地。“英国人……在月光中出现在路上。他们连骂人的力气都没有，全都保持着沉默。被撕成几块盖在头上、披在肩上并像裙子一样缠在腰间的毯子，鞋面上包裹着的破布，再加上肩上扛着的步枪，让他们看起来像一群女乞丐。”[22]几队拿着八英尺长、像长矛一样的杆子的担架兵令场面看起来好似《圣经》中的场景。

有时候，大批伤者会从相反方向到来。托比·珍斯基失去了曾经吸引格尼目光的、用来扎起黑色长发的发簪，因此不得不将头发编了起来，并在尾部用绷带扎好。医疗队曾将驻地安置在羊舍中，巴尔斯基医生当时要求将床单“钉在天花板和墙上”，纽盖斯写道，“这些亚麻织品会防止尘土在我们遭到轰炸时掉到手术台上”。

尽管备感疲劳的纽盖斯还在坚持写日记，然而本子上的日期旁边却渐渐开始出现了问号。为了躲避轰炸，救护车只在夜间出动，不开车灯。与此同时，敌军飞机发射的曳光弹则会在天空火花四溅。一次，在离开特鲁埃尔的途中，纽盖斯怕自己走错到一条会将他带到国民军控制区的路上，于是冒险挥手向200码以外围着一堆火坐着的几个人示意，黑暗中，他看不清楚对方身上穿着的是什么制服。当听到他们回应“¿Qué quieres tú?（你想要什么?)”的时候，他知道对方是共和军，于是放松
278 了下来。“如果我听到的是“‘Usted’（您）而不是‘Tú’(你)，那我就肯定是在和法西斯分子说话了。”[23]

每天在战斗中亲眼看到人们不断伤亡令纽盖斯的斗志日益消沉。“不知怎的就会跑到厨房垃圾桶里的人腿”，由于平民精神病医院正处于双方交战区域中间的无主地而无法撤离，滞留在那里的病人发出的号叫，还有一直面对不可能做出选择的选择让他十分痛苦：“就算在西班牙路况最好的路面上，行驶速度超过每小时 12 英里也会让车上腹部受伤的病人颠簸至死，但如果你开得不够快从而无法逃脱飞机的追踪，他还是会死，还会连累你和你的车子……给一个将死之人使用乙醚就是浪费，但除非尽力到最后一刻并用光仅剩的物资，我们不可能眼睁睁地看着他们死去。”[24]

空袭造成的损失越来越大。一次，15 架国民军的三引擎飞机对一座美国流动医院驻扎的城镇进行了轰炸，炮弹击中了医院所在的建筑。为防止玻璃碎片到处迸溅，伤员们用毯子捂住了脑袋。珍斯基与其他病房护士和患者们待在一起，但也只是藏在床底下。巴尔斯基医生和他的手术团队当时正有一台手术做到一半，他们没有停下手头的工作。“‘从这儿出去，吉姆，’他对我说，‘你不是当值人员。在他们再来之前赶紧走开。’”[25]

几分钟后，纽盖斯和其他四名司机（chóferes）听到了另一波炸弹落下发出的呼啸声。他跳进了一处防空壕中，其他四人跑进了一间“除非直接被击中，否则能保护他们免受任何攻击”的房子。

结果，这间房子真的被直接击中了。纽盖斯花了半个小时

的时间在废墟中挖人。“我们最终用担架抬出了足够数量的躯干和胳膊腿，这才确定了四名死者的身份以及他们已全部死亡的事实。没人能比他们死得更彻底了。”爆炸使其中一名司机彻底身首异处，此人生前是纽约儿童餐厅（Childs restaurant）的收银员。

吉姆·纽盖斯的日记很少谈及政治，然而现在的他充分意识到，西班牙的命运是在别的地方被决定的：“华盛顿、伦敦和巴黎才是真正的战场，而不是特鲁埃尔。”[26]

每个人都明白这一点。全体美国志愿者都希望，就算发生 279
在西班牙的事还不足以悲惨到刺激华盛顿向共和国出售军火，欧洲其他地方正在发生的事情或许能起到作用。1938 年 2 月，为提前阻止德国可能对本国进行侵略做最后努力的奥地利总理库尔特·许士尼格（Kurt Schuschnigg）前往贝希特斯加登（Berchtesgaden）与希特勒会面，那里是元首在巴伐利亚上萨尔茨堡山上度假村的所在地。希特勒让秃鹰军团的前指挥官胡戈·施佩勒（Hugo Sperrle）也陪在自己身边，并让他自己来描述他的轰炸机在西班牙发挥的作用。“你想把奥地利变成另外一个西班牙吗？”希特勒问许士尼格。2 月 20 日，为向奥地利加强施压，希特勒夸下海口，要向居住在第三帝国以外的德意志人提供“保护”。

“我已经厌倦了不断向可敬、善良却又无知的昏昏欲睡的人们解释法西斯主义和民主制度的区别了。”在一场巡回美国、为期一个月的演讲活动过程中，玛莎·盖尔霍恩给埃莉诺写信说道，“我讨厌我们的对外政策，为什么要这样做？请告诉我，你亲爱的马蒂。”[27]但罗斯福夫人并没有对她的问题做出很好的回答，即便在给这位自己深深喜爱的宠儿的私人信件中，她也很小心地从来不对自己丈夫所采取的行动提出直接批评。

2月24日，路易斯·费舍尔与第一夫人在白宫进行了一个小时的会面。相比一名记者，现在的他更多的是一名为西班牙共和国提供服务的院外游说者。“请你不要再和我提起西班牙的事了，”第一夫人说，“玛莎·盖尔霍恩已经告诉过我了。”但费舍尔还是固执地向她描述了自己看到的多次空袭，力主中止武器禁运。费舍尔的恳求显得格外孤注一掷，因为他所处的位置使他清楚地知道，苏联向西班牙共和国输送的武器数量下降的速度有多么快。他们一起喝过茶，随后，“正当我起身要走的时候，她向我保证，会将我所说的转达给总统本人”。就在与总统夫人会面的同一周，费舍尔发表了一篇语气严肃的文章，这是他唯一一篇没有像往常一样提起达官贵人名字的文章。在文章中，他着重强调了美国的中立行为产生的影响：“我们用无所作为的方式，选择了自己支持的一方。”[28]

前线的绝大多数美国医疗队都接到了再次转移的命令——这是个不好的信号。很快，纽盖斯就发现自己又驾驶着救护车回到了那条在两个月前曾将他困在暴风雪之中的路上。“沿途的
280 所有城镇都遭到过轰炸。我新年夜在阿利亚加（Aliaga）睡过的房子现在已经倒塌了……村子里各家各户的壁炉因轰炸产生的碎石散落在壁炉口，泥块和石块在街上被风吹得到处都是。”他借着烛光在一间废弃的医院里写道，同时还要时不时从坏掉的椅子上拆下木头生火，“情况非常非常不妙。我还不知道是怎么回事，但我觉得肯定与特鲁埃尔有关。”

两天后，他们的医疗队在一处山中农场投入工作，一大批受伤士兵的到来让他们疲于应对。由于消毒器没有燃料，纽盖

斯不得不用木柴生火煮沸手术器具给它们消毒。“今天感觉不好，”纽盖斯在日记里匆匆写道，此时他刚驾驶了36小时的救护车，还亲自把床、床垫、担架和其他设备统统从车上卸了下来，“没有精神，力气快用光了。”写完这句，他在日记里加上了那则他们所有人都知道终将到来的消息：“特鲁埃尔是他们的了。”[29]

17 “沙漏里只剩几粒沙子了”

281 当一系列不停不休的轰炸让赫伯特·马修斯意识到战争即将来到一个更加致命的阶段时，他正在巴塞罗那的美琪大酒店（Hotel Majestic）的理发室刮着胡子，这里是外国记者在巴塞罗那的大本营。共和国政府最近刚从巴伦西亚搬到这里。“到1938年3月，”他写道，“我们本以为已经对轰炸和炮击见怪不怪了，但我们太天真了。就在我们眼前，48小时之内，巴塞罗那共遭到了18轮袭击。”[1]

在那个年代，这些空袭的猛烈程度举世无双。发动它们的，是驻扎在马洛卡岛的墨索里尼轰炸机部队。这座西班牙岛屿拥有一座港口和三座飞机场，早就成了意大利事实上的军事基地。从这里出发，飞机可以在15分钟内方便地到达巴塞罗那和巴伦西亚。德国飞机同样参加了空袭，他们投下的部分炸弹可能还是位于美国特拉华州的杜邦公司（Du Pont）生产的。从1月起，这家美国化工行业巨头至少向德国出售了40000枚炸弹。[2]因为德国在官方名义上未同任何国家处于战争状态，因此，这种销售行为并未被视为违反了漏洞多多的美国中立法案。

马修斯不知道的是，发动上述全天候空袭的墨索里尼甚至
282 都懒得向他的盟友佛朗哥征求意见。这令“大元帅”感到怒不可遏，因为他想成为那个有权选择轰炸目标的人——他想攻击的是由左翼势力控制的邻近地区，而不是那些曾经被自己的支持者们拥有的工厂，这些支持者希望很快就能收回工厂的控制

权。[3]然而，意大利独裁者这样做是为了更大的目标：加强与希特勒的关系中自己讨价还价的能力。对巴塞罗那的空袭至少杀死了1000人，并造成超过2000人受伤。当有一枚炸弹落在一车炸药中造成大规模爆炸后，意大利已经发明出某种新型超级炸弹的流言疯狂地传遍了整座城市。“看到意大利人没有满足于小打小闹，而是通过进攻成功激起了人们的恐惧，墨索里尼很高兴。”当时的意大利外交大臣加莱阿佐·齐亚诺①伯爵在日记中写道，他是这位独裁者的女婿，一名花花公子，“当德国人想在某处发动全面的残酷战争时，这样的做法将提升我们在他们心中的地位。”[4]

尽管在给《纽约时报》写作时需要保持下笔克制，但这些空袭仍令马修斯觉得“自己的笔尖浸泡在了鲜血当中”。在一篇提及对巴塞罗那的空袭，并在晚些时候见诸报端的报道中，甚至就连德国派驻佛朗哥政权的大使都承认“没有任何证据显示攻击是冲着军事目标去的”。在街道上，马修斯看到“疾驶的救护车上，有人站在脚踏板上鸣哨，女人在尖叫，歇斯底里地挣扎着，男人在大声吼叫”。[5]被毁的建筑中传出那些被困在里面的人绝望的哭号；单在一家医院的停尸房内，马修斯便清点出了238具尸体。

“西班牙方面传来的消息始终很可怕，极其可怕，”玛莎·盖尔霍恩在前往欧洲的客轮上给埃莉诺·罗斯福写信道，“我觉得我应该返回……那些消息让我感到无助，使我发疯，眼看着下一场大战疾速向我们飞奔过来，又使我感到愤怒……我们为什么不解除对西班牙的禁运呢……我希望能见到您。但是您不

① 加莱阿佐·齐亚诺（Galeazzo Ciano，1903～1944），意大利贵族，墨索里尼的女婿，曾于1936～1943年担任意大利外交大臣等要职。

会太喜欢我的。我内心的愤怒已经渗透到骨子里了。”[6]

巴塞罗那的食物变得越来越少。各家酒店的侍者们将残羹剩饭搜刮带回家给家人食用。人们吃鹰嘴豆和扁豆（这种食物有个昵称“内格林博士的药丸”），并在公寓的阳台上种菜养
283 鸡。猫和鸽子都成了人们的盘中餐。国民军时不时便会派飞机飞过城市上空，投下一条条的面包，炫耀他们那边的食物资源有多么丰富。

一次亲临前线访问后，盖尔霍恩再次写道：“50分钟时间里，我在大路上看到了12架黑色涂装的德军飞机，它们在空中保持着完美的圆形队形，从不改变彼此的相对位置。它们在空中盘旋，投弹，然后俯冲下来，用机关枪向地面扫射：它们攻击的目标是一个连的政府军士兵。这些人没有飞机，也没有防空火力保护自己，但他们就在那儿保持着行军的步调以维持有秩序撤退。同一天，我们还见到了33架银色涂装的意大利轰炸机，他们沿山脊飞行，掠过炎热晴朗的天空，前去轰炸托尔托萨（Tortosa）。”[7]

最终，读到这则叙述的仅有埃莉诺·罗斯福一人。当盖尔霍恩向《科利尔》投稿时，该杂志通过电报向她做出答复：“不感兴趣。别再发巴塞罗那的情况过来。等出版时就过时了。”[8]

编辑们此时正把目光盯向别处。就在这次轰炸发生前四天，德国人侵了奥地利。希特勒随着他的大军一同进入该国，并于翌日公开宣布将其合并为第三帝国的一部分。“我们并非作为暴君前来，我们是解放者。”希特勒这样宣称，尽管一些奥地利人对此持有不同看法。成千上万的犹太人和纳粹的反对者很快便

被逮捕了。暴徒在维也纳的街头肆无忌惮，他们捣毁犹太人的商店，将它们劫掠一空，殴打店主，并强迫他们吃草或是刷厕所。元首过去一直在发出威胁，但这一次，也是自 1914 年以来的第一次，德国军队真正跨出了本国的边界线。

西班牙共和国的支持者希望这样公然的侵略行为也许会最终使得西方势力有所动容，改变他们对西班牙问题的立场。当新一届法国政府再次开放了法西两国边界，并允许苏联军火乃至从法国购买的部分武器装备过境的时候，他们似乎有理由抱有这样的乐观想法。但是，没有英国的支持，法国并不会走出更远。此时的英国坚定地选择了绥靖道路。4 月，英国首相内维尔·张伯伦（Neville Chamberlain）到罗马与意大利签订了事实上承认后者对埃塞俄比亚统治的协议。作为回报，除了其他方面的允诺之外，墨索里尼还同意将其派出的“志愿者”从西 284
班牙撤出——在战争结束的时候。

在美国，上百万民众支持允许西班牙共和国向美国采购武器。共产党和受其控制的“亚伯拉罕·林肯旅之友”团体是这股风潮中最有组织性的，但其他大量与共产主义无关的人也与他们抱有同样看法。为筹集资金救济西班牙共和国，其支持者们展开了全国巡回演讲。1938 年早些时候，玛丽昂·梅里曼也加入其中，从纽约出发，一路向西。当她到达五年多前与鲍勃大学毕业的里诺市时，曾经雇用过二人的殡仪馆老板给这个从前的厨房帮手安排了一次在当地扶轮社发表演说的机会。

不久之后，玛丽昂又在多萝西·帕克，这位她之前在西班牙遇见的作家及编剧位于好莱坞的家中度过了两个星期。她逐渐变得对演讲驾轻就熟，即便要面对的募捐人里面包括像艾拉·格什温①、莉莲·赫尔曼②和达希尔·哈米特③这样的名人时也是如此。后来，她在旧金山一间每月租金20美元的公寓中安顿下来，开展为巴尔斯基医生的医疗团队和其他在西班牙的援助组织募集资金的工作。她和鲍勃曾经乘坐轮渡穿过旧金山湾前去诺布山跳舞的那片水域，如今已被旧金山—奥克兰海湾大桥连通，这座大桥与新近开通的姊妹金门大桥一起，永远地改变了这座城市的外貌。

校园会议上，妇女俱乐部里，劳工集会上，商业团体中，玛丽昂四处发表演说。她的两个妹妹再次搬来与她同住。鲍勃在一封来信中写道："我每天都在等你的亲笔信。"[9] 如果情况有所改善，玛丽昂希望能够返回西班牙。

然而，西班牙的局势却正在恶化。1938年3月晚些时候，她惊恐地读到了一则报道，佛朗哥的部队占领了第十五国际旅的战地指挥部，由于一切发生得太过突然，鲍勃将私人物品遗落在了那里。得意扬扬的国民军军官向记者们展示了他的日记
285 和玛丽昂的一张照片。有好几天的时间，玛丽昂都担心鲍勃已经被捕或是牺牲了。但随后消息传来，他还是安全的。

在特鲁埃尔遭到损失后，精疲力竭的国际纵队撤退到了新地点。在美国医疗队展开作业的一幢房屋内，便携式发电机为

---

① 艾拉·格什温（Ira Gershwin，1896～1983），美国抒情诗人，代表作《好极了》《我找到了节拍》等。

② 莉莲·赫尔曼（Lillian Hellman，1905～1984），美国著名左翼作家、剧作家。代表作品有剧作《小狐狸》《搜索之风》《秋天的花园》，回忆录《一个不完善的女人》《旧画翻新》以及《邪恶的日子》等。

③ 达希尔·哈米特（Dashiell Hammett，1894～1961），美国作家，代表作《血腥的收获》《戴恩家的祸祟》《马耳他之鹰》《玻璃钥匙》《瘦子》等。

唯一一个灯泡提供电力，一个铁炉子负责烧水以及为房屋供暖。“绷带、药品和手术器具可怜地堆挤在两张桌子上，但桌子本身被清理得很干净，在微弱的光线下格外引人注目。”吉姆·纽盖斯写道，“主刀医生借着手电筒发出的光换衣服。”伤员们呻吟、喊叫着。“只要我还能写东西，我就不觉得自己已经彻底完蛋了。我感觉自己并不太好……透过我写作的床上方一扇打开的窗户，我看到最近的山顶上闪着无声的白光。外面开始下雪了。”

几天之后，纽盖斯因为发烧病倒了，他一个人在医院的一张床上躺了好几个晚上，梦里全都是自己开车的画面。“我躲过了一辆卡车，躲过了一架飞机，把车开进了壕沟，超过了一辆卡车，躲过了另一架飞机，把车开进了另一个壕沟，然后又躲过了一架飞机。病房里的闹钟像机关枪射出子弹一样发出尖锐的呼啸声，没时间了，我又躲过了一辆卡车和一架飞机。要是我们真能拥有像卡车那么多的飞机该有多好！”

八天后，纽盖斯在回到工作岗位以后写道：“自从上一次在这本日记里写东西以来，我里程表上的数字又多了 1000 英里。”纽盖斯愈发感到忧心忡忡：“一定有大事要发生……从来没见过他们对战线后方如此远的地方轰炸得如此猛烈。”[10]

只要快速看一下地图，谁都会明白即将发生的大事是什么。随着特鲁埃尔的夺回以及其他同时取得的战果，国民军占领区最远端距地中海已不足 60 英里。只要向大海方向发动一次猛烈攻势，西班牙共和国就将被一分为二。

爱德华·巴尔斯基医生也很忧虑。他来到了第十五国际旅总部，想要与鲍勃·梅里曼谈谈。由于自己的上司、备受厌恶

286 的乔皮奇上校正在休假，梅里曼很开心。早在一年前第一次出现在战地手术台旁边时，巴尔斯基就和梅里曼结识了。"'嗯，鲍勃，'我问道，'这里将会发生什么？'"

梅里曼的乐观情绪同以往一样坚定，他告诉巴尔斯基："这么说吧，如果他们不展开攻击，我们就会攻击他们。"可是，考虑到附近的国民军不论在兵员还是武器装备上都远胜共和军，实在难以想象这样的情况怎么可能出现。

返回医疗队的路上，共和军应对国民军突袭所做的可怜的准备工作令巴尔斯基感到震惊——他没看到战壕或防御工事，许多共和军高级将领还在休假中。一次，巴尔斯基和同事们在救护车上看见了一架德军飞机，于是他们从救护车中逃走了。那架飞机离他们是如此之近，以至于他都能看清戴着头盔和太阳镜的飞行员的脸。"有飞机飞过时，"他写道，"千万不要待在路上，也不要待在汽车附近……确保你与飞机的飞行路线保持垂直，这样的话，当飞机发射出的机枪子弹向你扫射过来时，你暴露给飞行员的将是最小范围目标。这样一来，只有你身体的左右两侧会成为目标，而不会让你从头到脚的整个身子都变成靶子。"

当美国人的医院再次搬到新地点后，巴尔斯基要求在帐篷周围挖掘之字形的壕沟作为轰炸时的避难所。"我们那时很忙，当我们没有手术或不需要值班的时候，我们就在壕沟里度日……总会有这样那样的事情发生，让你不得不抬头去看天上的飞机。如果能看见飞机，你会感觉好一点儿，因为如果那架正在你头顶上的飞机还没在这一秒钟扔下炸弹的话，你就知道自己安全了：当飞机投下又一枚炸弹的时候，它就已经在你100码开外了。"

然而，还是有一枚炸弹在巴尔斯基的壕沟爆炸了，医院的发电机被毁，一个司机和两名病人被炸死。爆炸还导致手术室的一名护士，之前在布鲁克林犹太人医院工作的23岁的海伦·弗里曼（Helen Freeman）上臂和头骨被炸伤。鲜血沿着她的身子往下流，和她在一起的另一名护士能够看到，在她被炸断的胳膊里面，动脉在不停地跳动。巴尔斯基为她进行了手术，并将她安置在了壕沟里。“我只要一有时间就会跳进壕沟，看看海伦怎么样了。”巴尔斯基回忆道。他不敢采取正常情况下对待重伤患的做法将她送到西班牙人开设的更大的医院，因为他害怕，一旦那些地方被佛朗哥的军队占领，海伦将遭遇不测。“我决定 288
让海伦与我们待在一起，调动命令下达时，她将和我们一起回到后方。”

很快，巴尔斯基的医疗队被命令后撤十英里，但这一距离被证明并不足以使他们远离国民军飞机的巡逻范围。“待在这里，我们总是挨飞机上扔下来的手榴弹和炸弹的攻击……敌人的炮兵部队就像在我们头顶上一样。听起来，他们就在旁边的小山包上。”他烦躁地等待着更多指令的下达，为他的50个病人的命运忧心忡忡。最终，一个骑着摩托车的传令兵带来了撤退的命令。救护车与其他军队车辆组成车队一起出发，汇集在一座小镇狭窄的主街道上。

“经由这条通道，”巴尔斯基写道，“一切的一切，所有东西，军队也好，战地医院也好，都要从这里经过……在这里，我看到了我能想到的最不可能成为路障的东西。那个小镇的街道上挤满了羊群！一大堆羊毛和羊肉堆在那里，就像火山爆发喷出的熔岩一样使道路无法通行……敌人的炮声在我们的耳边轰隆作响，我的全部病人都在我身后的救护车里待着……

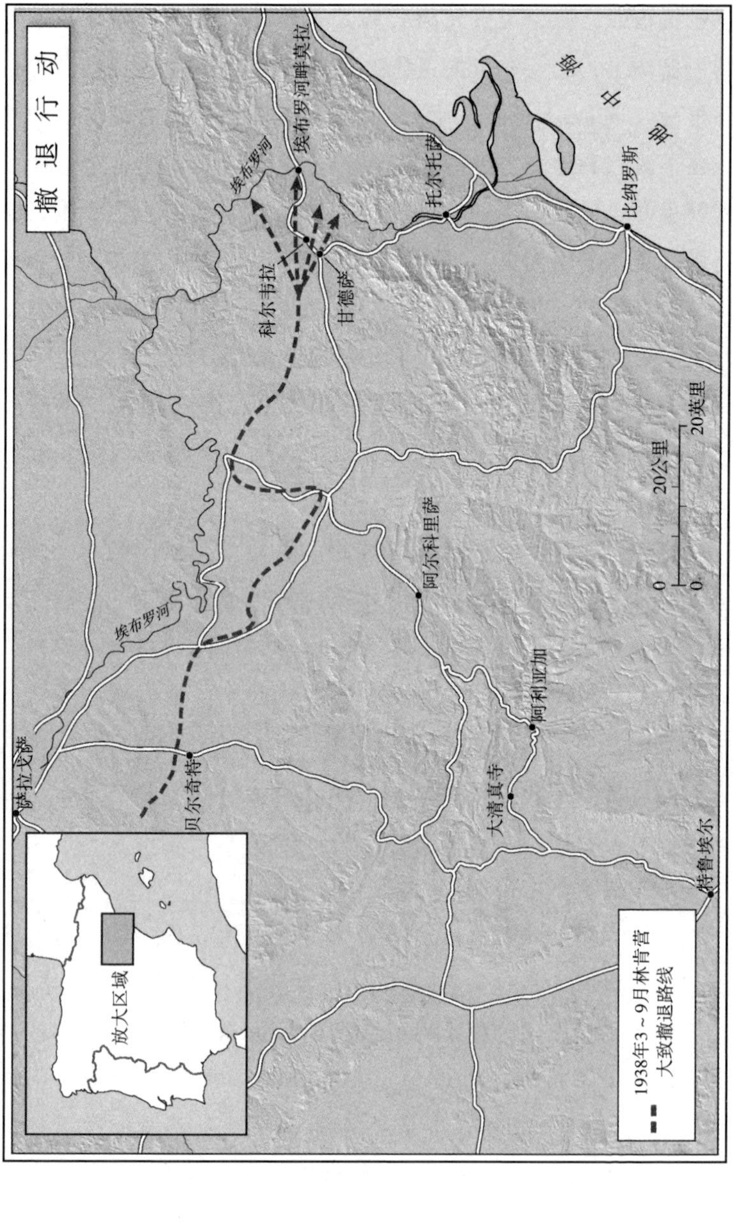
撤退行动
埃布罗河畔莫拉
埃布罗河
科尔韦拉
甘德萨
托尔托萨
比纳罗斯
地中海
阿尔科里萨
阿利亚加
大清真寺
特鲁埃尔
贝尔奇特
萨拉戈萨
埃布罗河
放大区域
0
20公里
0
20英里
1938年3～9月林肯营
大致撤退路线

然后我想到了办法。我们中大约五个人将镇上房子的门全部打开，然后像牧羊犬一样，将那些羊赶进去。我们打破那些打不开的门，在门口派人驻守，保证羊群始终待在室内。趁这会儿工夫，军队和医院终于能够通行了。”

此后又过了不长时间，当车队在一条河边休息的时候，第十五国际旅所在师的首席卫生官，一个来自英国的年轻外科医生发现了他们。“‘情况很糟糕，巴尔斯基，’他说道，眼睛里含着泪水，声音有些哽噎，‘非常糟糕。我很高兴看到你们没有从车上卸下装备。恐怕要到此为止了，我们的撤退路线被阻断了。’”[11]

1938 年 3 月 9 日，就是吉姆·纽盖斯记下他觉得“大事”即将发生的前一天，大事已经发生了。佛朗哥投入了超过 15 万兵力展开攻势，非洲军团也在其中。大批秃鹰军团的轰炸机和战斗机充斥天空，一些飞机还公然涂装着纳粹标志以及国民军的黑色 X 形标志，他们的一个编队就由多达 120 架飞机组成。
第十五国际旅刚刚在特鲁埃尔和那之后一场激烈战斗中遭到重 289
创，他们此时正处于敌人的攻击路线上。当国民军飞机在他们头顶俯冲扔下宣传品时，纵队中的美国人、英国人和加拿大人感到寒意阵阵——这些传单是用英语印刷的。

“这意味着法西斯们知道我们在哪儿。”林肯营的通信技师哈里·费舍尔后来回忆道。还有些别的东西也是他前所未见的。就在国民军展开大规模进攻当天，“我们看见天上有三架飞机盘旋……大约在一英里之外。突然，他们中的一架飞机开始以近乎垂直的角度进行俯冲。我们当时觉得它被击中了，于是开始欢呼，然而就在马上要接触到地面的时候，它抛下了机上负载，开始重新爬升，第二和第三架飞机也如法炮制。我们感到很困惑，因为从来没人见过这样的飞机”。[12]

费舍尔是第一批亲眼看见参与进攻行动的新型德军斯图卡 Ju-87 俯冲轰炸机的美国人之一。在第二次世界大战中，该型单引擎飞机将令上百万士兵和平民深陷恐惧：它能利用俯冲形成的弹道向坦克、桥梁或是建筑物投放重量超过 1000 磅的炸弹，并拥有远胜普通轰炸机的精度。与此同时，其安装在起落架上的风力驱动鸣笛发出的可怕啸声会将还在地面上的人们吓得胆战心惊。在随后几个月当中，德国人还将在西班牙试验几种不同型号的斯图卡轰炸机。

作为第十五国际旅的参谋长，从过往那些令人恐惧的日子中幸存的记忆始终沉重地压在鲍勃·梅里曼的心头。照片中的他几乎总是显得很有指挥官的风范：姿势挺拔，自信满满，双脚微微分开，头戴大檐帽，身着抵御西班牙冬季严寒的长款厚大衣。作为一名军人，他找到了真我。这么多年过去了，我们该如何解读这个男人？

作为一个对肉体伤痛毫无畏惧的人，梅里曼极大地鼓舞了部队士兵的忠诚之心，至少有两名林肯营的老兵都在后来把孩子以梅里曼命名。不过，即便在他的私人日记中，我们也找不到丝毫偏离党的路线的内容，比如谈一谈“公开打击托洛茨基分子和其他坏分子”的必要性之类的文字。就在哈拉马首次投入战斗前夕，梅里曼在日记中写道：“共产主义万岁！苏联万岁！”[13]而这，是梅里曼在大饥荒余波未平、大清洗又行将来到的苏联生活两年之后写下的。

290 不管在认识上有什么缺陷，或许在种种特质当中，梅里曼虔诚信徒的本性才是使他成为一位令人备受鼓舞的指挥官的真正原因所在。怀疑论者或一直试图为政治的复杂性做文法剖析的人，很少有能够成为优秀的勇士的。乔治·奥威尔比任何人都更善于进行诸如此类的分析，他在离开西班牙后写道：“在某种程度上，我得出的结论与我的个人意愿是矛盾的，这一结论就是：长期看来，‘优秀的党员能够成为最棒的士兵’。”欧内斯特·海明威尤其对此感同身受。“我喜欢作为士兵存在的共产党员，”他告诉一名《工人日报》的记者，“但当他们变成四处布道的传教士时，我却十分憎恶他们。”[14]

当国民军掌握的凶恶、无比且强大到难以抗拒的力量将人数处于劣势的共和军逐步压缩至东面大海方向时，共和军需要的是战士，不是传教士。梅里曼在一天深夜从第十五国际旅总部派往林肯营传达令后者占领新地点命令的传令兵始终没有到达目的地，于是，他气冲冲地在第二天凌晨三点亲自前往了林肯营指挥部。“昨天晚上十点我就派了个送信的过来。你们他妈的怎么还在这儿？”林肯营志愿兵们从未见过他这副胡子拉碴、心烦意乱的样子。梅里曼继续前行，有时乘坐小汽车，有时乘坐装甲卡车，最后又改为步行，一路整合掉队士兵，寻找旅内各连队的士兵，努力把握敌军重大突破的具体情况。国民军先头部队正对共和军认为由自己实际控制的区域展开深入的渗透作战。仅仅是因为他的司机离开了大路，改为穿过一片开阔地驾驶，梅里曼才躲过了这些先头部队中的一支。梅里曼内心的真实感受仍像过往一样不为人所知；即便他内心有任何的惊慌，他也没在任何人面前表现出来。尽管面临着这样的混乱局面，他似乎依旧能够唤起手下士兵的献身精神。“他们之前告诉我们说他走了，失踪了，也许已经死了。”一个当时的美国士兵后来回忆道。而梅里曼突然出现了。“当我靠近他的时候，我觉得自己好像正在接近一个死而复生的人。能看到他让我感觉太棒了，我紧紧抱住了他，还亲吻了他。”[15]

来自英国的佛朗哥狂热支持者彼得·坎普此时就身在对林肯营步步紧逼的国民军先头部队中。现在，他终于戴上了代表外籍军团军官身份的、缀有金红色流苏装饰的军便帽，这使他感到无比自豪。该军团是“一支由精英组成的兄弟会——世界上最强大
291 的战斗力量……在这样一支部队中服役与亲自指挥这样一支部队所带来的激动之情是我一生中最棒的体验之一”。[16]军团其他成员演唱的颂歌《死亡新郎》（*Bridegroom of Death*）深深打动着他。

坎普不知道的是，在战线的另一侧，有他在剑桥大学三一学院的同侪，担任第十五国际旅作战处长的马尔科姆·邓巴（Malcolm Dunbar）。坎普麾下的先头部队占领了一处美国志愿兵们刚刚撤出的山顶修道院。“逃走时，他们抛下了个人物品，包括大量家乡寄来的信件，有些还没来得及拆封……这些信有情人寄来的，妻子寄来的，甚至还有几封是孩子寄来的。这些人当中的许多人说着和我一样的语言，穿过比我更遥远的距离来到这里，怀着像我们一样的深沉信念，为他们的事业而战，但再也无法回到故乡，享受我在一封封信中读到的那种闪耀着温暖光芒的爱意，想到这里，真的令人感到很可怕。

“‘我开着收音机，’一个来自布鲁克林的女孩写道，‘在给你写这封信。你的信我当然已经收到了。收音机里正播放着第七交响曲。你知道的，这首曲子是怎么让我们走到一起的，这是一首我们一起听了多少遍的曲子。求你了，求求你了，赶紧回到我的身边吧。’”[17]

身处撤退中的共和军部队，吉姆·纽盖斯在日记里写道：

“莱塞拉（Lecera），就是我们昨晚过夜的镇子，今天被大卸八块了。我们的队伍还在他们前方。但我们的好运气到底能持续多久?”白天又传来了其他令人感到痛苦的消息，身负重伤的人们正在等待援救，但只要是派出的救护车，都会遭到来自空中的攻击。直到夜幕降临，那些能够蹒跚前行的伤员才能靠步行来到作为临时手术室的帐篷接受救治。

吗啡和其他补给品几乎用光了。身体强壮的纽盖斯经常被护士叫去帮忙将患者从手术台抬上抬下。“当他们在我怀中的时候，我能够听见他们破裂的骨头在身体里来回摩擦发出的声音。”到了晚上不需要开车的时候，纽盖斯会找辆救护车进去睡一会儿。

一次，当纽盖斯向战线后方军需车站一间规模更大的医院转移病人的时候，那里正遭到轰炸。“105 名伤者被炸死在了病床上。”尽管如此，纽盖斯依旧在努力地捕捉这些经历带给 292
自己的感受：“轰炸在附近发生时，听到轰炸声的并不是你的耳朵。那些声音会通过地面传到鼓膜，然后传遍整个身体，就像牙医的钻头或是外科医生用锯子锯断骨头时感觉到的那样……我觉得我们的时间已经所剩无几了。沙漏里只剩下几粒沙子了。”[18]

返回途中，他在巨石丛中找到了一条裂缝作为避难所。“我所在的洞有 9 英尺长，12 ~ 18 英尺高，一块 20 吨重的巨石是掩体的顶棚……万一被直接击中，我的同志们就不用费力给我挖个坟墓了。‘这里埋葬的，是一名走错路的老司机。’”

扔掉了自己步枪的撤退士兵渐渐出现在纽盖斯眼前。同样令道路变得拥堵不堪的还有难民。“经过这里的农民家庭就像送葬队伍般行进，在他们前面，马车上拉着一切对于他们已经被摧毁了的家庭来说至关重要的东西……铜壶和马洛卡壶，砂锅和平底锅，几把廉价的曲木椅子，几乎被擦拭得磨损殆尽的松木箱子，上面盖着巨大的褥子。”

回到医疗队后，纽盖斯去看望了受伤的护士海伦·弗里曼。“海伦躺在之字形壕沟里挖得最深的地方，头上缠着绷带。‘你觉得怎么样，海伦？’我问道。她没有回答。”[19]尽管几乎失去了一条胳膊，但海伦·弗里曼最终还是幸存了下来，并在两个月之后回到了美国。

随着共和军部队撤退频率的不断增加，以及恐慌情绪的持续发酵，纽盖斯的日记变得越来越简略，篇幅越来越短。日记里有些内容很可能是他后来补充上去的。他不再记录日期，有时候，他会在日记里将自己称作“司机[①]”。此时他已将自己武装了起来。在一个镇子里，主街道上“挤满了农民、马车、难民……大群丢掉武装的士兵，他们的头发被街上的尘土染得发白，挤在水井边上”。这样一场交通堵塞“使整条街充满了司机的咆哮、引擎的轰鸣和农民的叫喊声。教堂塔楼里的钟不停地发出刺耳的声响，警告人们敌军的飞机即将来袭”。

他的车上装满了医疗队的护士。当车行驶在路上时，惊慌
293 失措的平民和士兵会试图爬到车上来。“一个女人在路上跑来跑去，把手插进红色的头发里，大喊着法西斯就要到了。

“当农民和丢掉枪支的士兵们跳到脚踏板上时，‘司机’的车身下沉到了车轮的铁制轮毂那里。底盘吱呀作响，让‘司机’意识到车子马上就要散架了。‘司机’用枪指向一个女人的腹部，她跳下车回到了路上。看到‘司机’手上拿着的枪，

① 此处原文为西班牙文 Chófer。

其他农民和士兵也纷纷从脚踏板上下去了。”[20]

医疗队中无人知晓前线方位，反倒是前线一直在快速向他们进逼。当唯一的逃亡路线要经过一片对于队伍中的一辆大型救护车来说根本无法通过的区域时，为避免这辆车和其他设备落入国民军之手，他们将这些东西统统炸毁了。晚上，车队将所有前车灯关闭以防被国民军飞机发现，巴尔斯基医生则站在一辆救护车的脚踏板上，手里拿着手电筒，为纽盖斯在车辙纵横的泥土路上引导方向。当他们遇见小股逃亡的美国和加拿大士兵时，一并到来的还有流言：马德里陷落了，维也纳被600架纳粹飞机夷为平地，经过比利牛斯山的逃亡路线被封锁了。

就像奇幻电影中的场景一般，纽盖斯偶遇了来自巴塞罗那的一支游行乐队穿着整齐划一的60名成员，他们正将自己沾满尘土的乐器藏在路边的一处壕沟里。“这些音乐家无法理解自己为什么会像一袋袋面粉一样被突然装上敞篷卡车，穿过整个加泰罗尼亚，然后被扔在这个没有平民、没有麦克风也没有听众的壕沟里。”[21]在另一次为鼓舞士气而进行的愚蠢尝试中，共和政府派出了两辆大卡车，后车厢里坐着两个人，腰部以下被埋在正被他们散发的传单里，而此时天上的飞机正在往下撒多得多的传单。“共和国的民兵们！军官们！司机们！工人们！农民们！① ……坚守阵地，以百当千……第五纵队散播谣言，说马德里被占领，巴塞罗那决定投降，这些都是假消息……寸土不让！抵抗就是征服！”[22]

直到有一天半夜意识到自己迷了路，纽盖斯才终止了疯狂大逃亡。“司机害怕停下，害怕移动，害怕呼喊那许多他知道一 294

① 此处原文为西班牙语：Milicianos de la Republica! Oficiales! Chóferes! Trabajadores! Campesinos!

定待在路两侧的山丘上的人们。

“战斗的声音从四面八方向他传来。”

黑暗中，他偶遇了一名来自英国营的士兵，后者给了他一些米尔斯炸弹——一种手榴弹。纽盖斯以第三人称视角写道，过了一会儿，“他举起一枚米尔斯炸弹，拉开拉环，向朝着自己跑来的三个，五个，一共六个黑影扔了过去。他扑倒在地上，手榴弹的弹片和某些十分柔软和湿润的东西弹跳在他周围；随后，他跪在地上，掏出了另一枚手榴弹，拉开拉环，扔出去，蜷缩在地。

“正起身准备回到车上时，一种想要去数数那些躺在地上、刚刚向冲过来的模糊身影有几个的欲望传遍了他的全身。

“到底是刚才的死者死而复生，还是又有一个法西斯分子向自己冲了过来，他不知道。但和刚刚那些人一样，这一次，向着自己左手的匕首直冲过来的影子同样悄无声息地倒下了。”

纽盖斯的皮面日记本中记载的另一段话看上去描述的也是同一个夜晚发生的事情，很明显，当晚纽盖斯的大腿上还中了一枚弹片。“杀死了三个，五个，一共八个人，一个是用匕首，其他的是用手榴弹。是在晚上。也许要再杀几个。车子还在我手上。吃了树上掉下的橄榄。借着月光不好找。不知道我在哪儿。跟医疗队走散了。和步兵们在一起。一直在找队伍。那边就是队伍吗？全都混在一块了。非常、非常糟糕。伤口很疼。一定得往前走，不管去哪里。”[23]

18　河边

为实现佛朗哥向地中海进军的计划，彼得·坎普的外籍军团 295
一直在这波强力攻势的最前线冲锋陷阵。一次，坎普发现“大概有十几名战俘挤作一团，而我方的坦克手们正站在他们面前装填步枪。当我走向那里时，枪声大作，战俘们纷纷倒在地上。

“‘我的上帝！’我和坎塞拉（Cancela，连队指挥官）说，感觉有点儿不舒服，‘他们以为自己在干什么？为什么枪毙那些战俘？’

“坎塞拉看着我。‘他们是国际纵队的人。’他语气冷酷地回答道。”

过了不长时间，一件“就连写下来都会让我受不了”的事发生了。一名国际纵队的爱尔兰逃兵闯入了国民军控制区，士兵们将他带到了坎普面前，这样一来，他就能用英语审讯这名逃兵了。二人交谈了一阵，逃兵告诉坎普，参战前，他在贝尔法斯特（Belfast）当水手。随后，坎普向坎塞拉求情，他以该逃兵已经逃离了共和军为由，希望后者能够放其一条生路。坎普被带到了指挥部的一个上校那里。

“我看到佩尼亚雷东达（Peñaredonda）上校正盘腿坐着，
膝上放着一盘炒鸡蛋……‘不行，彼得，’嘴里塞满了鸡蛋的 296
他漫不经心地说，‘……直接把他带走枪毙。’

“我惊掉了下巴，心脏似乎也停止了跳动。佩尼亚雷东达抬头看着我，眼神里满是憎恶。

“‘出去！’他咆哮道，‘你已经听到我说什么了！’当我离开时，他向我喊道：‘我警告你，我会去看看我的命令是否被执行的！’”坎普往回走时注意到，上校让两名外籍军团士兵在远远地跟着他。

“再次面对那名战俘几乎已经超出了我所能忍耐的极限……我强迫自己看着他。我很确定，他知道我即将要说些什么。

“‘我不得不枪毙你。’‘哦，我的上帝！’他发出了惊呼，声音小到几乎听不见。”

坎普问这个爱尔兰人是否要在行刑前向牧师祷告，或者有没有什么临终遗言。

“‘没有，’他低声说道，‘让我死得痛快点儿就行。’”[1]

为阻扰敌军的攻势，新来的美国志愿兵还没怎么开始接受训练就被匆匆扔到了前线。他们当中有一个来自纽约，名叫阿尔瓦·贝西（Alvah Bessie）的前舞台剧演员，出版过小说，在报社当过记者，还学习过如何开飞机——这也是他希望在西班牙能做的事。离开前他就和妻子分居了，后者领着他们的两个孩子住在布鲁克林。在一张他的照片里——胡子拉碴，嘴上叼着烟，皱巴巴的军队夹克口袋里装着笔记本，别着一支钢笔，显得饱经风霜的双眼在阳光下眯成一条缝——贝西看起来要比33岁的真实年龄老上许多。有个同样来自美国的志愿兵喜欢叫他“老爷爷”。

“我来这里有两个主要原因，”贝西写道，“让人生变得完整，将我的个人力量（尽管并没有多么强大）投入对抗我们永恒的敌人——压迫——的战斗当中；第二个原因的正确性并不因为它比第一个原因来的稍弱而受到影响。”其他坚定的共产主义者很少会对他们的动机如此诚实，特别是在这样的动机很可能被其他党员打上布尔乔亚标签的情况下。1938 年 2 月，贝西在比利牛斯山上经历了一场令人精疲力竭的徒步旅行——11 个 297
小时行走 30 英里——随后他在日记中写道："我没注意到美丽的景色，首先想到的只有对飞机的恐惧。"[2]

此时，西班牙大部分煤矿都位于国民军占领区，共和国的火车只能以柴火作为动力来源，这导致贝西前往位于阿尔巴塞特的国际纵队基地的旅程十分缓慢。刚一到达，他就听见有人大声呼喊："有从芝加哥来的吗？曼彻斯特呢？利兹呢？"迎接这些新来者的是英语、德语、西班牙语和波兰语的问候。他在淋浴时注意到，在一些年纪大些的志愿兵身上还能看到他们在第一次世界大战中负伤的痕迹。在庭院中举行的欢迎仪式上，一支乐队演奏了新招募的人们各自国家的国歌，当然，这些人的母国都拒绝向共和军出售武器。听着《星条旗永不落》的歌声，美国人行了握拳礼。[3]

一面大横幅上写着"1938——胜利的一年①——1938"的字样。然而在西班牙当地的报纸上，贝西却几乎看不到胜利的痕迹："你得读出言外之意：'……我们的部队在战斗中表现出了非比寻常的智慧，撤退到了既定地点。'"[4] 食品十分短缺——人们将大麦烤焦作为咖啡的替代品，用大米和豆子配着驴肉吃——而且还永远都吃不饱。面包很少，因为这个国家大部分小麦产区现在同样落入国民军控制区。在黑市上，只有烟草和香皂有交换价值；只使用现金的话，除了坚果和橘子酱，就买不到其他吃的了。此时此刻，彼得·坎普则在战线的另一边和

① 原文为西班牙语 AÑO DE LA VICTORIA。

与他共事的外籍军团军官们享用着烟熏火腿。佛朗哥发动新攻势后不到一周，经过数天的迂回行驶，铁路货车和卡车就将贝西和其他刚抵达的外国人送上了前线。贝西和其他新到的美国志愿兵长久以来的梦想时刻终于要到来了：加入正在作战的林肯－华盛顿营。“我们全都整齐划一地用毯子在肩上裹得紧紧的。”然而，映入眼帘的景象却与他们想象的相去甚远。

“他们四散在这座树木茂盛、周边山区的壮丽景色尽收眼底的山丘的一侧……我们发现了一百多个人，他们毫无组织，有
298 的坐着，有的躺着，有的四肢伸展地瘫在地上。他们得有几个星期没刮胡子了，身上肮脏污秽，发出恶臭，衣衫褴褛；他们没有步枪，没有毛毯，没有弹药，没有野营餐具……开始的时候，他们并不与我们谈话；他们无视我们；除了嘟嘟囔囔或发出咒骂，他们并不回答我们的问题。”[5] 这些正在撤退的林肯营士兵已经弹尽粮绝五天了。

看上去，他们中只有几个人还保持着条理。“梅里曼少校，高个子，看着像个学者，带着角质框架眼镜，他和我们说话了：‘我们很快将再次投入战动，’他如此说道，‘在这次行动中，我们预计会将之前失去的地区重新夺回来，我们牺牲的每条性命都将得到回报。’”来自纽约奥尔巴尼（Albany）的前工会组织者，现任第十五国际旅政委的戴夫·多兰（Dave Doran）附和道：“不论是谁，只要被人看到破坏或扔掉步枪或机枪，都将被处决。”[6] 可是，已经没有步枪能让人们扔掉了。

接下来的几天，伤痕累累的美国幸存者和新人们一直睡在山腰上，等待武器补给和新命令的到来。一看到德国和意大利飞机飞过头顶，他们就得卧倒在地。有辆运食品的卡车带来了咖啡和鹰嘴豆，不过都是凉的。另外一辆卡车将那些想要洗澡的人运到

了一条水流冰冷的河边。林肯营随后继续撤退，不过，为避免成为飞机攻击的目标，撤退都在夜间进行。“雨季来了，来得很突然，很猛烈……雨停后，我们继续后撤，双脚陷在泥里，发出咯吱咯吱的声音。脸上雨水横流，披在头上的毛毯被水浸得沉甸甸的。”

贝西又行军了一个多星期，武器补给才最终到来。“我的步枪的金属件上打着俄罗斯帝国的双头鹰印记，上面刻着59034的编号。已被部分抹掉的旧帝国徽记底下是新打上去的苏联的锤子镰刀标志。”[7]

第十五旅的士兵们和其他数以万计的共和军士兵一起，汇成了一股从西向东，不断接近埃布罗河的混乱的之字形逃亡洪流。自北向南流淌的埃布罗河是到地中海前的最后一道大型天堑。贝西后来回忆，四散逃亡途中，“更有经验的人会将自己仅有的一点儿装备扔掉：铁罐和毛毯，盘子和汤勺，多余的内衣。 299
他们会小心地将那些闪光的物体藏在灌木丛下面，以防被天上的敌人发现”。不过，“许多人在扔掉斗篷和毛毯之后，到了晚上就后悔了。天真冷啊”。[8]有些逃命的美国和加拿大机枪手会将由于太沉而拿不走的武器抛下，他们会先将它们分解，然后将零件分散撒落在整片区域内，这样一来，这些枪支就不会被敌人拿来对付自己了。军纪彻底崩坏了，在四散逃亡的过程中，一些人最终越过边界逃到了法国。

一天夜里，贝西的一个战友发现了一个外面裹着纸的圆柱形长盒子。饥饿的美国兵们以为那是西班牙产的巧克力，急匆匆地将纸扯掉后，却发现这是个炸药棒。黑暗之中，躺在贝西旁边的一个士兵说起了梦话：“汉堡用黑麦，洋葱当配菜。”

贝西对自己在战斗中将会如何表现有些担心。与离开西班牙后出版的回忆录相比，尽管文采欠缺，他日记里的文字有时却更为直率。“我会成为懦夫吗?”[9] 他在日记中这样写道。没过多久，他的班就和身后穷追不舍的国民军展开了交火。

1938 年 4 月 1 日夜，贝西最后一次见到了梅里曼。当时，后者正开着一辆被子弹打得坑坑洼洼的指挥车，准备在向林肯营下令重新开始行军前去和其他军官开会。正当所有人做好行军准备时，爆炸突如其来，人们纷纷跑进了路旁的壕沟。爆炸是由后勤部队制造的，他们引爆了弹药库，以防其落入敌军之手。当林肯营在黑暗中前进时，他们远处的身后出现了过去在任何战区都未见过的景象：有车头灯亮着。对于正进行灯火管制的他们来说，这是不祥的信号。由于不会从基本没有共和军飞机飞行的天空中受到一丁点儿威胁，如今，佛朗哥的车队能够肆无忌惮地展示自己的存在了。

挨过了如梦魇般混乱的撤退，吉姆·纽盖斯、爱德华·巴尔斯基和医疗队的其他同事最终成功来到了巴塞罗那。关于巴尔斯基，另一名医生写道：“他看上去就像个废人，他太累了，
300 就连慢慢走都做不到。虽然往日的精气神已从他身上消失了，他还在强撑着，为他人提供帮助。”[10]

纽盖斯之前被炸弹弹片击中了背部，他写道：“一块灼热的铁片，有半英寸厚，像 50 分硬币那么大。”[11] 弹片也在他的大腿和头皮上留下了伤疤。他始终在咳血，走路也很困难。巴尔斯基知道，他的司机的勇气被彻底粉碎了。

“‘你有什么打算?’巴尔斯基问我，‘待在这儿继续开车，还是回美国写书?’”

纽盖斯说自己想回家。巴尔斯基回答道：

“好，我会送你回去。可谁他妈又能送我回去呢?”[12]

被佛朗哥的攻势搞得焦虑不安的欧内斯特·海明威急切地盼望着重返前线。北美报业联盟已经减少了向他支付稿酬的金额，还要求他到佛朗哥那边报道战况，双方爆发了争执。不出意料，国民军拒绝这位西班牙共和国方面最负盛名的文豪进入其控制区采访。于是，一心想要确保《纽约时报》能够刊登海明威稿件的北美报业联盟要求海明威停止与赫伯特·马修斯一道旅行，这样一来，他们的写作内容就不会彼此重复了。尽管算不上无理要求，但我们的小说家还是对此感到愤怒不已。海明威认定这是《纽约时报》信仰天主教的、支持佛朗哥派编辑们密谋将自己和朋友马修斯分开的伎俩，他发去了一封电报，对这一“阴谋诡计”进行谴责。与此同时，他的婚姻也正受到与玛莎·盖尔霍恩比以往任何时候都更加明目张胆的男女关系的影响而经历磨难。虽然每每在写作中提到海明威时，二人的记者朋友们都会小心翼翼地隐去盖尔霍恩的存在，可在现实生活中，盖尔霍恩已重返西班牙，回到了海明威身边。

然而，表面上看起来有些趾高气扬的海明威实际上却相当体恤他人。他与美国驻西班牙大使克劳德·鲍尔斯就一旦佛朗哥取得胜利就对美国医疗队和他们负责照料的伤员实施救援一事进行了对话。他害怕那些伤员会被屠杀，护士遭到强奸——就像之前国民军占领共和军医院时曾经发生的那样。他弄清了各家医院中美国伤员的人数，并着手计划他们将来分别从哪些
港口进行撤离。同时，他和一些记者朋友还向大使保证，有一 301
家法国医院已经同意接收那些由于伤势过重而无法经过长途跋涉回到故土的美国伤员。“海明威和这些记者愿意肩负起组织伤员在港口集合的任务。”鲍尔斯在向华盛顿报告时说道。大使表面上对该计划表现出的开明态度滋长了海明威对自己权力的妄

想。“我们为什么他妈的要让自己人被法西斯困在这里?”在巴塞罗那的美琪大酒店，他在一群美国记者和医疗志愿者面前滔滔不绝地说道，“如果必须有人要站出来的话，我愿意找一艘美国军舰，把每一名美国公民都从这里撤走。”[13]

海明威无视北美报业联盟编辑的要求，与马修斯乘一辆黑色的两座麦福特敞篷跑车动身前往前线。和他们试图寻找的林肯营逃亡官兵们一样，二人也对天上可能出现的国民军飞机处处留心。“正当马修斯径直把车往一条沟里开的时候，他抬头向旁边看了一眼，”海明威在报道中写道，“结果他看见一架单翼飞机在下降。飞机做了个半滚动作，后来，飞行员显然觉得一辆小汽车不值得他用八管机枪对付。”没过多久，两位记者撞见了一大群难民，他们当中有个坐在骡子背上的妇女，怀里抱着她前一天刚生下的婴儿，婴儿的脑壳被尘土染成了灰黑色。随后，士兵、卡车和坦克也来了，然后“我们开始看到认识的人，有之前遇见过的军官，也有来自纽约和芝加哥的士兵。他们告诉我们，敌军突破了防线，夺取了甘德萨（Gandesa），美国人还在莫拉（Mora）控制着横跨埃布罗河的桥梁，与敌人进行激战”。[14]

撤退中晕头转向的第十五国际旅已经分成了好几股。鲍勃·梅里曼带领着其中一股，他们后来又分成了几拨，试图分别突破国民军构建的包围圈；阿尔瓦·贝西身处另一股部队当中，这是一支由 80 个精疲力竭的人组成的纵队。4 月 2 日，拂晓来临的一个小时前，当他们拖着沉重的步伐艰难向前跋涉的时候，贝西突然看见，前面的美国人开始跑了起来。

“我们位于一块开阔地上，周围全是正在睡觉的人：一般人

盖着毯子睡在地上，军官睡在橄榄树下的双人帐篷里。我们一
顶帐篷也没有，即便军官也是。马被系在树干上，在黑暗中不 302
停地发出声响。我被一个睡梦中的人绊了一下，结果他坐了起
来，冲我说：‘他妈的!①’……然后，我听见身后有喊声响起：
‘拦住他们！赤色分子！拦住那些赤色分子!②’于是我赶紧甩
开了步子。”原来，佛朗哥的部队此时已经赶到了撤退的美国人
前面，而美国人不知不觉间闯入的，正是国民军第一师的一处
营地。

贝西扔掉了多余的毯子和餐具，在与他人走散的情况下，他和三个朋友一起惊慌失措地爬上了一个阶梯形的山坡。“现在，我能清楚听到山下发出的声音，听到步枪和手枪射击的声音，还有子弹呼啸着飞过头顶的声音……这一刻，我的身子变得愈发沉重；它想要自己沉下去，它想要跌坐在地上，但我的双腿还在不停地向前走。”最终，黎明时分，四人来到了一座生长着茂盛的矮灌木丛的森林，这里能够为他们提供庇护。在这里，他们听到远处有人正用着他们不熟悉的语言唱着歌，随后他们意识到，这是摩尔人的队伍发出的歌声。他们拽下了帽子上绣的代表国际纵队的红星，然后继续上路。

耗尽了全部力气、几天没有合眼、除了树上的浆果和发绿的杏仁以外没吃过其他东西的四人向着埃布罗河一路前行。河对岸还在共和军掌握之下，那里能确保他们的安全。一路上，他们避开大路，始终在旷野和山坡行进。在离目的地越来越近的时候，在一座小山的山顶上，他们向下望去，看到“零散的人群正翻山越岭，爬上前方的丘陵，一路蜿蜒向着埃布罗河进

---

① 此处原文为西班牙语 Coño!

② 此处原文为西班牙语 Alto. ¡Los Rojos! ¡Alto Los Rojos!

发”。贝西同行的伙伴之一，来自加利福尼亚的码头工人卢克·欣曼（Luke Hinman）认出他们是来自法国和德国的国际纵队成员。“‘那是我们的人。’卢克告诉我们，然后我们下山加入了他们的队伍。”

撤退部队聚集在埃布罗河畔莫拉，这座小镇位处一座中世纪城堡脚下，当地有座可以过河的桥。贝西写道，街道上“挤满了穿着破衣烂衫、士气低落的人，徒劳地思考着他们的终极困惑：‘英国人在哪里？’‘第十四旅在哪里？[①]’‘第十一旅在哪里[②]？’……我们躺着休息的地方是一座被栅栏围起来的小型牧场，地上几乎全是人的排泄物……这里没有人下达命令，没有权威机关，就连个能去报告点儿什么的地方也找不到。”当有加拿大人问“林肯营在哪儿”的时候，“我们回答道：‘我们就
303 是林肯营的人……’士兵们坐在人行道上，累得无法继续行进。在一个文明世界的镇子街头看到有人在人行道上撒尿，这种感觉太奇怪了”。一个大约六岁左右的小女孩坐在一辆卡车的尾门上，一直哭个不停：“妈妈不见了！妈妈不见了！[③]”[15]

当野战电话机里传来国民军坦克正在逼近的消息时，这些共和军的士兵向东蜂拥过桥，桥上已经绑好了炸药，这样等他们过桥之后就能引爆。抵达对岸后，他们到了一座更大些的镇子上，秩序看上去也更好些。幸存者们根据所属连队进行了分组，补给正从后方运到这里，写给美国人的家信也在其中——这些信是在一天夜里被通信员送过来的。“我们蜷缩在一处深沟里，围在毯子下一根点燃的火柴周围，通信员逐一浏览着信件。

---

① 原文为法语 Où est la Quatorzième?

② 原文为德语 Wo ist die Elfte?

③ 原文为西班牙语¡Mamá perdida!¡Mamá perdida!

他念出了好几百个名字，但只有大约 15 人应声并取走了信。念完信上的署名花了他半个小时，经过开始几次以后，再也没人帮着回答‘死了’或‘失踪了’，我们干脆默不作声。”

国际纵队的报纸《自由志愿者》（*Volunteer for Liberty*）也被送了过来。从前，这是份刊登着满满的积极乐观文章（《军中圣诞》《东布罗夫斯基旅帮助农民收获橄榄》《加拿大人在西班牙》，等等）的报纸，现在，它已经成了一份满是布道和劝诫词的双页传单：“不要将一寸土地拱手让给敌人！”“将侵略者赶出西班牙！”“反击的时候到了！”以及“军纪说明：军人和暴徒的区别”。[16]

贝西写道，饱受折磨的幸存者们聚在一起后发现，“没有人听到过一点儿关于梅里曼的消息”。[17]

在后方的一座指挥部，曾对跨越比利牛斯山之旅做出过生动描述的匈牙利裔美国志愿兵沃勒什·山多尔被任命为由第十五旅士兵组成的多国纵队的政委，之前他们试图击退挥师前进的国民军时，指挥他们的正是鲍勃·梅里曼。走马上任后，沃勒什便出发去前线寻找梅里曼。沃勒什极其崇拜梅里曼，不过，这并未让他停止之前梅里曼不在玛丽昂身边时对后者的挑逗。
他长途跋涉了好几个小时，还沿途安排部分英国士兵组成宪兵 304
队，试图阻挡向后方张皇溃逃的人潮，他们中的许多人已经丢弃了枪支。“英国人很擅长干这个，对那些不愿意掉头的人，他们威胁会开枪射杀他们。他们可不是开玩笑，有两个人拒绝照做，结果真被他们枪毙了。”

最终，沃勒什找到了一座小山，他本以为梅里曼应该就在这里。“我听说，梅里曼在将此处设为指挥所后就带着他要安排的部队继续前进了……梅里曼派回来的通信员告诉我，他最后一次见到梅里曼时，这位少校正冒着密集的火力亲自率领残余部队进入战场。从此以后，他那边的消息就断了。”

沃勒什派出了两名通信员寻找梅里曼，二人无一归来。他能听见崎岖的山峰上发出的枪声和国民军的炮火声。人们正向后方拥去。“有个身体强壮的男孩，是个美国人，肩膀很宽，身材健美，我怀疑他都不到20岁……他茫然地走在路上，眼球凸出，也不眨眼，始终盯着一个方向，嘴巴大张着……不论别人问他名字还是番号，他都不回话，只是喃喃自语：‘我要回家，我要回家。’”

沃勒什的手表之前就坏了，此时也没有其他人还有手表。他跳进了一个散兵坑躲避国民军飞机的扫射与轰炸。虽然依旧渴望找到梅里曼，沃勒什却也在心里咒骂着梅里曼那让手下士兵和他一起困在枪林弹雨中的“人人皆平等的个性”——梅里曼知道，若非如此，这些人早就不会坚守岗位了。炮弹在沃勒什四周爆炸，进一步确认了国民军正在急速接近的事实。一个满脸是血的西班牙军官告诉沃勒什，防守的共和军几乎已经弹尽粮绝了。听到这些，沃勒什立刻征用了一辆卡车，火速驶回埃布罗河东岸的一处军需库寻找补给。当他把卡车装满并返回阿尔瓦·贝西刚刚跨过的桥时，他们“被共和军中的西班牙人拦住了……他们不让我们继续前进，因为这座桥马上就要被炸毁了。我恳求他们的西班牙少校放我们赶快过桥，但他坚称已经来不及了，炸药已经全部就位，很快就会引爆了”。

随后，炸药真的被引爆了。“一声巨响震颤了大地，随后又
305 传来更多的爆炸声。火柱吞噬了桥的中跨，一大段中跨隆起，钢梁在火舌的映衬下被炸向天空……一大块钢条嗖地飞过我的

头顶，天上到处是嘶嘶作响的碎片，我一直趴在地上，直到天上再无飞来飞去的碎片为止……突然之间，夜静得让人害怕。”能让梅里曼、上百名逃亡的林肯营士兵和其他被困在河岸西侧的共和军部队逃离的最后捷径关闭了。“埃布罗河太宽太深，无法涉水通过，水流又太快，大多数人是不可能游过来了。”[18]

佛朗哥的地中海攻势得到了连篇累牍的报道，但对那些焦急等待着被卷入战斗的家人消息的美国家庭来说，有关的详细信息却少得可怜。在这期间，有法国媒体报道了上千名西班牙难民和部分共和军逃兵拥入法国国境的消息。1938年4月4日，赫伯特·马修斯为《纽约时报》撰文称，“没有人知道”美国营或是包括梅里曼在内的第十五国际旅的军官的下落。对于依然幸存，但被困在河岸另一侧的林肯营士兵来说，莫拉的埃布罗河大桥被摧毁不是什么吉兆，因为他们中的大多数人都是普通的工人阶级子弟，之前根本没机会学习游泳。

马修斯和海明威再次发起了寻找那些杳无音讯的美国人的努力。沿着埃布罗河东岸的共和军控制区行驶时，他们遇见了两名刚刚泅渡过岸的美国人——二人看起来疲惫而憔悴，光着脚，身上除了披着路过的卡车扔给他们的毯子外一丝不挂——他们的名字分别是乔治·瓦特和约翰·盖茨。

高大英俊的瓦特留着一头微微发红的金发，来自纽约，之前是名共产运动学生领袖，因为脸上温暖的笑容、澎湃的激情和对西班牙事业颇具孩子气的饱满热情，他被其他士兵起了个绰号：“千瓦”。“他不是那种典型的党干部，而是像个绅士，”有个多年之后与他结识的人回忆道，“他属于那种人，如果要跟小孩子说话，他会弯下膝盖，让自己跟那孩子一般高。”相比之

306 下，盖茨却是个感情并不外露的人，也不太被其他战友喜欢，在他们眼里，盖茨身体强壮，待人简慢，周身散发出的威严气质让很多比他块头更大的人都感到害怕。阿尔瓦·贝西就觉得他是个“冷峻”的人。[19]盖茨是个党的坚定支持者，他在军中是名政委，林肯营的众多人事记录中都出现过他对某人是不是“好同志”的评语。他的崛起非常迅速，在西班牙的美国人中是个举足轻重的人物，以讲话迅速、为人严肃、厉行军纪而著称。然而，眼下已经不会再有人在乎军纪了。

四人拥抱问候之后，为遇见其他美国人而感到欣喜的瓦特和盖茨向另外两人讲述了他们的可怕经历，他们是怎么游过河的，其他几个不会水和负伤的同志是怎么坐在一艘自制的救生筏上被冲到下游然后消失不见了的。渡河之前，他们已经跋涉了三天两夜，靠北极星识别方向。白天，佛朗哥的侦察机就在他们头顶飞过，敌人的坦克发出的轰隆声隔着很远就能听到。西班牙当地村民给了他们一些食物并告诉他们，前不久，一些国际纵队士兵在一座小镇的中心广场上被国民军处决了。

将自己知道的消息告诉二人后，海明威和马修斯继续前进，去寻找更多林肯营生还者。不久之后，盖茨和瓦特发现了一个同他们一起渡河，但在更远的下游上岸的同志，以及贝西和他的两个同伴，三人是在桥梁被炸前成功过河的。六名泅渡者最后找到了些衣物，海明威和马修斯也回来了，并与他们进行了长时间的谈话。马修斯后来写道，他们坐在地上，“沐浴着温暖的阳光，身体却在不住颤抖”。

几个泅渡过来的人——显然就是他们在不住颤抖——告诉马修斯，和贝西的遭遇一样，前一天晚上他们也误打误撞闯进了一处国民军营地，里面的一些人一看就是纳粹的坦克手。不过与贝西和他的小队不同，他们几个人的身份没被识破。“受到怀疑时，他们就用西班牙语回话……这三个泅渡的美国人当时并不知道其他在场士兵的身份，”马修斯写道，“他们中的一个告诉我，他当时询问了对方的身份，结果得到的是德语回答：‘第八师。’他们知道那意味着什么，但没人感到张皇失措，大家只是继续平静地上路了。”[20]

在贝西的描述中，马修斯“穿着棕色灯芯绒料子的衣服，戴着玳瑁镜框眼镜，身高体瘦。他长着一张清心寡欲的长脸，双唇紧闭，表情阴郁”。海明威则“个子更高，身材魁梧，脸 307
庞通红，比你见过的所有人的体型都大；他戴着一副钢制框架眼镜，留着浓密的髭胡……见到彼此后，他们俩同我们一样，显得如释重负”。

两位记者给了这些许久都没沾过一点烟草的志愿兵一些“好彩”和“切斯特菲尔德”牌的香烟。“海明威的那股急切劲就像个孩子……他就像个大男孩，很招人喜欢。”贝西写道，“他问问题的样子就像个孩子：‘然后呢？后来发生什么了？你们当时怎么办的？他当时说了什么？然后你们又是怎么做的？’马修斯倒是什么也没说，不过他在一张皱巴巴的纸上做了记录。”[21]

几天以后，马修斯在写给父亲的信中说：“在我写过的报道中，从没有哪篇能像林肯－华盛顿营的覆灭这般令我伤心。这确实让我感到很难受。这些人我都很熟悉，他们算是我最希望认识的那种好小伙儿。要是能不写下这样的报道，我宁可一年不要薪水。”[22]

远处的炮击声提醒着人们，也许不消几天工夫，佛朗哥的部队就将抵达地中海沿岸了。“海明威看起来并未气馁，马修斯则不然。”贝西后来回忆道，“海明威说，没错，他们是快到海边了，但那没什么值得担心的。我们早就知道会是如此了，会有人对此担起责任的，加泰罗尼亚和西班牙其余地区保持联络的办法早就被想出来了，用船也好，用飞机也好，一切都会好起来的。”海明威还报道了一起罗斯福刚促成的交易：他将先赠送给法国200架飞机，这样，法国就可以将这200架飞机转交给西班牙共和国了。（在这件事上，海明威错把希望当成了现实。就在几天之前，海明威和马修斯才刚刚发报给罗斯福提出这项建议。）

贝西对飞机一事表示怀疑。“可那些飞机到底在哪儿呢?”即便在公路上，当一大批乱哄哄的难民和撤退士兵在他们四周来回拥挤前行时，我们的小说家依旧保持着彻底的乐观：“战争即将进入新的阶段，海明威如是说道：共和政府将加倍反抗……世界各地的正义人士正在向本国政府施压，要求他们对西班牙共和国进行援助。”[23]

其他美国人下场如何呢？没人真正了解情况。不过，马修
308 斯向《纽约时报》的读者们讲述了一个幸存者的故事。据这个幸存者讲，直到在黑暗中遇见国民军部队为止，梅里曼一直带领着一队国际纵队士兵向埃布罗河前进。仍然希望到达河岸的他们试图蒙混过关。

“结果我们得到的回应却是一句生硬的‘Manos arriba（举起手来)!’，然后这个［国民军］士兵向着警卫中士大声喊道：‘赤色分子，有赤色分子!’

“梅里曼先生和身后的队伍听到后没有逃跑，而是向着这群叛军冲了过去。”这名幸存者成功地溜掉了，但他“听见身后枪声大作，最后是敌人有条不紊地喊着‘Manos arriba’。这么

看来，他们肯定被逼到了绝境”。[24]

“电话铃响时，我正孤身一人。”玛丽昂·梅里曼回忆道，“一个在旧金山的报社工作的朋友打电话过来，问我是否已经听到了消息。”马修斯这篇提及鲍勃的报道刚刚通过电报发回本土，海明威同样发回了一篇类似报道。“为了减轻对话给他带来的痛苦，他说自己对通知我这样的消息感到很抱歉。”[25]玛丽昂给另外一个记者打了电话，随后，她又分别给纽约的亚伯拉罕·林肯营之友办公室、红十字会和美共去了电话。没人对此事知道得更多。听到消息后，当时正住在附近马林（Marin）县的米利·贝内特很快赶了过来。

几天后，合众社从巴塞罗那发回的一篇报道出现在了旧金山湾区各大报纸的版面上。美国人已经被“彻底击溃”，报道这样写道。“毕业于加州伯克利的罗伯特·梅里曼少校下落不明……国际纵队的被俘军官们当场遭到枪决。”[26]

19 回心转意？

309 最终登上《纽约时报》头版的文章并非来自赫伯特·马修斯，而是来自和佛朗哥的部队一起行动的威廉·P. 卡尼。他在报道中写道，国民军“于今日击败了敌人，到达了地中海沿岸，最终将西班牙共和国一分为二”。[1]

这天的日期是1938年4月15日，地点位于地中海边的小村比纳罗斯（Vinaroz）。至此，巴塞罗那及其周边的加泰罗尼亚地区，被囊括了巴伦西亚和马德里的、面积要大得多的共和军控制区分隔开了。头戴钢盔的国民军士兵兴高采烈地挥舞着旗帜和步枪冲进大海，争相行纳粹礼，他们的照片传遍了全球。贝尼托·墨索里尼却在这一天感到很失望，因为他本来希望意大利军队能够第一个到达海岸。

支持共和军的记者们努力朝最好的方向报道。路易斯·费舍尔在《国家》杂志上宣称，佛朗哥的攻势“其实已经失败了。他本来的目的是要结束战争，结果，他仅仅占领了几个不太重要的地中海渔村，还刺激饱受折磨的人们加强了抵抗”。[2]
310 不过，他在巴塞罗那居住的酒店的电梯停止了工作倒是真的；因为其他继续向前推进的国民军部队切断了来自比利牛斯山水电站的电力输送线路，整个城市都面临着电力短缺的局面——这也许是比西班牙共和国被一分为二更加沉重的打击。

共和军此时的情况也很糟糕。西班牙共和国一分为二当天，几周前还拥有400名士兵的林肯-华盛顿营仅剩120人。事到如今，似乎只有来自国外的援助才能力挽狂澜。一个在大撤退之后载过阿尔瓦·贝西一程的美国卡车司机这样描述当时许多人的想法：“要是法国现在还不来帮忙，我们就成了待宰的肥鸭了。”[3]

佛朗哥的部队抵达海边一个月后，阿道夫·希特勒对意大利进行了访问。这堪称一次前无古人亦后无来者的国事访问。这位纳粹独裁者身边有政府高官、护卫和记者等约500人随行，光是运送这些人就用了整整三节车厢。超过22000面德意两国国旗被树立在希特勒前往罗马的道路两旁。当元首在一座专为此次访问特别修建的车站下车后，车队走的是新建的阿道夫·希特勒大道。首都街道上迎风飘扬的纳粹党旗还要更多，沿途希特勒透过列车车窗可能看到的垃圾堆和破旧建筑物要么被清理一空，要么被广告牌遮得严严实实。夜幕降临后，探照灯将城中的各处遗迹照得亮如白昼。

希特勒与墨索里尼先后观看了花圈敬献仪式、5万名法西斯青年团团员的游行活动、瓦格纳的剧作《罗恩格林》（*Lohengrin*）、一场由刚刚学会纳粹式正步的意大利士兵表演的阅兵式，以及在城外举行的实弹军事演习。希特勒对万神庙①格外有兴趣，正式参观结束后，私下里他又参观了第二次，显然是在为他计划当中对柏林的大规模重建搜集灵感。国宴上，两位独裁者嗓音高亢地谈论了两个民族永恒的团结合作。墨索里尼随后安排了一组杰出的意大利科学家发表意见，宣布意大利正是依照“古老而纯洁血统”定义下的“雅利安文明”，以此作为两个法西斯国家联结紧密的标志。不久后，反犹法案即将获得通过。

---

① 万神庙是供奉众神的庙宇，位于意大利首都罗马圆形广场的北部，是罗马最古老的建筑之一，也是古罗马建筑的代表作。

311 希特勒回到德国后，在一场纽伦堡的纳粹集会上，弗吉尼亚·考尔斯亲眼见证了这个狂人是如何令大批民众为他陷入痴狂的。

> 这场活动之所以充满力量，与其说是因为别具一格，不如说在于宏大的规模……金制鹰徽不是有几个，而是有几百个；旗帜不是有上百面，而是有上千面……整场仪式那难以捉摸的气质被会场顶端燃烧着的巨大火鼎衬托得分外明显，橘色的火焰在黑暗中熊熊燃烧，被上百架强力探照灯映照得泛白的夜空显得那么神秘。和着鼓点稳稳的节奏，音乐带来了近乎宗教仪式般肃穆的庄严，细细听去，仿佛有人在远方敲打手鼓，令大地为之悸动……
>
> 随后，会场上出现了插着黄旗的摩托车队和一支黑色轿车组成的车队，希特勒本人就站在其中一辆车上伸出了他的手臂。尾随其后的，是上千名训练有素的支持者。银光闪闪，他们就像倒进大碗里的水一样涌入会场。他们每个人都举着一面纳粹党旗，当他们在大编队中集合站定，这个大碗就像一片闪着磷光的纳粹旗海洋。
>
> 然后，希特勒开始了讲话。人群陷入寂静之中，但鼓手还在继续着他们富有节奏的敲击。希特勒的声音划破了寂静的夜空……一些听众开始前后摇晃，嘴里不断念叨着“Sieg Heil”（胜利万岁），狂热的劲头好似精神错乱一般。我看了看周围的人，发现他们的脸颊上正流淌着热泪。鼓声变得越来越快，这时，我突然感到无比的恐惧。[4]

与此同时，国民军向德国申请对其安全工作提供支援。希特勒愉快地表示同意，派出了党卫队的海因茨·约斯特（Heinz Jost）上校（此人后来在二战期间指挥过一支在东欧执行屠杀任务的纳粹别动队）带领一队军官前往萨拉曼卡，协助整理大量被俘共和军人员的文件档案，以及其他大约200万名被认为从事颠覆活动的人的有关资料。盖世太保也派出审讯官驻扎在 312
西班牙，任何被俘获的德籍国际纵队志愿兵都会被押送到他们那里。佛朗哥授予了党卫队队长官海因里希·希姆莱国民军最高级别的帝国轭箭大十字勋章。

完成对奥地利的吞并后，希特勒将目光转向了捷克斯洛伐克，他对外宣称将去解救那些在这个国家饱受歧视的德裔民众。考尔斯此时正在那里进行报道，和每次一样，在这里，又一位非常愿意护送她前往事件中心的男人出现了，他是一名支持纳粹的苏台德德意志人——这是人们对生活在捷德边境的德裔捷克斯洛伐克居民的称呼。这是一场在距离德国边境仅两英里的捷克斯洛伐克境内举行的纳粹集会，“一场由无数旗帜、纳粹标志、横幅……希特勒的大幅海报和震耳欲聋的‘希特勒万岁’欢呼声组成的噩梦。集会在市政厅举办，超过6500名德意志人将这里挤得满满当当。身穿统一制服的苏台德人守卫站在拥挤的走廊两旁。”[5] 德国在两国边境进行军队动员，作为回应，捷克方面也征集了40000名士兵。危机暂时得到平息，但几乎没有人对危机很快便会卷土重来表示怀疑。

与此同时，在大西洋对岸，这场危机却似乎突然对世界上最强大国家的领袖造成了影响。

1938年5月5日，《纽约时报》在头版以两个首页专栏的篇幅刊登了标题为《罗斯福支持解除对西班牙禁运》的头条文章。文章开头这样写道：“政府已经决定支持由北达科他州参议员杰拉德·P. 奈（Gerald P. Nye）提出的议案，解除对西班牙的武器禁运。”“目前看来，有关法案将在本期国会休会期到来前获得通过。”罗斯福本人当时正在加勒比海上的一艘海军舰船上钓鱼度假。他很快就将返回华盛顿，每个人都在等待更加正式的声明公布。看来，西班牙共和国终于能从美国人手里购买他们急需的武器装备了。

可对玛丽昂·梅里曼来说，罗斯福莫名其妙的回心转意来得太迟了。不确定性是最让人痛苦的事情。尽管按照常规，国
313 民军会对战俘执行枪决，尤其是军官和来自外国的志愿兵们，但在这个春天短暂的一段时间里，佛朗哥却叫停了这一行为，希望用国际纵队的俘虏们交换被共和军俘获的意大利战俘。《纽约时报》的卡尼甚至还被允许对一些被俘的美国人进行了采访，这是不是这些人将得到生机的信号？但是，没人敢对此表示肯定，也没人知道那些在埃布罗河的混乱撤退时被报失踪的美国人身上到底发生了什么。

赫伯特·马修斯的报道便体现了这种不确定性的存在。只要马修斯在报道中提到鲍勃，玛丽昂住在纽约的一个朋友就会给她打电话。4 月 10 日那天，马修斯写道，梅里曼和第十五国际旅的政委戴夫·多兰“依旧下落不明”，但是另外三名成功穿越国民军控制区并突然出现在人们眼前的美国军官“带来了他们或许会再次现身的希望……和他们的同志一样，梅里曼和多兰足智多谋，勇气十足，身强力壮，如果有人能从这样的困境脱身，他们俩一定可以”。

4 月 11 日，《奥克兰论坛报》（*Oakland Tribune*）的头条新闻刊登了这样一则消息：“伯克利的志愿兵据称性命无虞。”该

报道源自一则流言，流言说，鲍勃被关押在毕尔巴鄂附近一座国民军监狱中。5 月，驻马德里和巴塞罗那的美国外交官也向玛丽昂发来消息说他们收到了同样的情报。5 月 29 日，卡尼在报道中写道，有 18 名美国战俘被关押在布尔戈斯附近的集中营，但国民军官员不愿确认梅里曼是 18 人中一员的流言的真伪。卡尼继续写道，他从“来自非官方渠道但一向灵通的消息源”获悉，“被俘没多久……一些美国战俘未经审判便被枪毙了”。

当在纽约的朋友通过电话向她讲完了故事的结局后，玛丽昂由恐惧变为了愤怒。“美国驻塞维利亚领事查尔斯·贝（Charles Bay）前往布尔戈斯与当地官员探讨了商务事宜，可他却说，自己并未接到任何要求询问当地美国战俘情况的指令。‘从应征为外国参战的那一刻起，’他说，‘作为美国人，他们就不能再对我国政府会牵挂他们的个人安危抱有任何期待了。’”

“畜生！”[6] 她在电话里大声喊道。

要是知道贝几个月前曾迅速出手与佛朗哥进行交涉，成功
为加入国民军外籍军团后逃跑被抓，面临死刑的美国志愿兵盖 314
伊·卡斯尔（Guy Castle）重新赢得了自由，且他的上司、国务卿科德尔·赫尔也曾参与其中的话，玛丽昂一定会更加愤怒。

超过 100 名加州大学教授签署了请求赫尔提供帮助的联名信，然而，除了令后者发表了一篇坚称贝领事的话只是被错误引用的声明外，他们的行动收效甚微。梅里曼的母亲给罗斯福夫人寄去了一封信，收到信后，罗斯福夫人将信转给了国务院。此外，一些来自英国的学者也就梅里曼一事向佛朗哥发去了一封电报。6 月，内华达州一份报纸以横跨四栏的几英寸高的大标题报道了“梅里曼据信安然无恙”的消息，但这只不过是毕尔巴鄂流言的再次重复罢了。“花了几个月时间，通过一切可能渠道寻

找后，”玛丽昂写道，“我最终不得不接受这样的事实：鲍勃不在毕尔巴鄂的任何一座战俘营中，别的地方同样找不到他。”[7]

和认识梅里曼的人待在一起时，玛丽昂至少还能感到一丝慰藉。当年 11 月，她为住在旧金山的林肯营老兵烹制了一顿感恩节大餐。之后的几个月里，通过在大撤退中幸存的美国人之口，她将梅里曼的遭遇进行了拼接还原。根据她了解到的情况，梅里曼最后一次被人见到是在 1938 年 4 月 2 日那天——也就是海明威和马修斯遇见泅渡埃布罗河的美国人的两天前。当时，梅里曼正率领撤退部队前往位于埃布罗河以西大约六英里的科尔韦拉（Corbera）镇，在此过程中，他们遭遇了国民军部队。从这开始，幸存者们的故事有了不同的版本。马修斯在报道中提到了国民军“举起手来!”的喊声，但其他目击者只听见了黑暗中响起的枪声。

对于梅里曼失踪当时的情况，以上就是玛丽昂所能找到的一切了——直到半个世纪后，一封不期而至的来信才改变了这一切。

富兰克林 · D. 罗斯福从钓鱼假期返回后，真相大白，对他支持解除武器禁运的报道是假的——至少在当时是这样。谣言如何诞生仍然不为人知，毕竟，戴着无框眼镜、眼神敦厚、象
315 牙烟嘴不离手的罗斯福算是历届美国总统中最高深莫测的人物之一。

来自共和、民主两党的众多国会议员都想解除武器禁运，持同样想法的人在国务院的反纳粹官员中也不少，一直长篇大论地给总统写信，恳请对西班牙共和国网开一面的美国驻西班牙大使克劳德 · 鲍尔斯就是其中之一。起初人们认为，也许是

这些人中的某一个想要对向罗斯福施压，所以才在《纽约时报》上发布了这样一篇报道。作为这篇报道的作者，阿瑟·克罗克（Arthur Krock）是众多颇具影响力的官方人士想要发表意见时经常使用的管道。几十年后，克罗克告诉一位历史学家，向他透露这个消息的要么是国务卿赫尔，要么就是副国务卿萨姆纳·韦尔斯（Sumner Welles）——他已经记不清到底是谁了——为的是给武器禁运画上句号。还有一次，他则声称消息是内政部部长哈罗德·L. 伊克斯（Harold L. Ickes）——著名的内阁中西班牙共和国最热心的支持者——泄露给他的。[8] 当时，伊克斯就此事向罗斯福施压已经有几个月了，他曾对罗斯福说过，不向西班牙出售武器是"美国历史上的黑暗一页"。[9] 但伊克斯的日记显示，和所有人一样，出现在《纽约时报》上的报道同样令他吃惊不已。

对此，有位历史学家的解释更阴暗：泄露消息的就是罗斯福本人。[10] 按他的说法，罗斯福也许把韦尔斯——后者是他的老友，曾在他的婚礼上担任迎宾——当成了中间人。总统本人有个习惯，他会不时就某项自己知道能够取悦部分支持者的政策变更散播流言；如果日后决定反悔，他会再将自己的计划受阻归咎于其他团体。

在西班牙问题上，罗斯福似乎从未想过要改弦更张。在其他危机日益凸显的时候，这么做在政治上风险太大。问题重重的美国经济正经历新一轮下滑，他的政敌将之称为"罗斯福衰退"（Roosevelt Recession）。罗斯福的支持率在下降，他正为自己的政党在即将到来的中期选举中的前景忧心忡忡。对美国来说，对西班牙共和国提供援助会遭到罗斯福十分重视的英国盟友反对，不仅如此，这么做还将得罪国务院内根深蒂固的保守 316

势力。虽然对佛朗哥控制西班牙的前景十分厌恶，然而，尽管这样一来西班牙会变成美国的潜在敌人，可它对美国造成直接威胁的可能性却微乎其微，同样的问题换到德国和日本身上则不同，而这，才是罗斯福渐渐开始担心的。

罗斯福眼下想要的，是利用自己有限的政治资本，去推动一项至关重要但停滞已久的新政法案——《公平劳动标准法》(Fair Labor Standards Act)——获得通过。罗斯福推测，如果他把消息泄露给《纽约时报》，这将激起要求维持禁运的抗议声浪——这正是他可以拿来作为让支持西班牙共和国的自由派人士停止纠缠的最好工具。实际上，事情后来的走向正是如此：克罗克的报道令美国天主教上层集团进行了大量演讲和院外游说活动，要求必须保持对西班牙的武器禁运政策原封不动。

只不过，来自天主教团体的压力对罗斯福来说到底多大仍然有待商榷。和现在一样，很多美国天主教徒并不按照他们主教的想法进行投票。1936 年大选，超过七成美国天主教徒将票投给了罗斯福，无论罗斯福怎么处理西班牙问题，他们中的绝大多数人肯定还会继续支持他。然而，由于向总统施压要求向西班牙共和国出售军火的自由派人士总是愿意相信关于天主教的一切坏话，将过错归咎于天主教徒就变得再方便不过了。在这一点上，他们同罗斯福身边属于白人盎格鲁-撒克逊新教徒族群的高层人士表现一致。“该死……要是我解除了禁运的话，”罗斯福对一名为西班牙问题前来游说的来宾说，“那群天主教徒准会把我钉死在十字架上！”他告诉热烈支持西班牙共和国的哈罗德·伊克斯：“解除禁运将导致我们在明年秋天丢掉所有来自天主教徒的选票，这简直太荒谬了。”然而，罗斯福的这些说法却令玛莎·盖尔霍恩感到信服，她相信，即便罗斯福“毫

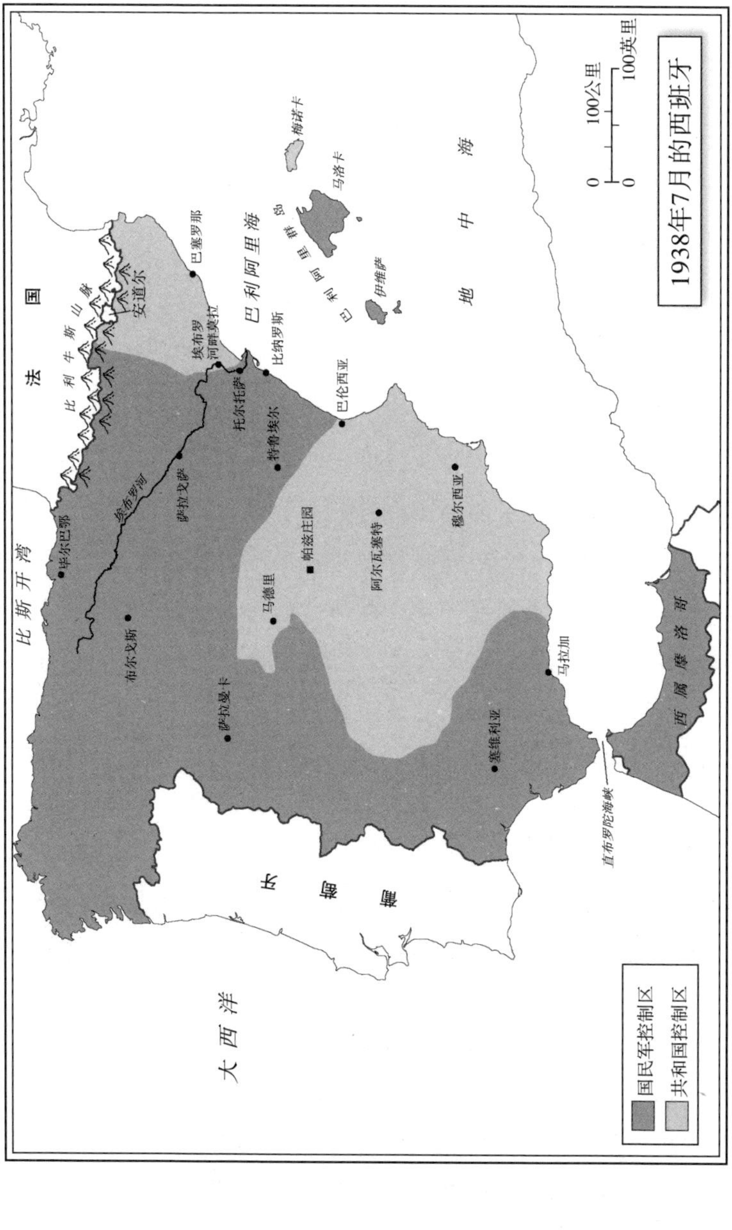
1938年7月的西班牙
国民军控制区
共和国控制区
0
100公里
0
100英里
法国
比利牛斯山脉
比斯开湾
大西洋
葡萄牙
地中海
巴利阿里海
巴利阿里群岛
梅诺卡
马洛卡
伊维萨
安道尔
巴塞罗那
埃布罗河畔莫拉
比纳罗斯
托尔托萨
特鲁埃尔
巴伦西亚
穆尔西亚
阿尔瓦塞特
帕兹庄园
马德里
萨拉戈萨
埃布罗河
毕尔巴鄂
布尔戈斯
萨拉曼卡
塞维利亚
马拉加
直布罗陀海峡
西属摩洛哥

无保留地同情西班牙共和国，他也明白自己做不了什么；天主教徒们对此很有把握”。[11]

尽管罗斯福对共产党在西班牙共和国的影响颇为担忧，但大量证据显示，罗斯福私下仍在进一步思考有关武器禁运的问题。他曾在不同场合和他人探讨过秘密绕过武器禁运限制的办法。然而，他总是能找到放弃的理由——例如，他告诉伊克斯：
318 “就算我们允许运武器过去，由于控制西班牙海岸线的是佛朗哥的军舰，那些武器也永远到不了共和军手里。”[12]

罗斯福的不作为引发了惊人的连锁反应。西方民主国家中与西班牙关系最为密切的显然是法国。1938 年 3 月中旬，出于对佛朗哥发动地中海攻势和西班牙共和国即将陷落的可能性的担忧，内部分歧重重的法国政府开放了边界，批准对西班牙共和国意义重大的 152 架苏联飞机穿过法国领土运往西班牙。为此，法国甚至还特地对一条公路两旁的树木进行了修剪，以保证由卡车车队拆解运输的巨大飞机部件能够顺利通行。消息传来，西班牙共和国的士气获得了提升。然而，罗斯福的按兵不动严重削弱了法国国内支持西班牙共和国的游说团体的力量。伊克斯警告罗斯福，如果美国不提供任何武器，法国将会屈服于英国方面的压力，再次将边界关闭。6 月 13 日，法国果然采取了行动。受此干扰，苏联发往西班牙的军火数量持续减少。放眼望去，武器的替代来源根本不存在。

经过在西班牙的一年护士生涯后，托比·珍斯基回到了美国。临行前，她给姐姐和姐夫写了一封关于此时仍然处于失踪状态的菲尔·沙克特的信：“直到目前为止，还是没有任何关于菲尔下落的新消息，但我依旧在努力着。”

归国途中，她在伦敦见了帕特·格尼一面。帕特觉得自己已经算是与珍斯基结婚了，但为保险起见，他决定在英国再举办一次婚礼。“帕特的母亲、亲戚和朋友全来了。他抢先告诉他们说我们要结婚了——我表示了否认，但他们根本没注意到我说的话。如果我能再坚持一周不妥协的话，一切都将回归正常——因为我马上要在5月4日乘‘玛丽女王号’（Queen Mary）离开了。”但她失败了，尽管表现得摇摆不定，她还是与帕特结了婚——帕特从母亲那里借来了一枚婚戒——这天是1938年4月29日。

在同一封信中，珍斯基还小心翼翼地吐露了和同事们一起照顾大批伤员的经历对自己造成的持续影响。“帕特一直拉着我到处参观名胜，欣赏景点——但我好像什么都没看进去……我们几乎得不到西班牙那边的消息。我们能得到的全是坏消息，我很担心——担心那里的100万朋友的安危。”[13]面对婚礼结束 319
一周后就起程回国的妻子，帕特·格尼心中肯定对这段婚姻能够维持多久有所怀疑。

佛朗哥关押美国战俘的报道见诸媒体时，菲尔·沙克特的家人仍保留着他还活着的希望。沙克特的哥哥马克斯给纽约的参议员罗伯特·F. 瓦格纳（Robert F. Wagner）写信，给西班牙共和国的国防部长（此人在回信中宣称沙克特成了俘虏）写信，还不断给国务院写信。国务院的一名官员语气生硬地回了他一封信：“我很遗憾地通知您，我们刚刚收到来自美国驻西班牙巴伦西亚副领事的消息……副领事的线人对沙克特先生的下落一无所知。”[14]

20 以时间为赌注

320 1938年5月，路易斯·费舍尔去莫斯科看望了家人。苏联此时刚刚结束大清洗期间的第三次大型审判。在全部21名被告中，18人很快被执行了死刑，其余3人后来死在了古拉格。接受审判的人中，有6个人是费舍尔的朋友。

对于这些，费舍尔并不敢写些什么，部分原因在于，他仍在努力斡旋苏联继续向西班牙共和国输送后者急需的军火。他也明白，自己的家庭是禁不起折腾的：他的妻子马尔科莎（Markoosha）是苏联公民不说，早先，因为对共产主义充满热忱，他们根本没为两个儿子在美国大使馆办理出生证明。因此，苏联政府很可能会将他们也视为苏联公民。不论他的妻子还是两个儿子都没有出境签证。

“一到莫斯科，我就见到了马尔科莎和孩子们，她当场就告诉了我一大堆坏消息。‘某某情况如何？’我问道。消失了。‘那某某呢？’被枪毙了。他的妻子？被流放了。”费舍尔明白，他不可能再在莫斯科当记者了。返回西班牙前，他给秘密警察部门首脑写了一封信，“我在信里告诉他，由于工作性质，从今往后我都会待在海外，我希望能为家人们办理移民”。[1] 信寄出
321 后，几个月过去了。回到西班牙后，越发焦急的费舍尔又两次写信给斯大林本人，但均未收到任何回复。

尽管国民军目前已经控制了西班牙大部分国土，不过马德

里仍在共和军掌握之中。在城市西面的大学城内，双方战线依旧犬牙交错，双方战壕彼此间距有时候连50码都不到。1938年春，一名来自《纽约先驱论坛报》的记者沿共和军战壕走了一遭，他发现，“无知和老鼠是这里最不被放过的敌人……每个连都开办了教授阅读和写作的学堂……在那些黑暗的地下走廊之中，大学正以它的创始人无法想象的方式继续运行”。[2]

大约同一时间，另外两名美国人也对同一处前线进行了访问——在对面。他们分别是托基尔·里贝尔和其在巴黎的合伙人威廉·M. 布鲁斯特。里贝尔展开对国民军控制区的第二次战时访问期间，对德士古提供石油感激涕零的国民军给他和布鲁斯特安排了一场VIP之旅，其中还包括一次与佛朗哥的司令们在大学城国民军控制区共进午餐的机会。军队与政府官员亲自陪同里贝尔一行，他们乘坐的是能搭载八名乘客的美国产伏尔提V-1A型客机，这是一种在当时广受欢迎的行政客机。这架飞机是国民军去年缴获的“坎塔布连海号”运输船上的一架飞机，当时，该船满载着准备运往西班牙共和国的货物，刚离开纽约就被俘获了。在萨拉戈萨，里贝尔注意到，国民军装备的大部分卡车都是福特牌的。他开玩笑说，自己应该给朋友沃尔特·克莱斯勒（Walter Chrysler）发一封电报：“沃尔特：我一辆克莱斯勒都没看见，只有福特在为文明社会的建成出工出力。”[3] 这趟旅行结束后，里贝尔向东道主发去了一封感谢电报：“已顺利返回巴黎，布鲁斯特与我仍在回味于贵国旅行期间贵方的慷慨大方与悉心照料。”[4]

布鲁斯特仍在继续向布尔戈斯的国民军总部发送有关西班牙共和国石油供应情况的情报。整个西班牙内战期间，他一共发送了超过50份此类情报。例如就有这样一份情报，看起来说

322 的是一次将位于达达尼尔海峡的共和军油轮摧毁的爆炸事件：“赤色分子们绝对会想念这一整船他们所急需的石油的。”国民军的袭击令前往西班牙共和国的海上运输变得愈发危险，先后导致总计约 300 艘前往或驶离西班牙共和国港口的船只沉没、被毁或者被俘。正因如此，船运公司对前往西班牙共和国的运输任务的收费是前往国民军控制区的同类任务三倍之多。有些水手甚至干脆拒绝执行有关任务。当英国油轮“亚龙号”（Arlon）在罗马尼亚港口康斯坦察（Constanta）装载石油准备前往西班牙共和国时，船上的水手发起了罢工。他们来到英国领事馆要求坐船回家，最终，罗马尼亚水手接手了他们的工作。这艘船也是德士古追踪的众多运输船之一。当它从康斯坦察港再次起航后，布鲁斯特发出了一则名为“亚龙”的情报，写明了它将要前往的港口是巴伦西亚，以及船上装载的物品——“7000 吨汽油”。[5]（“亚龙号”后来又执行了几次航海任务，最终被国民军炸毁于巴伦西亚港。）一个成立于中立国的公司却向一个交战国的军队提供这样的情报，这实属罕见。

虽然巴塞罗那与巴伦西亚还在共和军手中，但这两座地中海城市却已被不断扩大的国民军占领区分隔开了。两座城市间的邮件往来需要潜水艇帮忙。军队缺少枪支，应征入伍的新兵年纪越来越小——西班牙人叫他们“quinta del biberón”（五分之一奶瓶），说他们是群还没断奶的新兵蛋子。几乎没有新的外国志愿者前来，如今，林肯－华盛顿营中美国人的数量已被西班牙人超过了。

土地被一分为二，数百万难民忍饥挨饿，西班牙共和国面临着残酷抉择。尽管佛朗哥曾经发誓只接受一场彻彻底底的胜利，共和国政府中仍有人主张与佛朗哥妥协以换取和平。然而，就在不久以后，四面楚歌的共和国领袖们却采取了一种完全不同的策略。这一策略带给在春天那场灾难性的撤退行动中幸存的美国以及其他国际纵队士兵的，是他们在风景如画的加泰罗尼亚农村的短暂休整的终结，是对当地的葡萄园、古老的石头 323
房子村落和一条能让他们游泳避暑的小溪的告别。正在演习的林肯营接到指示出动，经过一场夜行军，当他们抵达一处干涸的河床岸边时，阿尔瓦·贝西第一个明白了即将发生什么事。他们被分成小队——每个小队的人数都尽可能包括了一艘小船能够坐下的人——并步行穿过了布满鹅卵石的河床，路上还说着诸如“你们可得使劲划啊”之类的俏皮话。随后，他们在一处阶梯状山坡上反复操练了爬山和进攻的要领。“‘啊哈!’有人说，‘我们肯定是要渡河。你们觉得那会是什么河?’不过我觉得，我们是知道那条河的；我们之前就渡过那条河，只不过是从另一边。”[6]

埃布罗河临近入海口的河段仍旧区隔着两岸的国民军与共和军部队。演习结束后不久，贝西和他的同志们再次开始了夜间行军，并被命令把能找到的锡制餐盘或是其他任何能发出响声的东西都往背包或毯子里装。驶向同一方向的卡车车队都关闭了车头灯。

在几乎所有前任非死即伤的情况下，林肯营迎来了最新走马上任的指挥官，年仅22岁的米尔顿·沃尔夫（Milton Wolff）。直到他的照片出现在纽约一份意第绪语报纸上前，沃尔夫一直让母亲相信，自己只是在一间工厂工作，好让厂里的西班牙人腾出手去当兵。他将手下神色谨慎、意志消沉的士兵们召集到一起，用他的布鲁克林口音解释了整个计划：“我们将要穿越埃布罗河，快速轻装前进，深入渗透到法西斯的地盘并守住阵地，其他部队会在我们向着内陆进军时从即将搭成的桥梁过河。”[7]他解释道，共和军情报部门已经掌握了国民军粮草库与弹药库的位置所在。贝西心里很清楚，这次的奇袭行动得靠夺得敌人的补给维持了。

无须他人告知，8 万名被秘密运往埃布罗河东岸的士兵也明白自己将要面临怎样的风险。即便第一波先头部队能够顺利前进，他们很快也将面对后有大河阻拦，前有崎岖不平又层峦叠嶂的山区的局面，由脆弱的木质浮桥搭建的补给线面对秃鹰军团的攻击也十分脆弱。此外，他们还要面对比己方人数更多
324 的敌军部队。同时，经过 3 月到 4 月上旬的溃败，共和军全体部队仅剩大炮 150 门，其中一些还是 19 世纪生产的。

从纯粹的军事角度看，西班牙共和国的领袖们发动的这场攻势纯属蛮干。可是，胡安·内格林总理和他的内阁成员们的确要比以往任何时候都需要向西班牙以外发出自己的声音。他们在赌博。以时间为赌注。如果能够夺取土地，哪怕是暂时的，一旦希特勒做出引发更大范围战争的挑衅行动，一切都可能得到改变，西班牙共和国也许最终会与英法两国结成同盟。一场席卷整个大陆的战争即将发生在当时并不是什么不现实的事情；事实上，这样的战争在第二年就爆发了。即便不考虑这一点，内格林和身边的幕僚们也在算计着，如果能够迅速并出其不意地夺取土地，到最后，各大国也许就会被既成事实说服，从而向他们出售武器了。“我们那时每天都有新的理由对未来报以希望，”外交部部长胡里奥·阿尔瓦雷斯（Julio Álvarez）后来写道，“希望西方民主国家能够恢复理性，恢复我们向他们采购军火的权利。”[8]

此次进攻的事先准备工作十分充分，在开始阶段的进展十分顺利。依靠当地西班牙共和国同情者的帮助，侦察部队悄无声息地发现了国民军阵地的具体位置，驻守这些阵地的大多是没有战斗经验的部队。1938 年 7 月 25 日黎明前夕，先头部队悄悄渡过了埃布罗河，随后，更多士兵和工程兵一起乘坐用树枝伪装过的木质小型划艇——它们一部分经陆路费尽千辛万苦从地中海的渔村运来，其余的则是在一间由教堂改造的作坊建造的——过了河，工程兵很快便建好了多架浮桥。有些浮桥是简单地将木板捆扎在一起再绑在木桶上做成的，只有能供一队纵列士兵——或是纵列抬伤员返回对岸的担架兵——步行通过的宽度。对岸的国民军感到惊愕不已，因为他们未曾料到会在这里遭到攻击。透过“大元帅”设在铂尔曼酒店（Pullman）的移动总部客房卧室的薄墙，一名副官惊讶地听到了佛朗哥的啜泣声。[9]

美国和加拿大的志愿兵搭载第一批划艇渡过了埃布罗河。325
驮运物资的骡队在他们身后大叫着被赶进水中。来自纽约的教师伦纳德·兰姆（Leonard Lamb）站在一艘小船的船头摆出姿势，模仿了乔治·华盛顿在那幅描绘他渡过特拉华河的名画①中的姿态。同样成为第一批攻击部队的还有英国营。英国营中有个连长叫刘易斯·克莱武，坐着装得满满当当的划艇渡河的时候，他的脑子里都在想些什么？我们只能推测一下了。1932 年，他在奥运会上为英国赢得了一枚金牌——项目正是赛艇。

战斗打响后的头一晚，阿尔瓦·贝西在日记里写道：“我们

---

① 《华盛顿横渡特拉华河》是德国艺术家埃玛纽埃尔·洛伊茨于 1851 年创作的一幅油画，描绘了美国独立战争期间，1776 年 12 月 25 日华盛顿横渡特拉华河的场景。

什么吃的也没有……睡在石头垒的谷仓里，地上铺的是稻草；我们累得要死，肚子也饿，身子被汗水浸透了。”[10]第二天，他和同伴一起把一批缴获的五花八门的物资狼吞虎咽地塞进了肚子。除了意大利茄汁鱼罐头、饼干、硬得像石头一样的巧克力外，他们还找到了雪茄，他们把雪茄折断，将里面的烟草做成了卷烟。

同一天，一名林肯营中尉和 7 名西班牙应征士兵遭到俘虏并被解除了武装。不过，这名中尉随后通过虚张声势，成功地使对方一个军官相信他们已被一支人数远超自己的共和军部队包围了。几个小时以后，这名军官向自己的俘虏投降了——该中尉随后返回了第十五国际旅的总部，还令人震惊地带回了 208 个俘虏，其中有 6 个军官。“他们看起来和我们是那么相像，这让我们很惊讶。”贝西写道，“一大群西班牙人，穿着毫无特征的廉价军装，一个个脏兮兮的，头发蓬乱，胡子拉碴，看起来精疲力竭，显然被吓坏了。”[11]

面对共和军的攻势，国民军展开了激烈的反击。长达一周时间，贝西没有机会脱下靴子，就连睡觉时也一样。国民军出动了超过 140 架普通轰炸机和俯冲式轰炸机，这还没算上 100 架趁着共和军士兵聚在一起渡河时进行扫射的战斗机。等待经过少数几座尺寸足够的浮桥渡河的卡车队伍时不时便排到几英里开外，成了飞机攻击的活靶子。另外，佛朗哥的工程兵打开了上游比利牛斯流域大坝的水闸，部分重量稍轻的浮桥被此举引发的洪水冲走了。

326 路易斯·费舍尔深入战斗前线，对正在共和军的桥头堡激战的士兵们进行了为期两周的采访。然而，随着在西班牙的记者人数不断减少，如今他再也不可能像当年在马德里时那样轻松抵达前线再轻松返回宾馆了。为躲避国民军的轰炸机，他不得不在夜间赶路。“河岸与河滩上到处都是深深的弹坑，有时候弹坑里会存满积水，”费舍尔写道，“工程兵们站在齐腰深的河水里将新安装的拖绳系紧，并对浮桥坏掉的部分进行替换。为防止灯火引来敌军轰炸机，这些工作都是在伸手不见五指的情况下进行的。”

费舍尔开始寻找周围的美国人在哪里。“我们的司机每次闪一下暗光灯提醒前面的人不要被撞到的时候，那些士兵嘴里喊的都是‘Apagar la luz’（把灯关掉）。”不过，最终“我们在令人头晕目眩的一大群西班牙人中听到了纽约人和芝加哥人的声音……他们从攻势发动的第一天起就参战了。他们连续经历了13天的战斗，没脱过衣服，没洗过澡，睡在石头和坚硬的地面上”。采访结束后，费舍尔睡在车的后座上过了夜，第二天早晨，“我们在一座橄榄园里看到了那些美国人……他们起床后没吃没喝，用舌头不停地舔着嘴唇”。

结束与阿尔瓦·贝西及其他人的谈话之后，费舍尔回到了巴塞罗那。“通常，人们可以把卡车当成指示。要是一辆卡车在你面前猛然停下，乘客飞速冲向道路两旁的空地，你就知道他们准是看见天上有飞机了……当我们驾车靠近一处位于主路上的岔路口时，我注意到之前一直坐在路旁排水管上的一个士兵和一个小男孩突然跳起来跑了。我们赶紧打开车门逃了出去……我们全都趴在了路旁一条臭气熏天的排水渠里。”一架国民军飞机接连扔下了四枚炸弹，但奇怪的是，它们一个都没炸。第二天午餐时，费舍尔向内格林提起了这件事。总理告诉他这很平常：“我们曾经打开过佛朗哥在葡萄牙定制的哑弹，里面放着工人留下的字条，上面写着：‘朋友，这枚炸弹不会伤害

你。'"[12]类似的故事还有很多。当然，由于故事太多，它们不可
327 能都是真的，但这些故事却能在黑暗时刻让人看到小小的希望
之光。

埃布罗河前线的酷暑令人难以忍受。这年 8 月曾有一天的温度达到了创纪录的 98 华氏度（阴凉处）和 134 华氏度（阳光直射）①。很多人没有配备头盔。贝西写道："尽管我向西班牙小伙子们演示了如何在帽子里放叶子降温防止中暑，但比酷热更糟糕的是没有水……人们带着水壶到处找水，但没人能找到足够的水。我们从头到脚都被汗液浸透了。"除此之外，岩石遍布的地形使挖掘战壕或散兵坑的工作变得几乎不可能。"在这儿挖坑，即便是钻石铲子也会报废。"一个曾做过矿工的亲历者回忆道。挖掘墓穴也没简单多少，对林肯营的许多人来说，葬礼的意思仅仅是用石头堆在遗体上而已。食物供应很不稳定，即便在最好的情况下，他们也只能吃到些奇怪的东西。"我们吃过晒干的 bacalao（一种鳕鱼，非常咸），"贝西回忆，"还有一种硬邦邦的血肠，里面的软骨比肉还多。"美国人的老牌天敌痢疾此时也强力回归。有人开玩笑说："我能用屎喷倒十米之外的一角硬币！"[13]有时候，为了强调己方部队的食物供应情况有多么不同，国民军战壕里的大喇叭会高声广播自军的每日食谱。

尽管火力不如敌军，天上还到处盘旋着德国和意大利的飞机，贝西此时仍然敏锐地捕捉着自己的情绪变化，这是他与奥威尔和纽盖斯的共同特点。"每到这样的时候，气氛都紧张得令人无法忍受。"一天下午，在一座遍布乱石的山顶，当纽盖斯的小分队藏在山上只有可怜的两英尺高的战壕中躲避炮火，紧张

① 98 华氏度约合 37 摄氏度，134 华氏度约合 57 摄氏度。

地等待着投入行动时，他如是写道。机关枪就在他们附近发出嗒嗒嗒的开火声。“你会嘴巴发干，吐的痰像棉絮一样；你的胃一会儿拧在一起，一会儿又松开，你的肠子在身体里扭曲，胸口传来剧痛。你看看四周，看到的是别人坐在那里平静地谈着话，脸上看不到一丝恐惧，就像在参加一场森林里的野餐；然后，你会震惊地意识到，要是自己能看到自己，你看到的，将和你眼前的其他人别无二致。人们不愿意在其他人面前表现出自己的恐惧，所以就都装出一副我很好的样子。”

此时此刻，林肯营的西班牙新兵们面对敌人的枪林弹雨完
全无法正常履行战斗职能。“不论是激励他们，威胁他们，踢他 329
们还是用枪打他们（有两名士兵被枪毙了），他们都无法向前推进。”[14]这并不令人感到意外，因为与美国志愿兵们不同，这些西班牙人都是通过征兵招来的——从刚一加入因饱经战火而大名远扬的国际纵队的一刻起，他们就肯定开始因为马上要被投入最为残酷的战斗前线感到担惊受怕了。当贝西看到援兵到来时，他便清楚地知道共和国政府的人力资源已经干涸了：援兵要么太老，要么太年轻，还包括被判过刑的罪犯与之前的逃兵。

国民军的飞机不断从天上撒下敦促他们投降的传单：“在佛朗哥治下的西班牙，公正为王，那里富足、和平、自由。无人忍饥挨饿……快来到你的兄弟们身边吧。”有美国人对这些传单做出评论：“这上面连工会标签①都没有。”[15]然而，的确有部分西班牙人当了逃兵。不过对美国人来说，对面是不存在什么富足、和平或是自由的。当年 9 月，包括 14 名美国人在内的大约

① 工会标签是当时为证明某展品为工会会员产销而附上的标签，此处暗指国民军传单为虚假宣传。

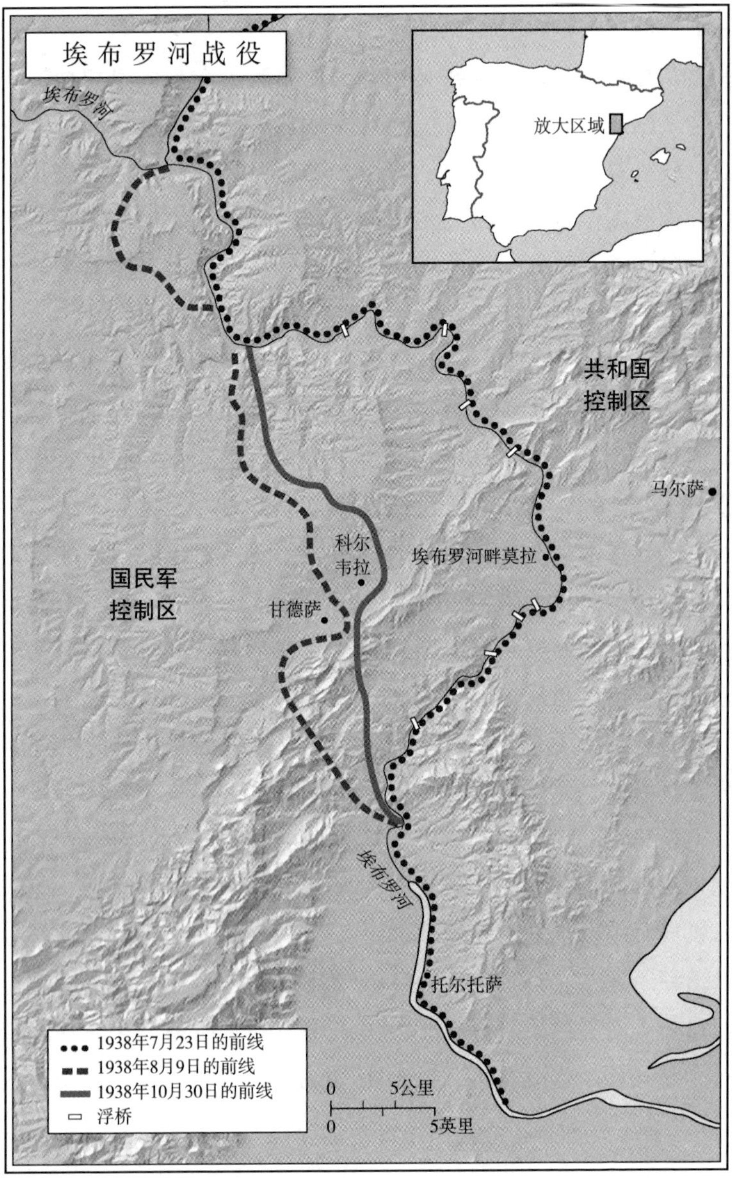
埃布罗河战役
埃布罗河
放大区域
共和国
控制区
马尔萨
埃布罗河畔莫拉
科尔
韦拉
国民军
控制区
甘德萨
埃布罗河
托尔托萨
1938年7月23日的前线
1938年8月9日的前线
1938年10月30日的前线
浮桥
0
5公里
0
5英里

40名林肯－华盛顿营成员被俘，国民军强迫他们一同返回后方。当一名国民军军官听到他们中有人说英语后，他让队伍停下，将里面的美国人挑出来，然后下令将他们用机关枪处决了。

共和军此前得到了一批新的防空机枪，但贝西却写道：“我们的防空机枪太少了……敌军有75架飞机，让人气愤的是，面对我方的薄弱火力，他们在天空中就像闲庭信步一样；而我方的10架飞机一出现便遭到了猛烈攻击，战斗产生的黑烟弥漫在面积数百英亩的苍穹上。这太让人心碎了。”

密集的炮火使空气中不仅充斥着弹片，还有爆炸在山坡掀起的碎石。轰炸暂停的间歇，贝西感受到了另一种别样的恐怖。“经过总共8个小时之后，当你想从趴了一天的狭窄坑洞站起来试着走走的时候，你几乎不可能做到。你的双腿已不听使唤，你不得不看看自己的腿，确认一下它们是不是还在，然后凭借意志力去移动它们……我努力在掩体外边走上一段，好放松一下自己——听到远处的枪声，还要随时准备好跑跳着进行躲避——步履蹒跚地迈开脚步，重新趴回到自己的排泄物堆当中。
你心里不停地想，这样的日子还能忍受多久。”[16]有名美国中士 330
为了防止自己的牙齿因恐惧打战而咯吱作响，特意把一根短木棒咬在嘴里。

在最好的朋友因负伤失去一只眼睛后，贝西继承了他沾满黏糊糊血污的手枪——随后传来消息，他的朋友死在了医院里。一辆运送食品的卡车被国民军的炮弹击中，当晚所有人都没有食物可吃。在他们渡河后的一个月，原本有768人的林肯营已经减员到了380人。一个前来采访的记者带来消息，纳粹德国在捷克以及法国边境动员了大批部队，准备举行“军事演习”。

不断传到林肯营士兵耳朵里的零星消息已明确表明，法国与由首相内维尔·张伯伦领导的英国迫切希望对希特勒展开绥靖。这粉碎了西方向西班牙共和国销售武器的所有希望。“张伯伦先生一定在准备出卖捷克，”前线的一个朋友在 1938 年夏天告诉贝西，“记住我说的话。”[17]

9 月，有关张伯伦对德让步的详细情况传来，当时，贝西正在位于埃布罗河桥头堡的第十五国际旅指挥部。“欧洲传来的消息比以往任何时候都要糟糕，英法同意肢解捷克斯洛伐克，还提供了一份具体的妥协‘方案’。”希特勒将取得捷克的大片领土，方案还说，“英国、法国、德国与意大利将‘确保’维持捷克斯洛伐克的边界现状。一群杀人犯竟然说会保证尊重尸体”![18]

捷克危机在当月升级。9 月 12 日，在一场激情澎湃的演讲中，希特勒强烈要求生活在捷克斯洛伐克的德裔民众进行民族自决。三天后，在阿尔卑斯山脚下位于贝希特斯加登的希特勒别墅，张伯伦匆匆前来与元首进行了会谈。一个星期后，英国首相第二次造访希特勒，这一次，希特勒的要求进一步升级。最终，慕尼黑会议在 9 月 29 日召开，在刚刚落成的宏伟的纳粹党总部，与会的欧洲各主要国家的领袖们在巨大的壁炉边围坐成圆形，就肢解捷克斯洛伐克达成了实质性共识。各国代表给
331 了希特勒想要的一切——10000 平方英里的捷克土地和上面的 350 万人口，其中的许多人甚至根本不是德裔。

尽管穿着条纹西裤和翼领被浆洗得发硬的衬衫的张伯伦刚返回伦敦便宣称自己获得了“我们时代的和平”，但对希特勒来说，这只是一次白送上门的巨大胜利。捷克斯洛伐克的命运显得格外悲惨，因为在东欧诸国中，它几乎是唯一一个繁荣的

民主国家。佛朗哥很快向张伯伦发去了“最诚挚的祝贺”，感谢他“为维护欧洲和平做出的巨大努力”。[19]

正在捷克斯洛伐克跟踪报道这场危机的弗吉尼亚·考尔斯发现，在布拉格，“恐怖的气氛令人感到毛骨悚然，灰暗的天空下，上百年的老建筑看起来是那么的悲伤凄凉”。面对在瓦茨拉夫广场（Wenceslas Square）聚集的大批心情沉重的民众，通过扬声器，捷克斯洛伐克总统向他们宣布了慕尼黑会议的最终结果。一名记者带来了一个捷克速记员，帮助观摩集会的一小拨外国记者进行翻译。“广播很简短，”考尔斯写道，“首先告诉人们这个国家将被分割的最终决定。然后是几句令人感到悲伤的话：‘我国绝不会是最小的国家。世界上将会有比我国更小的国家。’听到这里，捷克速记员放下了笔，双手抱头哭了起来。”[20]

约瑟夫·斯大林也在密切关注慕尼黑协定的签订，尽管时刻对假想敌们保持着警觉的仇视目光，但他知道，这次自己遇见的是真正的对手。如今斯大林意识到，英法是不会阻止佛朗哥取得最终胜利的。将苏联军火运往西班牙的船只因为墨索里尼潜艇部队的存在依旧面临很大的危险。斯大林渐渐失去了对这场战争的兴趣，人们发现，《真理报》和《消息报》（*Izvestia*）的头版再也没有出现过西班牙的消息。距离他将上一任苏联驻西班牙大使召回并枪毙已经有一年时间了，而他一直懒得再派新的大使过去。斯大林逐步撤回了大部分之前借调至西班牙共和国部队中的苏联和东欧军官，为确保政治安全，后来他们中的许多人被处决了。第十五国际旅爱唱歌剧的前指挥官弗拉基米 332
尔·乔皮奇上校就是这些被召回苏联并销声匿迹的人之一。在西班牙共和国服役的苏联军事人员的规模一度接近1000人，但到1938年年末，其人数却只降到了峰值的1/4。

斯大林确信英法不可能与苏联结成自己想要的反德同盟，于是他开启了另一种战略。1938年行将结束之时，美国社会党——洛伊丝和查尔斯·奥尔曾是该党党员——出版的报纸在头条刊登了一篇富有预见性的文章："希特勒会与斯大林做交易吗？"[21]

在西班牙，共和国总理内格林和内阁成员们知道，大部分国际纵队的志愿兵已被杀或负伤，世界各国的共产党已不再继续进行志愿兵的招募工作了。共和国政府决定碰碰运气，他们怀着一线希望，想要通过公开将国际人士撤出西班牙的方式向各民主国家施压，以此令他们向佛朗哥提出要求，让希特勒与墨索里尼将在西班牙的陆军和空军也撤走。在日内瓦国际联盟总部，内格林发表了一场激情澎湃的演讲，他公开宣布，国际纵队的全部成员都将退出战斗并离开西班牙。

出于对下属军纪崩溃从而无法有秩序撤退的担忧，部分国际纵队的军官试图阻止消息向前线扩散——这显然是徒劳的。得知这一消息当天，阿尔瓦·贝西才刚被一架德国容克轰炸机扔下的炸弹形成的气浪掀翻在地。他和战友们知道，此时提出撤军并不是共和国在豪赌，依旧留在西班牙的筋疲力尽的国际纵队士兵本来也就剩几千人了。在依然身处西班牙的几百名美国人中，很多人都因负伤躺进了医院；还待在前线的只有80人左右。内格林宣布撤军决定的三天后，这批刚刚从国民军毁灭性的炮火攻击下混乱撤退的美国人也永远地离开了，他们踏上浮桥上粗糙的厚木板，最后一次跨过了埃布罗河。

第五部分

21　眼泪的味道

30万西班牙人哭泣着，欢呼着，挥舞着双手，将鲜花、五 335
彩纸屑和写着感谢话语的字条扔向他们。人们站在拥挤的人行道上，趴在道路两旁建筑物的窗边，站在悬挂着国旗的拥挤阳台上，有些人爬上了路边的梧桐树和街灯，在上面摇摇晃晃地倚靠着。[1]这是1938年10月28日，来自国际纵队的2500名残兵[2]正沿着对角线大街（Diagonal）——这是巴塞罗那的一条宽阔主街——行进，他们要将这场阅兵当作一场正式告别。在这条林荫大道的两旁，四处的标牌上写着志愿兵们曾经参加过的战役的名字。国际纵队的士兵们经历过太多次战火的洗礼了，在国际纵队，士兵的死亡率是共和军其他部队的三倍。[3]

仍然身在西班牙的国际志愿兵中很多人都还躺在医院，但这支由来自26个不同国家的人们组成的队伍最终还是完成了阅兵。从上往下看去，队伍中面容憔悴的士兵们被为他们喝彩的人群遮挡得严严实实，几乎很难被人看到。在参加阅兵的200多名美国人中，除了少数来自医疗分遣队的护士，剩下的都是男性，他们身上穿着寒酸破旧的军装，脚上穿着不成对的鞋袜，右肩膀上挎着背包。他们九个人一排地向前走，不时会踏进及踝深的花海中。

“这些人在学打仗之前没学过怎么进行阅兵……他们的步伐 336
和队形似乎都跟不上趟。”赫伯特·马修斯在回忆录中写道。他当天就在巴塞罗那，但《纽约时报》没有刊登他发回的夸张报道，这也很好理解，因为他无视现实地在报道中写道，国际志愿兵们“以无敌的姿态离开，埃布罗河战役是他们最后的胜利”。[4]

沿着城市街道行军的时候，志愿兵们能看到化为残垣断壁的建筑和表皮脱落的公寓住宅，这些都是墨索里尼在这一年早些时候发动的猛烈空袭的铁证。共和军的战斗机从人们头顶飞过，提防敌军发动新的空袭。乐队演奏着军乐，但几乎没人能够听见。“女人和孩子们扑进了我们的怀抱，”一名纽约来的志愿兵回忆道，“他们管我们叫儿子，叫哥哥，嘴里喊着‘一定要回来’……我从未经历过这样的场面……之所以这么说，是因为在场的男子汉们都是坚强的战士，有一个算一个，他们全都哭了。”米尔顿·罗伯逊（Milton Robertson）是名医学生，在埃布罗河负伤，当时，他就在由专程从医院赶来参加阅兵的人们组成的队伍当中。“人们欢呼的吼声持续不断，”他在第二天给家里的信中写道，“就像永不停息、翻涌不止的海浪……有个小男孩，九或十岁的样子，站在角落里，眼泪从他脏兮兮的小脸上淌了下来，泪痕成了两条黑杠儿。看到我们的卡车开过来，看到我们身上的绷带，他冲了过来，跑向卡车，在我两边脸颊上各亲了一口。亲他的时候，我尝到了眼泪的味道。”[5]

最后，队伍停止前进，站好队形，现场演奏了西班牙共和国国歌，共和国的各位领袖发表了讲话。饱含激情的总理内格林向志愿兵许诺，只要在战后重返西班牙，他们就将被授予西班牙国籍。在他之后，这个国家最伟大的演说家，“热情之花”多洛蕾斯·伊巴露丽站到了演讲台上。

“母亲们！妇女们！”她以此作为开场，“有朝一日，历经岁月流转，战争的伤口已经愈合……有朝一日，当每个西班牙人都能同样感受到生在一个自由国度的荣耀——到时候，请告诉你们的孩子。告诉他们国际纵队的事迹，告诉他们，这些人，是怎样漂洋过海，翻山越岭，穿过刺刀把守的国境线，来到我们的身边，成为捍卫我们自由的十字军战士的。他们放弃了一 337
切，他们的挚爱，他们的祖国、家园和财富……他们来到这里，并告诉我们：‘我们在这里，你们的事业，西班牙的事业，就是我们自己的事业。’此刻，他们当中的许多人，成千上万人，已长眠在西班牙的土地上。”

然后，她对志愿兵们说道：

“国际纵队的同志们！政治上和国家间的一些原因使你们要离开出这个国家，有些人将回到自己的祖国，其他人则要被迫流亡。你们可以带着骄傲离开。你们就是历史。你们就是传奇。你们是民主主义广泛联结和团结一致的高尚例证。我们绝不会将你们忘记，当西班牙共和国最终取得胜利之时，当和平的橄榄树生出新芽之时，到时候——记得回来！”[6]

“热情之花”的讲话成了传奇与历史，被后世作品引用，被镌刻在纪念碑上。这场对国际纵队的告别演说标志着一段几乎前所未有的时期的终结。从来也没有过如此之多的人，来自不同国家，忤逆母国政府的意志，为了心中的信念，来到异国他乡为之战斗。一份英国报纸在报道中一本正经地写道：“就连黑人志愿兵也得到了人们的亲吻。”每一个当天身在巴塞罗那的人都将对这一天铭记终生。“这是属于我们的一天，”约翰·盖茨写道，“女人们冲进我们的队伍亲我们。男人们与我们握手，拥抱。孩子们骑上了我们的肩头。”[7]

当志愿兵们在巴塞罗那街头行进的时候，海明威与盖尔霍恩正身在巴黎，虽然没有采访任务，他们依然最后一次踏上了前往西班牙的旅途。共和国政府将国际纵队撤出的消息对海明威打击巨大。“他一向把自己看得比什么都重要，可在西班牙内战期间，这一惯例被打破了，在他一生当中，这是唯一一次。”盖尔霍恩后来说。在他们巴黎酒店的房间里，盖尔霍恩发现海明威靠在墙上，嘴里不断地喃喃自语：“他们不能这么做！他们不能这么做！”[8]

这也是她唯一一次见到海明威流泪。

338 事到如今，已经没有什么能拯救共和军在埃布罗河西岸辛苦夺下的桥头堡了。国民军此时的兵力已高达百万，令人数处于劣势的共和军不断后撤。德国的斯图卡轰炸机在成群结队的士兵挤成一团准备撤退过桥时对他们持续进行俯冲轰炸。告别游行结束数星期后，共和军士兵炸毁了最后一座浮桥。随着雪花代替了夏季难忍的酷暑，为期 113 天的埃布罗河战役结束了。

将近四个月的时间里，拥挤在桥头堡的共和军士兵平均每天要遭到 13500 发炮弹的轰击。根据估算，共和军的死亡人数高达 30000 余人。[9] 伤者的数字一如既往地大得多。国民军炮兵部队这些天动用的火力强度是自一战以来最高的。以后几十年里，在当地生活的西班牙农民还将会因在耕地时不小心碰到或是用铲子不小心挖到尚未爆炸的炮弹而被炸死。

慕尼黑会议结束后，希特勒、墨索里尼和佛朗哥已经清楚地看到了前方通往胜利的道路。之前，希特勒并不急于让西班牙内战尽早结束，因为这场战争能够将西方各国的注意力从他对东方的勃勃野心上分散开。如今，慕尼黑会议令希特勒底气十足，既然佛朗哥给予了德国其他任何外国公司都无法得到的采矿特许权，希特勒就又向国民军输送了大批新式武器装备作为回报。

美国并不是慕尼黑协定的缔约国。罗斯福总统还在继续释放信号，暗示人们他将重新考虑对西班牙的军售问题。在大量就此问题向他展开游说的信件中，有一封是这样写的："看在上帝的份儿上！解除对西班牙的武器禁运吧，看看在我们身上都发生了些什么！"[10]信的署名是"捷克斯洛伐克的幽灵"。然而，经过了随后举行的1938年中期选举，民主党在众议院的席位丢掉了超过70个，在这些落选议员中，有些正是西班牙共和国最坚定的支持者。罗斯福不想因为冒险对美国对外政策的改弦更张而进一步丧失在选民中的支持。当第一夫人埃莉诺·罗斯福也改变了对此问题的看法后，在她写给玛莎·盖尔霍恩的一系列个人语气亲切友好、谈到政治却有所保留的信件中，罗斯福所担忧的，便是她想要表达的唯一观点。"亲爱的马蒂，"她在信中写道，"我不单看了你的报道，还把报道拿给总统看。我希 339
望有一天你能写一些看完不让人觉得那么惭愧的东西。"[11]

"热情之花"向国际纵队发表告别演说两星期后，佛朗哥的德国盟友释放出了信号，向世人展示了纳粹统治下的欧洲将面临的遭遇。11月9日夜，纳粹冲锋队①同时在德国、奥地利以及如今已由希特勒控制的捷克斯洛伐克占领区发起行动，袭击了超过1000座犹太教堂和7000处犹太人拥有的商业设施。他们到处放火，用斧子和大锤打破那些建筑的窗户，并杀害了超过90名犹太人。犹太人的民宅、学校和医院遭到肆意破坏，犹太公墓的墓碑要么被砸得粉碎，要么被连根拔起。满脸狞笑

① 此处冲锋队指希特勒青年团。

的纳粹分子将犹太教祈祷书和写有经典的卷轴尽数投入火堆当中。在这个由于碎玻璃碴随处可见、拥有几个世纪历史的犹太教教堂安装的彩色玻璃也未能幸免而被后世称作“Kristallnacht”（水晶之夜）的晚上，消防部门接到命令，任由建筑物燃起的大火肆虐，只有在邻近的“雅利安人”财产受到威胁时，他们才能去灭火。几天以后，所有犹太儿童被禁止进入德国学校就读，大约30000名犹太人被运往设在达豪（Dachau）及布痕瓦尔德（Buchenwald）等地的集中营。

又过了六个星期，在一个飘雪的清晨，佛朗哥发动了他的最后一次攻势。他的陆军此时拥有大量德国军械装备，空军则在400名经德国训练的飞行员和他们从秃鹰军团接收的梅塞施米特战斗机的武装下力量得到进一步增强。内格林孤注一掷前往巴黎，恳请法国外交部部长以及英美两国的驻法大使能够对西班牙共和国提供援助，结果无功而返。内格林也一直在试图通过梵蒂冈的罗马教廷和其他渠道与佛朗哥妥协求和，但佛朗哥对此不感兴趣。对于减少由战争导致的伤亡，佛朗哥同样不感兴趣。当英国派出特使劝说双方停火时，西班牙共和国爽快地同意了，并在大约四个月的时间里命令部队停止了一切军事行动。而在关押着多达数千名正面临死刑的政治犯的国民军方面，同样的建议却遭到了拒绝。[12]

从步枪到飞机无不严重短缺的西班牙共和国派出空军司令
340 前往莫斯科请求支援。尽管已基本对西班牙丧失了兴趣，斯大林还是对西班牙共和国即将战败的前景表现出了关切，并向后者提供了一批军火。由于地中海直航航线依旧危机四伏，运输船不得不先前往一座法国港口进行货物中转。法方故意延迟了这批武器的交货，直到一切为时已晚，才将货物发出。当一名共和军军官最终来到位于法西边境一片空地上的交货地点检查货物时，他发现这批穿越边境送达的武器中竟然还有分解完毕的苏联新型战斗机和轰炸机。但此时此刻，西班牙共和国已经没有一座属于他们的飞机场能让他们将这些飞机组装完成了；同时，他们也没有足够多幸存的飞行员驾驶它们了。[13]

在马德里，普通居民每日摄入的食物热量不到 800 卡路里。由于没有煤炭，冻得瑟瑟发抖的老百姓只能拆掉家具、门和窗，与树枝一起扔进壁炉燃烧取暖，公寓里的照明要靠蜡烛。新招募的士兵被告知他们需要自己携带靴子与毛毯。在巴塞罗那，难民数量急剧膨胀，坏血病肆虐，官方提供的每日口粮是 3.5 盎司小扁豆。幸运些的人也许还能找到一小条干鳕鱼果腹。

但在赫伯特·马修斯的报道中，这些物资匮乏的局面却很少出现。"大体上，这里的人们并未感到灰心丧气。"1939 年 1 月 1 日，马修斯在巴塞罗那这样写道。而当他不得不对共和军在两周之后进行的另一次撤退行动进行报道时，撤退则是"迅速且高效的"。那之后又过了几天，他终于不得不承认共和军失去了对几座城镇的控制。但他坚称，共和军的士气"看起来很不错……这里没有人怀疑政府是否具备继续坚持抵抗许多个月的能力"。而当国民军部队不断迫近巴塞罗那时，他在 1 月 25 日发送给《纽约时报》的文章中提醒读者，1936 年的时候，共和军曾经"在马德里创造过奇迹，也许这次他们还能创造另一个"。[14]结果就在第二天，佛朗哥的部队进入了巴塞罗那外围的几个区。

在这座加泰罗尼亚的首府城市，人们正忙着毁掉一切可能招致国民军报复的物证，撕得粉碎的党员证和工会证纸屑丢得满街都是。成千上万人带着行李箱和成捆的衣物逃向了法国边

341 境，运气好些的人则坐着汽车逃命。20000 名因伤无法离开城市的共和军士兵此刻最为恐惧，因为他们缺胳膊少腿的样子和弹片造成的伤疤将成为向佛朗哥的军队出卖自己的铁证。“我永远都忘不了那些从瓦尔卡卡医院（Vallcarca hospital）爬出来的伤兵的样子，”一名女士这样写道，“他们的身体残缺不全，缠着绷带，上身半裸，尽管天寒地冻，他们还是努力往路上爬，痛苦地大喊着，乞求不要扔下他们……没有腿的人在地上爬，少了一只胳膊的人举起另一只拳头紧握的胳膊，年纪小的吓得痛哭流涕，年纪大的则愤怒地高声咆哮，诅咒着我们这些自己逃命而抛弃了他们的人。”[15]不过，就算有机会加入迈着沉重步伐逃向法国的队伍当中，他们的下场或许也不会好到哪儿去。就在暴雪和冻雨肆虐过程中，衣衫褴褛的人们组成的庞大队伍遭到了国民军飞机残忍的轰炸和扫射。

占领巴塞罗那后，国民军首先来到城中一座位于大广场的教堂进行跪地祷告，久违的钟声在教堂响起。随后，他们开始了为期数天、肆无忌惮的洗劫。玛莎·盖尔霍恩在写给埃莉诺·罗斯福的信中说，巴塞罗那的失守，“就像家中有人死去一样，而且只比那感觉更糟”。国际纵队三个月前曾经走过的大街被重新命名为大元帅大道（Avenida del Generalissmo）。一名国民军将军宣称，巴塞罗那是“一座罪孽深重的城市，现在，它必须受到清洗”。[16]监狱里塞满了人，禁书被成堆点燃，几千名教师丢掉了工作。与此同时，在欧洲的另一边，被慕尼黑会议的成果刺激到胃口的希特勒无视之前在会上达成的协议，派军队挺进了布拉格。

在不断缩水的控制区内，许多士兵连过冬衣物都没有的西班牙共和国经历了最后一次痛苦的抽搐，一场内斗过后，又有

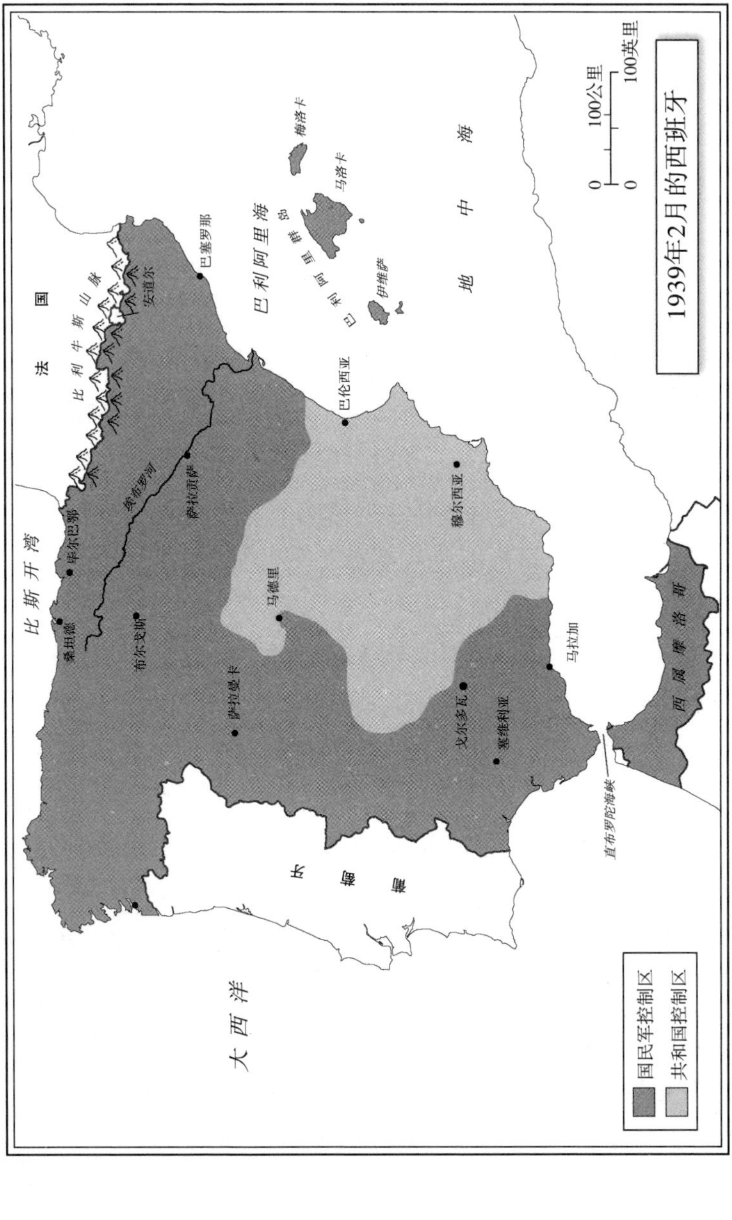
1939年2月的西班牙
0 100公里
0 100英里
国民军控制区
共和国控制区
法国
比斯开湾
比利牛斯山脉
安道尔
巴塞罗那
巴利阿里海
巴利阿里群岛
梅洛卡
马洛卡
伊维萨
地中海
桑坦德
毕尔巴鄂
埃布罗河
萨拉贡萨
布尔戈斯
巴伦西亚
穆尔西亚
马德里
萨拉曼卡
戈尔多瓦
塞维利亚
马拉加
直布罗陀海峡
西属摩洛哥
葡萄牙
大西洋

数千人失去了生命。这一次，内斗爆发在决心尽可能坚持抵抗、希望一场更大规模的战争或许会带来英法援助的内格林及其追随者，与希望和谈以避免人员继续伤亡的造反派军队指挥官之间。双方最终都没能得到自己想要的结果：战争尚未结束，英
343 国与法国就在2月27日同时正式承认了佛朗哥政权。佛朗哥接管了原本由西班牙共和国存放在两国银行的黄金——这帮了他的大忙，因为佛朗哥已经没有黄金储备了。佛朗哥对谈判毫无兴趣，只想让自己的敌人无条件投降。1939年3月31日，国民军占领了西班牙全境，战斗彻底结束了。除去战争期间被害的约20万名政治犯，[17]有保守数字估计，战争期间死亡及重伤的士兵大约也在20万人左右。[18]此外，在原共和军控制区，约1万名平民死于空袭，2.5万人死于因战争导致的疾病和营养不良。其他的估算数字给出的伤亡还要更多。西班牙人民将会发现，大规模死亡并未因战争结束而停止。

在马德里，国民军和德意盟军一起举行了一场胜利大阅兵。地面部队在城中行进，天上的飞机排出阵型，拼出“佛朗哥万岁”字样的形状。与此同时，徒步逃亡的难民人数已增至50万。“上帝保佑，”教皇庇护十二世（Pope Pius Ⅻ）在发给佛朗哥的贺电中写道，“对您在为天主教西班牙取胜过程中的杰出表现，我们要向您致以诚挚的谢意。”[19]

毫无疑问，托基尔·里贝尔也对佛朗哥的获胜感到欢欣鼓舞，他知道，德士古最后一定会因为战时赊卖出去的那些石油得到充分回报。西班牙内战期间，德士古总计向国民军出售了价值至少2000万美元的石油，即使以最保守的算法估计，其价值也相当于今天的3.25亿美元。[20]德士古的自有油轮共完成了225次前往西班牙的航行，其租用的油轮进行了156次航行。[21]

感激不尽的佛朗哥在战后的很长时间里继续从德士古购买石油，后来，他还向里贝尔颁发了伊莎贝拉天主教大十字勋章，这是西班牙的最高荣誉之一。

尽管美国媒体一直对德士古亲手打造的石油生命线视若无睹，不过，对于它的作用之重要，国民军则心知肚明。战后，佛朗哥政府的石油垄断专营体对里贝尔与布鲁斯特“对我们事业的热情”以及德士古“毫无保留地提供帮助”公开表示感谢。几年以后，时任西班牙外交部副部长的说法则进一步升级。“如果没有美国石油、美国卡车和美国贷款的话，”他告诉一名 344
记者，“我们根本无法赢得战争。”[22]

难民们有着充分的逃亡理由，因为佛朗哥的获胜带来的不是和解，而是报复。如果有国民军支持者在战争期间在某座城镇或村庄被杀或财产遭到没收，作为报复，这个地方的人会遭到处决，不论是否与事件有关联。如果当局无法给某个具体的人定罪，那么，他的整个家族都会遭到牵连。例如，卡米尔·孔帕尼斯－霍韦尔（Camil Companys－Jover）是巴塞罗那的一名杰出律师，还是巴塞罗那律师协会的负责人。尽管他的教区神父后来证实他在战争期间为众多神职人员提供了庇护，但由于他的哥哥是加泰罗尼亚主席——并且很快就将被佛朗哥枪毙——因此他知道，自己要倒霉了。战争末期，他逃往法国，并且在那里自杀了。即便如此，他也没有逃过死后被判吊销律师执照 15 年及罚款的命运，其遗孀不得不替他缴纳罚款。[23]

佛朗哥致力于在西班牙社会的各个层面排除他认为存在的外部影响。任何人只要在教堂等公开场合说巴斯克语或加泰罗尼亚语都会遭到逮捕，加泰罗尼亚人的教名被禁止使用，地方舞蹈被禁止表演。尽管几个世纪以来西班牙并没有多少犹太人定居，但佛朗哥依旧对“犹太幽灵”大加鞭挞。他还颁布了一项名为“政治责任法”的法令，其逻辑与小说《1984》中描写的如出一辙：该法令宣称，由于其本人合法取得了权力，因此，任何对此表示反对的人都将以武装叛乱罪论处。与之类似的罪行还有以下一项，即，任何在军事政变爆发前两年中“以积极行动或消极抵抗方式反对国民运动”的人都将被定罪。[24]

上述法令由恩里克·苏涅尔·奥多涅斯（Enrique Suñer Ordóñez）领衔的特别委员会负责实施，他属于一等一的偏执狂，曾谴责西班牙共和国的政客“是一群在议会上蹿下跳的野猪样的偶蹄畜生，到处寻找着受害者，用毒牙噬咬他们，用爪子抓烂他们……西班牙曾经是，现在则又一次地成了史诗般战
345 斗上演的大剧场，在这里，巨人泰坦和启示录中描绘的怪物们进行着殊死搏斗。《锡安长老会纪要》的场景正在成为现实”。[25]

在被行刑队枪毙之前，直到供认自己有罪为止，犯人们会频繁遭到折磨与殴打，还要经常忍饥挨饿。常规的折磨手段包括将犯人的头浸在马桶中；强迫他们长时间伸出右臂，一边行礼一边唱国民军颂歌；还有对他们的耳朵、乳头以及生殖器实施电击。即便犯人未能主动认罪，当局也有办法宣示自己的努力取得了成功。举个例子，被关押在马洛卡岛的政治犯玛蒂尔德·兰达（Matilde Landa）是一名不信教的世俗女性，受过教育，曾拥有自己的职业，并且是一名共产党员（这对她来说算得上四大罪过）。当局要求她公开宣布放弃政治信仰，并完成受洗皈依天主。无法忍受进一步接受审讯的她从监狱的阳台上跳下去自杀了。就在从她跳下去到彻底死亡的45分钟里，一名神父被派来为她做了临终祈祷，当局并未将她的尸体还给家人，

而是给她举办了一场天主教的葬礼。[26]

像兰达这样的西班牙共和国女性特别容易激起当局的怒气。奥利娃·卡韦萨斯·加西亚（Oliva Cabezas Carcía）是一名护士，她曾试图与自己的情人、来自波兰的雅克·格兰布拉特医生一起穿越比利牛斯山脉逃离西班牙，二人曾在第十五国际旅的医院共事过。徒步两天后，怀有身孕的加西亚无法继续前进了。于是，她回到了姐姐在马德里的住处，并在战争结束时为格兰布拉特生了个儿子。为了庆祝佛朗哥的胜利，她曾被敌人们强迫跳舞——在她即将分娩的时候。消息传到了格兰布拉特那里，此时他已在法国成了难民。“（听到消息）我放声大哭，自打成年以后，我从来没这样痛哭过。”[27]

马德里一座女子监狱的关押人数迅速膨胀到了 14000 余人。许多妇女在狱中遭到强奸并怀孕，大约 12000 个由这些西班牙共和国囚犯生下的孩子被送进了孤儿院，有些在还是婴儿时就被直接从母亲手中夺走。剥夺这些母亲对孩子的抚养权的行为在西班牙首席军事精神病专家安东尼奥·巴列霍·纳吉拉（Antonio Vallejo Nágera）看来正当无比，他相信，如果不这样做的话，“对马克思主义的狂热迷信”将像病菌一样，由母亲传给孩子。

由于甄别出哪些人曾经支持西班牙共和国并不总是那么容易，因此，告发检举就变得十分重要。同时，如果检举不出任 346
何人，这件事本身就足以令人成为被怀疑的对象了。“你无权阻止司法系统揪出一切祖国的敌人。”[28]桑坦德的一份报纸发出这样的警告。神父也会将那些不来参加弥撒的人登记在册。

总而言之，至少有 20000 名共和国分子在佛朗哥获胜后遭到处决。虽然不清楚具体数字，但还有比这多得多的人死在了各个人满为患的监狱里。[29]1940 年，根据佛朗哥政权自己提供的数据，约 27 万名定罪囚犯被分别关押在总计只能容纳 2 万人的监狱里，还有另外 10 万人在拘留所中等待判决。[30]监狱里的食物糟糕透顶，疾病盛行，有时候，犯人们持续一两天都没有水喝。1941 年，仅在科尔多瓦一地，就有 502 名犯人死在狱中。[31]

以上对羁押人数的统计还未包括被“军事化流放”者，其人数至少有 9 万。他们被投入各种各样建设项目中工作，包括开凿一条长达 110 英里的灌溉水渠，以为那些曾对佛朗哥提供支持的大庄园主的土地进行灌溉。还有很多犯人被租给私人公司充当劳工，其费用之低，使自由劳工的工资跟着不断下降。大约 2 万名强迫劳工建造了由山顶十字架形状的大型纪念碑和底部的长方形会堂组成的“烈士谷”（the Valley of the Fallen），从开始建设到最终完成，花了将近 20 年时间。显然，那些佛朗哥的受害者就没有这样的公共纪念建筑供后人凭吊了。比如，要是一名工会会员被扔进矿井摔死，他将连张死亡证明都没有，这意味着他的妻子将无法改嫁，因为按照当时的法律，她并不能被算作寡妇。几十年间，对那些失去挚爱的人来说，趁着夜色，在爱人的死亡地点摆上一束鲜花以示纪念，是他们唯一能做的。除此之外，其他任何行为都会面临巨大风险。[32]

总而言之，佛朗哥政权完全建立在他对生与死的任意操弄之上，正如历史学家安东尼·比弗在书中所写的那样，“元首经常在饭后喝咖啡的时候浏览死刑犯名单，这时他的私人神父常常会伴随左右……他会在那些他决定判死刑的人的名字旁写个‘E’，遇到可以减刑的，就写上‘C’。对那些他觉得有必要拿出来树立典型的人，他则会写上‘garrote y prensa’（绞死，让
347 媒体报道）”。每当名单被送到全国各地的监狱，“每例判决都

将在监狱的中央大厅被大声朗读出来。有些监狱官喜欢在读姓前先大声把名读出来，如果这是个常见名，比如说胡安或者何塞这种，他们就停顿一下，吓唬所有叫这个名字的人。在阿莫雷比埃塔（Amorebieta）的女子监狱，朗读判决的工作由一名行使看守职责的修女负责完成”。[33]

直到82岁那年患上种种老年病去世为止，弗朗西斯科·佛朗哥统治西班牙超过36年，这比希特勒、墨索里尼的在位时间都长。佛朗哥的一些做派最终看齐了西班牙王室：进出教堂时头顶要有遮蔽的顶罩，站在高台上接见各国大使，将自己的头像印在硬币上。包括战时的将军在内，佛朗哥按照王室做法对自己的部分支持者进行授衔，创造了一系列伯爵、侯爵和公爵。离奇的是，这些新贵族中有些在死后才得到追封，不免令人联想到天主教的追封圣徒。

如同乔治·奥威尔在其统治开始之初所观察到的那样，佛朗哥的统治“与其说是实行法西斯主义，不如说是在试图恢复封建制度”。[34]天主教廷在当时拥有着巨大的权势，而妇女的地位则比在希特勒的德国更为低下。女性在法律上被当作父亲或丈夫的附属，一个女人想要在银行开户、拥有房产、进行诉讼、找工作或是离家旅行，必须先得到这些男人的批准。如果妻子被抓到通奸，丈夫有权将其杀死。在统治后期的几十年里，佛朗哥政权变得不再那么凶残严酷；西班牙经济最终得以增长，对妇女的限制逐渐松绑，文化领域的守旧气氛也渐渐减轻。然而，严刑拷打依旧属于社会常态，他所建立的国家依旧维持着极权体制，直到这位独裁者死前的1974年，西班牙依旧在使用绞刑处决罪犯。

22　祈祷

348 1938年12月15日，当148名返程回国的美国志愿兵乘坐“巴黎号”客轮抵达纽约时，按照林肯营指挥官米尔顿·沃尔夫的话讲，在等待他们的人群中，“警察似乎比群众多”。警察们有的骑马，有的步行，将前来问候的人群与客轮在西49号街的停靠码头远远隔开。其他显示出政府敌意的信号亦接踵而至，这种敌意也将是政府在未来几十年中对待这些老兵的一贯态度。那些护照曾被安德烈·马蒂在一年或两年前没收的人刚下船，他们的新护照，就是由驻欧洲各国的美国领事馆勉强发给他们的护照，直接在码头被没收了。有一名志愿兵问在场官员自己什么时候能拿回护照。“永远都拿不回来了——我希望如此。”[1]这是他得到的回复。

老兵们的朋友和家人穿着冬季大衣等在警戒线外，布莱顿海滩社区中心乐队（Brighton Beach Community Center Drum and Bugle Corps）的成员也在其中。整个场面，颇像七周前成千上万人在巴塞罗那的阅兵式上哭泣欢呼的情景的拙劣重演。像菲尔·沙克特一样失踪和下落不明的志愿兵的亲属们极度渴望关
349 于他们的新消息；他们中的一些人此时也正等在码头外，手里举着自制标牌，上面写有那些失踪的人的名字，或是贴着他们的照片。

老兵们艰难地重返往日的生活轨迹当中。他们曾亲眼看见自己的朋友们为了一项对许多美国人来说印象模糊的事业而变

成残废乃至丧命。在以后的岁月中，有些志愿兵会听到别人对自己说，你看起来这么年轻，一点儿也不像参加过美西战争的老兵。随着佛朗哥的胜利，公众对那些反对他的无谓挣扎很快就失去了兴趣。例如，尽管吉姆·纽盖斯与文学界联系密切，但没人愿意出版他的战地日记。

一些战争幸存者刚一回国便要再次直面那些从未改变过的现象了。当詹姆斯·耶茨乘坐的轮船在纽约靠岸后，他被带到了一间酒店，有林肯营的支持者在那里为他们提前预订了许多房间。“有好几个人都刚办理了入住手续，但轮到我的时候，接待员甚至连看都没有看我一眼。‘对不起，’他跟我说，‘没有房间了。’”耶茨是一名黑人。于是，他的白人同志们团结地站在耶茨一边，集体搬到了另外一家酒店，这让他感到些许安慰，但尽管如此，“那种深深的痛苦就和被最致命的子弹击中一样”。他在西班牙体验过的平等在此刻的美国还要等上几十年才会到来。一个林肯营的黑人战友告诉他：“西班牙是第一个让我感觉自己是个自由人的地方。”[2]

林肯营的人们刚刚离开的大陆正疾速向战争迈进。提到这些回国的志愿兵时，海明威写道：“没有哪个好男儿会一直待在家里的。”[3]1939 年 8 月 23 日，斯大林与希特勒签署了《苏德互不侵犯条约》，完成了对东欧的分割。入侵波兰西部前，德国先发动了一场空中闪击战，行动指挥官正是前秃鹰军团参谋长沃尔弗拉姆·冯·里希特霍芬，他本人还亲自驾驶了一架小型侦察机从空中观察对地面目标的摧毁情况。苏联同样展开行动占领了波兰东部、波罗的海诸国以及罗马尼亚的一部分，并在一场苦战过后取得了芬兰的一部分。英国与法国正式对德国宣战。第二次世界

大战的第一阶段开始了。1941 年 6 月，希特勒撕毁了与斯大林
350 的协议并正式入侵苏联。六个月后，日本轰炸珍珠港，美国参战。

尽管佛朗哥从未正式加入轴心国（因为希特勒不愿对前者占据法国部分领土及非洲大片土地的愿望做出承诺），但他与元首展开了密切合作，向德军提供了几座重要的海军基地，极大拓展了 U 型潜艇的活动范围。维哥（Vigo）港是托基尔·里贝尔的油轮停靠卸货的港口，如今，这里成了 21 艘纳粹潜艇补充燃料物资的基地，它们正是以此地为依托对北大西洋的盟军船队展开袭击的。同样，西属摩洛哥与加那利群岛也成了德军潜艇的燃料补充据点。西班牙还向德国供应了多种重要的金属资源，例如用于加固坦克装甲及制造穿甲弹的钨。此外，西班牙还奉上了雷达监听站、侦察机基地和直布罗陀海峡的海军前哨观测站。纳粹德国刚一发动对苏联的入侵，佛朗哥就鼓励西班牙人作为志愿兵加入“蓝色师团”或作为战斗机飞行员加入“蓝色中队”参战。约有 45000 名西班牙人参加了这场注定失败的战争，在苏联战场上，他们的身影出现在了列宁格勒战役和其他一系列战役中。（他们中的一些人在被俘后发现，自己和那些由于忤逆偏执多疑的斯大林而被流放关押的，来自西班牙共和国的流亡者一起被关在苏联古拉格集中营的号子里。）

然而，对纳粹来说最为重要的一项帮助，西班牙早就提供过了：在将近三年的西班牙内战中，德国飞行员和其他军种的官兵们获得了宝贵的战斗经验。前前后后，纳粹的 27 种各型飞机在西班牙的天空中得到了检验。正如纳粹空军总司令赫尔曼·戈林后来在纽伦堡审判中说的那样，西班牙内战提供了一次机会，“检验了我手下的年轻空军……为了让所有人都能在一

定程度上增长经验，我努力……将新人不断派过去，将老人召回来”。[4]

通过参与西班牙内战，德国人得到了许多重要的经验教训：零部件供应链很长时，应该使车辆的种类最少；轰炸机需要战斗机护航，飞行员需要针对恶劣天气和夜间飞行做额外训练；坦克性能需要提升方能与苏联坦克匹敌。每次大型空袭行动过 351
后，秃鹰军团的飞行员都会拍摄航空照片，研究学习采用不同作战策略产生的结果，并向国内发回详细报告。有时候，他们会故意对己方军队前进路上的孤立城镇发动空袭，以便地面部队能在占领该地点后对轰炸效果做出评估。1938 年，从巴伦西亚附近的四个小村庄遭遇的猛烈空袭中死里逃生的当地居民想不明白，为什么自己会成为攻击目标：本地并没有共和军的集结兵力、工厂或军事基地。几十年后，人们在当年的德国档案中找到了一份 50 页的报告，里面的 65 张照片——分别在轰炸前、轰炸中以及轰炸后拍摄——表明了行动的真实目的。[5] 当时，秃鹰军团正在对斯图卡俯冲轰炸机的新型号进行试验，投放了 500 千克（1100 磅）炸弹。

美国加入二战后，超过 425 名林肯营老兵进入美军服役，此外，大约有超过 100 人在商船队工作。他们中至少有 21 人死亡——死在德国的天空中、向苏联输送物资的摩尔曼斯克（Murmansk）航线上、南太平洋的岛屿上、日本战线推进到的菲律宾和其他地方。上千名来自其他国家的国际纵队老兵也在为同盟国作战。伯纳德·诺克斯（Bernard Knox）原籍英国，后来移民到了美国，再后来，他成了耶鲁大学著名的古典文学教授，二战期间，他被美军派往意大利，成了当地一支反纳粹游击队的联络员。起初，他发现自己“有时候会将新认识的意大利人与几乎快要被我忘记的西班牙朋友们搞混……突然，就在我又一次这样尝试着试探别人之后，那个……同志，他站了起来，脸上带着微笑，走到我旁边，拍了拍我的肩膀。'西班牙[①]，对不对？'他说。"二人发现，在保卫马德里的战斗中，他们彼此的部队就紧挨着。"从那以后，我和游击队员们之间的交情变得相当好。"[6]

尽管西班牙内战结束于1939年，但在此之后，一场另类的战争仍在研究有关问题的作家当中如火如荼地进行着。他们在争论一个问题：如果西班牙共和国获胜，后来会发生什么？

许多右翼作家认为，就像匈牙利或保加利亚十年后那样，
352 获胜的西班牙共和国将成为苏联的卫星国。考虑到苏联军官通过秘密警察和派驻军队取得的影响力，有人宣称，西班牙共和国本来就已经在事实上成为苏联的卫星国了。记者与历史学家萨姆·唐纳豪斯（San Tanenhaus）将林肯营称为"斯大林的动员兵"，还说"他们与1930年代大清洗时期死亡的数百万名苏联民众一样，都是可以被牺牲掉的消耗品"。[7]他和其他持类似观点的人以苏联解体后解密的档案作为证据，根据档案记载，在西班牙的苏联特工们要么在因自己与西班牙的共产主义者取得的影响力而扬扬得意，要么就在不断催促对西班牙左翼阵营中的对手展开"清算"。[8]

在西班牙共和国，苏联的确拥有着强大的存在感。当"热情之花"向国际纵队发表慷慨激昂的告别演说时，悬挂在演讲台上俯瞰下方的多幅巨大画像中就有斯大林。但是，不论克里

① 此处原文为意大利语 Spagna。

姆林宫多么雄心勃勃，它都几乎不可能控制得了一个取得最终胜利的西班牙共和国。若想对附庸国进行控制，一国几乎总是要依靠对驻军力量的运用。举例来说，在 20 世纪的多半时间里，通过不断派出海军，美国在中美洲和加勒比地区占据着主导地位。与之类似，1945 年后，苏联也通过驻扎在东欧的百万大军保持着对该地区的控制——当有国家想走上自主道路时，苏联便会使用这些部队，就像 1956 年的匈牙利或 1968 年的捷克斯洛伐克发生的那样。如果没有大规模驻军，想要让地处欧洲边缘的西班牙听命于苏联实在是件困难的事。

许多西班牙共和国的支持者则认为，如果共和国取胜，欧洲的历史也许会完全不同，会走上更加美好的轨道。例如，维利·勃兰特就曾写道："如果西班牙内战的结果不同，希特勒与墨索里尼的统治地位必将遭到削弱，这或许将阻止二战的爆发。"[9]

不过，这样的观点同样不符合现实。尽管希特勒支持佛朗哥，但西班牙对他来说从来都是次要的。希特勒最痴迷的，始终是将德国势力向东扩张：得到波兰、拥有肥沃良田的乌克兰、俄国南部地区、巴尔干半岛以及里海油田。很难想象西班牙共 353
和国获胜会让这样的梦想变得黯淡无光。然而，如果西班牙共和国是在民主国家的帮助下获胜，那么，在随后爆发的更大规模的战争中，纳粹必将失去一个提供用于生产武器的重要战略性金属原料——铁、铜、水银、钨以及黄铁矿等——的来源地，失去意义重大的潜艇基地，当然，还会失去 45000 名蓝色师团士兵。

整个欧洲的命运并不取决于西班牙内战，不过，一个国家除外。如果西班牙共和国取胜，西班牙人将不需要忍受佛朗哥

36 年的残酷独裁统治。有人对西方国家拒绝提供帮助感到后悔了——尽管已经太迟，这个人就是富兰克林·D. 罗斯福。1939 年 1 月 27 日，他在一次内阁会议上说自己觉得武器禁运政策已经成了“一个严重的错误”。[10]

离开西班牙回国两年后，按照曾经害怕自己不能生还的鲍勃的叮嘱，玛丽昂·梅里曼再婚了。数十年后，她告诉一名记者，刚再婚的时候，她经常会做噩梦，梦里鲍勃回来了，要求她必须从两个丈夫里面选一个。她后来在斯坦福大学的行政部门工作，生下了三个孩子。并且，和其他曾经志愿前往西班牙的人——不论是共产党员、前共产党员还是反共人士——的遭遇一样，联邦调查局对她进行走访。生性多疑的时任局长约翰·埃德加·胡佛（J. Edgar Hoover）甚至还将怀疑的目光盯向了已经死去的人。艾森豪威尔的特别助理、竞选芝加哥市长的共和党候选人罗伯特·梅里安姆（Robert Merriam）发现，联邦调查局把自己的名字与鲍勃搞混了，他们对自己也展开了调查。

内战过去几十年后，为了找到鲍勃的失踪地点，玛丽昂和第二任丈夫一起去过一次西班牙，在他死后，她还和曾经的战友去过两次。然而令她备感挫折的是，她没能找到任何确定无疑的信息。1938 年春天那场令人绝望的混乱撤退留下的只有零
354 零散散的记录，随着时间的流逝，在世的幸存者也越来越少。“时间都去哪儿了？”[11]就在与鲍勃的结婚 15 周年纪念日后，在给阿尔瓦·贝西的信里，她问道。

玛丽昂一直与米利·贝内特保持着友谊。即便身边全是共产主义的忠实拥趸，贝内特似乎依旧如鱼得水，对于自己的“不同流合污”，她感到很满意。[12]不过，她有一次倒是得意扬扬

地提起过自己在玛丽昂的家里控制不住与共产党拥护者们争论的经历。“她没法让自己的好朋友……继续待在屋子里……因为我跟他们打了起来!”[13]贝内特曾经试图找到出版商出版自己的自传《生亦难，死亦难》（*Live Hard*，*Die Hard*），这本书她只写完了第一卷，记录了她1920年代在大革命时代的中国度过的时光。[14]不过，因为大量出版商发来拒绝信，她没有再继续写作在苏联和西班牙时的经历。1949年，她的丈夫、前林肯营指挥官汉斯·阿米里因工伤死亡，十年后，她也因癌症病倒了。在她生命的最后几个月，是玛丽昂在照顾她。贝内特于1960年去世，弥留之际，陪伴在她身边的也是玛丽昂。

托比·珍斯基与帕特·格尼的婚姻并没有维持下去。珍斯基回到纽约后，帕特仍住在伦敦。很快，二战的爆发使普通民众在两国之间旅行变得几乎不可能了。通过二人寄给他们共同的知己、西班牙美国医疗队护士长及主管弗雷德里卡·马丁的信件，我们便能看出双方婚姻关系的坎坷。1941年，珍斯基同马丁提起了他的新男友，与格尼一样，此人对珍斯基要比珍斯基对他更加迷恋，然后她又补充道：“至于格尼……我也不知道我是想要他来到我身边还是怎么样。”1949年，内心仍怀着希望的格尼在给马丁的信中说：“一想到托比的事我就开心不起来，但我也不知道自己对此能做些什么。生活真是糟透了。”格尼与珍斯基曾经短暂尝试一起生活在纽约，可在珍斯基心中，总显得飘忽不定的旧日爱情火焰终究未能再度燃起，最终他们还是离婚了。她在多年之后的一次访谈中说，因为“成长在一个令人感觉不到快乐的家庭”，所以自己从来就不想同任何人结婚。她的侄女说，当有好奇的家人问起这段战争时期的罗曼史时，“她拒绝谈论有关格尼的事情”。[15]此后珍斯基未婚并继续从事护士工作，于 1995 年去世。

由于被子弹射伤手掌导致无法雕刻，格尼转行做了画家。
355 他还在红海和亚丁湾钓过鱼，在水下采过珍珠，并写了一本关于这些经历的书；他还当过农民，也在希腊、土耳其和葡萄牙教过英语。他又结了一次婚。62 岁那年，他在自己的西班牙回忆录即将出版前夕因心脏病去世。

尽管二战期间超过 1500 万美国人穿上军装与法西斯进行战斗，可那些在此之前就决定穿上军装的人却还继续在被怀疑的气氛中生活着。健壮如牛、面色红润的得克萨斯人马丁·戴斯（Martin Dies）是众议院非美活动委员会①的首任主席，他就是通过抨击赤色分子、工会成员和移民在政坛发迹的。根据另外一名国会议员的说法，戴斯曾经宣称：“如果你在 1941 年 12 月 7 日②之前就反对希特勒和墨索里尼，那你就是个早产的反法西斯主义者。”[16] 尽管许多林肯营的老兵骄傲地接受了这一称呼，但他们中的一些人却发现，自己会被议会中的各种委员会传讯，或是在联邦调查局见过自己的雇主之后丢掉工作。

苏联开展的核武器间谍行动、冷战与即将到来的麦卡锡主义风暴恰好加深了官方的猜疑。有个西班牙归来的老兵就成了这种猜疑情绪的受害者，他就是爱德华·巴尔斯基医生。回国后，巴尔斯基成了反法西斯流亡者联合委员会（Joint Anti-Fascist Refugee

① 众议院非美活动委员会（House Un-American Activities Committee），又称非美活动调查委员会。1938 年创立，是众议院设立的所谓“防范外国间谍”的机构，主要负责调查法西斯主义、共产主义以及其他被认为是“从事非美活动”的组织。1969 年更名为“众议院国家安全委员会”。1975 年撤销。

② 当天爆发了珍珠港事件。

Committee）的主席，这是一个为打击佛朗哥政权展开游说，并向逃离西班牙的流亡者提供援助的组织。非美活动委员会传唤了巴尔斯基和该组织的其他一些人进行听证，并向他们提出了种种要求，包括提供接受过此类帮助的人的名单。巴尔斯基和同事们拒绝了这一要求：交出有关西班牙人的名单可能会给他们和他们的家人带来危险。1950 年，巴尔斯基以藐视国会的罪名被判处在联邦监狱服刑半年。他在获释后发现，自己持有的纽约州医师执照的冻结时间被延长了六个月。为了这件事，他一路抗争，将官司一直打到了最高法院，后者将他的改判请求驳回了。法官威廉·O. 道格拉斯（William O. Douglas）对此判决表示异议：“当一名医生因为反对西班牙的佛朗哥而不能在美国行医拯救人命的时候，我们就该停下来仔细审视一下我们患上的被迫害妄想症了。”[17]

面对这样的大环境，很多林肯营老兵都担心自己会遭到逮
捕。机枪手海·塔布（Hy Tabb）是在那个夜晚与阿尔瓦·贝 356
西一起，靠着结结巴巴的糊弄侥幸通过国民军营地的众人中的一员，后来成了《纽约时报》的印刷工和校对员。在被州议会的某个委员会传唤后，他在自己的周末度假小屋里用一天时间烧掉了所有保存的战争纪念品，就连他特意收藏的一批海报也没能幸免。出生于亚拉巴马州的杰克·彭罗德（Jack Penrod）在特鲁埃尔战役中领导了一个狙击小队，后来成了佛罗里达大学的英文系教授，他也销毁了自己写作的战时回忆录，因为“有段时间我不确定他们会不会真的为了对我家进行搜查而去申请搜查令”。[18]

从西班牙回国后，吉姆·纽盖斯结了婚，成了两个男孩的父亲。不过，当知道纽盖斯曾经为西班牙共和国作战后，

他们的纽约房东便企图将他们逐出自己的房子。联邦调查局的档案表明，这位房东很乐意与他们展开合作。他将纽盖斯收到过谁的邮件告诉给探员，还说自己“不知道你们的调查对象当下在哪里工作，但知道他天天都在打字，显然是在写书”。[19]这是一本基于纽盖斯童年和青年时期在新奥尔良和纽约的经历写成的小说，出版于 1949 年。不过，有个小细节体现出了时代背景：在印在书的腰封上的生平简介里，纽盖斯完全没有提到西班牙。说到内战，书里提到的内战只有南北战争。纽盖斯甚至告诉大儿子，自己腿上弹片留下的大面积伤疤源于一起滑雪事故。

就在新书面世几个星期后，正要离开格林尼治村的一座地铁站时，纽盖斯因心脏病突发去世，年仅 44 岁。一个小偷随后偷走了他的钱包，导致尸体上没有任何身份证明；四天之后，他那急得快要发疯的妻子才知道了事情的经过。她始终相信，丈夫所有未出版的手稿都已经在他去世数年后的一场暴风雨中被灌入地下室的水毁掉了。[20]半个世纪以后，在佛蒙特的一间旧书店的故纸堆里，人们发现了仅存的纽盖斯日记的打字稿。纽盖斯的小儿子和父亲同名，父亲去世的那年，他只有一岁半。当这份日记被发现后，他告诉负责其出版工作的编辑：“迄今为
357 止，这是我生命中发生过的最重要的一件事。对我来说，这个男人曾经像个幽灵。”[21]他靠这份重见天日的日记的指引去了西班牙，走遍了当年父亲驾驶着救护车经过的道路与村庄。

如果有人向托基尔·里贝尔问起他曾经对佛朗哥的帮助，[22]他的答案只有一句话：我是一名爱国者，如果美国进入战争状态，我一定会从德士古 CEO 的位置卸任，重新去当一名船长，

为国效力。然而，就在西班牙内战结束的第二年，里贝尔陷入了一场公共丑闻。在从 1939 年 9 月到两年后美国参战这段时光即将结束的前夕，他已公开表达了自己对希特勒的狂热崇拜。元首，他说道，正是那种你能与之合作的人，一个强大的反共领袖。他也是这么做的。他怀着满腔热情，向纳粹出售石油，从位于汉堡的造船厂订购油轮，并在德国闪击波兰后前往德国，在赫尔曼·戈林的陪同下乘飞机参观了几处关键的工业设施。在这趟行程中，里贝尔在这位纳粹空军总司令的庄园卡琳宫（Carinhall）里待了一周时间，很快，这里就要被从全欧洲掠夺来的艺术品装点得穷尽奢华了。

回国以后，“船长”里贝尔营造的粗鄙水手形象在纽约的社交圈子里依旧很吃得开。他此时的住所位于中央公园南高档的罕布什尔大厦公寓（Hampshire House）的 35 层。其他住在这栋大厦的名人房客还有雷·博尔杰（Ray Bolger），他在《绿野仙踪》中饰演稻草人一角。里贝尔还是诸如在加利福尼亚举办的波希米亚森林聚会，以及华盛顿的烤架俱乐部举办的年度晚宴等只有圈内人参加的社交活动的常客。

里贝尔着实帮了戈林几个大忙，其中就包括为格哈特·韦斯特里克（Gerhardt Westrick）赴美运作一事提供方便。韦斯特里克是个能力极强的德国院外活动家兼情报人员，他以德士古总部的一间办公室为据点，驾驶着里贝尔借给他的别克车，并在从一个德士古的律师手中租来的位于斯卡斯戴尔（Scarsdale）的豪宅中招待美国商界人士。1940 年 6 月 10 日，在法国向入侵
的纳粹德国投降后，里贝尔和韦斯特里克参加了一场于纽约华 358
尔道夫－阿斯多里亚酒店（Waldorf-Astoria Hotel）包间中举办的庆祝晚宴，来自福特、通用汽车、柯达以及其他一些公司的

高管们探讨了美国与纳粹政权合作的前景，此时，纳粹在可以预见的未来支配欧洲似乎已是板上钉钉的事了。韦斯特里克说，德国将是美国贷款的绝佳对象，同时，以后美国向英国出售军火这样的蠢事一定不会再有了。

里贝尔总是很乐于聘用纳粹支持者。结果，德士古驻德代表会频繁接到本公司在纽约办公室的同事发来的电报。看上去，里面都是有关专利声明的内容；实际上，这些电文被证实包含了被译成密码的信息，记载着从纽约开往柏林的船只情报以及船上货物的清单。其他在德士古工作的纳粹分子发送的电报或是带往德国的文件，有些被伪装成了常规的业务函件，里面的内容却包含了美国石油以及航天工业的详细报告。警觉的英国特工发现了这些勾当中的一部分，并将发现透露给了《纽约先驱论坛报》。韦斯特里克被驱逐出美国，德士古因此而蒙羞，里贝尔被迫辞职，作为补偿，他得到了巨额养老金。对自身糟糕的公众形象感到不安的德士古迅速采取行动，试图将自己洗白。它开始对大都会歌剧院（Metropolitan Opera）的每周广播进行赞助，双方的这一合作关系此后将持续数十年。

然而，得益于知恩图报的佛朗哥的帮助，被免职的里贝尔逢凶化吉。在大元帅的任命下，里贝尔成了为西班牙石油专营公司的首席美国买手。后来，他还在一系列报酬丰厚的岗位上任过职，先后涉足石油业、造船业和其他一些行业。1960 年，在从德国的一家造船厂采购油轮的工作结束离开后，里贝尔在巴黎为随行人员包下了丽兹酒店的一整层。一天晚上，里贝尔由于感冒无法带领这些人前往一家高级餐厅用餐，于是，他叫他们中的一名年轻记者刘易斯·拉帕姆（Lewis Lapham）——后来，此人成了《哈珀杂志》（*Harper's Magazine*）的长期编辑，并且政治观点与里贝尔反差巨大——在驻地负责招待大家。“他把我叫到了丽兹酒店的客房里，然后告诉我：‘听着，刘易斯， 359
你今晚就是我。你知道怎么给小费吗?’我说：‘我不知道，船长。’他说：‘记住，小费必须给得多多的。’然后，他签了一大把面值100法郎的支票，还教我该如何把它们挥霍掉。”[23]

随着年龄的增长，尽管浓密的头发在由黑变白，不过，里贝尔精力充沛的彪悍形象、创造财富的娴熟手段和对独裁领袖的喜好却丝毫未变。他曾通过铁路冷藏车偷运武器穿过边境支持墨西哥的一起有组织军事政变，为世界银行考察过伊朗国王的石油工业，还在佛朗哥的女儿和丈夫访美期间为其提供过招待，带他们乘坐自己的私人飞机飞越美国。一行人参观了尼亚加拉瀑布，探访了新墨西哥州一处印第安保留地，参加了在休斯敦不对外开放的“海湾俱乐部”（Bayou Club）举行的一场宴会，还参观了好莱坞的派拉蒙工作室——在这里，他们会见了鲍勃·霍普①、加里·格兰特②、阿尔弗雷德·希区柯克，并同塞西尔·B. 德米尔③共进午餐。1968年，86岁的大富翁里贝尔最终与世长辞。

弗吉尼亚·考尔斯于二战爆发前夕定居伦敦。二战刚一开始，她就回到美国发表巡回演讲，敦促自己的祖国参战。美国

---

① 鲍勃·霍普（Bob Hope，1903～2003），英裔美国演员、主持人、制作人，代表作有《大吹大擂》《罗伯特》《新加坡之路》等。

② 加里·格兰特（Cary Grant，1904～1986），英国演员，代表作有《美人计》《捉贼记》《西北偏北》等。

③ 塞西尔·B. 德米尔（Cecil B. DeMille，1881～1959），美国电影导演、制片人，好莱坞影业元老级人物，他也是美国电影艺术学院的36位创始人之一。代表作有《蒙骗》《戏王之王》《十诫》等。

参战后，她在美国驻英国大使馆工作了一段时间，之后，她重返战场，成了一名战地记者。二战结束后，考尔斯结了婚，成了一名事业有成的历史传记作家。73 岁那年，她被诊断患有末期肺气肿，只剩下几个星期的生命。于是，她让丈夫开车带自己来到了马德里西北的瓜达拉马山脉，当年就是在这里，她曾先后在对垒双方的阵营里对西班牙内战进行报道。回家途中，考尔斯在法国遭遇了车祸，最后受重伤死去。

作为西班牙内战期间魅力四射的一对情侣，欧内斯特·海明威和玛莎·盖尔霍恩于 1940 年结婚。正如他经常对年轻女士所做的那样，年长九岁的海明威会将妻子唤作“女儿”。在他们刚走到一起的几个月里，由于对海明威的明星风范太过迷恋，以至于在写给丈夫的部分信件中，盖尔霍恩的遣词造句总会在无意间显露海明威那与众不同的文体的影子。“在纽约，与那些
360 人在一起，”在一封信中，她写下了这样一段海明威式的文字，“与那些对我们的所知——瓜达拉马多么美好，那里的人们多么友善，圣胡安山①的旅程多么潇洒……我们躺在床上，听着机枪子弹呼啸而过，炸弹在街头爆炸——一无所知的人在一起，我该如何是好？”[24]

不过，如果海明威期待这个年轻漂亮的金发女人只做个花瓶就好的话，那他很快就要失望了。结婚不久，一切就变得十分明显，盖尔霍恩决定继续写作，不想生活在海明威的影子之下。尽管二人在二战期间均成了战地记者，但盖尔霍恩出人意料地偷偷登上了一艘医疗船，D 日②第二天，她就抵达了奥马哈海滩（Omaha Beach）。海明威抵达登陆点的时间则要晚上许

① San Juan Hill，位于古巴。

② 指 1944 年 6 月 6 日，诺曼底登陆之日。

多，这令他大为光火。他们在 1946 年办理了离婚手续。盖尔霍恩后来又投入多场战争的战地报道，出版的小说也广受欢迎。她还有个著名的习惯：直到 89 岁那年去世为止，只要在访谈中被问到任何有关海明威的问题，她都会迅速中止谈话。

结束与盖尔霍恩最后一次西班牙战地之旅回国途中，海明威开始写起了自己一直计划完成的小说。《丧钟为谁而鸣》于 1940 年出版时，海明威觉得，这本书是“我写过的书里最他妈精彩的一本”。[25]虽然他人并不认同，不过，无论这本书有哪些缺点，比起海明威在前线发回的新闻报道或是为《西班牙的土地》撰写的解说词，它所展现出的对西班牙内战在政治角度的解读的确更为全面。这部书里有对国民军和共和军双方对平民施加暴行的描写，也有对邪恶的暴民心态诱发的对右翼人士的屠杀——一些人曾被强迫从悬崖上跳下——的描写。尽管他的心始终与注定失败的西班牙共和国在一起，但在他的笔下，部分国民军士兵依旧是正派善良的人类，苏联官员的形象相当恶劣，国际纵队的政委安德烈·马蒂则受到了猛烈的抨击。在小说的一处描写中，马蒂逮捕了两名共和军通信员，严厉斥责他们有叛变行为，却丝毫不考虑赶快让他们将重要消息传达到指定地点。

一些前林肯营士兵对海明威的作品大为震惊。阿尔瓦·贝西谴责海明威弱化了苏联对西班牙援助的重要作用，以及他对马蒂“恶毒的……个人攻击”（不过在西班牙时，贝西私下里曾在日记中将马蒂称为“蛊惑人心、优柔寡断的老家伙”），他 361
认为这部小说只是“一则标榜世界主义的爱情故事”。其他曾经参战的美国志愿兵也发表了他们对这部作品的谴责之声，讽刺的是，在美共中地位比贝西要高得多的前林肯营政委史蒂夫·纳尔逊却和很多读者一样，被这部小说中生动且令人紧张的叙事迷住了。在一篇热情洋溢的书评中，他称这部作品为“美国文学的不朽丰碑”。美共全国委员会随后要求纳尔逊撤回他的意见，纳尔逊照做了，并再次写道：“实际情况是，海明威并未陈述事实。”并且补充说，“这本书能够在资产阶级的文学沙龙里受到称赞”绝非偶然。[26]

美共曾经希望，由海明威创作的备受期待的小说能使来自众多国家、肩并肩与法西斯进行战斗的工人阶级形象名垂千古。但与期待相反的是，小说的中心角色罗伯特·乔丹（Robert Jordan）是名大学西班牙语讲师，还是个独狼式的破坏分子，做过的事情是炸毁位于战线后方的铁路桥，这一情节正来自海明威参与过的那场由安东尼·克劳斯特领导的游击队进行的夜间远征行动。矛盾的是，尽管乔丹同所有海明威笔下的英雄人物一样，不相信任何信条教义，但在塑造这一形象时，海明威参考的却是一个相反的人物。在这个来自美国西部、一头金发、高大勇敢、为自己的信念牺牲在西班牙的大学教师的身上，人们无疑能看到鲍勃·梅里曼的影子。

关于西班牙内战，最为著名的非虚构类作品是乔治·奥威尔的回忆录《向加泰罗尼亚致敬》，这本书有过一段奇特的经历。当此书于 1938 年春天在英国问世之时，在右翼人士眼中，这种记录与佛朗哥战斗的作品令人厌恶，他们因此躲得远远的。可对大多数左翼读者来说，奥威尔对由共产党支配的西班牙共和国警察追捕关押 POUM 成员的控诉又不对胃口。奥威尔于 1950 年去世，此前十几年间，这本书只卖出了 800 多本。结果，奥威尔刚一去世，冷战来临，评论家们正急不可耐地想要找到苏联背信弃义的早期例证，这本书收获了数以百万计的读者。

朋友们在西班牙遭到监禁，自己也勉强才逃过牢狱之灾的 362
奥威尔自然会在写作期间对 POUM 遭到的迫害感到愤怒。不过，《致敬》这本书的一个优点恰恰是它所体现出的谦逊精神。“除非亲眼所见，”他这样写道，“否则你很难确定任何事……要去提防……一叶障目所导致的对事实不可避免的扭曲。”即便作品已付梓印刷，他也从不忌惮在某些问题上改变自己的观点。在这之后又过了六个月，他便认定，考虑到更大规模的反法西斯斗争的存在，相比之下，对具有革命思想的 POUM 的镇压，就如他在 1938 年晚些时候写给朋友的信中所提到的那样，“显得过于大惊小怪了”。五年以后，在一篇名叫《回顾西班牙内战》（*Looking Back on the Spanish War*）的随笔中，他含蓄地否定了自己之前在书中表达过的一个观点。此时他已确信，“如果革命没有遭到破坏，这场战争也许就能取得胜利”的观点“是错误的……法西斯能够取胜，是因为他们实力更强；他们拥有现代化武器装备，而别人没有”。[27]大多数当代的史学家都会同意这一观点。

在上文提到的那篇写于 1943 年的随笔中，奥威尔认为，外部力量所扮演的角色是决定性的。“是伦敦、巴黎、罗马和柏林决定了西班牙内战的最终结果。”[28]（他也可以在名单里填上华盛顿，这样会更准确。）去世几个月前，他完成了未来对《致敬》进行重新修订的说明。他没有删掉书中的任何内容，但提出要将正文中两个关于西班牙共和国内部派系纷争的长篇章节内容放进附录，不过，该书的英美出版商真正着手完成他的遗愿则是几十年以后的事了。

奥威尔在西班牙的遭遇引出了一个问题：作家是否应该揭露对自己所坚信的目标造成破坏的信息呢？尽管奥威尔与海明威都激情昂扬地支持西班牙共和国，但他们所给出的答案却不一样。《致敬》出版之时，战争仍在进行当中，但奥威尔所描写的被血腥的街头武斗撕裂了的，充斥着内讧的西班牙共和国所呈现出的远不是共和国政府想要向世人传达的图景。相比之下，对于那些可能会玷污西班牙共和国英雄般崇高形象的内容，海明威在他的战时报道中一个字也没有提过。他省下辛辣的笔
363 墨，没去写安德烈·马蒂，没去写无能的指挥官们，没去写那些冷酷无情的秘密警察，也没去写对逃兵的处决，而是将这些留给了自己的小说和《山梁下》（*Under the Ridge*）这篇尖刻的短篇故事，它们都是在战争结束后才出版的。

“我有些什么可以写写的?”在上面提到的短篇故事中，以第一人称示人的记者主角问一位共和军将军，后者刚接到命令，要靠自己人数不足的部队发动一场毫无希望的进攻。“可以写的都在正式公报里写着呢。”将军回答，随后，他又补充道，“以后你可以把一切都写出来。”在一封写给自己的编辑马克斯韦尔·珀金斯（Maxwell Perkins）的信中，海明威对此做出了和将军一样的区分：“我，穿上军装忠诚可靠，但等到战争结束，我就是个作家了。”[29]

一个爱讲实话的作家和一个不论是否值得、都愿为任何事业“穿上军装”的作家当然会做出不同的选择。有些时候，人是不可能同时扮演这两种角色的。习惯上，我们声称尊重奥威尔的选择，并把《向加泰罗尼亚致敬》推举为勇敢讲出真相的典范，这合情合理。但我们却很少停下来思考一下，当一项事业是正义的观点广泛传播时，我们又会采取多少自我审查。想

想第二次世界大战吧，这场“正义的战争”，在很多方面都显得根本没那么正义。举例来说，从1945年开始，盟军从东欧地区强行驱逐了大约1000万德裔人口，他们已经在那里生活了几代人的时间。在这一过程中，50万或更多的人死去了。几百名西方记者知道这样的事情正在发生，但几乎没人对此做过任何报道。（奥威尔是个稀有例外，他在那一年的早些时候就讲明了将德裔从波兰强行迁出的做法是“巨大的犯罪”。[30]）然而在西方记者界，二战却很少被视作历史上的可耻一页。

西班牙内战结束15年以后，海明威公开宣称“《向加泰罗尼亚致敬》是一流的作品”。对于《丧钟为谁而鸣》，奥威尔的感觉也是一样的。[31]对于彼此面对自我审查时做出的不同抉择，二人会同对方说些什么？他们似乎曾在1945年巴黎的一家酒店有过短暂交集，二人当时都是战地记者。不过，至于他们是否谈起过西班牙，我们没有任何记录。

离开西班牙后，查尔斯与洛伊丝·奥尔先是住在法国，后 364
来又回到了美国。查尔斯重新开始教授经济学，洛伊丝则成了一名工会组织者。二人性格不同这一点在西班牙时就已经很明显了，生下一个孩子以后，他们就离婚了。查尔斯一直作为研究国际劳工情况的经济学家延续着事业；洛伊丝又结了婚，生了几个孩子，成了教友派信徒以及华德福学校（Waldorf Schools）运动的积极分子，于68岁时去世。以新娘身份在革命旋涡中的巴塞罗那度过的九个半月时光始终是她生命中最为闪耀的部分。关于这段时期的生活，她在此后超过35年时间里写下了许多手稿，但一直没找到出版商。直到她去世很久以后，她在那段岁月的书信才最终印刷出版。

其他受到过西班牙内战影响的美国人后来走上了不同的生活轨迹。尽管林肯营老兵团体多年来始终由共产党支配，并亦步亦趋地与莫斯科保持相同立场，但大多数老兵都或早或晚地退出了共产党。[32]离开和留下的人之间爆发了激烈的相互指责；有时候，曾经在西班牙并肩作战的战友会不再同对方讲话。在纳粹德国与苏联签订互不侵犯协定的1939年，作为对这一明目张胆的犬儒主义行径的回应，一次大规模的退党潮爆发。规模更大的退党行动发生在1956年后，当时的苏联领导人尼基塔·赫鲁晓夫在苏共第二十次代表大会的秘密会议上发表了一场被载入史册的演说，确认了那些党外人士长期以来传说的，有关斯大林时期发生的令人震惊的大规模逮捕处决活动和劳改营网络的存在。这场演说的效果，就好像教皇宣布新教徒从始至终都正确无比一样。在一次有美国共产党全国委员会及其他党内官员——其中好几人都是林肯营老兵——出席的会议上，赫鲁晓夫的报告全文被大声朗读出来。感到自己终身确定无疑的信仰破灭后，在场的男男女女都哭了。

在这些对赫鲁晓夫所揭露的真相感到无比震惊的人中，有两个人是当年一起游过埃布罗河的约翰·盖茨和乔治·瓦特。瓦特曾说，退党是“我生命中最痛苦难忘的一章”。[33]晚年时，二人都写下过对自己年轻时对共产主义的幼稚幻想展开彻底的自我批判的文字，他们觉得，这种幻想在一些老兵中间依旧存
365 在。不过，盖茨依旧继续投身劳工运动，二人都将自己视为民主社会主义者。他们一直保持着联系，在盖茨因心脏疾病即将在佛罗里达去世前，他们还见了最后一面，此时，距离他们渡河后的那个天气冰冷的黎明已经过去了50多年。

尽管每个人的政治观点不同，但几乎同本书中提起过的所

有美国志愿兵一样，瓦特和盖茨也始终对自己曾经在西班牙战斗过的经历感到骄傲。即便是下面提到的这个人，虽然成了他那代人中最为著名的反共人士，也从未对自己曾经支持西班牙共和国感到后悔。1939 年早些时候，在埃莉诺·罗斯福代表他亲自向苏联方面游说后，路易斯·费舍尔终于成功将妻儿带出了苏联。直到这时，他才开始心安理得地公开自己长久以来默默体会到的幻灭感。1949 年，他成了当时标志性的反共文集、广为流传的《破灭了的信心》（*The God That Failed*）选集的六名编撰者之一。费舍尔曾经写道，他无法"想象生命中没有一种比本我存在更高，可以使我产生信仰的东西存在"。[34]替代苏联信仰在他心中地位的，是莫罕达斯·甘地（Mohandas Gandhi），关于甘地他写过好几本书。后来，在与妻子和平分手后，他定居在了新泽西的普林斯顿（Princeton）。仍然有女人在他身边簇拥；她们寄来的情书至少由三种以上语言写成，散落在费舍尔的大堆资料四周。最后一封充满了对情敌激烈愤怒的情书——普林斯顿当地警察一度还因此被叫了过来——来自另外一名著名的共产主义变节者，反叛了父亲的斯韦特兰娜·阿利卢耶娃①，约瑟夫·斯大林的女儿。

如今，曾经参加过西班牙内战的 2800 名美国人全部离世了，最后一人死于 2016 年。他们中的许多人生前成了其他公共事业的积极参与者。直到 83 岁那年，在和吉姆·纽盖斯与托比·珍斯基一起工作的战地医院受到空袭，并身负重伤的护士海伦·弗里曼才从为在加利福尼亚农场工作的移民劳工家庭提供医疗服务的岗位退休。他们在帕兹庄园和特鲁埃尔前线的指

① 斯韦特兰娜·阿利卢耶娃（Svetlana Alliluyeva，1926～2011），斯大林的女儿。1967 年叛逃美国。

挥官爱德华·巴尔斯基，曾组织医生护士到密西西比州参加1964年举办的“自由之夏”（Freedom Summer）民权运动。同
366 年，同样前往该州准备帮助建设一座黑人社区中心时，在战争中负过伤的林肯营老兵、木匠阿贝·奥谢罗夫（Abe Osheroff）的汽车被人炸掉了。在西班牙待过一年半的长寿护士希尔达·贝尔·罗伯茨（Hilda Bell Roberts）亲自参与了反对美国发动阿富汗战争的示威游行。曾在几乎每条林肯营战斗过的战线上担任过报话技术员和传令兵的哈里·费舍尔在一次针对小布什政府2003年入侵伊拉克的抗议示威现场因心脏病发作去世。也许，所有志愿兵的墓志铭都可以刻上23岁的海曼·卡茨从特鲁埃尔撤退被杀的七个月前，在一封信中写下的一句话。他在信中告诉母亲，如果他未曾来到西班牙，那么以后他将永远会问自己：“警笛响起之时，为何我没有唤醒自己？”[35]

除了其他自己颁给自己的头衔，弗朗西斯科·佛朗哥还将自己封为了摄政王，这样一来，一旦他去世，君主制就将恢复，西班牙将沿着他设定的专制之路继续前进。他将西班牙最后一位国王的孙子，胡安·卡洛斯王子（Prince Juan Carlos）培养成了接班人。令所有人出乎意料的是，1975年佛朗哥死后不久，新的国王满足了全国上下的普遍愿望，经过大约40年之后，选举得以重新举行。6年后，他帮助政府迅速挫败了一起未遂军事政变。尽管经济几经沉浮，但西班牙作为议会民主制国家的未来看上去却相当有保证。

佛朗哥执政期间，国际纵队的老兵们只能秘密与从前的西班牙同志建立联系。约翰·麦克利戈特（John McElligott）曾在麦肯齐－帕皮诺营服役。内战后期，许多西班牙士兵替代了牺

牲或受伤的美国和加拿大士兵。1947年，当时是名水手的麦克利戈特随船来到了巴塞罗那。他在逛街时惊讶地发现，自己从前的指挥官正在以擦皮鞋为业。他也坐下来擦鞋，但在公共场合，他们不敢显现出彼此认识的迹象。不过，这名西班牙人在一张纸上写了些什么，然后把它塞进了麦克利戈特的裤腿里。纸上写着的是一个地址，麦克利戈特当晚到那里的时候，他看到的，是十名正在等他的国际纵队西班牙老兵。“眼泪，”他说，“顺着我那该死的脸颊滑了下来。”[36]

佛朗哥死后，这样的聚会再也不需要偷偷进行了。1996 367
年——那场战争爆发的60周年——经过投票，西班牙议会决定授予所有在世的国际纵队老兵荣誉公民身份。[37]和亲属一起，380名老兵来到了马德里，包括68名美国人。他们参观了过去的战场——在如今的哈拉马，一条高速公路横穿了当年那条路——并深受感动。在巴塞罗那，成千上万名群众在火车站迎接他们的到来，由于现场过于拥挤，隔离带都被搬了出来。这些八十多岁的泪眼婆娑的老男人，有的坐着轮椅，有的拄着拐杖，沐浴在年龄只有他们几分之一大的年轻人抛向空中的鲜花海洋里。他们的人生似乎已经圆满了。

玛丽昂·梅里曼实现了另一种意义上的圆满。1987年，鲍勃的母校、加州大学伯克利分校收到了一封来自西班牙的信，收信人只写着“校长”。

敬启者：

我是来自另一个时代的西班牙老人，我年轻的时候……是林肯旅下属林肯－华盛顿营的一名成员。

当时，我被佛朗哥的骑兵抓住，成了俘虏，同一天罗伯特·梅里曼死在了他的队伍前面，在 1938 年 4 月 2 日，在我身边，在甘德萨……

……我希望你能发给我，玛丽昂·梅里曼女士的通信地址。[38]

信尾的署名是“福斯托·比列尔”（Fausto Villar），后面还有一句附注：“请原谅我糟糕的英文，但是我不会别的了。”[39]

在这之后，英语的、西班牙语的以及两种语言混合写成的一封封信在比列尔、玛丽昂，以及人数不断扩大的林肯营幸存者之间来回传递着。比列尔列出了许多曾经与他一起服役的美国人的名字，并就“梅里曼如何死在我的身边”提供了更多的信息。

比列尔是一名来自巴伦西亚的家具制造工匠，他在林肯营服役了大概六个月。从那时起，他开始学习英语，并与一名曾经在华盛顿州做护林员的美国人互相教对方自己的母语。在他
368 写的信和发给玛丽昂的一部用西班牙语写成，但并未出版的回忆录的一些篇章中，他记载了与鲍勃·梅里曼在一起的最后一天开始时的景象。“用他那激动得发抖的声音”，鲍勃·梅里曼告诉一队美国和西班牙士兵，他们被包围了，他将带领他们努力从“锁套中挣脱出来”，抵达埃布罗河边，共和军正把守在对岸。

那天清晨，正当他们穿过一片掉光了叶子的葡萄园时，国民军机枪手向他们开了火。队伍中有数人倒下，其中就包括梅里曼，他离比列尔只有几步远。“我大声呼喊梅里曼的名字，一次，两次，三次，我不知道自己喊了多少次，但他毫无回应……‘回答我，梅里曼！拜托！’”[40]

确定梅里曼已死之后，比列尔和另外几名筋疲力尽的生还者一起穿过葡萄园，躲进了一间谷仓，当晚，他们在那里被国民军骑兵抓住了。他在集中营和劳改营里度过了两年时间。从那以后，历经持续数十年的独裁统治，他始终保持着沉默。同许许多多彼此政见不同的人——忠心耿耿的共产党员，海明威，美国武官斯蒂芬·富卡，反共的沃勒什·山多尔——一样，比列尔这个来自信奉无政府主义家庭的政治怀疑论者也感受到了梅里曼散发出的人格魅力，称呼他为“我无比钦佩的人”。[41]

历经半个世纪，任何人的记忆都可能是不牢靠的，对于那天的回忆，其他人的版本与比列尔有所不同。尽管并没有其他幸存者表示自己在梅里曼生命的最后时刻与他在一起，但据几个身处逃命队伍当中，并在梅里曼的带领下前往河边的林肯营老兵说，直到当晚夜幕降临，梅里曼仍在带队。前文那个在当晚听见“赤色分子！……举起手来！”的人就是其中一个，他认为鲍勃和其他人是被俘了。[42]最近，一个在事发地区对当地老年村民进行采访的历史学家得知，当天国民军抓住了一队逃命的国际纵队士兵，将他们关押到第二天之后，两两一组全部枪毙了。一个老人回忆，他当时曾被强迫为一个“个子很高，棕褐色头发”的俘虏挖掘坟墓。[43]

不论真相到底如何，比列尔似乎都给玛丽昂带来了内心的平和。“关于鲍勃的死，这么多年时间，我给许多人写过许多信。”在给林肯营老兵卢克·欣曼——1938 年年初那场绝命撤退的幸存者——的信中，她这样说道，“我很早就知道，他真的死了。但是，每当午夜降临，我总能听到他的声音。这么多年，在旧金山，我总会瞥见他的身影，想要冲过去追上他。可最终，他总会消失在人海中……

“然而，他的尸体从没被人发现过。他死的时候，没有人和他在一起。我最终承认了这一点——但我无法接受这一点。战争年代，太多寡妇有过这样的遭遇了。”对于比列尔，她说：“这是第一次有人说自己亲眼看见鲍勃被杀……真相大白了。不可思议！我的朋友帕特恰好查过福斯托提到过的所有人名，结果真的是一个不少。并且，日期也吻合！”[44]

收到福斯托·比列尔第一封来信的四年之后，玛丽昂在睡梦中去世，享年 82 岁。

夏日暖阳和湛蓝天空的映衬下，埃布罗河看上去出奇的平静。春季的洪峰早已过去，此时的水流很是轻柔。在当年约翰·盖茨与乔治·瓦特逃命时游泳的水域附近的河岸边，一座小型渡河索道的操作员慵懒地倚坐在躺椅上，等待着乘客的到来。

尽管距离那场战争结束已经过去了 3/4 个世纪，但是，在这片崎岖的土地上，战斗的痕迹依然随处可见：满目疮痍的石头墙，一幢建筑物的大门上方刻着的第十五国际旅后勤部的模糊可见的题字，一座小山的山顶上，本地一间博物馆的职员正操纵一架小型挖掘机，使用金属探测器对战争时期的战壕进行发掘——他骄傲地向我们展示着这个下午刚挖出来的一枚意大利造子弹和一个冲锋枪弹匣。佛朗哥统治时期，当局摧毁了一切关于国际纵队的有形记录，但在马尔萨，西班牙唯一一座纪念战争中被害美国人的墓碑隐藏在镇外茂盛的灌木丛中，独裁统治期间，村民们小心翼翼地守护着它。

墓碑的主人叫约翰·库克森（John Cookson），威斯康星大学前物理系助理教授，林肯营信号官，曾在前线自制过一台短波收音机。埃布罗河战役期间，就在国际纵队撤退的数天之前，他被一块弹片击中心脏造成致命伤，殒年 25 岁。库克森来自一个卫理公会教派的农场主家庭，不过，在这座朴素墓葬最近的 370
访客中，有些显然是犹太人，因为他们在墓碑的顶部放上了小石头①。库克森死于 1938 年，就在他安息之处的旁边，在同一棵冷杉树树荫的遮蔽之下，一块造型相似但更新些的墓碑伫立着，他的主人是克拉伦斯·凯林（Clarence Kailin），生于 1914 年，卒于 2009 年。二人是高中同窗，一起应征来到西班牙。凯林参加过从哈拉马河谷到埃布罗河的一系列战役，他给儿子也起名叫约翰，曾数次回到西班牙，来到朋友的墓旁祭奠，并要求自己死后也安葬于此。

从这里沿着蜿蜒的小路开车半个小时就到了一片绵长伸展开的高地，在加泰罗尼亚语中，这里的名字就被简单地叫作“Els Tossals”——丘陵。在常青树林和一座杏树园的环绕中，站在这座丘陵的最高点，东面和南面的壮丽景色尽收眼底。1938 年 4 月 2 日，鲍勃·梅里曼和至少 50 名国际纵队士兵一起抵达了这里。[45]当时，天色刚亮。这些人——有美国人，西班牙人，还有部分来自其他国家的人——刚刚携带着全部装备，在没有月光的黑夜中，走在崎岖不平的道路上，结束了一场令他们疲惫至极的通宵行军。大地从这座飘着松木香味的山顶在脚下缓缓展开，更多的杏树园、绿地和呈阶梯状的葡萄园出现在人们眼前，一直铺陈向远处充满田园风情的宽阔山谷。几英里外的谷地里有两座名叫科尔韦拉与甘德萨的城镇，镇子里由石

---

① 犹太人反对偶像崇拜，所以不能放祭品在已故人（尤其是祖先）的坟前。基督教徒喜欢用鲜花表示对故人的敬意，但犹太人认为花有生命，所以用石头代替鲜花。

头砌成的房子上面是红色的瓦片屋顶，好似塞尚的风景画一般。甘德萨还有一座古老的教堂塔楼。眺望远处，山脉上的森林黑压压一片，悬崖峭壁夹杂其间。埃布罗河就流淌在山脉的另一边。河对岸的梅里曼和同行的其他人明白，他们就要安全了。

但是，就在他们当天太阳升起时看着眼前的景象时，危机已迫近他们周围。敌人不仅在身后步步紧逼，还已经出现在了他们必须穿过的山谷的视野当中。贯穿山谷的大路上，卡车满载着佛朗哥的士兵，正从一侧展开搜索，墨索里尼的志愿军部队则正从另外一侧进军。国民军的坦克和大炮同样肉眼可见。国民军的侦察机正在空中不断盘旋。

371 看到自己被包围后，战士们分成了小股分队试图脱离险境。如今，我们只能依靠想象，去揣测当时他们为得出最佳撤退方案，绝望地操着不同语言进行对话的场面了。尽管意味着更多的国民军士兵将有时间在他们眼前占领阵地，有些人还是一直在山上待到夜幕降临，梅里曼则率领一队人马出发，要在光天化日之下穿越山谷。“因为我的坚持，生活才始终充实。”几个月以前，就在负伤前不久，他曾在日记里写下这样的话，“希望其他人沿着我开创的道路生活下去，希望他们像我为自己所计划的那样，将这样的生活向前更进一步。”[46]按照比列尔所言，如果他死在了葡萄园，那么地点就是在这座山丘的下坡；如果按照其他人的说法，他在天黑后被俘并被枪毙，那么，他就是在穿过那两座满是红色屋顶，如今沐浴在夏日阳光里，显得那么美丽安宁的小镇的道路对面，或是附近区域被捕的。[47]

在西班牙另一边的布鲁内特，地面上仍遗留着当年来自美国和其他国家的志愿兵们冒着 1937 年 7 月的密集炮火，在干燥多石的地表疯狂挖掘出的战壕的痕迹。尽管菲尔·沙克特的家人多年以来一直恳请各届政府帮助寻找，但他们却始终没能发现他在那场战斗中失踪后的下落。直到去世，菲尔的哥哥哈里一直对此感到痛苦失落。伴随着他对共产主义幻想的破灭，这种痛苦没有减轻，反而在不断加深。“随着时光流逝，我愈发对自己合谋串通让他离开感到内疚与悔恨。”50多年以后，在写给认识菲尔的一个林肯营老兵的信中，他这样说道，“他当时才21岁，直到现在，父亲的哭泣声还萦绕在我的耳边。”[48]

“我的家人从来都不知道要如何从对失去菲尔的悲伤中彻底走出来。”哈里的女儿丽贝卡·沙克特（Rebecca Schachter）这样写道，她是在菲尔死去很久以后出生的，是马萨诸塞州的一名社工，专门为有心理创伤的人士提供关怀，“每当提起菲尔，我的父亲就十分激动，回忆爷爷听说菲尔死讯时的场面。”

2012年，丽贝卡·沙克特第一次踏上了西班牙的土地。她是陪她15岁的女儿一起来的，女儿是一名舞者，当时正在一场弗拉明戈舞蹈节上进行表演。当时，背包里揣着菲尔的信，丽贝卡来到了布鲁内特。站在一条曾经爆发过激烈战斗的伤痕累累的山脊之上，“有一处被炸毁的砖石结构的建筑残骸，是附近唯一一处遗址……在这里，我跪在地上触摸着大地，感觉自己 372
和菲尔叔叔是那么近，于是我开始同他讲话。我告诉他，他从未被忘记……我告诉他，我们为他的善良和理想主义精神感到骄傲，与他当时所知道的世界相比，现在世界已经变成了在政治上要复杂得多的存在……

“我告诉他，他来到西班牙加入亚伯拉罕·林肯营的行为，因为相信能让世界变得更加公平自由而倾尽所有的意愿——这种自告奋勇、满怀希望的精神，成了深刻启发世人的源泉。然后，我停顿了一下，也不知怎的，向着这位母亲的儿子、兄长的弟弟、侄女的叔叔念诵了悼词。所有这一切让我思绪万千。这很难说仅仅是我个人或是家人的情感。它就像是为在那些黑暗的、日后席卷全欧洲乃至全世界的苦难和悲剧的开端的日子里在西班牙消殒的抗争感到悲伤的人类全体情感的一部分。临走前，我在废墟的玻璃窗台上放了一些石块，它们是我从家里带来的。”[49]

致　谢

一切史书都是建立在他人的研究成果之上，我希望本书的参考书目和索引清晰地表明了这些人都是谁。然而，我还想要对其他许多人表示感谢。说明那些对作者提供过帮助的人对他或她的错误或者观点不负任何责任，在此类后记中已经是老生常谈了。以上说明在此处显得尤为准确，因为，在近代史中，几乎没有其他事件像西班牙内战一样引发过这样多的争议；并且我很清楚，在以下我将提到的人中，看待这一时期的历史时，有些人与我的观点并不相同。考虑到这一点，他们为我提供的帮助就更显得慷慨大方了。

首先，我要向所有我结识的林肯营老兵鞠躬致谢，他们已经全都离我们而去了：汉克·鲁宾（Hank Rubin）和比尔·森尼特（Bill Sennett），他们的友谊延续了数十年；吉姆·贝尼特（Jim Benet）和乔治·德雷珀（George Draper），很多年以前，二人是《旧金山纪事报》的记者同事；还有卢克·欣曼和乔治·凯（George Kaye），与他们相识时间太短，真希望我能多提些问题。

来自美国以及国外的15家机构的图书及档案管理员们帮我找到了许多重要材料，我见过他们中绝大多数人本人，有些是通过远程联络，有时候，有些材料还并不是我想到要去向他们索要的。我想对以下人士表示特别感谢：十分易用的纽约大学塔米蒙特图书馆（Tamiment Library）的工作人员，我在这里存放的林肯营档案中度过了许多个日夜；波士顿大学霍华德·戈特利布档案研究中心（Howard Gotlieb Archival Research Center）的维塔·帕拉迪诺（Vita Paladino）；斯坦福大学胡佛研究所档案馆（Hoover Institution Archives）的戴维·雅各布斯（David Jacobs），从他那里我第一次知道了洛伊丝·奥尔和她未出版的手稿。

我要感谢赫尔曼·哈茨费尔特（Hermann Hatzfeldt）为我翻译德语文档，感谢安德烈亚·巴伦西亚（Andrea Valencia）为我翻译部分西班牙语文档，感谢瓦妮莎·兰卡尼奥（Vanessa Rancaño）为我翻译了更多西语文档，并在西班牙方面的消息源上为我提供其他帮助。在西班牙期间，我从阿兰·沃伦（Alan Warren）和尼克·劳埃德（Nick Lloyd）身上学到了许多。

许许多多的人回复了我的电话或是邮件，经常同我分享他们自己的笔记、未出版的成果或其他材料。在这些人中，有始终致力研究西班牙内战的学者，也有与这一事件有关的人，有些人浸淫其中的年头比我更长：玛格达莱娜·博加奇卡－罗德（Magdalena Bogacka – Rode），戈登·鲍克（Gordon Bowker），詹姆斯·霍普金斯（James Hopkins），彼得·休伯（Peter Huber），乔·拉巴尼（Jo Labanyi），沃伦·莱鲁德（Warren Lerude），安娜·马蒂（Ana Martí），安赫尔·比尼亚斯（Ángel Viñas），威廉·布拉施·沃森（William Braasch Watson），罗伯特·惠利（Robert Whealey）和格伦妮丝·扬（Glennys Young）。乔治·埃森魏因（George Esenwein）一直为我解答问题，并在我接近完成本书时阅读了手稿。尼克·汤森（Nick Townsend）借给了我他收藏的关于这场战争的大批书籍。托尼·格雷纳（Tony Greiner）和里卡德·乔根森（Richard Jorgensen）

向我提供了有用的线索。桑迪·马修斯（Sandy Matthews），玛莎·盖尔霍恩的遗著保管人，爽快地准许我从后者的文章中引用内容。杰夫·瓦赫特尔（Jeff Wachtel）同样答应了我对他的母亲玛丽昂·梅里曼·瓦赫特尔作品的引用请求。弗兰克·索莱尔（Frank Soler）帮我在德士古的档案中寻找托基尔·里贝尔的踪迹，这些档案今天属于雪佛龙公司档案的一部分。

在那些与我分享过文档或是记忆，抑或是在其他方面对我提供过帮助的人中，还包括国际纵队老兵的家属们：埃伦·格兰布拉特（Ellen Grunblatt），朱迪思·格尼（Judith Gurney），露西娅·雅各布斯（Lucia Jacobs），伯尼斯·珍斯基（Bernice Jensky），露西·麦克迪尔米德（Lucy McDiarmid），吉姆·纽盖斯，丽贝卡·沙克特，戴维·尚金（David Schankin），露西·赛里格曼·施耐德（Lucy Selligman Schneider），埃里克·塔布（Eric Tabb），安德鲁·乌塞拉（Andrew Usera），鲁哈玛·维尔特福特（Ruhama Veltfort）以及乔西·纳尔逊·尤瑞克（Josie Nelson Yurek）。林肯营老兵的后人简·拉扎尔（Jane Lazarre）和戴维·韦尔曼（David Wellman）阅读了本书手稿并给出了意见。同时，我还要感谢其他当时在西班牙的人的关联人士提供的帮助：莫妮卡和劳拉·奥尔（Monica and Laura Orr）；伊丽莎白·库西可（Elizabeth Cusick），洛伊丝·奥尔的女儿，她读过本书的原稿；哈丽雅特·克劳利（Harriet Crawley），弗吉尼亚·考尔斯的女儿，同样读过本书原稿；刘易斯·拉帕姆，他认识托基尔·里贝尔；还有戴维·米尔顿（David Milton），当乔治·奥威尔被子弹击中的时候，他的父亲就在旁边。

彼得·N. 卡罗尔（Peter N. Carroll）不仅读过本书原稿，还同我分享文档，提供线索，并在数年间解答了我不计其数的问题。任何对西班牙内战期间的美国人感兴趣的人都欠他一份人情，这不光因为那些他就这一课题撰写、编辑的或与他人共同编辑过的书，还因为他长期作为《志愿者》（*Volunteer*）期刊主笔付出的努力。在西班牙，吉列姆·马丁内斯·莫利诺斯（Guillem Martínez Molinos）慷慨地同我这个素未谋面的美国人分享了他在石油行业的知识和对德士古档案的非凡收藏。本书完成时，他同样阅读了原稿，并帮助我订正错误，增添细节。

我还要对更多善良的人表示感谢，他们与我前面提到过的一些人一样，给予了一个作者能够收获到的最好的礼物，那就是阅读我所写的作品，分享他们的反馈，并帮我找出错漏。塞巴斯蒂安·费伯（Sebastiaan Faber）和克里斯托弗·布鲁克斯（Christopher Brooks）在这一过程中带来了他们对西班牙内战这一话题特别的专家意见。还有其他一些朋友，他们凭借在各自的写作经历中收获的来之不易的学识，帮我分析哪些是我想讲述的故事，并告诉我应如何将它们讲得更精彩，这些人是：哈丽雅特·巴洛（Harriet Barlow），伊丽莎白·法恩斯沃思（Elizabeth Farnsworth），道格拉斯·福斯特（Douglas Foster），埃莉诺·兰格（Elinor Langer），迈克尔·迈耶（Michael Meyer）和扎卡里·肖尔（Zachary Shore）。

对某些人来说，这已经不是我第一次要向他们表示感谢了。首先，我要感谢我的文学经纪人乔治·博哈特（Georges Borchardt），30 年来，他一直为我在写作领域指引方向。其次，我要感谢在我的出版商霍顿·米夫林出版公司（Houghton Mifflin Harcourt）工作的许许多多的好人，这里尤其要提到布鲁斯·尼科尔斯（Bruce Nichols）、本·海曼（Ben Hyman）、梅根·威尔逊（Megan Wilson）和拉里·库珀（Larry Cooper）。第三个要感谢的，是我那无可比拟的自由编辑汤姆·恩格尔哈特（Tom Engelhardt），这已经是他经手过的第五本我的书了。只有和他共事过，人们才能完全明白作品只是被编辑过和被汤姆编辑过有多大区别：这就像二维世界和三维世界的区别一样。最后，在这场持续四年的旅程中，一路陪伴我、在我情绪低落时鼓励我、在我情绪高涨时与我分享快乐并通读了我原稿的两版手稿的人，是我的妻子阿莉（Arlie）。写作本书期间，我们将部分西班牙的战场遗址添进了参观收藏夹中，里面都是我们两个人在就有关题材写作时曾经共同参观过的地方：它们包括为她写作去过的路易斯安那的五旬节派教会，和旧金山的一家纸币收藏家开设的酒吧，以及为我写作去过的古拉格集中营废墟和一战期间挖掘的战壕遗迹。就在本书出版之际，我们迎来了结婚五十周年纪念日。没有人比我更幸福了。

注　　释

前　言

1. Preston 1, p. 223.

2. Watt, p, 107.

3. Gates, pp. 59 – 60.

4. Watt, pp. 107 – 108; Gates, p. 60. 对这次会面的回忆，四名当事人的说法虽有差别，但差距并不大，对此，我在第 18 章注释 20 中还有更详细的记录。另请参见海明威于 1938 年 4 月 4 日向 NANA 发送的报道，以及马修斯于第二天在《纽约时报》上的叙述，以及对瓦特的访谈（John Gerassi Papers, ALBA 018, Box 7, Folder 6, p. 56）。据说，Gerassi 的 *The Premature Antifascists: North American Volunteers in the Spanish Civil War, 1936 – 1939, An Oral History*（New York: Praeger, 1986）一书曾因歪曲书中受访者的话而遭到他们当中一些人的批评。有鉴于此，我基本上没有引用该书的内容。不过，存放于 ALBA 018 中的访谈手稿——有些已经过志愿者的编辑校订——仍然是非常珍贵的原始资料。在所有能够收集到的林肯营志愿者访谈的已公开文字记录中，上述档案包含的数量是最多的。

5. 这一估算人数包括了医疗志愿者。在 ALBA 数据库的维护者 Christopher Brooks 的作品中给出的数字是 2644 名志愿者，734 人死亡。不过，他与其他研究林肯营的学者相信这两个数字都应该更大。林肯营的部分早期记录与在本书第 148 页提到的那两辆卡车一起消失了；更多记录则散失于其他时候，尤其是 1938 年 3 ~4 月的混乱大撤退期间。

6. Matthews 1, p. 67.

7. 关于《纽约先驱论坛报》的 Vincent Sheean 发送的电报，参见 Voros, pp. 430 – 431。马修斯是经由数位中间人向罗斯福发报的，他在电报中这样说道："除非能马上有 200 架战斗机，否则一切就要落下帷幕了。" Jay Allen to James Roosevelt, 28 March 1938, James Roosevelt Papers,

Box 62.

8. Chapman, pp. 226 – 227.

9. 来自《旧金山纪事报》的另一个林肯营老兵是教育版记者 James Benet。

10. *L'Espagne libre* (Paris: Calmann – Lévy, 1946), p. 9.

11. Adam Hochschild, *The Unquiet Ghost: Russians Remember Stalin* (Boston: Houghton Mifflin, 2003), p. 56. 在此我要对 Eric Tabb 致以谢意，他是一个林肯营老兵的儿子，就这一问题向我提供了有益的参考。以下是 270 这一估数的出处：Luiza Iordache, *Republicanos españoles en el Gulag, 1939 – 1956* (Barcelona: Institut de Ciències polítiques i Socials, 2008), p. 136, quoted in Young, p. 2.

1　追击：逃离神庙的资本家

1. Watkins, p. 13.

2. Watkins, p. 13.

3. 此处引用的信件现全部存放于档案 Robert Hale Merriman Papers, ALBA 191, Box 1, Folder 1 中。它们大多没有标注日期，偶尔出现的日期后面附着铅笔标记的问号，显然是后来添加上去的。

4. John Kenneth Galbraith to Warren Lerude, 31 December 1985. 此处我要感谢 Lerude 教授寄给我这封信的影印件。

5. Lerude and Merriman, p. 21.

6. Manny Harriman Video oral History Collection, ALBA Video 048, Box 11, Container 2, interview with Marion Merriman Wachtel; Lerude and Merriman, p. 21; Wyden, p. 236.

7. "Soviet Espionage in America: an Ofttold Tale," *Reviews in American History* 38 (2), June 2010, p. 359.

8. Fisher, p. 2.

9. To Frances Scott Fitzgerald, 15 March 1940, in *The Crack – Up*, ed. Edmund Wilson (New York: New Directions, 1956), p. 290.

10. "Socialists' Chief arrested in Spain," *New York Times*, 14 October 1934.

11. 11 October 1931. George Bernard Shaw, *A Little Talk on America*

(London: Friends of the Soviet Union, 1932), quoted in Tzouliadis, p. 11.

12. Galbraith, p. 23.

2 应许之地，黑色之翼

1. Fischer 1, p. 47.

2. Fischer 1, pp. 208, 189.

3. Fischer 1, pp. 90 – 91.

4. *Chronicles of Wasted Time*, vol. 1 (London: Collins, 1972), p. 246.

5. 7 February 1936, Fischer Papers, Box 12, Folder 9; "Moscow Honors Writers," *New York Times*, 28 September 1932; *Washington Post*, 7 April 1935.

6. Fischer 1, p. 376.

7. Fischer 2, pp. 106, 99.

8. Fischer 1, p. 403.

9. Records of the Department of State, Central Files: Spain, Elbridge Durbrow to the Secretary of State, 13 May 1937, file 852. 2221, Record Group 59, National Archives. 此处感谢 Peter N. Carroll 的帮助。

10. "Moscow, the Soviet Capital," 8 July 1935; "Soviet Collective Farms," 22 July 1935.

11. "Soviet Collective Farms," 22 July 1935.

12. In the San Francisco *Daily News*.

13. Lerude and Merriman, pp. 40 – 41.

14. To "Loo," 22 December 1932, Milly Bennett Papers, Box 2, Folder 1.

15. Morton Sontheimer, *Newspaperman, a Book about the Business* (New York: Whittlesey, 1941), p. 227.

16. To "Esther," 3 October 1934, Milly Bennett Papers, Box 2, Folder 2.

17. Lerude and Merriman, pp. 53 – 55.

18. To "Florence," 27 January 193?, Milly Bennett Papers, Box 2, Folder 1.

19. Brendon, p. 302.

20. Pierre Berton, *The Great Depression: 1929 – 1939* (Toronto: Anchor, 2001), p. 468.

21. Voros, p. 250.

22. 26 February 1936, p. 234.

23. Fischer 1, p. 326.

24. Fischer 1, pp. 327 – 328.

25. 该数字由埃塞俄比亚方面估计得出，涉及时间段为 1915 年 1 月 1 日至 1936 年 5 月 1 日，并由 Angelo Del Boca 引用，参见其著作 *The Ethiopian War, 1935 – 1941* (Chicago: University of Chicago Press, 1969) p. 206n。可想而知，意大利人的估计数字要比这低得多。

3　“异见者”

1. Preston 1, pp. 102 – 103.

2. Francisco Franco Bahamonde, *Palabras del Caudillo, 19 abril 1937 – 1931 diciembre 1938* (Barcelona: ediciones Fe, 1939), quoted in Sebastian Balfour, “Colonial War and Civil War: the Spanish army of Africa,” in Baumeister and Schüler – Springorum, p. 185.

3. José Sanjurjo, quoted in Preston 3, p. 21.

4. Preston 1, p. 103.

5. Howson, p. 12.

6. Preston 3, p. 312.

7. Fischer 3, p. 1.

8. Fischer 1, pp. 363, 370.

9. Fischer 1, p. 366; “on Madrid's Front Line,” *Nation*, 24 October 1936.

10. Whitaker 1, pp. 111 – 113.

11. *Chicago Daily Tribune*, 18 August 1936.

12. “Slaughter of 4000 at Badajoz, ‘City of Horrors,’ is told by tribune Man,” *Chicago Daily Tribune*, 30 August 1936.

13. Whitaker 1, pp. 113, 108.

14. Beevor, p. 77.

15. Preston 1, p. 206.

16. Whitaker 1, p. 114.

17. Noel Monks, Eyewitness (London: Frederick Muller, 1955), pp. 78 –

79, quoted in Preston 3, p. 333.

18. Whitaker 2, pp. 106 - 107.

19. Voelckers to von Weizsäcker, 16 October 1936, *Documents on German Foreign Policy, 1918 - 1945, from the Archives of the German Foreign Ministry*, Series D (*1937 - 1945*), vol. 3, *Germany and the Spanish Civil War 1936 - 1939* (Washington, DC: Government printing office, 1950), p. 112.

20. Baxell, p. 44.

21. Hull: Little, p. 26; FDR: speech at Chautauqua, 3 August 1936.

22. Fischer 1, p. 254; Roosevelt to Bowers, 16 September 1936, Franklin D. Roosevelt Papers as President: the President's Secretary's file, Box 50.

23. Stalin, Molotov, and Voroshilov to Largo Caballero, 21 December 1936, quoted in Bolloten, p. 166.

24. Beevor, p. 133.

25. Viñas 1, pp. 359 - 363.

26. 在此处和本书的其他地方，我使用了购买力作为对历史上的币值进行比较的衡量标准。其他所有将 1930 年代货币价值换算为今天的美元价值的方法几乎都会得出比我高得多的数字，例如换算为劳动力价值或占 GDP 的百分比等。与 Viñas 教授的通信使我意识到，想要准确地进行此类比较是一件多么困难的事情。

4 新天地

1. Cusick 1, pp. 1 - 5.

2. "the Spanish Revolution — as I saw it in Catalonia," ms., Charles A. Orr Papers, p. 5.

3. Thomas, p. 520.

4. *Solidaridad Obrera*, 24 July 1936, quoted in Esenwein and Shubert, p. 124.

5. Miguel de Cervantes, *Don Quixote*, trans. Edith Grossman (New York: HarperCollins, 2003), p. 76.

6. Cusick 1, pp. 13 - 14; "the Spanish Revolution — as I saw it in Catalonia," ms., Charles a. Orr Papers, p. 15.

7. Undated letter fragment, October? 1936, Orr, pp. 82 - 83.

8. *Encyclopedia Britannica*, "Anarchism," accessed online, 27 February 2015. 其他来源给出的数字有高有低，有时会根据作者政治立场的不同而发生变化。考虑到 CNT 坚决去官僚化的组织架构，准确的数字并不存在。

9. *Tierra y Libertad*, 15 September 1933, quoted in Bolloten, p. 194.

10. "the Spanish Revolution — as I saw it in Catalonia," ms., Charles a. Orr Papers, p. 7.

11. Beevor, p. 69.

12. Cusick 2, p. 14.

13. 4 February 1937, Orr, p. 48; 7 March 1937, Orr, p. 48.

14. Cusick 1, p. 164.

15. Lois Orr to Mary De Vries, 24 November 1936, Orr, p. 93.

16. 不要将其与同一时期由无政府主义者在纽约出版的另一份同名刊物搞混。

17. Cusick 1, p. 89; "the Spanish Revolution — as I saw it in Catalonia," ms., Charles a. Orr Papers, p. 15.

18. Lois and Charles to Charles's sister Dorothy, 5 March 1937, Orr, p. 140.

19. Cusick 1, p. 16.

20. Seidman 2, p. 167.

21. 30 September 1936, Orr, p. 72; 2 November 1936, Orr, p. 83.

22. 此文写于几年前一场无政府主义的狂热运动期间。Isaac Puente in *Tierra y Libertad* supplement, August 1932, quoted in Bolloten, p. 66.

23. Beevor, p. 113.

24. Gaston Leval in *Cahiers de l'humanisme libertaire*, March 1968, quoted in Bolloten, p. 69.

25. To Mary De Vries, 24 November 1936, Orr, p. 94.

26. *CNT*, Madrid, 31 July 1936, quoted in Preston 3, p. 262; "the Spanish Revolution — as I saw it in Catalonia," ms., Charles a. Orr Papers, p. 14.

27. "the Spanish Revolution — as I saw it in Catalonia," ms., Charles a. Orr Papers, p. 16; Lawrence a. Fernsworth, "Catalonia Fights 'Gangster' Terror," *New York Times*, 17 January 1937.

28. Preston 3, p. 235.

29. Preston 3, p. xvi；最高的死亡率出现在头两个月。参阅 Ruiz, p. 106。

30. Preston 3, pp. xi, xvi. 西班牙历史学家 Julián Casanova 就此给出了不太一样的数据："将近 10 万人"在内战期间死于国民军之手；另有 5 万余人死于战争结束后；"超过 6 万人"在共和国控制区被杀；到战争结束时，国民军的监狱和集中营共关押了 50 万人。参阅 Casanova, "The Spanish Civil War: History and Memory" in *Jump*, p. 201。

31. 此人为 John McNair，类似于马克思主义统一工人党姊妹党的英国独立工党（Britain's Independent Labour Party）派驻西班牙的代表。他（在一篇未公开发表文学硕士学位论文中：*George Orwell: The Man I Knew*, University of Newcastle, 1965）和奥尔都曾记录过门口的卫兵报告说有名英国人来到这件事，也都曾劝说奥威尔加入 POUM 的民兵组织，但他俩都没在笔下提到对方。奥尔和 McNair 在同一栋大楼工作，因此，事发当天他们应该都在现场，或许还是一起同奥威尔进行谈话的。根据 McNair 的 *Spanish Diary* 一书记载，与那个民兵报告的内容相反，奥威尔是能讲些西班牙语的——也有其他证据证明了这一点。

32. "Homage to Orwell — as I Knew Him in Catalonia," Orr, pp. 177 - 178.

33. "Homage to Orwell — as I Knew Him in Catalonia," Orr, p. 179.

34. Orwell, pp. 32 - 33. 此处我引用的文献为 *Orwell in Spain*，包括了《向加泰罗尼亚致敬》以及他所写的与西班牙有关的全部书信、文章和评论。除非另有说明，否则注释中仅标记"Orwell"的出处均指《致敬》一书。

35. Cusick 1, p. 274.

36. 27 - 30 September 1936, Orr, pp. 72 - 73.

5　"我将摧毁马德里"

1. 例如，可参见"Military Dictatorship Will Follow Rebel Success in Spain, Gen. Franco Declares," *Chicago Daily Tribune*, 29 July 1936。

2. Frank Joseph, *Mussolini's War: Fascist Italy's Military Struggles from Africa and Western Europe to the Mediterranean and Soviet Union, 1935 - 1945*

(Solihull, West Midlands, UK: Helion, 2010), p. 50.

3. Preston 3, p. 511.

4. Preston 1, pp. 220-221; Wyden, p. 135n.

5. "On Madrid's Front Line," *Nation*, 24 October 1936.

6. Patricia Cockburn, *The Years of the Week* (London: Comedia, 1968), pp. 209-210.

7. Fischer 1, p. 393.

8. Vernon, p. 180; 10 October 1936, quoted in Hopkins, p. 383, n. 67; Preston 6, p. 44.

9. Preston 3, p. 305.

10. *My Last Sigh: The Autobiography of Luis Buñuel* (New York: Vintage, 2013), p. 152.

11. Fischer 1, p. 382.

12. Knoblaugh, p. 107.

13. Beevor, p. 181.

14. "Under Fire in Madrid," *Nation*, 12 December 1936.

15. Fischer 1, p. 384.

16. Carroll 2, p. 30.

17. Fischer 1, pp. 386-387.

18. *Volunteer for Liberty*, 7 March 1938, p. 2.

19. Fischer 1, pp. 390-391.

20. RGASPI 545/6/889.

21. Cusick 1, p. 203.

22. Paul Preston 近期的作品对这一事件展开了详细探讨: *The Last Stalinist: The Life of Santiago Carillo* (London: William Collins, 2014), pp. 78-88，为 Preston 3 中的有关叙述增添了细节。

23. Preston 3, pp. 232-233, 285-286, 370-371, 377.

24. "Under Fire in Madrid," *Nation*, 12 December 1936.

25. Richard Crossman, ed., *The God That Failed: Six Studies in Communism* (London: Hamish Hamilton, 1950), p. 218.

26. 关于半个世纪后对加米涅夫之子的访谈，参见 Adam Hochschild, *The Unquiet Ghost: Russians Remember Stalin* (Boston: Houghton Mifflin,

2003), pp. 84-92。

27. Wyden, p. 192n.

28. Esenwein and Shubert, p. 159.

29. Fischer 1, p. 403.

30. To Freda Kirchwey, 16 December 1936, quoted in Preston 2, p. 239.

31. Fischer 1, pp. 442-443.

32. Lerude and Merriman, p. 71.

33. Lerude and Merriman, pp. 73-74.

34. Lerude and Merriman, p. 79.

35. Untitled, undated fragment, Milly Bennett Papers, Box 9, Folder 5.

36. 在提到他的日记条目时，我参照的是出现在日记页上的日期，尽管有时他写这些日记的时间明显早于或晚于这些日期。

6 “别想抓住我”

1. Gurney, pp. 18, 31, 22, 35. 尽管格尼的回忆录比起绝大多数林肯营老兵的同类作品都更有深度，但它写于战争数十年后，一些不常出现的名字、日期和其他细节有些含混不清。

2. Gurney, pp. 20, 30, 23, 24, 18.

3. Gurney, pp. 47, 49.

4. Gurney, pp. 46-47.

5. Gurney, pp. 51-55.

6. Gurney, pp. 58-60.

7. Gurney, p. 65.

8. Gurney, p. 87.

9. 关于这一点，不同的统计数字之间有所区别，这种差别反映了数据采集日期的不同。RGASPI 545/3/455 给出的数字为 72%，RGASPI 545/6/5 得出的数字为 79%。

10. 由于许多志愿者在申请护照的过程中使用了纽约的地址，因此这一数字并不准确。

11. John Gerassi, *The Premature Antifascists: North American Volunteers in the Spanish Civil War, 1936-39, An Oral History* (New York: Praeger, 1986), p. 48.

12. Carroll 1, pp. 65 – 66.

13. Eby, p. 18.

14. "On the Road to Spain," Robert Gladnick Papers.

15. Eby, pp. 1 – 2; U. S. Department of State, *Foreign Relations of the United States*, *Diplomatic Papers*, *1937*, *General*, pp. 469, 473; Perkins to Hull, 8, 18, 21 January 1937. Gladnick 同样记录过这一时刻。

16. Martin Hourihan, quoted in Eby, p. 24.

17. Joseph Selligman Jr. to his parents, n. d., Frank Aydelotte Papers, Box 62, Folder 909; 12 December 1936; 21 December 1936. 承蒙赛里格曼的侄女 Lucy McDiarmid 和他的姐姐 Lucy Schneider 的帮助，我才得以见到后两份材料。除非另有说明，其他赛里格曼家族的材料也是在她们的帮助下获得的。自那以后，该家族将这些文件捐给了 Tamiment Library，在那里，人们能够在编号 ALBA 296，名为 Selligman Family Papers 的档案中找到它们。其中囊括了 Frank Aydelotte Papers 中包含的绝大部分关于赛里格曼的材料（赛里格曼的母亲将许多由儿子寄来或与他有关的信件副本送给了 Swarthmore College 的校长 Aydelotte）。

18. To his parents, 7 February 1937.

19. 19 December 1936, Frank Aydelotte Papers, Box 62, Folder 909; 22 December 1936.

20. *Observer*, 22 June 1986, quoted in Hopkins, p. 189.

21. Gurney, p. 101.

22. Gurney, p. 108.

23. Judith Cook, *Apprentices of Freedom* (London: Quartet, 1979), p. 4, quoted in Hopkins, p. 189.

24. Gurney, pp. 113 – 114.

25. 12 March 1937, Records of the Department of State, Central files: Spain, file 852. 2221, Record Group 59, National Archives microfilm.

26. 2 April 1937, Frank Aydelotte Papers, Box 62, Folder 909.

27. Cordell Hull to Joseph Selligman (Sr.), 5 April 1937; Thurston to State Dept., 3 April 1937. 两份材料均收录在 Records of the Department of State, Central files: Spain, file 852. 2221, Record Group 59, National Archives microfilm。

28. Una Wilson, 25 February 1937, in Fyrth, p. 110.

29. Gurney, pp. 126 – 127.

30. RGASPI 545/6/947.

31. Voros, pp. 338, 344.

32. Voros, p. 322.

33. Harry Meloff to Mim Sigel, 6 May 1937, in Nelson and Hendricks, p. 145; Voros, p. 437.

34. Unpublished memoir, p. 60, Vaughn Love Papers, ALBA 243.

35. 16 – 17 February 1937.

36. Merriman Diary, 19 February 1937.

37. Frank Ryan, *The Book of the XV Brigade* (Madrid: Commissariat of War, 1938), p. 74.

38. Lerude and Merriman, p. 52.

39. Lerude and Merriman, p. 75.

7 1860 年代的步枪

1. 2 November 1936, qupted in Howson, p. 127.

2. Sommerfield, pp. 185 – 186.

3. Howson, p. 251n.

4. Bolloten, pp. 149 – 150.

5. Wyden, p. 150.

6. Tierney, p. 22.

7. Viñas 1, pp. 118 – 119.

8. Manny Harriman Video Oral History Collection, ALBA Video 048, Box 11, Container 2, interview with Marion Merriman Wachtel.

9. Lerude and Merriman, p. 75.

10. Mangan, p. 350.

11. Lerude and Merriman, p. 76.

12. 20 – 21 March 1937.

13. "Article three," Milly Bennett Papers, Box 9, Folder 5.

14. Lerude and Merriman, p. 77.

15. RGASPI 545/6/947, pp. 38 – 39, and 545/2/164.

16. Thomas, p. 578. 关于其他估计数字的对比，参见 Eby, p. 78, n. 12。

17. 1 March 1937.

18. Barsky, p. 26.

19. De Vries, p. 207.

20. Harry Wilkes to Evelyn Ahrend, 12 April 1937, quoted in Carroll 1, p. 104.

21. Barsky, p. 5.

22. Anne Taft to "T," 16 July 1937, Anne Taft Muldavin Papers, ALBA 077, Box 1, Folder 8; de Vries, p. 207.

23. Carroll 1, p. 114.

24. Kemp 2, p. 6.

25. Kemp 2, p. 74; Kemp 1, pp. 76, 80, 91.

26. Stefanie Schüler - Springorum, "War as Adventure: The Experience of the Condor Legion in Spain," in Baumeister and Schüler - Springorum, p. 209. 这一数字根据作者 2009 年出版的详细记录秃鹰军团的著作得出，比早期公开的其他估计数字更高些。

27. Viñas 1, pp. 78 - 79, 82, 91.

28. Orwell, pp. 42 - 43.

29. John O'Donovan to Ian Angus, April 1967, quoted in Shelden, p. 308.

30. Orwell, pp. 49 - 50.

31. 例如，可参见 Bolloten, pp. 256 - 258。

32. Orwell, pp. 92, 60.

33. Orwell, pp. 77, 79.

34. Orwell, pp. 83 - 84.

35. Lerude and Merriman, p. 78.

8　翻山越岭

1. Felsen, pp. 38 - 39.

2. Voros, pp. 291 - 294.

3. Carroll 1, p. 125, 数据援引自采取不干涉政策的有关各国当局。

4. Fisher, p. 30. 不过，费舍尔在该书第 44 页又给出了不同的说法，他说，他们被告知伤亡情况为 5 死 17 伤。不论是哪种说法，其数字都远远低估了真实的伤亡情况。

5. 6 May 1937.

6. Barsky, pp. 93 – 94.

7. Neugass, 8 December 1937, p. 29.

8. Neugass, 7 December 1937, p. 18.

9. Fyrth, pp. 151 – 152.

10. Paul Burns to Steve Nelson, 28 September 1977, Steve Nelson Papers, ALBA 008, Box 9, Folder 52; Fredericka Martin Papers, ALBA 001, Box 18, Folder 41.

11. Gurney, pp. 134 – 135.

12. Thane Summers to Sophie and Art Krause, 26 August 1937, in Nelson and Hendricks, p. 254.

13. "Pingpong Enlivens Spanish War Lull," *New York Times*, 24 May 1937.

14. Gurney, pp. 139 – 141.

15. 10 March 1937, quoted in Eby, p. 102.

16. Gurney, pp. 145 – 146.

17. Ted Allan, quoted in Wyden, p. 321.

18. Gurney, p. 145.

19. "Homage to Hemingway," *New Republic*, 10 November 1936.

20. Matthew Josephson, *Infidel in the Temple: A Memoir of the Thirties* (New York: Knopf, 1967); Herbst, p. 136.

21. "Some Impressions of Hemingway," by William Pike, Benjamin Iceland Papers, ALBA 054, Box 2, Folder 11.

22. Hemingway to the Pfeiffer family, 9 February 1937, in Hemingway 1, p. 458.

23. Orwell, p. 94.

24. "Homage to Orwell — As I Knew Him in Catalonia," Orr, pp. 179 – 180; Elisaveta Fen, "George Orwell's First Wife," *Twentieth Century*, August 1960, pp. 115 – 116.

25. Orwell, pp. 95 – 99.

26. To Anne, 6 – 22 January 1937, Orr, p. 124.

27. Cusick 1, p. 229.

28. "The Spanish Revolution — as I saw it in Catalonia," ms., Charles A. Orr Papers, pp. 17, 22.

29. "The Spanish Revolution — as I saw it in Catalonia," ms., Charles A. Orr Papers, p. 13.

30. Cusick 1, p. 12.

31. To her parents, 11 – 12 April 1937, Orr, p. 155.

32. "Homage to Orwell — as I Knew Him in Catalonia," Orr, pp. 179 – 180.

33. Cusick 2, p. 186; Orwell, p. 101.

34. Ralph Bates, "Castilian Drama: An Army Is Born," *New Republic*, 20 October 1937, p. 287; Orwell, p. 102.

35. Regler, p. 306.

36. NANA dispatch 4, 22 March 1937.

37. NANA dispatch 5, 26 March 1937.

9　《纽约时报》的"内战"

1. 《纽约时报》还发表过一些由 Lawrence Fernsworth 撰写的报道，此人为驻巴塞罗那的特约记者，和马修斯一样，他对西班牙共和国抱有同情。

2. Gurney, p. 145.

3. RGASPI 545/6/849. 本人同为志愿兵的 Landis 曾提到过士兵们是如何因此被激怒的：Landis, p. 618, n. 3。

4. Matthews 3, p. 16; Matthews 1, p. 28; Matthews 4, p. 304; "Science of War Rewritten by Italy," *New York Times*, 10 May 1936; "Future of Ethiopian Populace Presents a Problem for Italy," *New York Times*, 5 May 1936.

5. Matthews 3, pp. 186, 185; Matthews 1, p. 67.

6. Matthews 2, p. 20.

7. "Franco Hems in Madrid after Malaga Capture," 14 February 1937.

8. "Madrid Is Warned of Its Great Peril," 13 February 1937.

9. Matthews 2, p. 26.

10. 在公开发表的有关瓜达拉哈拉战役的报道中，马修斯多次提到意大利军队，有时甚至还是在头条标题上提及。在这场战役爆发时的 1937 年头三个月，《纽约时报》上刊登的马修斯的署名报道是卡尼的两倍有余。

11. "Regime of Terror Is Denied by Llano," 23 March 1937.

12. Bowers to Roosevelt, 31 March 1937; Bowers to Hull, 18 May 1937, 均存放于 Franklin D. Roosevelt Papers as President: the President's Secretary's file, Box 50; "Madrid Situation Revealed; Uncensored Story of Siege," *New York Times*, 7 December 1936。

13. Knightley, p. 200.

14. Cowles, p. 8.

15. "Cowles, Virginia," in *Current Biography*, accessed online, 28 February 2012.

16. Aidan Crawley, *Leap before You Look: A Memoir* (London: Collins, 1988), p. 207. Crawley 在 1945 年与其结婚; Cowles, p. 285。

17. Cowles, p. 4.

18. 由这场环球旅行还诞生了一本内容天真浅薄的书。不过，当时间来到此书面世的 1938 年时，考尔斯已经在西班牙作为一名报道严肃的记者而崭露头角，并以 Nancy Swift 为化名又出版了一本叫作 *Men Are So Friendly* 的书。

19. Cowles, pp. 15 -16.

20. Mangan, pp. 413 -414.

21. Sefton Delmer to Carlos Baker, n. d. , quoted in Preston 2, p. 62.

22. Herbst, p. 158.

23. Delmer, p. 318.

24. Cowles, p. 31.

25. Delmer, pp. 328 -329.

26. Cowles, pp. 33 -34.

27. Cowles, p. 35.

28. Cowles, pp. 21 -23.

29. Cowles, p. 38.

30. Cowles, p. 30.

31. Herbst, pp. 170 – 171.

32. "Spain's Life Goes on," *New York Times*, 10 April 1938.

33. Cowles, p. 55.

10　迷恋独裁者的男人

1. Martínez Molinos 1, p. 84.

2. Author's interview with Lewis Lapham, November 14 2014.

3. Thorndike, p. 57; "Captain & Concession," 4 May 1936.

4. Anthony Sampson, *The Seven Sisters: The Great Oil Companies and the World They Shaped* (New York: Viking, 1973), p. 196.

5. Farago, p. 400; Author's interview with Lewis Lapham, November 14 2014.

6. Álvarez Alonso, p. 8. 里贝尔曾隐晦地向《生活》杂志的 Thorndike 暗示，当叛乱发生时，自己让五艘正在公海上航行的德士古油轮改变航线驶向了西班牙的国民军控制区。部分学者将这一自吹自擂的话当成事实进行了转述。按照研究过当时的西班牙国有石油公司 CAMPSA（Compañía Arrendataria del Monopolio de Petroleos, S. A.）档案的 Guillem Martínez Molinos 的说法，尽管里贝尔的确对佛朗哥抱有热情，这条陈述却并不是真的。

7. Manuel Aznar, "Ilustre historia de un español ejemplar," *ABC* (Madrid), 14 July 1973.

8. Álvarez Alonso, pp. 5 – 6.

9. Sánchez Asiaín, pp. 194 – 195.

10. Martínez Molinos 1 and 2 for more detail.

11. Tierney, p. 92.

12. Valaik, p. 81.

13. "America Neutral in Spanish Crisis," *Los Angeles Times*, 14 February 1937.

14. Preston 2, pp. 315 – 316.

15. Howson, p. 183.

16. James W. Cortada, *Historical Dictionary of the Spanish Civil War, 1936 – 1939* (Westport, Ct: Greenwood, 1982), p. 140: "Most of the

nationalists' petroleum was supplied by the texas oil Company." Martínez Molinos 1 证实了这一说法并提供了更多细节。

17. Tierney, p. 68.

18. Tierney, p. 68.

19. Álvarez Alonso, p. 9.

20. Brien McMahon to Cummings, 7 August 1937, Attorney General Personal File - Texas Company Oil Ships, 1937 Aug., Homer S. Cummings Papers, Box 159.

21. Martínez Molinos 1, p. 94.

22. Brien McMahon to Cummings, 7 August 1937, Attorney General Personal File - Texas Company Oil Ships, 1937 Aug., Homer S. Cummings Papers, Box 159.

23. Ickes, p. 194. 这次内阁会议于 1937 年 8 月 13 日举行。

24. Cummings to McMahon, 13 August 1937, Attorney General Personal File — Texas Company Oil Ships, 1937 Aug., Box 159, Homer S. Cummings Papers.

11 与苏联的交易

1. Fraser, p. 406.

2. Preston 3, pp. 431, 440.

3. 多年以来有关学者引用的都是高得多的伤亡数字，不过在 Preston 发表的该领域最新也最为严谨的研究当中，虽然对西班牙共和国抱有高度同情，他却使用了这一更小的估数，并对其来源给出了解释。

4. Estes and Kowalsky, p. 87; quoted in Beevor, p. 233.

5. "Inquirer Doubtful on Guernica Fire; No Evidence Is Found That Basque Town Was Set Aflame by Bombs from Planes," *New York Times*, 5 May 1937.

6. Drew Pearson's syndicated "Washington Merry - Go - round" column, 6 November 1955 and 19 December 1959.

7. Lerude and Merriman, p. 126; Merriman Diary, 18 July 1937.

8. Lerude and Merriman, p. 143; Marion Merriman manuscript, Robert Hale Merriman Papers, ALBA 191, Box 2, Folder 1. 这名拿对党的忠诚说事

的追求者是沃勒什·山多尔。

9. "Madrid's Foreign Defenders," *Nation*, 4 September 1937; Merriman Diary, 9 July 1937.

10. Gurney, p. 56.

11. Voros, p. 328.

12. Gurney, pp. 139, 151.

13. "Pingpong Enlivens Spanish War Lull," 24 May 1937; Cowles, p. 43.

14. Gurney, pp. 143, 161 - 162.

15. 一个罕见的例外是 William Herrick，参见第 22 章注释 30。

16. Gurney, p. 151.

17. 3 May 1937, Dallet, p. 35; Cusick 2, p. 273.

18. Cusick 1, p. 294.

19. Orwell, p. 183.

20. Walter Tapsell, "Report on the English Section of the P. O. U. M.," International Brigade Collection, Box C 13/7, Marx Memorial Library, London. 关于对当时巴塞罗那社会背景的概述，参见 Bowker 关于西班牙的章节。Stradling 对此亦有论述，不过，在其 *George Orwell's Commander in Spain: The Enigma of Georges Kopp*（London: Thames River Press, 2013）一书中，Marc Wildermeersch 对 Stradling 认为的 Kopp 当时在向共产党汇报布莱尔夫妇动向的观点进行了有力反驳。

21. Orwell, pp. 103 - 104, 111, 112, 119.

22. Charles to his mother, 8 May 1937, Orr, p. 161.

23. Povedano, p. 799ff.

24. 15 May 1937, Orr, p. 162; Cusick 1, p. 303.

25. 11 June 1937, Orr, pp. 171 - 172.

26. Thomas, p. 649.

27. Cusick 1, p. 304.

28. RGASPI 545/6/958.

29. Huber conference paper. 感谢 Huber 博士同我分享这篇以及另一篇论文。

30. Lois Orr, "The May Days and My Arrest," Orr, pp. 191 - 193.

31. Cusick 1, p. 309.

32. 关于这些信息是如何被传递给美联社记者的，参见 Bolloten, pp. 500 – 501。*Times* of London, "Valencia Alleges Spy Plot," 19 June 1937; 直到文章结束，记者 Lawrence Fernsworth 才暗示这些指控存在疑点，他说："POUM 在不断通过其报纸发出警告说针对该党的阴谋正在酝酿当中，其将因此被指控与敌人勾结。唯有说明这一点，对这个党才算公平。" *Manchester Guardian*, "200 Arrests in Madrid," 19 June 1937. *New York Times*, "Anti – Loyalist Plot Uncovered in Spain: 200 Arrested in Madrid and in Barcelona, Including Army Men and POUM Members," 19 June 1937; 这篇报道没有署名，不过它的作者就是马修斯，其原稿现存于 Box 20 of the Herbert L. Matthews Papers。

33. Matthews 3, p. 288.

34. Faupel to German Foreign Ministry, 11 May 1937, quoted in Beevor, pp. 268 – 269.

35. Cusick 1, p. 308.

36. Orwell, p. 128.

37. Orwell, pp. 131 – 132.

38. Orwell, pp. 136 – 137.

39. Orwell, p. 144.

40. Orwell, p. 208.

41. RGASPI 545/6/136, Part 2. 指控来自一名 POUM 民兵，他的名字叫 Frank Frankford，是一名英国人。他所做出的各种指控显然都是被胁迫的产物，以换取他能脱离由于从教堂或博物馆抢劫画作所引发的牢狱之灾。

42. Orwell, p. 146.

43. RGASPI 545/6/107, pp. 22 – 26. 这份文件在第 25 页称这对夫妇"明显是托洛茨基分子"，坐实了二人对自己可能成为被逮捕目标的担忧。

44. Orwell, p. 169.

12 "如果我是你，我绝不会那么写"

1. Cowles, pp. 56, 58.

2. Cowles, pp. 65, 69 – 70.

3. Cowles, p. 66.

4. Cowles, pp. 62, 64.

5. Cowles, p. 67; "Behind the Fighting Fronts: In the Two Clashing Spains," *New York Times*, 9 January 1938; Cowles, p. 67.

6. Cowles, p. 68.

7. Cowles, p. 75; Cowles, p. 76; statistics: Preston 3, p. 438.

8. Cowles, pp. 74 – 76.

9. "Realities of War in Spain," 17 October 1937. 劳合·乔治的演讲是在 10 月 28 日举行的。

10. Cowles, p. 107.

11. 一名德士古主管向佛朗哥政权的一名石油官员发送的一封电报，在被西班牙共和国情报机构拦截后由西班牙驻美大使于 1937 年 6 月 7 日交给了罗斯福，电报中说，"总统上周将里贝尔叫到了华盛顿"，警告后者停止继续赊卖石油。Brewster to Arvilla, 23 April 1937, Franklin D. Roosevelt Papers as President: the President's Secretary's file, Box 50.

12. Interview with Martha Gellhorn, 20 February 1980, p. 20, Eleanor Roosevelt Oral History Project, Eleanor Roosevelt Papers, Box 2.

13. "My Day" column, 28 May 1937; 1 June 1937, Martha Gellhorn Papers, Box 4, Folder 121.

14. 17 June 1937, Martha Gellhorn Papers, not boxed.

15. June 1937, Martha Gellhorn Papers, Box 4, Folder 122. Gellhorn, p. 52 中也出现了这封信。

16. Gurney, pp. 164, 166, 168 – 170.

17. Gurney, pp. 171 – 173.

18. Fredericka Martin to Peter Wyden, 21 December 1984 以及 Martin 的一则注释，均存于 Fredericka Martin Papers, ALBA 001, Box 18, Folder 41。

19. Gurney, p. 176.

20. Vaill, p. 176 中是这样认为的。

21. Herbst, pp. 154, 150.

22. George Packer, "The Spanish Prisoner," *New Yorker*, 31 October 2005, p. 85. 罗夫莱斯之死令这两位知名作家的友谊破裂，关于这一件事，相关文字表述颇多，包括两本专题书籍，作者分别为 Martínez de

Pisón 和 Koch。Koch 的书令人失望，除了存在其他一些问题之外，他还几乎没有对回忆录、日记和数名当事人在他们各自的小说作品中对这一系列事件进行的虚构性描写做出区分。Preston 就这一话题进行了不错的简单讨论，参见 Preston 2，"The Lost Generation Divided：Hemingway，Dos Passos，and the Disappearance of José Robles"。

23. Schwartz，p. 115. 同之前"至少 50 人被杀"的估算（Alba and Schwartz，p. 232）相比，这一估计数字显然经过了下调。有些来源给出的估计数字更高："据说"单在巴塞罗那一地，就有 40 人被处决（cf. Thomas，p. 786）。

24. Orwell，p. 128.

25. 此人为帕尔米罗·陶里亚蒂（Palmiro Togliatti），意大利共产党领袖。*Escritos sobre la Guerra de España*（Barcelona：Critica，1980），p. 232，quoted in Payne 2，p. 231.

26. "The May Days and My Arrest，" Orr，p. 196.

27. Estes and Kowalsky，p. 267.

28. Cusick 2，pp. 245 – 246；Orwell，pp. 188 – 189.

29. Balfour，pp. 278，312.

30. Herbst，p. 138；"Night Before Battle，" Hemingway 2，p. 449.

31. Hemingway to Benjamin Glazer?，一封新近发现的日期不详的信。"Hemingway，Your Letter Has Arrived，" *New York Times*，10 February 2008.

32. "A Conversation with Claud Cockburn，" *The Review* 11 – 12，p. 51，quoted in Alex Zwerdling，*Orwell and the Left*（New Haven：Yale University Press，1974），p. 8.

33. 3 February 1939，Martha Gellhorn Papers，Box 4，Folder 122.

34. "Behind the Fighting Fronts：In the Two Clashing Spains，" *New York Times*，9 January 1938.

35. 作为仅有的几名笔下稍微对这一领域有所涉及的外国人之一，奥地利社会学家 Franz Borkenau 曾参观过许多这类企业，他的 *Spanish Cockpit* 一书受到了奥威尔的高度称赞。另一名外国见证者 H. – E. Kaminski 在 *Ceux de Barcelone*（Paris：Edition Denoël，1937）中的描述则想象有余而严谨不足。西班牙共和国拥有一个强有力的宣传部门，里面的审查官们会奉命将外国记者报道中有关革命事件新闻的部分删除。然而这并不能解释这方面报道的短缺，因为在这场战争的大部分时间里，审查制度相对来说漏洞百出，能被记者们轻松绕开。例如，赫伯特·马修斯发现，如果巴黎分社给他打电话的时间正好的话，“通常负责监听的那个西班牙审查官是肯定会出去吃晚饭的”（Matthews 1，p. 119）。

36. Cusick 2, p. 193.

13　“毫不逊色的婚礼”

1. To Ida and Max Schachter, 12 May 1937 and 27 June 1937, Toby Jensky and Philip Schachter Papers, ALBA 055, Folder 1.

2. Gurney, pp. 177 – 178.

3. 17 July 1937, Toby Jensky and Philip Schachter Papers, ALBA 055, Folder 1.

4. Gurney, pp. 180 – 181.

5. To Ida and Max Schachter, 17 July 1937 and 2 May 1937. Toby Jensky and Philip Schachter Papers, ALBA 055, Folder 1.

6. To Ida and Max Schachter, 17 July 1937 and 2 August 1937, Toby Jensky and Philip Schachter Papers, ALBA 055, Folder 2. 关于对这些信件的深度解读，参见 Labanyi。感谢 Labanyi 教授同我分享她的一篇加长版本的论文，她的文章就是基于这篇论文完成的。

7. 2 May 1937, Toby Jensky and Philip Schachter Papers, ALBA 055, Folder 15.

8. 28 April 1937, Toby Jensky and Philip Schachter Papers, ALBA 055, Folder 15.

9. 5 June 1937 and 19 June 1937, Toby Jensky and Philip Schachter Papers, ALBA 055, Folder 16.

10. 24 June 1937 and 3 July 1937, Toby Jensky and Philip Schachter Papers, ALBA 055, Folder 16.

11. Carroll 1, p. 141.

12. Fischer 1, p. 425.

13. Beevor, pp. 282 – 283.

14. 4 April 1937, Notes, War in Spain, 1937 – 1938, Martha Gellhorn Papers, Box 1, Folder 7.

15. 奥利弗·劳死后，美共全力将其塑造为一位在国内外为正义而战斗的英雄人物，保罗·罗伯逊还曾希望拍摄一部关于他的电影。詹姆斯·耶茨和史蒂夫·纳尔逊都曾提到过劳被芝加哥警察殴打及逮捕的经历，不过都只是在谈话中顺带提及。

16. Eslanda Goode Robeson Diary, 31 January 1938, quoted in Fyrth, p. 305.

17. Gurney, p. 136. 关于对劳的负面评价，参见 D. P. Stephens, *A Memoir of the Spanish Civil War: An Armenian – Canadian in the Lincoln Battalion* (St. John's, Newfoundland: Canadian Committee on Labour History, 2000), pp. 46 – 48。

18. Herrick 宣称劳是被自己的手下从背后击中的（Herrick, pp. 179 – 180），不过他所引用的全部为间接消息源。关于劳死于敌军火力的说法存在数个直接消息源，Carroll 对它们进行了概述（Carroll 1, pp. 138 – 139）。Carroll 还指出，在被 Herrick 作为消息源引用的人中，有两人否认他们给出过那样的说法。

19. Fred Copeman, *Reason in Revolt* (London: Blandford, 1948), p. 133.

20. Diary transcript, pp. 14 – 15, in Hamilton a. Tyler Papers, Box 3, Folder 27.

21. Carroll 1, p. 148.

22. Review of *The Spanish Cockpit* by Franz Borkenau and *Volunteer in Spain by John Sommerfield*, *Time and Tide*, 31 July 1937, Orwell, p. 231.

23. 15 July 1937, Toby Jensky and Philip Schachter Papers, ALBA 055, Folder 16.

24. 文森特·乌塞拉在国际纵队期间的档案现存于 RGASPI545/6/1004。根据《信息自由法案》（Freedom of Information Act）的有关规定，我得以获取了他在美军服役期间的记录。

25. "Casino Theatre Plays for 1934 Announced," *Newport Mercury*, 15 June 1934; *Oral History Transcript*, *Lieutenant General James P. Berkeley*, *U. S. Marine Corps* (*Retired*) (Washington, DC: History and Museums Division, Headquarters, u. S. Marine Corps, 1973), pp. 26 – 27.

26. Records of the War Department General and Special Staffs, Maj. A. L.

Hamblen, HQ Sixth Corps Area, Chicago, to Asst. Chief of Staff, G - 2, War Department, Washington, 7 December 1937, file 10110. 2666 - 179, Record Group 165, National Archives microfilm. Earlier 关于林肯营更早期招募活动的同类报告可在以下档案中找到：10110. 2666 - 143, 10110. 2666 - 155, and 10110. 2662 - 298, record Group 165。

27. Nelson, p. 153.

28. RGASPI 545/6/849.

29. Stradling, p. 655.

30. Records of the War Department General and Special Staffs, Report # 38512, 25 January 1937, from Lieutenant Colonel Raymond E. Lee in London, file 2657 - S - 144 - 88, Record Group 165, National Archives, College Park, MD; Vincent Usera, "Some Lessons of the Spanish War," *Field Artillery Journal*, September - October 1939, p. 406, quoted in *United States Naval Institute Proceedings*, July 1939.

31. Fischer 1, pp. 430, 432, 438, 440.

32. Gallo to Fischer, 20 September 1937, RGASPI 545/1/11.

33. "Keeping America Out of War," *Nation*, 27 March 1937.

14　德士古参战

1. Abe Osheroff, in Bessie and Prago, pp. 84 - 85.

2. Liversedge, p. 54.

3. 15 October 1937, Notes, War in Spain, 1937 - 1938, Martha Gellhorn Papers, Box 1, Folder 7; Hemingway to Mrs. Paul Pfeiffer, 2 August 1937, Hemingway 1, p. 460; Ivens, p. 131.

4. Hemingway to Mrs. Paul Pfeiffer, 2 August 1937, Hemingway 1, p. 460; Moorehead, p. 132.

5. "My Day," 10 July 1937.

6. 8 July 1937, Martha Gellhorn Papers, Box 4, Folder 122. Gellhorn, p. 55 中也出现了这封信。

7. Merriman Diary, 29 September 1937; Hemingway to Rolfe, January 1940, Edwin Rolfe Papers, University of Illinois, Box - Folder R1 - 089; Merriman Diary, 18 August 1937.

8. 26 August 1937.

9. Geiser, p. 259.

10. 26 August 1937.

11. Nelson, Barrett, and Ruck, p. 228.

12. Landis, p. 289.

13. Merriman Diary, 5 September 1937.

14. Merriman Diary, 8 September 1937.

15. Lerude and Merriman, pp. 172 – 173.

16. "Belchite Victory Cheers Loyalists," 19 September 1937.

17. "Men Without Medals," *Collier's*, 15 January 1938.

18. NANA dispatch 13, 13 September 1937.

19. 19 September 1937.

20. 29 August 1937, Robert Hale Merriman Papers, ALBA 191, Box 1, Folder 2.

21. Lerude and Merriman, p. 151.

22. "Two Americans in Spain Managed to Wed by a Ruse," *New York World – Telegram*, 25 January 1938.

23. 7 September 1937, Toby Jensky and Philip Schachter Papers, ALBA 055, Folder 2.

24. To Ida Schachter, 8 October 1938 and 11 November 1937, Toby Jensky and Philip Schachter Papers, ALBA 055, Folder 2.

25. Merriman Diary, 27 October 1937. 关于富卡的更多有用信息，参见 Burdick。

26. Records of the War Department General and Special Staffs, Report No. 6711, from Valencia, 1 November 1937, file 2657 – S – 144 – 294, Record Group 165, National Archives, College Park, MD.

27. Carroll 1, p. 149.

28. "Oil for Lisbon Goes to Franco Let's Stop it!" *Industrial Worker*, 22 May 1937. Chomsky 援引的文献引导我找到了这篇报道。

29. Brewster to Arvilla, 19 March 1937, CAMPSA (Compañía Arrendataria del Monopolio de Petroleos, S. A.) archives, Madrid. 此处感谢 Guillem Martínez Molinos 的帮助。

30. Martínez Molinos 1, p. 94; Martínez Molinos 2, p. 681. 据我所知，并没有其他学者提到过这一值得注意的事实。

31. CAMPSA archives, Madrid. 此处感谢 Guillem Martínez Molinos 的帮助。

32. Fernando Moreno de Alborán y de Reyna and Salvador Moreno de Alborán y de Reyna, *La Guerra silenciosa y silenciada: historia de la compaña naval durante la Guerra de* 1936 – 39, vol. 2 (Madrid: F. Moreno de Alborán y de Reyna, 1938), pp. 1165 – 1166.

33. "Un Bateau Gouvernemental Disparait à Bordeaux," *Journal du Loiret* (Orléans, France), 9 July 1937; "Rebels Take Oil Tanker as Loyalists Go to Dance," *New York Times*, 9 July 1937.

15　"在我的书里，你将是个美国人"

1. 此处的引文全部来自一则 1967 年对克劳斯特的访谈：Szurek, pp. 144 – 148。在 Watson 2、3 和 4 中，从事海明威研究的 William Braasch Watson 教授讲述了自己的一次旅行，他相信自己重走了海明威当年的路线，即先到阿尔凡布拉，然后再到战线后方。没有文献能够直接确认这位小说家进入国民军控制区的旅程，这样的旅程可能根本就不存在：正如 Watson 所指出的，如果一个人身上带着参加游击队的书面批准被抓住，这份批准将令其必死无疑。不过，Watson 确实发现了一份级别异常高的安全通行证，证件是颁发给海明威的，由两名不同的军队指挥官批准，其日期大概就在克劳斯特所说的，他带着这位作家一起在奇袭小队的那段时间。而且，一系列账单和收据也显示这位作家曾进行过一次离开马德里的原因不明的长途旅行。同时 Watson 还证实了两件事：国际纵队游击队确实以阿尔凡布拉为根据地展开活动，海明威真的在马德里见过共和军游击战的指挥官。尽管这些更多是间接而非直接证据，Watson 却也找不到任何能够证明克劳斯特的故事不实的证据了，因此，和我以及 Alex Vernon 在 *Hemingway's Second War*, pp. 169 – 170 中的观点一样，他也倾向于接受其为事实。

2. To Ida Schachter, 7 September 1937, Toby Jensky and Philip Schachter Papers, ALBA 055, Folder 2.

3. To William Lawrence, 16 October 1937, RGASPI 545/6/981.

4. 2 September 1937, Toby Jensky and Philip Schachter Papers, ALBA 055, Folder 13.

5. Mangan, pp. 431 – 433.

6. Lerude and Merriman, pp. 143, 180.

7. Manny Harriman Video Oral History Collection, ALBA Video 048, Box 11, Container 2, interview with Marion Merriman Wachtel.

8. Lerude and Merriman, p. 188.

9. Manny Harriman Video Oral History Collection, ALBA Video 048, Box 11, Container 2, interview with Marion Merriman Wachtel.

10. Lerude and Merriman, p. 192.

11. Preston 3, pp. 451 – 453.

12. NANA dispatch 17, 19 December 1937.

13. "Spanish Loyalists Drive into Teruel after Big Air Raid," *New York Times*, 20 December 1937; Matthews 2, p. 29; "Spanish Loyalists Drive into Teruel after Big Air Raid," *New York Times*, 20 December 1937.

14. NANA dispatch 18, 21 December 1937; to Hadley Mowrer, 31 January 1938, Hemingway 1, p. 462.

15. NANA dispatch 17, 19 December 1937; "Behind the Fighting Fronts: In the Two Clashing Spains," *New York Times*, 9 January 1938.

16. "Victory at Teruel Is Hailed with Joy in Insurgent Spain," 2 January 1938. 报道电头上的地址为萨拉戈萨，日期为 12 月 31 日，但没有署名。

17. To Hadley Mowrer, 31 January 1938, Hemingway 1, p. 462.

18. 5 January 1938. 在回忆录（Matthews 2, p. 29）中，马修斯夸大了他的对头卡尼的罪行，声称后者"绘声绘色地描绘了特鲁埃尔的市民是如何欢天喜地地迎接叛军，并向他们行法西斯式敬礼的"。卡尼的报道中并无此类内容。

19. 9 December 1937 (added to on 12 December) and 23 December 1937, Toby Jensky and Philip Schachter Papers, ALBA 055, Folder 3.

16 "给女朋友的信"

1. Neugass, 13 January 1938, p. 126.

2. "Poet James Neugass, M. A., Teruel," *Daily Worker*, 15 November

1938.

3. "To the Trade," Jack Salzman and Leo Zanderer, eds., *Social Poetry of the 1930s: A Selection* (New York: Burt Franklin, 1978), p. 175.

4. Neugass, 5 December 1937, pp. 7-8, 10.

5. Neugass, 3 and 4 January 1938, pp. 103, 106.

6. Neugass, 5 December 1937, p. 11.

7. Neugass, 19? December 1937, pp. 52-53.

8. Neugass, 7 December 1937, p. 22, and 22 and 24 December 1937, p. 77.

9. Neugass, 19? December 1937, p. 60, and 24 December 1937, p. 78.

10. Neugass, 12 December 1937, p. 47.

11. Neugass, 31 December 1937, p. 92; Barsky, pp. 111, 125.

12. Neugass, 1 January 1938, p. 97.

13. Neugass, 5 January 1938, p. 108.

14. 8 January 1938, Toby Jensky and Philip Schachter Papers, ALBA 055, folder 3.

15. Neugass, 6 January 1938, p. 109.

16. From Julia Newman's film *Into the Fire: American Women in the Spanish Civil War.*

17. Interview with Fredericka Martin, Fredericka Martin Papers, ALBA 001, Box 9, Folder 25.

18. Neugass, 4 February 1938, p. 192, and 25 January 1938, p. 171.

19. Neugass, 14 January 1938, pp. 128-129.

20. Neugass, 15? January 1938, pp. 138-139; 22 or 23 January 1938, p. 158; and 14 January 1938, p. 135.

21. Neugass, 14 January 1938, p. 128; 15? January 1938, p. 137; 2 February 1938, p. 187.

22. Neugass, 4 February 1938, pp. 194-195, and 16 January 1938, p. 147.

23. Neugass, 28 January 1938, pp. 183, 180.

24. Neugass, 24 January 1938, p. 167, and 13 February 1938, pp. 212-213.

25. Neugass, 17 February 1938, pp. 223, 226.

26. Neugass, 15 January 1938, p. 146.

27. 24 January 1938, Martha Gellhorn Papers, Box 4, Folder 122.

28. Louis Fischer, "Letters from Mrs. Roosevelt," *Journal of Historical Studies* 1 (1), Autumn 1967; "The Road to Peace," *Nation*, 26 February 1938.

29. Neugass, 22 February 1938, p. 245, and 24 February 1938, pp. 246 - 247.

17 "沙漏里只剩几粒沙子了"

1. Matthews 1, p. 122.

2. "German Vessel Sails with Big Bomb Cargo," *New York Times*, 9 May 1938.

3. Left - wing neighborhoods: Laia Balcells, "Death Is in the Air: Bombings in Catalonia, 1936 - 1939," *Reis* 136, October - December 2011. Factories: see Fraser, p. 441.

4. Quoted in Beevor, p. 333.

5. Matthews 1, p. 124; quoted in Thomas, p. 785; Matthews 1, p. 124.

6. ? March 1938, Martha Gellhorn Papers, Box 4, Folder 122. 尽管并不全面，不过这封信的大部分内容都能在 Gellhorn, p. 59 中找到。

7. 24 or 25 April 1938, Martha Gellhorn Papers, Box 4, Folder 122. 这封信同样出现于 Gellhorn, p. 59。

8. Moorehead, p. 145. 数十年后，盖尔霍恩这篇关于这一时期巴塞罗那的文章"The Third Winter"被收录进了她的作品集 *The Face of War* (New York: Simon & Schuster, 1959)。尽管该书在版权页上进行了说明，但这篇文章其实并没有出现在《科利尔》中。

9. 28 March 1938, Lerude and Merriman, p. 208.

10. Neugass, 25 February 1938, pp. 248 - 249; 1 March 1938, p. 251; 9 March 1938, p. 256; and 10 March 1938, p. 262.

11. Barsky, pp. 158 - 172.

12. Fisher, pp. 102 - 103.

13. 29 September 1937 and 17 February 1937.

14. Orwell, pp. 286 – 287, "notes on the Spanish Militias"; Joseph north, *No Men Are Strangers* (New York: International Publishers, 1976), p. 170.

15. Eby, p. 290; 转引自 Rolfe, p. 192 中一名无名士兵的话。

16. Kemp 2, p. 76.

17. Kemp 1, pp. 164 – 165.

18. Neugass, 10 March 1938, p. 264; 11 March 1938, p. 265; and 11 March 1938, p. 266.

19. Neugass, 11 March 1938, p. 268; 12 March 1938, p. 275; and 12 March 1938, p. 276.

20. Neugass, p. 283.

21. Neugass, p. 296.

22. Neugass, p. 297.

23. Neugass, pp. 289 – 290, 256.

18 河边

1. Kemp 1, pp. 162, 170 – 172.

2. Bessie 1, p. 182; Bessie 2, p. 2.

3. Bessie 1, p. 44.

4. Bessie 1, p. 67.

5. Bessie 1, pp. 82 – 83.

6. Bessie 1, pp. 82 – 86.

7. Bessie 1, pp. 89 – 90, 93.

8. Bessie 1, p. 94; Bessie 2, p. 23.

9. Bessie 1, p. 108; Bessie 2, p. 21.

10. Dr. Leo Eloesser to the Medical Bureau to Aid Spanish Democracy, 10 April 1938, in Nelson and Hendricks, pp. 273 – 274.

11. Neugass, 12 March 1938（不过，实际写作日期显然在此之后）, p. 277。

12. Neugass, 22 March 1938, p. 300.

13. Bowers to Hull, 2 April 1938, U. S. Department of State, *Foreign Relations of the United States, 1938*, vol. 1, p. 279; Edward Barsky, quoted in Landis, p. 496.

14. NANA Dispatch 19, 3 April 1938.

15. Bessie 1, pp. 116 - 124.

16. Bessie 1, p. 140.

17. Bessie 1, p. 131.

18. Voros, pp. 413 - 424.

19. Author's interview with David Wellman, 18 November 2013; Bessie 2, p. 63.

20. "Shattering of American Battalion Is Described to Writer by Straggling Men," *New York Times*, 5 April 1938.

21. Bessie 1, pp. 135 - 136.

22. 7 April 1938, Matthews 2, p. 34.

23. Bessie 1, pp. 137 - 138. 这对通信员似乎在当天和美国幸存者们打过两次照面。在二人出版的书中和存放于 John Gerassi Papers, ALBA 018, Box 7, Folder 6 对瓦特的访谈中，瓦特与盖茨描述了他们的第一次相遇。当被两位作家发现时，二人早已精疲力竭，一丝不挂的身上只披着毯子，刚游过埃布罗河没多久。Bessie 1 和海明威与马修斯的报道中收录的四人更长的对话显然发生在当天晚些时候，在全部六名美国幸存者发现彼此并得到食物、三名泅渡者得到衣物之后。事件发生的地点也有所不同，是在距他们游过河的大致地点以南几英里的拉斯克（Rasquera）。Bessie 1, p. 135 提到了一处"山坡（hillside）"，数百名英国和加拿大幸存者同样会师在了这里。

24. "Shattering of American Battalion is Described to Writer by Straggling Men," 5 April 1938.

25. Lerude and Merriman, p. 219.

26. "Americans to Fight to End for Spain," *Oakland Tribune*, 10 April 1938.

19 回心转意?

1. "Vinaroz Captured," 16 April 1938.

2. "Spain Won't Surrender," *Nation*, 30 April 1938.

3. Bessie 1, p. 133.

4. Cowles, p. 147.

5. Cowles, pp. 117 – 118.

6. Lerude and Merriman, p. 226.

7. "Yankee Hero's Widow Tells Story 50 Years after the Spanish Civil War," *Los Angeles Times*, 25 April 1986.

8. 克罗克在 1963 年（Thomas, p. 803n）向 Hughs Thomas 提到了韦尔斯与赫尔，在 1957 年（Tierney, pp. 99 – 100）向 James Ragland 提到了伊克斯。

9. 12 May 1938, Ickes, p. 389.

10. Kanawada, pp. 61 – 64.

11. Tierney, p. 100; Ickes, p. 390; interview with Martha Gellhorn, 20 February 1980, p. 20, Eleanor Roosevelt Oral History Project, Eleanor Roosevelt Papers, Box 2.

12. Ickes, p. 380.

13. To Ida and Max Schachter, 20 March 1938 and 23 April 1938, Toby Jensky and Philip Schachter Papers, ALBA 055, Folder 3.

14. Nathaniel P. Davis to Max Schachter, 13 July 1938, Toby Jensky and Philip Schachter Papers, ALBA 055, Folder 10.

20　以时间为赌注

1. Fischer 1, pp. 494, 500.

2. Sheean, pp. 195 – 196.

3. Álvarez Alonso, p. 11.

4. Rieber to Arvilla, 15 February 1938, CAMPSA archives, Madrid. 此处感谢 Guillem Martínez Molinos 的帮助。

5. Brewster to Arvilla, 22 March 1937, CAMPSA archives, Madrid, 此处感谢 Guillem Martínez Molinos 的帮助; *Arlon* crew: "British Crew Bars Voyage," *New York Times*, 2 September 1937; Brewster to Arvilla, 19 November 1937, CAMPSA archives, Madrid, 此处感谢 Guillem Martínez Molinos 的帮助。

6. Angela Jackson, p. 45, interview with Milton Wolff; Bessie 1, p. 195.

7. Bessie 1, p. 205.

8. Preston 1, p. 137.

9. Eby, p. 393n.

10. Bessie 2, p. 70.

11. Bessie 1, p. 219.

12. Fischer 1, pp. 541 – 550.

13. Bessie 1, p. 215; William C. Beeching, *Canadian Volunteers: Spain, 1936 – 1939* (Regina, SK: Canadian Plains Research Center, 1989), p. 152; Bessie 1, pp. 221, 176.

14. Bessie 1, pp. 222, 257, 264.

15. Eby, p. 405.

16. Bessie 1, pp. 243, 293.

17. Bessie 1, p. 268.

18. Bessie 1, p. 337.

19. Preston 3, p. 313.

20. Cowles, pp. 155, 171.

21. *Socialist Call*, 10 December 1938.

21 眼泪的味道

1. Beevor, p. 366.

2. "Volunteers in Spain," *Times* of London, 29 October 1938. Katz, p. 60 采用的数值更小，为 2000 人。

3. Payne 1, p. 186.

4. Matthews 1, p. 141; Herbert L. Matthews Papers, Box 21, Folder 4.

5. Katz, pp. 61 – 62; *Volunteer*, December 2008, p. 6.

6. Thomas, pp. 830 – 831.

7. "Barcelona's Farewell to Volunteers," *Hull Daily Mail*, 29 October 1938; Gates, p. 67.

8. Bernice Kert, *The Hemingway Women* (New York: Norton, 1999), p. 299; Moorehead, p. 153. Vaill, pp. 330 – 331 证实这对夫妇在阅兵期间仍身在巴黎，而不是像流言和盖尔霍恩的作品中的一段话暗示的那样在巴塞罗那。

9. 再没有别的数字能像这三位极其杰出的历史学家得出的数字那样天差地别了：Preston 1, p. 291 的结论为 7150，Thomas, p. 833 认为应在 10000 到 15000 之间，Beevor, p. 358 给出的答案是 30000。

10. Thomas, p. 852.

11. 15 November 1938, Martha Gellhorn Papers, Box 4, Folder 121.

12. Preston 3, p. 423.

13. Howson, pp. 242 – 243. 有部分依靠西班牙共和国空军司令 Ignacio Hidalgo de Cisneros 将军及其妻子于 1938 年 11 月末前往莫斯科的行程报告中的记录书写的历史记载高估了当时所涉武器的数量。Howson 通过研究苏联官方档案发现，真正被运出的武器并没有那么多；同时，由于法国方面的阻挠，抵达西班牙的武器就更少了。

14. "Planes Raid Barcelona at Night," 1 January 1939; "Retreat Orderly Despite Bombings," 14 January 1939; "Loyalist Defense Held Still Strong," 17 January 1939; "Barcelona's Plans Upset by Apathy," 26 January 1939.

15. Teresa Pàmies, Quan érem capitans: memòries d'aquella guerra (Barcelona: DOPESA, 1974), quoted in Beevor, p. 378.

16. 3 February 1939, Martha Gellhorn Papers, Box 4, Folder 122; Beevor, p. 378.

17. 参见第 4 章注释 30。

18. Thomas, pp. 900 – 901.

19. Beevor, p. 397.

20. Martínez Molinos 1, p. 95. Traina, p. 166, 引自这场贸易的中心人物、里贝尔的合伙人威廉 · M. 布鲁斯特，原文为："其于 1939 年 3 月宣称：'德士古已经收到了来自国民军方面的 2000 万现金。'" 如果德士古此时仍在对国民军进行贷款展期，那么它售出原油的实际价值还会更高。历史学家经常引用的是 600 万这样一个更小的数字，其出处来自 1940 年的《生活》杂志上刊登的一篇由 Joseph J. Thorndike Jr 撰写的对里贝尔阿谀奉承的简介。然而，在 Thorndike 访问里贝尔的时间点上，"二战"已经爆发，美国人对法西斯主义的敌意日益升高，里贝尔是有强烈的动机将他与佛朗哥之间的交易淡化处理的。关于德士古的销售额换算成今天的美元价值的金额，参见第 3 章注释 26。

21. Sánchez Asiaín, p. 399, n. 58.

22. CAMPSA annual report, 1936 – 1937 (published in 1940); José Maria Doussinague in Charles Foltz, *The Masquerade in Spain* (Boston: Houghton Mifflin, 1948), p. 52.

23. Preston 3, p. 505.

24. Beevor, p. 385.

25. Enrique Suñer, Los intelectuales y la tragedia española, 2nd edition (San Sebastián: Editorial Española, 1938), pp. 166 - 167, quoted in Preston 3, pp. 505 - 506.

26. Graham, pp. 114, 204.

27. Bessie and Prago, p. 337.

28. Preston 3, p. 503.

29. Preston 3, p. xi. 这里的许多统计资料主要参考的是 Preston 的权威著作 *The Spanish Holocaust*，里面有最新研究得出的最全面的数据。在对战后遭到国民军杀害的人数进行估计时，Stanley Payne 所使用的是一个更大的数字——28000（Payne 1, pp. 104 and 110）。不过，针对战争期间被国民军杀害的人数，他给出的数字则要更小："至少 70000 人（或许更多）"，Payne 1, p. 110。Beevor, p. 405 将战争期间和战后由"佛朗哥恐怖"导致的死亡人数进行了加总，认为"其总数可能接近 200000 人"——与 Preston 得出的数字接近。

30. Beevor, p. 405.

31. Preston 3, p. 509.

32. Preston 3, pp. 509 - 510; Beevor, p. 404.

33. Beevor, p. 406.

34. Orwell, p. 171.

22 祈祷

1. Carroll 1, p. 211; Eby, p. 417.

2. Yates, pp. 160, 164.

3. Ernest Hemingway, "Milton Wolff," in Jo Davidson, *Spanish Portraits* (New York: Georgian Press, 1938), quoted in Carroll 2, p. 80.

4. Preston 1, pp. 153 - 154.

5. Beevor, p. 426. Beevor 的西班牙读者在德国档案中找到了他所提到的这份报告。其中的图片出现在了 2012 ~ 2013 年西班牙的一场巡回展览上，展览的主题为"Experiments de la Legió Còndor a l'alt Maestrat, 1938"。感谢 Guillem Martínez Molinos 向我指出了这一点。

6. “Premature Anti – Fascist,” Antioch Review 57 (2), Spring 1999, p. 148.

7. Tanenhaus, p. 301.

8. 想获取更多更全面的苏联档案的英文版，参见 Radosh et al. 。

9. 出自 *My Road to Berlin* (New York: Doubleday, 1960)，后又出现于 Klaus Harpprecht 的 *Willy Brandt*: *Portrait and Self – Portrait* (Los Angeles: Nash, 1971), p. 89。

10. Ickes, p. 569.

11. 18 May 1982, Robert Hale Merriman Papers, ALBA 191, Box 1, Folder 13.

12. 尽管在西班牙期间她的确申请过加入共产党，但她的考虑可能更多是借此改善自己作为自由记者的边缘地位。参见 RGASPI 545/6/862。我们不知道她的申请是否被通过，也不知道是否她那众所周知的大声批判苏联的嗜好使党拒绝了她。

13. To Hans Amlie, n. d. , Milly Bennett Papers, Box 2, Folder 3.

14. 那些关于中国的手稿是在她去世的 30 多年后和她的各种信件一起被发现的，手稿中的内容在书名更换后得以出版，并收获了几条热烈的评论，参见参考文献。

15. Jensky to Martin and Samuel Berenberg, 14 September 1941, and Gurney to Martin, 1949, both Fredericka Martin Papers, ALBA 001, Box 9, Folder 21; interview with Jensky, research materials for *Into the Fire*: *American Women in the Spanish Civil War*, a film by Julia Newman, ALBA 266; author's interview with Bernice Jensky, 13 october 2013.

16. 这名议员是华盛顿州选区的众议员 Hugh De Lacy。“U. S. Has 1, 500 Atom Bombs Store, Representative De Lacy Says Here,” *New York Times*, 31 March 1946.

17. Carroll 1, p. 286.

18. John Gerassi Papers, ALBA 018, Box 6, Folder 3.

19. FBI file NY 100 – 90413, p. 2. 我要感谢吉姆·纽盖斯同我分享这份档案和其他与他父亲有关的档案。

20. Myra Neugass to Fredericka Martin, 23 July 1968, Fredericka Martin Papers, ALBA 001, Box 10, Folder 18.

21. Neugass, p. xviii, introduction by Peter N. Carroll and Peter Glazer. 本书的读者应该感谢这些历史学家，正是在他们的帮助下，本书才得以顺利出版。

22. For example, Thorndike, p. 57.

23. Author's interview with Lewis Lapham, 14 November 2014.

24. N. d. , early 1937, Martha Gellhorn Papers, not boxed.

25. Hemingway to Clara Spiegel, 23 August 1940, Hemingway 1, p. 511.

26. Bessie, "Hemingway's ' For Whom the Bell Tolls,' " *New Masses*, 5 November 1940, pp. 27 – 29; Bessie 2, p. 130; *People's World*, 30 October 1940 and 12 February 1941, quoted in Carroll 1, pp. 239 – 240.

27. Orwell, p. 168; Orwell to Frank Jellinek, 20 December 1938, Orwell, p. 320; Orwell, p. 358, "Looking Back on the Spanish War."

28. Orwell, p. 357, "Looking Back on the Spanish War."

29. 这篇故事于 1939 年 10 月首次刊登在 *Cosmopolitan*，与 Hemingway 2 一书的出版商前言中给出的日期有所不同，其在这本书中出现的页码为 pp. 460 – 469。Hemingway to Perkins, c. 15 January 1940, quoted in Watson 1, p. 114.

30. "As I Please" column, *Tribune*, 2 February 1945.

31. Hemingway to Harvey Breit, April or May 1952, quoted in Rodden and Rossi, p. 61; Orwell on Hemingway: "Wartime Britain has produced nothing of the caliber of ' For Whom the Bell Tolls'or ' Darkness at Noon,' " review of *Robert Cain*, by William Russell, *Manchester Evening News*, 15 June 1944, in Orwell, *I Have Tried to Tell the Truth*: *Complete Works*, Volume XVI, edited by Peter Davison, assisted by Ian Angus and Sheila Davison (London: Secker & Warburg, 1998, p. 256).

32. 然而，他们当中似乎只有极少数人是因为自己在西班牙内战期间的经历才这么做的。William Herrick 直到希特勒 – 斯大林协议签订后才退出共产党。不过，至少在回首往事时，在西班牙期间的种种见闻确实令他感到痛苦。他言辞激烈但未必全然可靠的回忆录描述了一次被迫观看一名共产党官员枪毙三名显然是无政府主义者或 POUM 党员的囚犯的经历。尽管这种自相残杀的行径令人生厌，但并不像 Ken Loach 在电影 *Land and Freedom* 中生动逼真地描绘的那样，几乎没有国际纵队成员被直接卷入其中。

33. Carroll 1, pp. 376 – 377.

34. Fischer 1, p. 208.

35. Hyman Katz, 25 November 1937, in Nelson and Hendricks, p. 32.

36. Petrou, p. 182.

37. 想要获得完全公民身份，他们需要放弃他国国籍。不过这一要求在十年后被撤销了，在那之后，为数不多仍然在世的林肯营老兵获得了西班牙护照。

38. 6 March 1937. Robert Hale Merriman Papers, Bancroft Library, University of California, Berkeley.

39. Fausto Villar to Luke Hinman, 22 January 1987. Robert Hale Merriman Papers, Bancroft Library, University of California, Berkeley.

40. Villar Esteban ms. , pp. 75 – 76. 在 1998 年春季号的 *Volunteer* 上刊登的一封信中，比列尔说这件事发生在当天上午 10 点，当时梅里曼在自己"大约两米开外"。

41. Villar Esteban to Marion Merriman, 8 April 1987, included in Villar Esteban ms. , p. 10.

42. John R. Gerlach, "Behind Fascist Lines," in Bessie and Prago, p. 242. 虽然 Gerlach 这段对当时情况的描述写于多年以后，但其中的内容与他在 1938 年 4 月 4 日被海明威与马修斯采访时告诉他们的前后一致。Leonard Lamb（John Gerassi Papers, ALBA 018, Box 4, Folder 2）和 Clement Markert（Box 4, Folder 13）讲述过相类似的回忆。如果他们的回忆与比列尔的回忆都正确的话，在比列尔先大声呼喊梅里曼而后又因担心向国民军狙击手暴露自身方位而收声的这段时间里，梅里曼很可能还活着。不过，关于梅里曼的最终命运，瑞士志愿兵 Konrad Schmidt 又提供了第三种版本：他说，他看到梅里曼和他的副官从小丘上下来后跑进了一间棚屋躲避国民军的机枪射击，随后"我发现他就在那间棚屋里被抓住了"（Schmidt, p. 289）。然而，鉴于比列尔对于自己当天行动的描述，Schmidt 看到的有可能是比列尔和另一名士兵在躲子弹，结果搞错了他们的身份。

43. Martí, p. 15.

44. 28 July 1987. Robert Hale Merriman Papers, Bancroft Library, University of California, Berkeley.

45. 对于当时有多少人在这座小丘上，不同说法之间的出入极大，这或许表明，他们并不是同一时间到这里的。John R. Gerlach 给出的人数为 50（“Behind Fascist Lines,” in Bessie and Prago）；Martin Maki，一名在那不久之后被俘的林肯营机枪手认为人数“超过 100 人”（the John Gerassi Papers, ALBA 018, Box 4, Folder 19）；Schmidt, p. 289 记录的人数为 700 人。

46. 17 February 1937. 这句话实际应写于 2 月 27 日。

47. Gerlach 在回忆录中说他们当时穿过了这条道路，与完成于 1939 年的 Rolfe, pp. 212 - 213 中的记载相符，Gerlach 此处援引的似乎就是 Rolfe（一个名叫伊凡的芝加哥人）的说法。Albin Ragner 认为梅里曼被俘的地点在甘德萨以东八九英里的地方（“An Unpublished Memoir,” *Volunteer*, 27 February 2013），这种说法当然过于夸张。但不论如何，这一地点都在这条路的另一边。

48. Harry Schachter to Carl Geiser, 15 December 1992. 此处感谢丽贝卡·沙克特的帮助。

49. “Honoring My Uncle Phil Schachter,” *Volunteer*, 2 July 2012.

参考文献

档案及未公开出版材料

Abraham Lincoln Brigade Archives（ALBA），Tamiment Library，New York University. 在注释中，我已分别对出自这些档案中的众多文件各自的编号信息进行了标注。

罗伯特·梅里曼日记的原稿现存于 Robert Hale Merriman Papers，ALBA 191，Box 1，Folder 3。不过，其电子扫描版通过申请即可在以上图书馆查询到，能够进行放大，可读性更强。到撰写本书时为止，更方便获得的是经过扫描、转录并附上详细注释后的完整日记的在线版，网址为 www. merrimandiary. com。

美国志愿者传记数据库能够在 Abraham Lincoln Brigade Archives 的网站查询到。

Frank Aydelotte Papers, Friends Historical Library, Swarthmore College, Swarthmore, PA.

Barsky, Dr. Edward K., with Elizabeth Waugh. *The Surgeon Goes to War.* Unpublished ms., courtesy of Peter N. Carroll. Also to be found in the Edward K. Barsky Papers, ALBA 125, Box 5, Folders 4–21.

Milly Bennett Papers, Hoover Institution Archives, Stanford University.

Homer S. Cummings Papers, Special Collections, University of Virginia Library.

Cusick, Lois [Orr].

1. "Anarchist Millennium: Memories of the Spanish Revolution of 1936–37." 1979. Unpublished ms., courtesy of Elizabeth Cusick; a copy is at the Hoover Institution Library, Stanford University.
2. "Spain, 1936–1937." 1961. An earlier draft of "Anarchist Millennium," courtesy of Elizabeth Cusick; a copy is at the Labadie Collection, University of Michigan Library.

Louis Fischer Papers, Seeley G. Mudd Manuscript Library, Princeton University.

Martha Gellhorn Papers, Howard Gotlieb Archival Research Center, Boston University.

Robert Gladnick Papers, Hoover Institution Archives, Stanford University.

Huber, Peter. "Surveillance et repression dans les Brigades Internationales (1936–1938)," conference paper, Université de Lausanne, 18–20 December 1997.

Mangan, Kate (sometimes referred to as Kate Mangan Kurzke). "The Good Comrade," unpublished ms., Jan Kurzke Papers, International Institute of Social History, Amsterdam, Netherlands.

Herbert L. Matthews Papers, Rare Book and Manuscript Library, Columbia University.

Robert Hale Merriman Papers, Bancroft Library, University of California, Berkeley.

Charles A. Orr Papers, Hoover Institution Archives, Stanford University.

Torkild Rieber interview, Oral History of the Texas Oil Industry, Box 3K22, Briscoe Center for American History, University of Texas at Austin. At this writing, available online.

RGASPI. Russian State Archive of Social-Political History, Moscow. Microfilms of some of these files are held by the Tamiment Library at New York University and are organized by *fond*, *opis*, and *delo*, which can be translated as "archive," "list," and "file." Those relating to the International Brigades are all in *Fond* 545 of the Comintern archives and are indicated in the source notes with succeeding numbers referring to the *opis* and *delo*, as in: RGASPI 545/3/46.

Eleanor Roosevelt Papers, Franklin D. Roosevelt Presidential Library, Hyde Park, NY.

Franklin D. Roosevelt Papers, Franklin D. Roosevelt Presidential Library, Hyde Park, NY.

James Roosevelt Papers, Franklin D. Roosevelt Presidential Library, Hyde Park, NY.

Hamilton A. Tyler Papers, Bancroft Library, University of California, Berkeley.

Villar Esteban, Fausto. "A Little Valencian in the Lincoln Brigade: An Anti-War and Anti-Heroic Symphony." Trans. Paul Sharkey. Special Collections, University of Michigan Library.

Young, Glennys. "Fashioning Spanish Culture in the Gulag and Its International Significance: The Case of the Karaganda Spaniards." Conference paper, University of Cambridge, 29 June 2012.

THESES

Althaus, Dudley Quentin. *A Correspondent's Commitment: Herbert L. Matthews' Coverage of the Spanish Civil War, 1936–1939*. M.A., University of Texas, 1984.

Bogacka-Rode, Magdalena. *Straight Record and the Paper Trail: From Depression Reporters to Foreign Correspondents*. Ph.D., City University of New York, 2014.

Cooper, Sarah. *Reporting the Spanish Civil War from the Loyalist Side: The Professional and Personal Challenge for American Correspondents*. M.A., University of Wisconsin, 1973.

Johnson, Ashley. *Healing the Wounds of Fascism: The American Medical Brigade and the Spanish Civil War*. B.A., Mount Holyoke College, 2007.

图书与文章

Alba, Victor, and Stephen Schwartz. *Spanish Marxism versus Soviet Communism: A History of the P.O.U.M.* New Brunswick, NJ: Transaction, 1988.

Alpert, Michael. *A New International History of the Spanish Civil War*. New York: St. Martin's, 1994.

Álvarez Alonso, José Antonio. *Notas sobre el suministro de petroleo a la España nacional en la guerra civil (1936–1939)*. Madrid: Graficas Onofre Alonso, 1970.

Anderson, Peter, and Miguel Ángel del Arco Blanco. *Mass Killings and Violence in Spain, 1936–1952: Grappling with the Past*. New York: Routledge, 2015.

Balfour, Sebastian. *Deadly Embrace: Morocco and the Road to the Spanish Civil War*. Oxford: Oxford University Press, 2002.

Baumeister, Martin, and Stefanie Schüler-Springorum, eds. *"If You Tolerate This . . ." : The Spanish Civil War in the Age of Total War*. Frankfurt: Campus, 2008.

Baxell, Richard. *Unlikely Warriors: The British in the Spanish Civil War and the Struggle Against Fascism*. London: Aurum, 2012.

Beevor, Antony. *The Battle for Spain: The Spanish Civil War, 1936–1939*. New York: Penguin, 2006.

Bennett, Milly. *On Her Own: Journalistic Adventures from San Francisco to the Chinese Revolution, 1917–1927*. Ed. A. Tom Grunfeld. Armonk, NY: M. E. Sharpe, 1993.

Bessie, Alvah.

1. *Men in Battle: A Story of Americans in Spain*. New York: Scribner's, 1939.
2. *Alvah Bessie's Spanish Civil War Notebooks*. Ed. Dan Bessie. Lexington, KY: University Press of Kentucky, 2002.

Bessie, Alvah, and Albert Prago, eds. *Our Fight: Writings by Veterans of the Abraham Lincoln Brigade, Spain, 1936–1939*. New York: Monthly Review Press, 1987.

Bolloten, Burnett. *The Spanish Civil War: Revolution and Counterrevolution*. Chapel Hill, NC: University of North Carolina Press, 1991.

Borkenau, Franz. *The Spanish Cockpit: An Eye-Witness Account of the Political and*

Social Conflicts of the Spanish Civil War. Ann Arbor: University of Michigan Press, 1963.

Bowker, Gordon. *Inside George Orwell.* New York: Palgrave Macmillan, 2003.

Breá, Juan, and Mary Low. *Red Spanish Notebook: The First Six Months of the Revolution and the Civil War.* San Francisco: City Lights, 1979.

Brendon, Piers. *The Dark Valley: A Panorama of the 1930s.* London: Cape, 2000.

Buchanan, Tom. "Three Lives of *Homage to Catalonia*," *Library Transactions* 3(3), 2002.

Burdick, Charles B. "The American Military Attachés in the Spanish Civil War, 1936–1939," *Militärgeschichtliche Mitteilungen* 46(2), December 1989.

Carroll, Peter N.

1. *The Odyssey of the Abraham Lincoln Brigade.* Stanford, CA: Stanford University Press, 1994.
2. *From Guernica to Human Rights: Essays on the Spanish Civil War.* Kent, OH: Kent State University Press, 2015.

Carroll, Peter N., and James D. Fernandez. *Facing Fascism: New York and the Spanish Civil War.* New York: Museum of the City of New York, 2007.

Chapman, Michael E. *Arguing Americanism: Franco Lobbyists, Roosevelt's Foreign Policy, and the Spanish Civil War.* Kent, OH: Kent State University Press, 2011.

Chomsky, Noam. "Objectivity and Liberal Scholarship," in *American Power and the New Mandarins.* New York: New Press, 2002.

Cowles, Virginia. *Looking for Trouble.* New York: Harper & Brothers, 1941.

Crowl, James William. *Angels in Stalin's Paradise: Western Reporters in Soviet Russia, 1917 to 1937, a Case Study of Louis Fischer and Walter Duranty.* Washington, DC: University Press of America, 1982.

Dallet, Joe. *Letters from Spain.* New York: Workers Library, 1938.

Delmer, Sefton. *Trail Sinister: An Autobiography,* vol. 1. London: Secker & Warburg, 1961.

de Vries, Lini. *Up from the Cellar.* Minneapolis: Vanilla Press, 1979.

Dolgoff, Sam, ed. *The Anarchist Collectives: Workers' Self-Management in the Spanish Revolution, 1936–1939.* New York: Free Life Editions, 1974.

Eby, Cecil D. *Comrades and Commissars: The Lincoln Battalion in the Spanish Civil War.* University Park, PA: Pennsylvania State University Press, 2007.

Esenwein, George, and Adrian Shubert. *Spain at War: The Spanish Civil War in Context, 1931–1939.* New York: Longman, 1995.

Estes, Kenneth W., and Daniel Kowalsky. *The Spanish Civil War.* Detroit: St. James, 2005.

Farago, Ladislas. *Game of the Foxes: The Untold Story of German Espionage in the United States and Great Britain during the Second World War.* New York: David McKay, 1971.

Felsen, Milt. *The Anti-Warrior.* Iowa City: University of Iowa Press, 1989.

Fischer, Louis.

1. *Men and Politics: An Autobiography.* New York: Duell, Sloan and Pearce, 1941.

2. *Soviet Journey*. New York: H. Smith and R. Hass, 1935.
3. "Spanish Diary Sep 18–Oct 16, 1936." Fischer Papers, Box 25, Folder 2.

Fisher, Harry. *Comrades: Tales of a Brigadista in the Spanish Civil War*. Lincoln: University of Nebraska Press, 1998.

Fleming, John V. "The Travails of a Fellow-Traveler," *Princeton University Library Chronicle* 71(2), Winter 2010.

Frank, Willard C., Jr. "The Spanish Civil War and the Coming of the Second World War," *International History Review* 9(3), August 1987.

Fraser, Ronald. *Blood of Spain: An Oral History of the Spanish Civil War*. New York: Pantheon, 1979.

Fyrth, Jim, ed., with Sally Alexander. *Women's Voices from the Spanish Civil War*. London: Lawrence & Wishart, 1991.

Galbraith, John Kenneth. *A Life in Our Times*. Boston: Houghton Mifflin, 1981.

Gates, John. *The Story of an American Communist*. New York: Thomas Nelson & Sons, 1958.

Geiser, Carl. *Prisoners of the Good Fight: The Spanish Civil War, 1936–1939*. Westport, CT: Lawrence Hill, 1986.

Gellhorn, Martha. *Selected Letters of Martha Gellhorn*. Ed. Caroline Moorehead. New York: Holt, 2006.

Graham, Helen. *The War and Its Shadow: Spain's Civil War in Europe's Long Twentieth Century*. Brighton, UK: Sussex Academic Press, 2012.

Gurney, Jason. *Crusade in Spain*. London: Faber and Faber, 1974.

Halstead, Charles R. "A 'Somewhat Machiavellian' Face: Colonel Juan Beigbeder as High Commissioner in Spanish Morocco, 1937–1939," *Historian* 37(1), 1 November 1974.

Hemingway, Ernest.
1. *Selected Letters, 1917–1961*. Ed. Carlos Baker. New York: Scribner's, 1981.
2. *The Complete Short Stories of Ernest Hemingway*. New York: Scribner's, 1987.

Citations to Hemingway's North American Newspaper Alliance (NANA) reports from Spain follow their texts as edited by William Braasch Watson and reproduced as "Hemingway's Spanish Civil War Dispatches," *Hemingway Review* 7(2), Spring 1988.

Herbst, Josephine. *The Starched Blue Sky of Spain and Other Memoirs*. New York: HarperPerennial, 1992.

Herrick, William. *Jumping the Line: The Adventures and Misadventures of an American Radical*. Madison: University of Wisconsin Press, 1998.

Hopkins, James K. *Into the Heart of the Fire: The British in the Spanish Civil War*. Stanford, CA: Stanford University Press, 1998.

Howson, Gerald. *Arms for Spain: The Untold Story of the Spanish Civil War*. New York: St. Martin's, 1998.

Ickes, Harold L. *The Secret Diary of Harold L. Ickes: Volume II, The Inside Struggle, 1936–1939*. New York: Simon & Schuster, 1954.

Ivens, Joris. *The Camera and I*. New York: International Publishers, 1969.

Jackson, Angela. *At the Margins of Mayhem: Prologue and Epilogue to the Last Great Battle of the Spanish Civil War.* Torfaen, Wales: Warren & Pell, 2008.

Jackson, Gabriel.

1. *The Spanish Republic and the Civil War, 1931–1939.* Princeton, NJ: Princeton University Press, 1965.
2. *Juan Negrín: Spanish Republican Wartime Leader.* Eastbourne, UK: Sussex Academic Press, 2010.
3. "Collectivist Experiences in the Spanish Civil War," *Mediterranean Studies* 2 (1990).

Jacobs, John Kedzie. *The Stranger in the Attic: Finding a Lost Brother in His Letters Home.* Privately printed, 2013.

Jump, Jim, ed. *Looking Back at the Spanish Civil War: The International Brigade Memorial Trust's Len Crome Memorial Lectures, 2002–2010.* London: Lawrence & Wishart, 2010.

Kanawada, Leo V., Jr. *Franklin D. Roosevelt's Diplomacy and American Catholics, Italians, and Jews.* Ann Arbor, MI: UMI Research Press, 1982.

Katz, William. *The Lincoln Brigade: A Picture History.* New York: Atheneum, 1989.

Keene, Judith. *Fighting for Franco: International Volunteers in Nationalist Spain during the Spanish Civil War, 1936–39.* London: Hambledon Continuum, 2007.

Kemp, Peter.

1. *Mine Were of Trouble.* London: Cassell, 1957.
2. *The Thorns of Memory: Memoirs.* London: Sinclair-Stevenson, 1990.

Knightley, Phillip. *The First Casualty: From the Crimea to Vietnam: The War Correspondent as Hero, Propagandist, and Myth Maker.* New York: Harcourt Brace Jovanovich, 1975.

Knoblaugh, H. Edward. *Correspondent in Spain.* London: Sheed & Ward, 1937.

Koch, Stephen. *The Breaking Point: Hemingway, Dos Passos, and the Murder of José Robles.* New York: Counterpoint, 2005.

Kowalsky, Daniel. *Stalin and the Spanish Civil War.* New York: Columbia University Press, 2008.

Labanyi, Jo. "Finding Emotions in the Archives," *Volunteer,* June 2007.

Landis, Arthur H. *The Abraham Lincoln Brigade.* New York: Citadel, 1967.

Lash, Joseph P. *Eleanor and Franklin: The Story of Their Relationship, Based on Eleanor Roosevelt's Private Papers.* New York: Norton, 1971.

Lear, Walter J. "American Medical Support for Spanish Democracy, 1936–1938," in Anne-Emanuelle Birn and Theodore M. Brown, eds., *Comrades in Health: U.S. Health Internationalists, Abroad and at Home.* New Brunswick, NJ: Rutgers University Press, 2013.

Lerude, Warren, and Marion Merriman. *American Commander in Spain: Robert Hale Merriman and the Abraham Lincoln Brigade.* Reno: University of Nevada Press, 1986.

Little, Douglas. "Antibolshevism and Appeasement: Great Britain, the United States, and the Spanish Civil War," in David F. Schmitz and Richard D. Challener, eds., *Appeasement in Europe: A Reassessment of U.S. Policies.* New York: Greenwood Press, 1990.

Liversedge, Ronald. *Mac-Pap: Memoir of a Canadian in the Spanish Civil War.* Vancouver: New Star, 2013.

Madariaga, María Rosa de. "The Intervention of Moroccan Troops in the Spanish Civil War: A Reconsideration," *European History Quarterly* 22 (1992).

Martí, Anna. "In the Footsteps of the Lincolns," *Volunteer,* September 2012.

Martínez de Pisón, Ignacio. *To Bury the Dead.* Cardigan, Wales: Carnival/Parthian, 2009.

Martínez Molinos, Guillem.

1. "El suministro de petróleo," in *La Guerra Civil 16: La economia de guerra.* Madrid: Historia 16, 1986.
2. "Ríos de Petróleo. El abastecimiento de esencias y grasas durante la guerra civil," in Francisco Comín Comín and Enrique Fuentes Quintana, eds., *Economía y economistas españoles en la guerra civil I: El contexto politico e internacional.* Barcelona: Real Academia de Ciencias Morales y Políticas, 2008.

Matthews, Herbert L.

1. *The Education of a Correspondent.* New York: Harcourt Brace, 1946.
2. *A World in Revolution: A Newspaperman's Memoir.* New York: Scribner's, 1971.
3. *Two Wars and More to Come.* New York: Carrick & Evans, 1938.
4. *Eyewitness in Abyssinia: With Marshal Badoglio's Forces to Addis Ababa.* London: Martin Secker & Warburg, 1937.

Moorehead, Caroline. *Gellhorn: A Twentieth-Century Life.* New York: Henry Holt, 2003.

Nelson, Cary, and Jefferson Hendricks. *Madrid 1937: Letters of the Abraham Lincoln Brigade from the Spanish Civil War.* New York: Routledge, 1996.

Nelson, Steve. *The Volunteers.* New York: Masses & Mainstream, 1953.

Nelson, Steve, James R. Barrett, and Rob Ruck. *Steve Nelson: American Radical.* Pittsburgh: University of Pittsburgh Press, 1981.

Neugass, James. *War Is Beautiful: An American Ambulance Driver in the Spanish Civil War.* Ed. Peter N. Carroll and Peter Glazer. New York: New Press, 2008.

Orr, Lois. *Letters from Barcelona: An American Woman in Revolution and Civil War.* With some material by Charles Orr. Ed. Gerd-Rainer Horn. Basingstoke, Hampshire, UK: Palgrave Macmillan, 2009.

Orwell, George. *Orwell in Spain: The Full Text of* Homage to Catalonia *with Associated Articles, Reviews, and Letters from* The Complete Works of George Orwell. Ed. Peter Davison. London: Penguin, 2001.

Othen, Christopher. *Franco's International Brigades: Adventurers, Fascists, and Christian Crusaders in the Spanish Civil War.* New York: Columbia University Press, 2013.

Patai, Frances. "Heroines of the Good Fight: Testimonies of U.S. Volunteer Nurses in the Spanish Civil War, 1936–1939," *Nursing History Review* 3 (1995), pp. 79–104.

Payne, Stanley.

1. *The Spanish Civil War.* New York: Cambridge University Press, 2012.
2. *The Spanish Civil War, the Soviet Union, and Communism.* New Haven: Yale University Press, 2004.

Petrou, Michael. *Renegades: Canadians in the Spanish Civil War.* Vancouver: University of British Columbia Press, 2008.

Povedano, Manuel Aguilera. "Los hechos de mayo de 1937: Efectivos y bajas de cada bando," *Hispania* 73(245), September–December 2013.

Preston, Paul.

1. *The Spanish Civil War: Reaction, Revolution, and Revenge.* New York: Norton, 2006.
2. *We Saw Spain Die: Foreign Correspondents in the Spanish Civil War.* New York: Skyhorse, 2009.
3. *The Spanish Holocaust: Inquisition and Extermination in Twentieth-Century Spain.* New York: Norton, 2012.
4. *Franco: A Biography.* New York: Basic Books, 1994.
5. *The Destruction of Guernica.* London: Harper Press, 2012.
6. "The Psychopathology of an Assassin: General Gonzalo Queipo de Llano," in Anderson and Arco Blanco.

Puzzo, Dante A. *Spain and the Great Powers, 1936–1941.* New York: Columbia University Press, 1962.

Radosh, Ronald, Mary R. Habeck, and Grigory Sevostianov. *Spain Betrayed: The Soviet Union in the Spanish Civil War.* New Haven: Yale University Press, 2001.

Raguer, Hilari. *Gunpowder and Incense: The Catholic Church and the Spanish Civil War.* London: Routledge, 2007.

Regler, Gustav. *The Owl of Minerva: The Autobiography of Gustav Regler.* Trans. Norman Denny. New York: Farrar, Straus, 1959.

Reynolds, Michael. *Hemingway: The 1930s.* New York: Norton, 1997.

Rhodes, Richard. *Hell and Good Company: The Spanish Civil War and the World It Made.* New York: Simon & Schuster, 2015.

Richardson, R. Dan. *Comintern Army: The International Brigades and the Spanish Civil War.* Lexington: University Press of Kentucky, 1982.

Rodden, John, and John Rossi. "The Mysterious (Un)meeting of George Orwell and Ernest Hemingway," *Kenyon Review* 31(4), Fall 2009.

Rolfe, Edwin. *The Lincoln Battalion: The Story of the Americans Who Fought in Spain in the International Brigades.* New York: Random House, 1939.

Romerstein, Herbert. *Heroic Victims: Stalin's Foreign Legion in the Spanish Civil War.* Washington, DC: Council for the Defense of Freedom, 1994.

Rosenstone, Robert A. *Crusade of the Left: The Lincoln Battalion in the Spanish Civil War.* New York: Pegasus, 1969.

Rubin, Hank. *Spain's Cause Was Mine: A Memoir of an American Medic in the Spanish Civil War.* Carbondale: Southern Illinois University Press, 1997.

Ruiz, Julius. *The "Red Terror" and the Spanish Civil War: Revolutionary Violence in Madrid.* New York: Cambridge University Press, 2014.

Sánchez Asiaín, José Ángel. *La financiacíon de la guerra civil española: Una aproximacíon histórica.* Barcelona: Crítica, 2012.

Schmidt, Konrad. "In Francos Kriegsgefangenschaft," in Max Wullschleger, ed., *Schweizer kämpfen in Spanien.* Zürich: Buchhandlung Stauffacher, 1939.

Schwartz, Stephen. "Reading the Runes: New Perspectives on the Spanish Civil War," *Arena* 2, February 2011.

Sebba, Anne. *Battling for News: The Rise of the Woman Reporter.* London: Hodder & Stoughton, 1994.

Seidman, Michael.

1. *Republic of Egos: A Social History of the Spanish Civil War.* Madison: University of Wisconsin Press, 2002.
2. "The Unorwellian Barcelona," *European History Quarterly* 20, April 1990.

Sheean, Vincent. *Not Peace but a Sword.* New York: Doubleday, Doran, 1939.

Shelden, Michael. *Orwell: The Authorized Biography.* New York: HarperCollins, 1992.

Smith, Page. *Redeeming the Time: A People's History of the 1920s and the New Deal.* New York: McGraw-Hill, 1987.

Sommerfield, John. *Volunteer in Spain.* London: Lawrence & Wishart, 1937.

Stansky, Peter, and William Abrahams.

1. *Orwell: The Transformation.* New York: Knopf, 1980.
2. *Journey to the Frontier: Julian Bell and John Cornford: Their Lives and the 1930s.* London: Constable, 1966.

Stradling, Rob. "The Spies Who Loved Them: The Blairs in Barcelona, 1937," *Intelligence and National Security* 25(5), October 2010.

Szurek, Alexander. *The Shattered Dream.* Boulder, CO: East European Monographs, 1989.

Tanenhaus, Sam. "Innocents Abroad," *Vanity Fair,* September 2001.

Taylor, D. J. *Orwell: The Life.* New York: Holt, 2003.

Thomas, Hugh. *The Spanish Civil War.* Revised edition. New York: Random House, 2001.

Thorndike, Joseph J., Jr. "'Cap' Rieber: He Came Off a Tanker to Build an Oil Empire and Prove That Industrial Daring Is Not Dead," *Life,* 1 July 1940.

Tierney, Dominic. *FDR and the Spanish Civil War: Neutrality and Commitment in the Struggle That Divided America.* Durham, NC: Duke University Press, 2007.

Tisa, John. *Recalling the Good Fight: An Autobiography of the Spanish Civil War.* South Hadley, MA: Bergin & Garvey, 1985.

Traina, Richard P. *American Diplomacy and the Spanish Civil War.* Bloomington: Indiana University Press, 1968.

Tzouliadis, Tim. *The Forsaken: From the Great Depression to the Gulags: Hope and Betrayal in Stalin's Russia*. London: Little, Brown, 2008.

Vaill, Amanda. *Hotel Florida: Truth, Love, and Death in the Spanish Civil War*. New York: Farrar, Straus and Giroux, 2014.

Valaik, J. David. "Catholics, Neutrality, and the Spanish Embargo, 1937–1939," *Journal of American History* 54(1), June 1967.

Vernon, Alex. *Hemingway's Second War: Bearing Witness to the Spanish Civil War*. Iowa City: University of Iowa Press, 2011.

Viñas, Ángel.

1. *Las armas y el oro: Palancas de la guerra, mitos del franquismo*. Barcelona: Pasado & Presente, 2013.
2. "September 1936: Stalin's Decision to Support the Spanish Republic," in Jump.

Voros, Sandor. *American Commissar*. Philadelphia: Chilton, 1961.

Watkins, T. H. *The Great Depression: America in the 1930s*. Boston: Little, Brown, 1993.

Watson, William Braasch.

1. "Hemingway's Attacks on the Soviets and the Communists in *For Whom the Bell Tolls*," *North Dakota Quarterly* 60(2), Spring 1992.
2. "Investigating Hemingway," *North Dakota Quarterly* 59(1), Winter 1991.
3. "Investigating Hemingway: The Trip," *North Dakota Quarterly* 59(3), Summer 1991.
4. "Investigating Hemingway: The Scene," *North Dakota Quarterly* 62(2), Spring 1994–1995.

Watt, George. *The Comet Connection: Escape from Hitler's Europe*. Lexington: University Press of Kentucky, 1990.

Whealey, Robert H.

1. *Hitler and Spain: The Nazi Role in the Spanish Civil War 1936–1939*. Lexington: University Press of Kentucky, 1989.
2. "How Franco Financed His War—Reconsidered," *Journal of Contemporary History* 12(1), January 1977.
3. "Economic Influence of the Great Powers in the Spanish Civil War: From the Popular Front to the Second World War," *International History Review* 5(2), May 1983.

Whitaker, John T.

1. *We Cannot Escape History*. New York: Macmillan, 1943.
2. "Prelude to World War," *Foreign Affairs* 21(1), October 1942.

Wintringham, Tom. *English Captain*. London: Faber and Faber, 1939.

Wyden, Peter. *The Passionate War: The Narrative History of the Spanish Civil War*. New York: Simon & Schuster, 1983.

Yates, James. *From Mississippi to Madrid: Memoir of a Black American in the Abraham Lincoln Brigade*. Greensboro, NC: Open Hand, 1989.

图片来源

我们已竭尽全力对书中使用的照片的版权归属进行追溯，并对一切疏忽遗漏致以诚挚歉意，若您能指出应如何订正这些错误，我们将感激不尽。

索　　引

（以下页码为原书页码，即本书页边码）

作者简介

亚当·霍赫希尔德的首部作品《归乡半路：一个父亲与儿子的回忆录》于1986年出版。《纽约时报》的角谷美智子称这本书“十分动人地描绘了亲情复杂与令人困惑的一面……本书建立在对特定时间与地点详细描写的坚实基础之上，并糅合了普鲁斯特式的详细描述与感染力”。此后，作者又先后出版了《午夜之镜：南非之旅》《令人不安的幽灵：俄罗斯人回忆斯大林》和《寻找活板门：随笔、白描与游记》。他的《利奥波德国王的鬼魂：贪婪、恐惧、英雄主义与比利时的非洲殖民地》和《终结一切战争：一个有关忠诚与背叛的故事（1914～1918）》曾获美国国家图书评论奖提名。他的《埋葬枷锁：解放帝国奴隶斗争中的预言家与反叛者》曾获得2005年美国国家图书奖提名，并赢得了《洛杉矶时报》图书奖及美国笔会文学奖。霍赫希尔德还曾因其作品获得莱南文学奖及美国历史学会西奥多·罗斯福－伍德罗·威尔逊奖。他的作品被译成十五种语言出版。

除了写作图书，霍赫希尔德还为《纽约时报》《哈珀杂志》《纽约书评》《格兰特》《纽约时报杂志》《大西洋月刊》以及其他许多报纸和杂志撰稿。他是《琼斯母亲》杂志的共同创始人，在加州大学伯克利分校新闻学研究生院教授叙事写作。他和妻子、社会学家及作家阿莉·拉塞尔·霍赫希尔德有两个儿子和两个孙女。

图书在版编目（CIP）数据

西班牙在我们心中：西班牙内战中的美国人，1936－1939／（美）亚当·霍赫希尔德（Adam Hochschild）著；林春野译. --北京：社会科学文献出版社，2020.7

书名原文：Spain in Our Hearts：Americans in the Spanish Civil War，1936－1939

ISBN 978－7－5201－4999－0

Ⅰ.①西… Ⅱ.①亚… ②林… Ⅲ.①西班牙内战－史料 Ⅳ.①K551.52

中国版本图书馆 CIP 数据核字（2019）第 124097 号

西班牙在我们心中
——西班牙内战中的美国人，1936－1939

著　　者／［美］亚当·霍赫希尔德（Adam Hochschild）
译　　者／林春野

出 版 人／谢寿光
责任编辑／张　骋
文稿编辑／闫富斌

出　　版／社会科学文献出版社·甲骨文工作室（分社）（010）59366527
地址：北京市北三环中路甲 29 号院华龙大厦　邮编：100029
网址：www.ssap.com.cn
发　　行／市场营销中心（010）59367081　59367083
印　　装／天津千鹤文化传播有限公司

规　　格／开　本：889mm×1194mm　1/32
印　张：17　插　页：0.5　字　数：383 千字
版　　次／2020 年 7 月第 1 版　2020 年 7 月第 1 次印刷
书　　号／ISBN 978－7－5201－4999－0
著作权合同登记号／图字 01－2017－3382 号
定　　价／92.00 元